일사부재리 원칙의 국제적 전개

- 국제적 이중처벌 방지를 위한 새로운 모색 -

김 기 준

景仁文化社

머리말

이 책은 저의 서울대학교 박사학위논문을 요약·보강한 것입니다.

검사로서 부산지검 외사부에서 국제적 이중처벌이 문제될 수 있는 사례를 취급한 경험이 있고, 법무부 국제법무과에서 각종 조약의 해석·적용문제와 국제법과 국내법이 교착하는 영역에 대한 다양한 이론들을 접한 바 있어 다소 생소한 분야인 국제적 일사부재리원칙에 대한 연구를 시작하게 되었습니다.

범죄를 저지른 자일지라도 동일한 범죄를 이유로 거듭처벌될 수 없다는 자명한 원칙은 재판권이 국제적으로 경합되는 상황에서는 전면적으로 적용되지 못하고 다양한 형태로 발현됩니다. 그 결과 당사자의 인권보호와 법적 안정성의 측면에서 바람직하지 못한 결과를 가져오는 문제점이 나타나고 있습니다.

이러한 현상은 국제형사법제의 발전과 국제교류의 증가로 인해 더욱 빈번해 지고 있습니다. 국제적 일사부재리의 적용문제는 범죄인인도, 수형자이송 등 국제형사 협력 분야에서의 다양한 쟁점들과도 맞물려 전개됩니다. 특히 국제적 일사부재리 원칙은 법과 제도가 상이한 외국 혹은 국제형사재판소에서의 판결을 전제로 하는 국제적 측면을 가지고 있어 상이한 법제도에 대한 비교고찰이 요구될 뿐 아니라 국제조약의 해석·적용과도 밀접하게 관련되어 있습니다.

이 책에서는 다양하게 전개되고 있는 국제적 일사부재리 원칙의 문제 상황들을 망라하여 정리하고 국제적 이중처벌과 관련된 우리 제도의 문제점과 개선책을 제시하려고 노력하였습니다.

서울대 법학연구소에서 저의 부족한 글을 「법학연구총서」로 출판하

iv

기로 결정하였다는 통보를 받고 더욱 깊은 검토와 성찰이 필요한 미흡한 글이라 주저함이 없지 않았습니다. 그러나 법률실무가들이 관련 분야에 대하여 다소 거칠지만 생생한 글을 써서 있는 그대로의 현상을 알리고 학문적 논의와 비판의 대상이 될 수 있도록 하는 것 역시 학계에서 발전시킨 법 이론에 기반하여 실무를 행하는 법률실무가의 의무일 수 있다는 생각에 부족한 책을 출판하게 되는 용기를 내었습니다.

능력의 부족함과 얕은 지식을 탓하지 않으시고 자상하게 이끌어 주신 지도교수님이신 신동운 선생님과 학위논문심사 과정에서 따뜻하고 세심한 가르침으로 논문을 완성시킬 수 있도록 지도해 주신 박사논문 지도교수님들께 깊은 감사의 말씀을 드립니다.

재주 없는 사람의 작은 성취는 성실함을 앞세운 자기 욕심의 충족일 수 있다는 생각도 듭니다. 즐거운 주말임에도 컴퓨터 앞에 앉아 있는 남편과 아빠에게 항상 힘을 북돋워준 부인과 태언이, 지민이, 따뜻함과 엄정함으로 저를 이끌어 주시는 부모님, 형님 내외분께도 감사의 말씀을 드립니다.

목 차

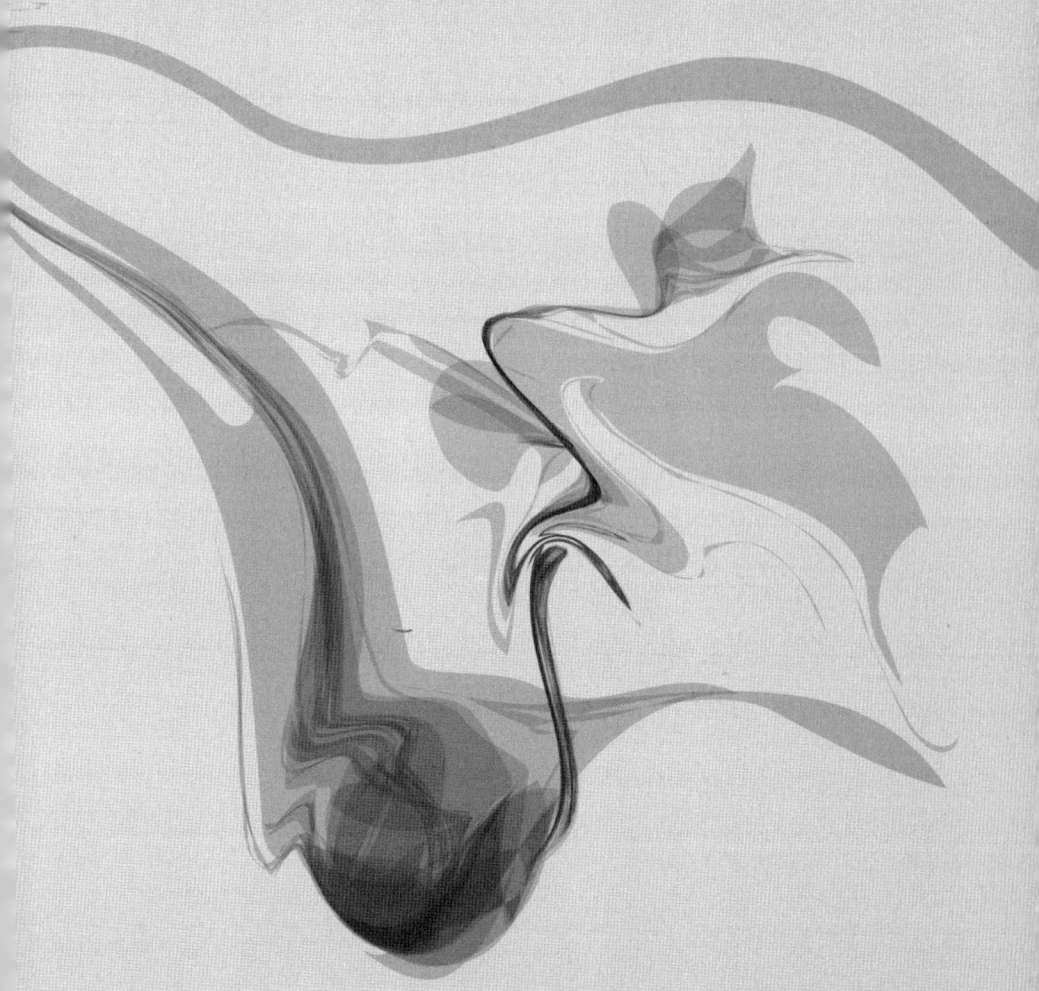

제 1 장

재판권의 경합과 이중처벌

제1절 형사재판권의 국제적 경합과 이중처벌 가능성

　이중처벌을 금지하는 일사부재리 원칙(ne bis in idem, non bis in idem) 또는 이중위험(double jeopardy) 금지는 개인의 인권보호와 공정한 형사사법의 토대가 되는 원칙이다.[1]

　이 원칙은 어느 누구도 동일한 범죄로 거듭 소추되거나 거듭 처벌받아서 안 된다는 것을 핵심적 내용으로 하고 있다.[2] 위 원칙은 각 국가의 형사법 체제에 깊이 뿌리박은 형사법의 일반원칙이며 국제인권조약에도 화체되어 있는 보편적 권리로서의 성격도 갖는다. 우리 헌법 제13조 제1항 후문도 "모든 국민은 … 동일한 범죄에 대하여 거듭 처벌받지 아니한다"라고 규정하여 일사부재리 원칙을 선언하고 있다.

　일사부재리 원칙은 형사사법 체제에서 요구되는 최종성의 요청을 반영한 것이다. 막강한 자원과 권력을 가진 국가가 반복적으로 유죄입증을 시도하는 것을 막아 피고인을 실질적으로 보호하고, 불명예스럽고 불안

---

1) Lorraine Finlay, "DOES THE INTERNATIONAL CRIMINAL COURT PROTECT AGAINST DOUBLE JEOPARDY: AN ANALYSIS OF ARTICLE 20 OF THE ROME STATUTE", U.C. Davis Journal of International Law and Policy(Spring 2009), 223면.

2) 위 원칙은 bis vexari pro una et eadem causa (no one should have to face more than one prosecution for the same offence)와 nemo debet bis puniri pro uno delicto (no one should be punished twice for the same offence)로도 표현된다. John A.E. Vervaele, "The transnational ne bis in idem principle in the EU Mutual recognition and equivalent protection of human rights", Utrecht Law Review(Dec. 2005), 100면.

감을 주는 형사절차에 거듭 회부되는 것을 방지한다. 전후 모순된 판결을 방지하여 일반인의 사법절차에 대한 존중을 보존하고 제한된 사법자원의 합리적 분배 기능도 수행한다.

이처럼 명백한 의미와 가치를 가지는 것으로 보이는 위 원칙이 단일재판권의 범위를 벗어나 형사재판권이 국제적으로 경합하는 초국가적 영역에 이르면 그 적용이 제한되고 변형되는 등 매우 복잡한 양상으로 전개된다.

대다수의 국가들은 외국판결에 대해 국내판결에서와 같은 전면적 일사부재리 효력을 인정하고 있지 않다. 우리 형법 제7조 역시 외국형사판결에도 불구하고 새로운 재판이 허용됨을 전제로 외국에서 형의 전부 또는 일부의 집행을 받은 자에 대하여 형을 감경 또는 면제할 수 있다고 규정한다.

전통적으로 형성되어 온 일사부재리 원칙의 구체적 규범내용이 국가별로 상이하며 이에 기반한 국제적 일사부재리 원칙 역시 범죄유형, 조약법의 존부, 국제형사협력에 관한 문제인가 여부 등에 따라 비대칭적으로 발전하고 있다. 아직까지 국제사회에서 보편적으로 적용되는 외국판결에 대한 일사부재리 원칙의 통일규범은 형성되어 있지 않으며 관련된 이론과 실무는 매우 넓은 스펙트럼을 갖는 다소 혼란스런 상황이다.

사법심사권한이 전면적으로 배제되는 일사부재리 원칙을 채용하지 않는 경우에도 거듭 재판으로 인한 인권침해를 최소화하기 위한 제도적 보완책들이 형성되어 있다. 또한 지역적 국가공동체에서는 일사부재리 원칙의 국제적 적용을 방해하는 제약요소들이 어느 정도 보완될 수 있어 조약법을 매개로 국제적 일사부재원칙이 전면적으로 인정되기도 한다.

이처럼 형사재판권이 국제적으로 경합하는 영역에서 발생하고 있는 이중처벌 가능성은 이중처벌이 도그마틱하게 금지되는 단일 재판권에서의 상황과 극적으로 대비되는 현상이다. 외국형사판결에도 불구하고 거듭처벌이 가능한 영역에서는 일사부재리 원칙의 인권보장 기능이 무력화되어 있어 당사자에게 가혹하고 형평에 맞지 않는 결과를 가져오거나 국내판결과의 관계에서 볼 때 모순되는 것처럼 비치기까지 한다.

이와 같은 국제적 이중처벌의 가능성은 외국과의 교류 확대, 국제범죄를 직접 처벌할 수 있는 국제형사재판소의 설립, 보편적 관할권의 인정 등으로 더욱 확대될 것으로 예상된다.

또한 국제적 형사협력 관계에서도 이중처벌 가능성을 전제로 한 문제점이 제기된다. 이미 영토주권에 기하여 재판권을 행사한 국가에 대하여 경합하는 재판권을 가진 국가가 범죄인인도나 수형자 이송 요청을 하는 경우가 그 예이다. 피요청국은 자국의 형사판결에도 불구하고 혐의자를 요청국에 넘겨줌으로써 혐의자에 대한 이중처벌에 사실상 협조하여야 하는가의 문제가 발생한다.[3]

형사재판권이 국제적으로 경합하는 상황에서 일사부재리 원칙의 가치를 어떻게 구현할 것인가는 인권보장의 이념과 재판권을 행사하는 국가의 주권적 이익, 국가간 사법신뢰 등 형사재판권의 경합에 내재하는 다양한 요소들 사이의 긴장관계 속에서 결정될 것이다.

이 책에서는 확대되어 가는 재판권의 국제적 경합상황 속에서 일사부재리 원칙이 어떻게 적용되며 위 원칙이 지니고 있는 인권보장의 이념이 어떻게 구현될 수 있는가를 살핀다. 또한 재판권의 국제적 경합에 내재하는 다양한 제약요소로 인하여 일사부재리 원칙의 완전한 구현이 어려운 경우 이에 대한 이상적인 보완책은 어떠한 것인가도 고찰하게 될 것이다.

---

3) 형사재판권이 국제적으로 경합하는 경우 범죄인인도 여부의 결정 문제는 자국의 판결이 있기 전에도 발생한다. 보편적 관할권과 관련된 범죄인인도 또는 기소(aut dedere, aut judicare, either extradite or prosecute) 체제하에서 범죄인인도와 국내법원에서의 기소 중 선택의 문제에 대한 상세한 논의는 Adam Abelson, "THE PROSECUTE/EXTRADITE DILEMMA: CONCURRENT CRIMINAL JURISDICTION AND GLOBAL GOVERNANCE", UC Davis Journal of International Law and Policy, Vol. 16(2010), 121면 이하 참조.

제2절 국제적 이중처벌의 제한 필요성

일사부재리 원칙이 적용되지 않고 이중처벌이 허용됨으로써 발생하는 가장 큰 문제점은 인권보호에 심각한 공백(lacuna)을 초래한다는 점이다.

거듭 처벌을 방지하고자 하는 일사부재리 원칙은 개인의 인권보장을 위한 기본권으로 헌법에 규정되어 있으며, 형사처벌을 받는 개인의 입장에서는 국내법원에 의한 거듭처벌인가 아니면 재판권이 국제적으로 경합하여 발생하는 외국법원과 국내법원의 거듭처벌인가에 관계없이 똑같이 가혹하고 부당하다.

그러나 우리나라 기업인이 우리나라에서 이미 형사처벌을 받았음에도 동일한 범죄사실을 이유로 미국에서 다시 징역형을 선고받기도 하고,4) 우리 법원 역시 외국에서 이미 재판이 이루어졌을 뿐 아니라 형의 집행까지 있었던 사안에서도 재차 재판권을 행사하고 있다.

외국판결의 존재와 그 집행 사실을 전혀 무시한 채 동일한 범죄를 외국과 국내에서 거듭 처벌하는 것은 신체의 자유를 침해하는 것으로 볼 수 있다. 또한 이러한 이중처벌이 현실적으로 발생하지는 않더라도 이러한 거듭처벌 가능성은 당사자의 법적 안정성을 심각하게 침해한다.

국내법원과 외국법원에 사이에서 이중처벌이 발생하게 되는 것은 행사되는 재판권이 서로 상이하다는 것에 근본적인 원인이 있다.

국내법원들 사이의 이중처벌의 문제는 단일 재판권에서의 거듭처벌

---

4) 2010년 1월 11자 한국일보에 '어쩌다가 … 한국서 처벌, 美서 또 실형'이라는 제하의 기사에서 미국 공무원에게 뇌물을 건넨 한국기업인이 국내에서 처벌을 받은 뒤 미국에서 같은 범죄로 또다시 체포되어 미 텍사스 주 댈러스 법원에서 2009년 11월 징역 5년의 실형이 선고받았다는 내용이 게재되었다.

이 허용되는가라는 이른바 '고유한 의미의 이중처벌' 문제이나 국내법원
과 외국법원 사이에서 발생하는 이중처벌은 상이한 재판권을 근거로 발
생하는 '국제적 이중처벌'의 문제이다.

형사재판권의 국제적 경합에 따라 발생하는 이중처벌 문제를 해결하
는 가장 적절한 방법은 사안에 따라 당해 범죄를 다루는 것이 가장 적절
한 국가에 의하여 절차를 진행시키고 다른 국가의 관할을 배제시키는 국
제적 협약이 정립되는 것이다. 그러나 이러한 재판권 획정에 관한 국제
협약은 존재하지 않으며 각 국가의 이해관계로 말미암아 가까운 시기에
협약이 체결될 수 있을 것으로도 보이지 않는다.5) 현존하는 국제사법재
판소(International Court of Justice)를 활용하거나 국제재판소를 새로이
설립하여 이러한 문제를 다루는 것 역시 가까운 장래에 쉽게 실현될 것
으로 생각되지 않으며, 이 분야에 관한 현재의 국제법 역시 주권적 제한
을 가할 수 있을 정도로 발전되어 있지 않은 것으로 평가된다. 특정한
사안에 대해 자국법을 적용하는 것에 대한 국가적 이해관계를 고려할 때
국가들이 국제적 일사부재리 원칙을 스스로 적용하여 거듭된 소추를 자
제할 것을 기대하기도 어려워 재판권 경합에 따른 문제점 해결은 국제화
된 사회에서의 중대한 도전의 하나로 다가오고 있다.6)

국제적 영역에서의 일사부재리 원칙이 제한적으로만 적용되거나 그
원칙의 내용이 일관되지 않아 국제적 이중처벌이 허용되는 것이 현실이
라 하더라도 거듭처벌로 인한 피해를 방지하려는 인권보장의 이념은 결
코 포기될 수 없는 형사법의 기본가치이다.

이 책에서는 일사부재리 원칙은 신체의 자유 등 개인의 인권을 보장
하기 위하여 개인에게 부여된 기본권이며7) 동일한 범죄에 대하여 외국

---

5) 재판권 우선성 규칙의 부재현상이 자의적인 결론을 가져올 수 있다는 우려에 대하
   여는 Ambos, Münchener Kommentar zum StGB, Band 1,1. Auflage(2003), 63면.
6) Adam Abelson, 전게 논문, 104면.
7) 헌법재판소 1994. 6. 30. 자 92헌바38 결정.

과 국내에서 거듭 처벌하는 것은 신체의 자유를 근본적으로 침해하는 것임을 전제로 논의를 진행한다.[8] 국제적 일사부재리 원칙에 대한 법이론적 고찰과 비교법적 고찰, 형사정책적 논의 등 국제적 이중처벌 문제에 대한 입체적 분석과 일사부재리 원칙의 가치와 그 한계상황 등을 함께 고찰할 것이다. 이러한 과정을 통해 기본권보장을 위하여 국제적 이중처벌은 최대한 제한되어야 하며 국가형벌권의 행사를 위해 부득이하게 거듭 처벌이 허용되는 경우에도 그로 인한 신체의 자유 침해를 최소화할 수 있는 보완책이 필수적임을 보일 것이다.

특히 국제적 일사부재리 원칙의 존립근거와 거듭 처벌이 허용되는 상황 및 그 이유, 기본권 최소제한원칙의 준수 필요성 등을 명확히 함으로써 거듭 행사되는 국가형벌권은 법으로부터 자유로운 영역이 아닌 기본권 보장 원칙에 입각한 법적 통제 내에 있어야 한다는 점을 드러내고 기본권 보장과 과잉처벌 위험을 최소화할 수 있는 제도적 보완책에 대하여도 구체적으로 검토하고자 한다.

이 책에서는 이러한 점들을 고찰하기 위하여 다음과 같은 순서로 논의를 전개하고자 한다.

"제2장 형사재판권 국제적 경합의 확대"에서는 일사부재리 원칙의 국제적 적용문제는 형사재판권의 국제적 경합에서 유래된 것이라는 점을 명백히 함으로써 국내적으로 적용되는 일사부재리 원칙과는 구별되는 근본적 차이점을 보여 줄 것이다.

나아가 형사재판권의 국제적 경합이 발생하는 다양한 구조와 그 증가원인, 범죄의 성질에 따라 차별화되는 형사재판권의 국제적 경합구조를 밝히는 등 다양한 스펙트럼을 형성하고 있는 일사부재리 원칙의 국제적 적용 문제에 대한 기본적 토대를 분석한다.

---

8) 2008. 11. 27. 2007헌마49 전원재판부사건 재판관 조대현, 재판관 김종대, 재판관 민형기의 반대의견.

  "제3장 일사부재리 원칙의 한계와 다양성"에서는 일사부재리 원칙의 기원과 규범내용, 국제법 하에서 인정되는 일사부재리 원칙의 적용범위 등을 고찰하고, 국제적으로 적용되는 일사부재리 원칙에 대한 다양한 외국제도와 우리 법제를 함께 검토한다.

  "제4장 국제형사법과 일사부재리 원칙"에서는 국제형사법 영역에서 존재하는 직·간접적 강제체제 사이에 적용되는 일사부재리 원칙을 분석하고 보편적 관할권과 관련된 다양한 쟁점들도 검토한다.

  "제5장 조약법에 의한 일사부재리 원칙의 확장"에서는 내부적 국경을 철폐한 유럽에서 조약법을 매개로 보편적으로 인정되는 국제적 일사부재리 원칙의 내용과 그 구현 상황, 이를 위한 유럽공동체 재판소의 활동 등에 대하여 살펴본다. 또한 범죄인인도, 수형자이송 등 국제형사 협력체제와 관련하여 조약법에 구현된 일사부재리 원칙의 인권보장적 기능에 대하여도 알아본다.

  "제6장 우리 법제에 대한 비판적 고찰"에서는 앞서 검토된 국제법적 동향, 외국 입법례 등을 토대로 국제적 일사부재리 원칙과 관련된 우리 법제에 대한 분석과 비판적 검토를 행한다. 특히 형법 제7조와 관련하여 국제적 일사부재리 원칙이 적용되지 않는 경우 발생하는 구속적 통제규범이 존재하지 않는 것에 대한 문제점을 분석하고 일사부재벌 원칙(ne bis poena in idem)의 실질적 적용을 위한 입법개선의 필요성 등도 함께 제기하고자 한다.

  다음의 사례들을 통하여 국제적 일사부재리 원칙의 적용례와 문제 상황들을 미리 살펴보자.

【사례 1】

  A와 B는 한국국적의 사람들로서 중국에서 불법체류 중이며, 역시 한국국적을 가진 C는 중국에서 적법하게 체류할 수 있는 체류자격을 획득

한 상태였다. 그들은 유흥비 마련을 위하여 그곳을 찾는 외국인 관광객들을 상대로 강도행각을 벌일 것을 모의한 후 몇몇 중국인들과 함께 한국인 및 기타 외국인 관광객들을 상대로 강도범행을 저질렀으며, 그 과정에서 우리나라 관광객 한명이 사망하는 사건이 발생하였다. 이들은 중국수사기관의 수사를 거쳐 형사처벌을 받게 되었는데, 중국 수사당국은 위 한국인 관광객이 이들의 강도범행과 관련하여 사망한 것인지 아니면 다른 원인이 개입되어 사망한 것인지 여부가 불분명하다는 이유로 강도죄만을 적용하여 재판에 회부하였고, 이들은 모두 징역 3년 형을 선고받았다.

위와 같이 3년의 징역형을 선고받고 중국 교도소에서 수형생활을 하던 A는 그곳의 교정환경이 너무 좋지 않을 뿐 아니라 국내의 가족들과의 면회가 어렵다는 등의 이유로 우리나라로의 수형자이송을 요청하였고, 그 요청이 받아들여짐에 따라 국내 교도소로 이송되어 수형생활을 마치게 되었다. 한편 B와 C 두사람은 중국에서 징역 3년형의 집행을 모두 마쳤으며, 불법체류자인 B는 국내로 추방되었고 C는 자신의 생활 근거지인 중국에서 계속 생활하고 있었다.

그런데 사망한 한국인 관광객의 가족들은 중국에서의 수사가 미진하였다며 우리 수사기관에 대하여 재수사를 요청하였고, 우리 수사기관의 과학수사기법을 이용한 정밀 재조사 결과 한국관광객은 강도범행 당시 저항하다 사망한 사실이 새롭게 밝혀졌다. 이에 우리 사법당국은 국내에 체류 중인 A와 B를 강도치사 혐의로 재차 기소하는 한편 중국 정부에 C에 대한 범죄인인도를 요청하기에 이르렀다.

그런데 국내로 이송되어 수형생활을 마친 A에 대한 재판에서는 수형자이송법에 따른 재소금지 효력을 이유로 공소기각 판결이 선고되었다. 이에 반하여 중국에서 수형생활을 마친 B에 대하여는 강도범행 중 인명이 희생되었다는 사실이 인정되어 강도치사죄로 징역 15년이 선고되었다. B는 재판과정에서 자신은 이미 중국에서 재판을 받았으므로 다시 국내에서 재판받는 것은 부당하며 중국에서의 재판 결과에 따라 3년의 기간 동안 수감생활을 하였다는 점을 고려해 줄 것을 요청하였으나 법원은 이러한 주장을 받아들이지 않았다. 한편 C에 대한 우리정부의 범죄인인도 요청은 이미 동일한 범죄사실을 근거로 중국 법원에서 확정판결을 받았다는 이유로 거부되었다.

【사례 2】

대한민국 국적인 독일 유학생 A는 독일 국적 친구인 B와 함께 네덜란드로 여행을 갔다가 그곳에서 유흥을 즐기던 중 마약을 흡입하고 마약을 다른 사람에게 전달하여 주는 잘못을 범하였다. 이들의 이러한 행위가 네덜란드 사법당국에 적발되어 정식재판에 회부된 후 형사처벌을 받고 석방되었다. 이후 독일인 친구 B는 독일로 귀국하였고 유학생 A는 우리나라로 귀국하였다. 그런데, 유학생 A의 네덜란드에서의 마약흡입 사실 등이 우리나라 사법당국의 정보망에 포착되어 A는 다시 수사를 받게 되었다. A는 국내 수사기관에서 다시 수사를 받으면서 자신은 이미 네덜란드에서 처벌을 받았다고 변소하였으나 정식 재판에 회부되어 재차 유죄판결을 선고받았다. 그런데, 자신과 함께 마약을 흡입하여 네덜란드에서 처벌을 받았던 독일인 친구 B는 네덜란드에서 이미 처벌을 받았다는 이유로 독일에서는 처벌을 받지 않는 것으로 확정되었다.

【사례 3】

키르기즈스탄 오쉬 지역 등에서의 민족분규 과정에서 우즈베키스탄인 집단거주지역에 대한 방화, 우즈베키스탄인들에 대한 집단 살해, 부녀자 강간 등 국제사회의 우려를 자아내는 사태가 발생하였다. A와 B, C는 위와 같은 혼란상을 틈타 강도, 강간 등의 범죄행각을 닥치는 대로 벌이던 중 그곳에 이민하여 생활하던 대한민국 국적 여성을 성폭행한 후 살해하였다.(※ 각 국가들은 국제형사재판소 당사국으로 가정한다) 키르기즈스탄 민족분규는 인종적 갈등을 원인으로 한 것으로 국제사회의 깊은 우려를 야기하였으나, 키르기즈스탄 정부는 이러한 민족분규 과정에서 발생한 잔학한 범죄의 범죄자들을 법의 심판대에 세울 국가적 의지나 사법적 능력을 갖고 있지 않았다. 따라서 국제형사재판소가 위 사건을 직접 심판하기로 결정하였으며, 국제사회의 노력으로 우즈베키스탄인에 대하여 범하여진 광범위하고 체계적인 공격에 가담한 많은 범죄자들이 인도에 반한 죄(Crimes Against Humanity)로 국제형사재판소에서 재판을 받게 되었다.

국제형사재판소의 심리결과 다수 가담자들에게는 인도에 반한 죄 등이 적용되어 장기징역형 등의 중벌이 내려졌다. 그러나 A에 대하여는 그가 우리나라 여성에 대한 살해행위에 가담한 정황은 인정하면서도 인도에 관한 죄의 성립에 요구되는 '광범위하거나 체계적 공격의 일부로 범행을 저지른다는 특별한 인식'이 결여되었다는 이유로 무죄가 선고되었다. 이후 우리정부는 A에 대한 국제형사재판소의 무죄판결에도 불구하고 A의 신병을 넘겨받아 우리 법원에 A를 기소하였다. A는 우리 법원에서 자신은 이미 국제형사재판소에서 무죄를 선고받았으므로 자신을 다시 재판하는 것은 일사부재리 원칙에 위반된다고 주장하였다. 그러나 우리나라 법원은 국제형사재판소에서 A를 심판한 것은 인도에 반한 죄이므로 동일한 행위에 대하여 일반살인죄 등으로 국내법원에서 심판할 수 있다며 A에 대하여 중형을 선고하였다.

한편 B와 C가 키르기즈스탄 국내에서 숨어 지내던 중 키르기즈스탄 집권세력이 교체되었다. 교체된 집권세력은 민족분규 당시 일어난 범죄에 대한 강력한 처벌의지를 표명하고 당시의 범행에 대한 적극적 수사에 들어갔다. 그 과정에서 B와 C가 검거되어 키르기즈스탄 국내법원의 재판에 회부되었다. 재판 결과 B에 대하여는 일반살인죄 등이 적용되어 중형이 선고되었으나, C의 경우에는 살인범행 등에 가담한 증거가 부족하다는 이유로 무죄가 선고되었다.

이러한 판결에 대하여 사망자의 유족 및 국내 인권단체들은 B의 우리나라 국민에 대한 살인 등 행위는 국제형사법상의 인도에 반한 죄에 해당한다고 주장하면서, 키르기즈스탄에서 B를 일반살인죄로 처벌한 것은 미온적인 것이므로 국제형사재판소에서 인도에 반한 죄로 다시 재판하여 줄 것을 요청하였다. 또한 C에 대한 무죄판결은 사실인정을 잘못한 것이므로 역시 국제형사재판소에서 다시 재판하여 줄 것을 국제형사재판소 에 요청하였다. 그러나 이러한 요청에 대하여 국제형사재판소는 이미 동일한 행위에 대한 키르기즈스탄 법원의 확정판결이 있었으며 특히 이러한 소송절차가 면책적 소송에 해당한다고는 볼 수 없다는 이유로 이를 받아들여지지 않았다.

위 각 가상 사례들을 개별적으로 고찰하여 보면 그 결론에 있어서 형평에 맞지 않는 부당한 점이 있다는 것을 느낄 수 있을 것이다. 그러나 위 가상사례들은 국제적으로 적용되는 현재의 일사부재리 원칙 규범들을 반영한 것들이다.

일사부재리 원칙과 관련하여 위 사례들에서 제기되는 문제점들은 어떤 것들이 있으며 구체적으로 어떠한 내용의 규범이 적용되었는가를 먼저 살펴보자.

사례 1과 사례 2, 사례 3에서 제기되는 공통적 문제점은 외국에서 이미 형사판결이 있음에도 우리나라에서 거듭하여 재판하고 이들을 처벌하는 것은 개인의 인권보호에 심각한 공백을 초래하는 것이 아닌가 하는 점이다. 따라서 일사부재리 원칙에 대한 법이론적 검토와 함께 외국판결에 대한 일사부재리 원칙 적용여부에 대한 비교법적 고찰, 이와 관련된 우리 헌법 제13조 제1항과 형법 제7조에 대한 검토가 필요하다.

다음으로 사례 1에서 제기되는 문제점은 외국에서 3년의 징역형을 선고받고 이에 대한 형의 집행까지 모두 마쳤음에도 국내법원에서 재차 형을 선고함에 있어 이러한 사실을 고려하지 않을 수 있다는 점이다. 이는 우리 형법 제7조가 이미 동일한 사실을 이유로 외국에서 판결을 선고받고 형을 집행 받은 사실을 형의 임의적 감경사유로 규정한 것에 기인한다. 위 사례에서 보듯 국내로 이감되어 수형생활을 한 A에 대해서는 국내에서의 기소가 완전히 봉쇄되어 있음에도 B의 경우에는 중국에서 수형생활을 한 것이 전혀 고려되지 않는 불공평한 결과를 초래하고 있다.

우리 형법의 태도는 외국에서 집행 받은 형을 국내에서 선고하는 형에 산입하는 독일 형법의 산입주의와는 상이한 입법이다. 위 조항에 대한 법이론적·형사정책성 타당성을 고찰하고 위 조항이 형벌의 정도는 책임의 범위 내로 제한된다는 책임주의의 원칙이나 이중처벌을 금지하고 있는 헌법의 정신에 반하는 것이 아닌지 여부에 대한 검토가 필요하다.

사례 1에서 제기되는 또 다른 의문점은 국내로 이송된 수형자에 대하여는 왜 거듭된 재판이 불가능하며 중국은 어떤 근거로 범죄인인도를 거부하였는가의 점이다.

이는 국제형사협력 체제에서 일사부재리 원칙이 어떠한 양상으로 적용되는가의 문제이다. 국제형사협력과 관련된 국제조약에서 인정되는 일사부재리 원칙과 이와 관련된 우리나라의 수형자이송법 및 범죄인인도법의 일사부재리 조항에 대한 고찰이 필요하다.

사례 2에서 제기되는 또 다른 의문점은 우리 유학생 A와 함께 마약을 흡입하고 마약거래에 관여한 독일인 친구 B는 왜 독일에서 재차 재판을 받지 않는가의 점이다. 독일인 B가 처벌받지 않은 것은 내부적 국경이 철폐된 유럽공동체 내에서 일사부재리 원칙을 조약법에 의하여 확대하는 쉥겐 협정의 산물이다. 따라서 유럽공동체에서 그러한 협정을 체결하게 된 경위와 쉥겐협정의 일사부재리 원칙 조항이 구체적으로 어떻게 구현되고 있는가를 살펴볼 필요가 있다.

마지막으로 사례 3은 국제형사법원과 국내법원과의 사이에서 발생하는 수직적 일사부재리 원칙과 관련된 사안이다.

A의 경우는 국제형사재판소의 국내법원에 대한 아래로의 일사부재리

원칙이 적용되었으며, B, C의 경우는 국내법원의 국제형사재판소에 대한 위로의 일사부재리 원칙이 적용되었다. 특히 유의할 점은 B, C의 경우에는 우리나라에서의 기판력 인정범위와 동일하게 범죄자의 행위를 기준으로 일사부재리 원칙의 효력범위를 판단한 반면 A에 대하여 우리 법원은 범죄를 기준으로 국제형사재판소 판결과의 동일성을 판단하고 있다는 점이다. 이러한 특수성은 국제형사재판소와 국내법원 판결 사이의 일사부재리 원칙을 규정한 로마규정 제20조의 규범내용에 기반한 것으로 로마규정상의 일사부재리 원칙의 규범내용과 이에 대한 국내 이행입법을 검토할 필요가 있다.

제 2 장

형사재판권 국제적 경합의 확대

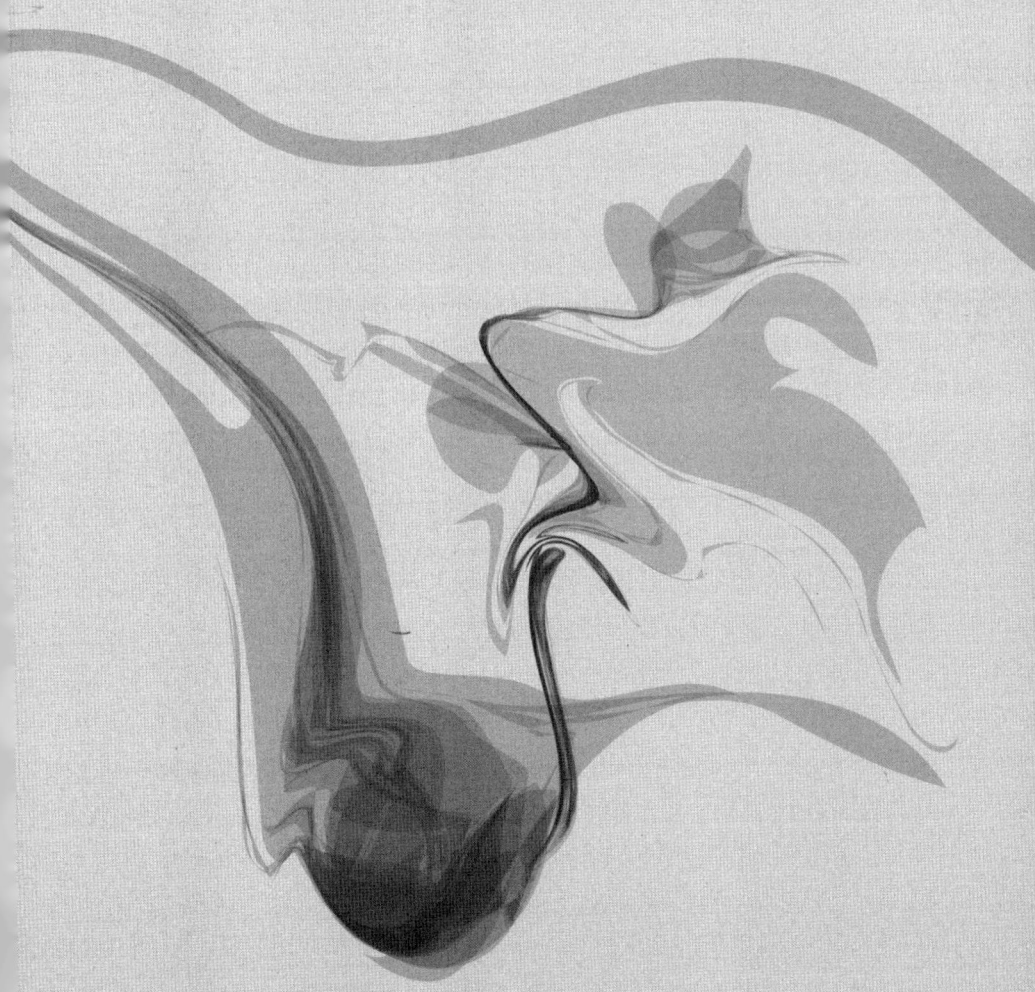

제1절 국제법상 인정되는 역외형사관할권

　수평적 협력관계 속에 존재하는 국가들이 개별적으로 향유할 수 있는 형사관할권의 범위는 국제법적 승인을 전제로 하여 존재하며[1] 국제법적 정합성을 전제로 인정되는 특정 국가의 형사관할권은 국내적으로는 국내 법원이 구체적 사건에 대하여 심리와 재판을 행할 수 있는 일반적·추상적 권한인 재판권의 형태로 발현된다.[2] 어떤 국가의 자국법을 특정한 행위자나 상황에 적용할 수 있는 국가의 권한[3]인 국가 형사관할권은 당해 국가가 가지고 있는 특정 범죄에 대한 형사법적 측면에서의 이해가 국제법적으로 승인되었다는 것을 의미하는 것이다.

　형사문제에 대한 국가 관할권은 지역적으로 규정되는 영토관념을 기본으로 한다.[4] 주권은 국가가 합법적으로 다른 국가를 배제하고 자국 영

---

1) M. Cherif Bassiouni, International Criminal Law volume II : Leiden : Martinus Niihoff Publishers(2008), 207면.

2) 재판권이란 소송계속 중인 사건에 대하여 심판을 행할 수 있는 일반적 권리를 의미한다. 신동운, 『신형사소송법』, 서울 : 법문사, 2007, 576면.

3) 재판권과 주권의 관련성에 대한 논의는 JAYANT KUMAR, "DETERMINING JURISDICTION IN CYBERSPACE". National Law University Working Paper Series(2006), 1면, Kenneth C. Randall, "Universal Jurisdiction Under International Law", 66 Tex. L. Rev. 785, 786 (Mar. 1988) 등. 이러한 권한은 실제로 3가지의 구분되는 개념을 포함하는데, 이는 규정할 수 있는 권한(jurisdiction to prescribe), 판결할 수 있는 권한(jurisdiction to adjudicate), 강제할 수 있는 권한(jurisdiction to enforce) 등이다. Susan W. Brenner, "Cybercrime jurisdiction", Crime Law Soc Change(2006), 190면; Michael Geist, "IS THERE A THERE THERE? TOWARD GREATER CERTAINTY FOR INTERNET JURISDICTION", Berkeley Technology Law Journal(2001), 11면 등.

토를 규율하고 지배하며 영토 내에서 법을 적용시키는 권능이다. 어떠한
행위가 자국 영토 내에서 받아들여질 수 있는가를 정하고 영토 내에서
이러한 규정을 위반하였다는 주장에 대하여 판단하며 위반행위에 대하
여 벌할 수 있다.[5)6)]

형사재판권은 영토주의를 기본으로 하면서도 범죄인의 국적에 기초
하여 인정되는 재판권(nationality jurisdiction), 피해자의 국적에 기한 재
판권인 수동적 인적 재판권(passive personality jurisdiction), 역외적 행위
가 자국의 안전이나 정부기능에 영향을 미칠 경우 인정되는 보호적 재판
권(protective jurisdiction) 등 자국 영토 내에서 발생하지 않아 영토주의의
적용대상이 아닌 범죄에 대해서도 예외적으로 인정되고 있다.[7)]

국가의 역외형사관할권 조항의 합법성은 1927년 국제상설재판소
(PCIJ)의 로투스(Lotus) 판결에서 승인된 바 있다.[8)] 위 사건은 프랑스 선
박 로투스 호와 터키 선박의 공해상 충돌로 8명의 터키인이 사망한 사건
과 관련된 것이다. 위 사건에 대하여 터키가 역외 관할권을 규정한 자국

---

4) 영토와 재판권에 대한 일반적인 내용과 영토주권과 관련된 베스트팔렌 체제 및
   그 이후의 변화에 대하여는 Joan Fitzpatrick, "Sovereignty, Territoriality, and the
   Rule of Law," Hastings International and Comparative Law Review 303 (2002),
   307면 이하 참조.
5) Susan W. Brenner, 전게논문, 191면 및 Robert Cryer, Håkan Friman, Darryl
   Robinson, Elizabeth Wilmshurst, An Introduction to International Criminal Law
   and Procedure, Cambridge : Cambridge University Press(2007), 37면 이하 참조.
6) 영토주권에 대한 존중과 관련하여서는 유엔초국경조직범죄에 대한 협약(United
   Nations Convention Against Transnational Organized Crime) 제4조 참조.
7) Adam Abelson, "THE PROSECUTE/EXTRADITE DILEMMA: CONCURRENT
   CRIMINAL JURISDICTION AND GLOBAL GOVERNANCE", UC Davis
   Journal of International Law and Policy, Vol. 16(2010), 114면 이하 참조. 재판권
   에 대한 상세한 논의는 Antonio Cassese, International Criminal Law, New York :
   Oxford University Press(2003), 278면 이하.
8) 로투스 사건에 대하여 상세한 것은 Beth Van Schaack, Ronald C. Slye, International
   Criminal Law and Its Enforcement, New York : Foundation Press(2007), 101면 이
   하 참조.

형법 제6조를 적용하여 프랑스인에 대하여 형사재판권을 행사하자 프랑스가 이의를 제기하였으며 결국 양국의 합의하에 위 사건은 국제상설재판소에 회부되었다. 국제상설재판소는 다른 예외적인 규칙이 존재하지 않는 상황이라면 국제법의 원칙상 한 국가는 다른 국가의 영토 내에서 주권을 행사할 수는 없는 것이라고 전제하면서도, 이러한 원칙이 어느 국가가 자국 영토 내에서 외국에서 발생한 행위에 대해 재판권을 행사하는 것을 금지하는 것은 아니라고 판시한다. 국제상설재판소는 자국 바깥에서 발생한 사안에 대한 자국내에서의 재판권을 인정하거나 금지·제한하는 내용의 국제법은 발견되지 않으며 국가들은 이에 대한 광범위한 재량권을 갖고 있다며 터키의 역외 관할권 행사의 적법성을 인정한 것이다.9) 위 판결 이후 국가의 역외 관할권 행사의 적법성을 정면으로 다룬 다른 국제재판소의 판결은 발견되지 않으며, 이는 민사법 영역의 경우 재판권의 국제적 경합에서 발생되는 다양한 문제들에 대해 많은 논의가 있어온 것과 대비된다.10)

---

9) 판결문은 http://www.worldcourts.com/pcij/eng/decisions/1927.09.07_lotus/ 2010. 4. 10. 방문. 위 판결에 대하여 상세한 것은 Neil Boister, "'TRANSNATIONAL CRIMINAL LAW'?", European Journal of International Law(November, 2003), 964면; Beth Van Schaack, Ronald C. Slye, International Criminal Law and Its Enforcement, New York : Foundation Press(2007), 101면 이하 등 참조. 위 판결의 확대 해석을 경계하는 입장은 조상제, 천진호, 류진철, 이진국,『국제형법』, 서울 : 준커뮤케이션즈, 2011, 13면 이하 참조.

10) 민사분야와 형사분야의 이러한 괴리현상에는 3가지 요인이 존재하고 있다고 한다. 첫째 형사법은 다른 사법 영역 등에 비하여 영토성의 전통적인 관념이 더욱 뿌리 깊게 남아 있으며 비형사법 분야에 비하여 다수 국가들 사이의 공통점이 상대적으로 적다. 둘째 사법의 영역에 있어서는 원고 등이 직접적으로 민사법의 역외적용에 이해관계를 가지는 까닭에 법원이나 학자들로 하여금 법의 충돌 문제의 해결방안에 대하여 고려할 것을 요구하여 왔다. 세째 비형사법 분야에 있어서의 역외 적용에 대한 평가는 법원의 사법적 의견을 통하여 이루어지는 것이나, 형사법과 관련된 대부분의 결정들은 특정한 사건의 기소를 둘러싼 비사법적 결정에 의함으로써 그러한 기소 혹은 범죄인인도 결정의 이면에 있는 추론 등이

이러한 국제법적 배경 하에 우리나라를 비롯하여 많은 국가들은 영토주의에 입각한 재판권 조항과 더불어 역외 형사관할권 조항들을 두고 있다.[11]

이처럼 다른 나라의 영토 관할권을 침해하여 다른 국가 내에서 재판권을 행사하는 것이 아니라면 자국 내에서 외국에서 발생한 사안에 대해 재판권을 행사하는 재판권 조항은 국제법적으로 승인되고 있다. 이러한 재판권 조항들은 재판권의 국가간 수평적 경합을 허용하는 것으로 수평적 이중위험금지의 문제를 발생시킨다. 한편 과거에는 이와 같은 형사재판권의 국제적 경합이 예외적인 현상으로만 여겨져 왔으나 뒤에서 살피는 바와 같이 사회현상 및 법제도의 변화에 따라 더욱 빈번하게 발생할 것으로 생각된다.

나아가 국제사회의 공동관심사에 해당하는 일정한 국제범죄에 대하여는 국제법이 직접 이를 규율하고 직접적 강제체제인 국제형사법정을 새로이 구축하고 있다. 이러한 범죄들에 대하여는 각 국가들이 국제사회의 대리인으로 활동할 수 있도록 보편적관할권을 인정하는 내용의 국제규범도 형성되어 있다.

따라서 전통적 범죄에 대한 형사재판권의 경합은 전통적 관할 이론에 의하여 결정되며 이에 적용되는 일사부재리 원칙 역시 일반적이고 보편

공개되지 않는 경우가 많다는 것이다. Adam Abelson, 전게 논문, 106면.

11) 독일 형법 제5조(국내법익에 대한 국외범), 제6조(국제적으로 보호되는 법익에 대한 국외범), 제7조(기타의 국외범에 대한 적용범위), 일본형법 제3조(국민의 국외범), 제3조의2(국민 이외의 자의 국외범), 제4조(공무원의 국외범), 제4조의2(조약에 의한 국외범) 등 참조. 독일에서의 재판권이론, 재판권의 경합문제 등에 대한 논의는 Kai Ambos, Internationales Strafrecht. Münich : Verlag C. H. Beck(2006), 25면 이하 참조. 기타 프랑스, 스페인, 네덜란드, 이태리 등의 역외관할권 조항에 대하여 상세한 것은 Josè Luis DE LA CUESTA, "CONCURRENT NATIONAL AND INTERNATIONAL CRIMINAL JURISDICTION AND THE PRINCIPLE 'NE BIS IN IDEM' GENERAL REPORT". International Review of Penal Law (Vol. 73)(2002) 715면 이하 참조.

적인 차원에서 분석됨에 반하여 국제범죄에 대하여는 국제형사재판소와
보편적관할권을 행사하는 국가 사이에 새로운 형태의 재판권 경합이 발
생하고 일사부재리 원칙 역시 특이한 형태로 발현된다.

예를 들면 국제사회의 공동관심사로서 국제법에 의하여 직접 개인 책
임이 인정되는 집단살해죄와 같은 국제법상 핵심범죄는 전통적인 재판
권 이론에 의한 관련국의 형사재판권이 인정될 뿐 아니라 국제형사재판
소의 재판권과 수직적으로도 경합하는 현상이 발생한다. 또한 국제법에
의하여 개인책임이 직접적으로는 인정되지 않으나 조약상 체약당사국들
에게 당해 범죄인을 처벌할 의무를 부과하는 초국경범죄에 대하여는 조
약법에 근거한 보편적 관할권이 각국에 인정됨으로써 많은 국가들 사이
에 형사재판권이 수평적으로 경합하게 된다. 벨기에, 덴마크, 프랑스 등
다수의 국가들은 범행장소 또는 피의자 및 피해자의 국적 등 당해 범죄
에 대한 전통적인 형태의 국가 관련성이 인정되지 않음에도 일정한 유형
의 범죄에 대하여 보편적 관할권을 인정하고 있다.[12]

이처럼 국제법상 인정되는 다양한 형태의 형사재판권 경합은 국제적
이중처벌을 발생시키는 기본적인 배경을 이루고 있다.

아래에서는 형사재판권의 국제적 경합 양상에 대하여 상세히 살펴보
기로 한다.

---

12) Robert Cryer, Håkan Friman, Darryl Robinson, Elizabeth Wilmshurst, 전게서,
    44면. 보편적 관할권에 관한 주요국가의 실태에 대하여 상세한 국내논의로는
    박찬운, 『국제범죄와 보편적 관할권』 서울 : 한울, 2009, 153면 이하 참조.

제2절 일반범죄 형사재판권 경합의 확대

1. 형사재판권의 일반적 경합형태

우리 형법 제2조[13])에서 규정한 것과 같은 영토관할 조항만을 적용할 경우에도 형사재판권의 국제적 경합은 발생할 수 있다. 이는 범죄의 행위지와 결과발생지가 달라질 수 있음에 기인하는 것이다. 국내에서 발생한 범죄인가 여부에 대한 기준으로는 행위자가 행위를 한 장소를 기준으로 하는 행위기준설, 구성요건에 해당하는 결과가 발생한 장소를 범죄지로 보는 결과기준설, 범죄실현을 위한 행위가 이루어진 장소와 범죄행위의 결과가 발생한 장소를 모두 범죄지로 보는 보편기준설 등이 주장되고 있으며 보편기준설에 의하여야 한다는 점에 대하여는 별다른 이론이 없다.[14]) 따라서 당해 범죄행위가 우리영토 내에서 이루어졌다 하더라도 결과발생지가 외국일 경우 행위지국인 우리나라와 결과발생지국인 외국의 재판권이 경합하게 된다.[15])

---

13) 제2조 (국내범) 본법은 대한민국영역내에서 죄를 범한 내국인과 외국인에게 적용한다.
14) 신동운, 『형법총론』, 서울 : 법문사, 2005. 63면; 이재상, 『신형사소송법』, 서울 : 박영사, 2007, 65면; 김성규, "속지주의의 적용에 있어서 외국 관련 공범의 범죄지와 가벌성", 비교형사법연구 10권 제2호(2008), 2면 등 참조. 이 부분에 대한 독일에서의 논의 상황에 대하여는 Kai Ambos, 전게서, 25면 이하 참조. 이태리, 프랑스, 네덜란드 등에서의 관련 논의는 Josè Luis DE LA CUESTA, "CONCURRENT NATIONAL AND INTERNATIONAL CRIMINAL JURISDICTION AND THE PRINCIPLE 'NE BIS IN IDEM' GENERAL REPORT", International Review of Penal Law (Vol. 73)(2002), 715면.
15) 형사소송법 제216조 제3항은 범죄의 실행중 또는 범행직후의 범죄장소에서 긴급

우리나라 형법 제3조[16])는 내국인의 국외범의 처벌을, 제5조[17])는 내란, 외환의 죄 등 특정범죄에 대한 외국인의 국외범의 처벌을 규정하고 있다. 또한 형법 제6조[18])는 쌍방가벌성을 전제로 대한민국 및 대한민국 국민에 대한 범죄의 처벌을 규정하고 있다. 이는 대체적으로 대륙법계 국가의 일반적인 경향을 따르고 있는 것이다.[19])

을 요하는 경우 인신의 체포와 무관하게 이루어질 수 있는 긴급압수·수색·검증을 규정하고 있다. 이 경우 압수수색은 범행 중 또는 범행 직후의 범죄 장소임을 전제로 하는데 범죄 장소는 형사소송법 제4조 제1항 소정의 범죄지와 동일한 개념으로 범죄사실의 전부 또는 일부가 발생한 장소를 의미하며, 범죄의 실행행위지와 결과발생지 뿐만 아니라 중간지도 범죄 장소에 포함되며 범죄 장소에 피의자가 존재하였을 필요도 없다. 따라서 외국인이 선의의 제3자인 내국인에게 특정한 프로그램이 첨부된 가장 메일을 발송하여 그 메일을 열어본 순간 메일에 첨부되어 있는 공격프로그램이 그 컴퓨터에 설치되고 당해 컴퓨터가 다른 서버컴퓨터에 대한 서비스거부공격의 수단으로 이용된 경우 피의자나 피해자가 존재하는 장소가 아닌 전혀 별개의 장소에 있는 제3자의 컴퓨터도 범죄현장에 존재하는 것으로 보아 긴급압수·수색·검증의 대상이 된다고 볼 것이다. 졸고, 체포 또는 구속에 수반되지 않은 긴급압수·수색·검증, 서울대학교 석사학위논문, 2005년.

16) 제3조 (내국인의 국외범) 본법은 대한민국영역외에서 죄를 범한 내국인에게 적용한다.

17) 제5조 (외국인의 국외범) 본법은 대한민국영역외에서 다음에 기재한 죄를 범한 외국인에게 적용한다.

　1. 내란의 죄
　2. 외환의 죄
　3. 국기에 관한 죄
　4. 통화에 관한 죄
　5. 유가증권, 우표와 인지에 관한 죄
　6. 문서에 관한 죄중 제225조 내지 제230조
　7. 인장에 관한 죄중 제238조

18) 제6조 (대한민국과 대한민국국민에 대한 국외범) 본법은 대한민국영역외에서 대한민국 또는 대한민국국민에 대하여 전조에 기재한 이외의 죄를 범한 외국인에게 적용한다. 단 행위지의 법률에 의하여 범죄를 구성하지 아니하거나 소추 또는 형의 집행을 면제할 경우에는 예외로 한다.

19) 범죄가 행하여진 시간과 장소를 고려함이 없이 속인주의에 기한 재판권의 확장에 대한 비판은 유기천, 『형법학』, 서울 : 일조각, 1982.

이러한 관할규정들이 각각 적용될 경우 재판권의 경합이 발생한다. 예를 들면 우리나라 사람이 미국에서 미국인을 상대로 살인죄를 저지른 경우 미국의 속지주의 원칙에 따른 미국의 재판권과 우리의 속인주의 원칙에 따른 우리나라의 재판권이 경합한다. 독일인이 우리나라에 있는 독일인을 상대로 상해죄를 범한 경우 우리나라의 속지주의 재판권과 독일의 속인주의 재판권이 경합한다. 또한 우리나라 사람이 독일을 여행하다 독일인에 의하여 절도 피해를 당한 경우 독일의 속지주의 재판권과 우리나라의 보호주의 재판권이 경합한다.

이처럼 전통적인 국가재판권 결정 이론은 그 자체로 국가간 재판권이 경합하는 상황을 이론적으로 내포하고 있으며 재판권의 경합은 다양한 형태로 발현될 수 있다.[20)]

2. 세계화에 따른 관할경합의 증대

날로 촉진되어 가는 세계화는 형사재판권이 국제적으로 중첩되는 상황을 증가시켜 재판관의 경합으로 인한 다양한 법적 문제들을 야기할 것이다.[21)]

---

20) 외국인의 국외범의 경우에는 형법 제5조, 제6조에 해당하는 경우를 제외하고는 우리나라의 재판권이 인정되지 않아 재판권의 경합이 발생하지 않는다. 우리나라의 재판권이 인정되지 않을 경우 형사소송법 제327조에 의하여 공소기각의 판결을 선고하여야 한다. 외국인의 국외범에 대하여 우리나라 재판권을 부정한 것으로는 외국인이 중국 북경시에 소재한 대한민국 영사관 내에서 여권발급신청서를 위조하였다는 취지의 공소사실에 대하여, 외국인의 국외범에 해당한다는 이유로 피고인에 대한 재판권이 없다고 한 판시한 사례(대법원 2006. 9. 22. 선고 2006도5010 판결【사문서위조·위조사문서행사·여권법위반】), 외국인이 외국에서 히로뽕을 매수한 행위를 국내법으로 처벌할 수 없다고 본 사례(서울지방법원 1998. 5. 1. 선고 97고합1364 판결【향정신성의약품관리법위반】) 등

21) PAUL SCHIFF BERMAN, "THE GLOBALIZATION OF JURISDICTION",

국제적 교류 증대 및 세계화 현상은 매우 뚜렷하며 앞으로도 이러한
현상은 더욱 가속화되어 갈 것으로 예상된다. 우리나라에서 발생한 외국
인범죄 통계를 보면 2000년 2,980건에 불과하던 것이 2010년에는 19,069
건으로 대폭 증가하였다.[22] 재판권의 경합을 발생시킬 수 있는 우리국민
과 외국인의 출입국도 꾸준히 증가하고 있다.[23]

국제화에 따른 단순한 교류증가의 차원을 넘어서 진행되고 있는 지역
통합현상은 더욱 복잡한 양상을 초래한다. 지역통합현상의 대표적인 예
는 유럽공동체이다. EU협정 제2조는 유럽공동체를 국경통제, 망명, 이민,
범죄에 대한 예방과 투쟁 등과 관련하여 개인의 자유로운 이동이 보장되
는 자유, 안전, 정의의 지역으로 유지, 발전시킬 것을 목적으로 하고 있음
을 규정하고 있다. EU협정 제62조는 유럽공동체에 속한 국가의 국민인
가 혹은 다른 나라의 국민인가 여부에 관계없이 내부적 국경을 통과할
때 어떠한 통제도 하지 않을 것을 선언[24]하는 등 사실상 국경이 철폐된
공통여행구역을 만들고 있다. 이와 같이 국가간 자유로운 이동 보장은

University of Pennsylvania Law Review(2002), 전게 논문, 530면 이하 참조.
22) http://www.spo.go.kr/대검찰청 연도별 범죄분석 참조.
23) 출입국관리 사무소 홈페이지 제공 자료.

연도	출입국자	출국			입국		
		소계	국민	외국인	소계	국민	외국인
'00년	21,801,568	10,902,856	5,795,044	5,107,812	10,898,712	5,685,983	5,212,729
'01년	22,643,377	11,345,788	6,379,255	4,966,533	11,297,589	6,269,638	5,027,951
'02년	25,146,563	12,574,712	7,441,059	5,133,653	12,571,851	7,367,181	5,204,670
'03년	23,972,928	12,003,902	7,386,088	4,617,814	11,969,026	7,311,431	4,657,595
'04년	29,609,460	14,820,796	9,139,314	5,681,482	14,788,664	9,038,119	5,750,545
'05년	32,638,035	16,363,758	10,372,409	5,991,349	16,274,277	10,265,750	6,008,527
'06년	35,851,121	17,905,126	11,833,511	6,071,615	17,945,995	11,704,739	6,241,256
'07년	39,833,724	19,854,595	13,620,503	6,234,092	19,979,129	13,553,872	6,425,257
'08년	38,203,620	19,017,545	12,315,221	6,702,324	19,186,075	12,362,263	6,823,812
'09년	35,206,504	17,590,236	9,804,725	7,785,511	17,616,268	9,782,270	7,833,998

24) Bert Swart, "The European Union and the Schengen Agreement", International
Criminal Law volume II : Leiden : Martinus Niihoff Publishers(2008), 246면.

국가간 수평적 이중위험의 가능성을 더욱 증대시킬 것이다. 이에 대하여
유럽공동체는 제5장에서 살피는 바와 같이 조약법에 의해 재판권 경합
현상에서 초래되는 이중처벌의 문제를 적극적으로 해결하고 있다.

3. 사이버범죄 관할의 중첩가능성

전통적 국경 관념이 적용되기 어려운 사이버범죄의 경우 형사재판권
의 경합가능성은 더욱 커지고 있다.[25]

사이버범죄의 특성 중의 하나는 범행을 원격지에서 저지를 수 있다는
것으로[26] 사이버공간에서는 행위자와 상대방이 서로 대면한 상황에서
범죄가 발생한다는 전통적 관념의 수정이 요구된다. 전통적인 범죄유형
에 속하는 강간죄를 피해자와 거리가 떨어진 장소에서 범할 수는 없으며
멀리 떨어진 사람을 상대로 소매치기 범행을 저지를 수는 없다. 그러나
사이버 범죄의 경우 물리적 공간이나 전통적인 주권적 경계 개념을 적용
하는 것이 부적절하며 범죄인과 피해자 사이에 물리적, 공간적 근접성이
필요하지 않다. 이러한 사이버공간의 특수성은 범죄인들에게 새로운 범
행기회를 제공하고 있으며[27] 실제 나이지리아 범죄인들은 사이버 공간
을 이용하여 전세계 수천명의 피해자들을 대상으로 사기행각을 벌인바
있다.[28]

사이버 공간의 경우 영토관할의 대상이 되는 범죄지의 특정이 어려워

---

25) PAUL SCHIFF BERMAN, 전게논문, 530면 이하 참조.
26) DAVID L. SPEER, "Redefining borders: The challenges of cybercrime", Crime,
    Law & Social Change(2000), 260면.
27) Susan W. Brenner, "Toward A Criminal Law for Cyberspace: Distributed Security,"
    Boston University Journal of Science & Technology Law 1 (2004), 194면.
28) Stephanie Nolen, "Nigerian E-Mail Scammers Feeding on Greed, Gullibility,"
    Globe and Mail (December 5, 2005).

범죄지를 사실상 확장시키는 특별조항들을 두는 경우가 적지 않다. 미국의 노스캐롤라이나주는 어떠한 범죄가 전자적 통신수단을 이용하여 범하여진 경우 전자적 통신이 최초로 보내지거나 최초로 수령된 곳에서 범죄가 범하여진 것으로 본다는 내용의 규정을 가지고 있다. 미국의 하와이주와 오클라호마주는 "어떠한 방법이든 다른 관할구역의 컴퓨터나 컴퓨터 네트워크로부터 다른 관할구역의 컴퓨터나 컴퓨터 네트워크에 접속한 자는 각 관할의 컴퓨터 혹은 컴퓨터 네트워크에 직접 접속한 것으로 간주된다"는 내용의 규정을 두고 있다.[29] 미국의 코네티컷주는 사이버범죄의 경우 사이버범죄를 구성하는 일부의 행위가 당해 주에 있는 컴퓨터에 영향을 미쳤다는 사실이 인정될 경우 재판권을 인정하고 있으며, 싱가포르도 문제되는 범죄의 프로그램이나 데이터가 싱가포르 내에 있을 경우 관할을 인정한다.[30] 말레이시아도 유사한 규정을 가지고 있다.[31] 가장 극단적인 입법에 해당하는 것은 미국의 웨스트 버지니아주의 법령이다. 위 법령에 의하면 주 내에 위치해 있는 전부 또는 일부의 컴퓨터, 컴퓨터 네트워크, 데이터 등에 접근, 접근의 허용, 접근의 야기, 접근의 시도가 있거나 혹은 관련정보가 통과를 위하여 주를 경유하는 경우 주의 형사 기소와 처벌의 대상이 된다고 규정하여 관할을 대폭 확대하고 있다.[32] 싱가포르와 말레이시아 역시 유사한 조항을 가지고 있다고 한다.[33][34]

특히 미국은 911테러 이후 연방컴퓨터 범죄 조항인 18 U.S. Code §1030에 '보호받고 있는 컴퓨터(protected computer)' 개념을 도입하여 미국의 여러 주들 상호간에 이용되거나 외국과의 상거래 또는 통신 등에

---

29) Susan W. Brenner & Bert-Jaap Koops, "Approaches to Cybercrime Jurisdiction", Journal of High Technology Law(2004), 11면.

30) Art. 11(3) Singapore Computer Misuse Act (1993).

31) Art. 9(2) Malaysia Computer Crimes Act (1997).

32) West Virginia Code Section 61-3C-20.

33) Art. 11 Singapore Computer Misuse Act.

34) Art. 9 Malaysia Computer Crimes Act.

이용되는 컴퓨터 등에 영향을 미치는 행위에 대하여는 역외 관할권을 인
정하고 있는 등[35] 사이버 공간 범죄의 형사재판권 경합가능성은 더욱 높
아지고 있다.

---

35) 18 U.S.C. § 1030(e)(2)(B).

제3절 국제형사법제의 발전과 형사재판권의 경합

1. 국제범죄와 초국경범죄

국제법의 전형적인 형태가 국가의 권리와 의무에 대해 규율하는 것임에 반하여 형법은 개인에 대한 금지의 부과와 그 위반에 대한 형사적 제재에 대한 것이었다.

국제형사법의 발전으로 국제사회가 공유하는 기본적 가치를 공격하는 국제범죄에 대하여는 국제법이 직접 개인의 형사책임을 인정하는 근거로 작용하게 되었다. 이 경우 국제형사법의 수명자는 개인이며 국가가 아니다.36) 또한 직접적으로 개인에 대해 의무를 부여하는 것은 아니지만 일정한 유형의 범죄에 대하여는 국가에 대하여 형사처벌 또는 범죄인인도 의무를 부과하는 등 국가간 권리의무관계를 규율하던 국제법이 개인의 형사처벌에 깊숙이 개입하게 되었다. 이처럼 국제형사법은 그것이 국제법이면서도 국가들 사이의 문제에 관한 규칙에 그치지 않고 각 국가의 국내 영역에 깊숙이 침투해 들어가는 새로운 양상을 띠게 된 것이다.

국제법 하에서의 범죄에 대하여는 국제법상 국가책임과 개인책임이 공존하는 경우가 있으며 책임 부과의 목적 또한 국제법을 실행함에 있는 것은 사실이다. 그러나 국제법하에서의 범죄는 개인에 의하여 저질러지는 것으로서 국제형사법은 궁극적으로 개인에 대한 것이다. 아울러 국제형사법은 범죄를 저지른 행위자가 그의 행위가 국가기관의 자격에서 행

---

36) Gerhard Werle, Principles of International Criminal Law. Cambridge : Cambridge University Press(2005), 35면.

하여진 것임을 빌미로 국가주권의 이면에 숨는 것을 막고자 하는 의도도 가지고 있다. 효과의 측면에서도 국제법은 현재의 상태를 국제법에 부합하도록 되돌리려는 것인 반면 국제형사법에서의 제재는 응보적(punitive)이자 예방적(preventive) 본질을 동시에 지니고 있다.37)

이와 같은 국제법 위반행위에 대한 제재를 위한 국제법정 설립노력은 1990년대 임시재판소들의 성립에서 본격화되었으며, 이후 상설법원인 국제형사재판소가 설립되는 등 발전을 거듭하고 있다. 그러나 이러한 국제법정의 발전이 국제적 메카니즘을 통한 처벌체제라는 새로운 발전상을 보여주는 것은 사실이나 아직까지 국제법 위반행위 제재에 관한 보편적 법정이라고 보기는 어려운 상황이다.38)

아직까지 무엇이 국제형사법(international criminal law, ICL)의 영역을 구성하는가 및 국제범죄의 개념 등에 대해 학계나 실무가들 사이의 일치된 견해는 존재하지 않는다.39) 국제형사법의 오랜 전통에도 불구하고 뉘

---

37) Gerhard Werle, 전게서, 36면.
38) Robert Cryer, Håkan Friman, Darryl Robinson, Elizabeth Wilmshurst, 전게서, 1면.
39) 이와 같은 국제형사법 개념의 불분명성 내지 개념적 불일치의 원인으로 국제형사법이 서로 다른 다양한 근원으로부터 발전하였다는 점, 즉 서로 상이하면서도 상호 연관되어 있는 분야의 법들에서 유래되었다는 점이 제시되기도 한다. 실제 과거 많은 실무가와 학자들이 국제형사법의 영역에 들어오게 된 경로를 보면 내국형사법(domestic criminal law)을 통한 경우, 국제인권법(international human rights law)을 통한 경우, 국제인도법(international humanitarian law)을 통한 경우 등 다양하며, 그들이 어느 분야를 통하여 진입하였는가에 따라 국제형사법의 개념을 인식하는데 차이점이 발생한다는 것이다. Beth Van Schaack, Ron Slye, 전게 논문, 1면. 이러한 사실은 국제형사범죄의 성립경과에서도 나타나는데, 전쟁범죄(war crime)는 전쟁의 법과 관습(laws and customs of war)이라는 충돌상황에서 개인에게 일정한 보호를 주는 것에서 유래하였고, 집단살해(genocide)와 인도에 반한 죄(crime against humanity)는 대량의 인권남용 상황에서 유래한 것이다. 국가간의 충돌을 규율하는데 중점이 주어져 있는 침략범죄(aggression)에서의 일정한 범위의 예외를 제외하면 국제형사법의 관심사는 개인을 광범위한 잔학행위(atrocity)로부터 보호하는 것에 있다고 한다. Robert Cryer, Håkan Friman, Darryl Robinson, Elizabeth Wilmshurst, 전게서, 1면.

른베르그 재판이 있었던 제2차 대전 이후에야 국제형사법의 주요 개념요
소들이 형성된다. 위 시기에서야 비로소 국가의 행동을 인도하고 제약하
는 국제법과 국내적 평화를 깨뜨린 개인에 대하여 형사벌을 부과하는 형
사법의 국제형사법 영역에서의 교착이 이루어졌으며40) 국제공법의 주체
로 등장한 개인이 국제형사법에서 중요한 위치를 차지하게 된 것이다.

이 책에서는 국제범죄(International Crime)를 집단살해죄, 전쟁범죄,
인도에 반한 죄, 침략범죄 등 국제법정에 재판권이 부여되어 있는 핵심
범죄(Core Crime)를 지칭하는 것으로 사용하고41) 해적행위, 고문 등 이
른바 조약상의 범죄는 초국경범죄(Transnational Crime)로 분류하고자 한
다.42)43) 국제범죄가 국제법에 의해 개인이 직접 책임을 부담하는 반면
초국경범죄는 국가의 입법작용을 매개로 개인이 책임을 부담하게 된다
는 구조적 차이점이 있다.44) 또한 절차적 측면에서도 국제형사재판소의

---

40) Beth Van Schaack, Ron Slye,"Defining International Criminal Law", Santa Clara
   Univ. Legal Studies Research Paper No. 07-32(August 2007), 1면.
41) Robert Cryer, Håkan Friman, Darryl Robinson, Elizabeth Wilmshurst, 전게서, 2면.
42) 이러한 초국경범죄의 개념은 Jessup이 국경을 초월한 행위 또는 사건을 규율하는
   모든 법을 초국경법(transnational law)으로 지칭한 것에 상응하는 것이다. 그가 초
   국경이라는 용어를 사용한 의미는 국경을 초월하는 법적인 관계의 경우 국제적인
   요소와 국내적인 요소가 함께 관련됨으로써 전통적 구분에 부합하지 않게 된 것
   을 말하였던 것이라고 한다. Neil Boister, 전게 논문, 955면. David Luban, Julie
   R. O'Sullivan, David P. Stewart. INTERNATIONAL AND TRANSNATIONAL
   CRIMINAL LAW, New York : Aspen Publishers(2010)에서도 위와 같은 분류를
   따르고 있다.
43) 국제형사법의 개념에 대한 다양한 논의에 대하여는 Robert Cryer, Håkan Friman,
   Darryl Robinson, Elizabeth Wilmshurst, 전게서, 2면.
44) 따라서 위와 같은 초국경범죄에 있어서는 국제형사재판소가 스스로 재판권을 행
   사할 수 없으며 단지 관련 조약이 정한 내용에 따라 체약당사국에 대하여 일정한
   행위를 내국법상의 형사벌의 대상으로 규정할 것과 규정된 범죄를 처벌할 것을
   의무지우는 형태의 간접강제방식이 채택될 뿐이다. 국가가 이러한 의무를 이행
   하지 않을 경우 당해 국가에 대하여는 조약에 규정된 조약법상의 제재가 가능하
   며 당해 국가는 자국 형사법이나 형사사법 체제의 불충분성을 의무 불이행의 항

독립된 재판권 대상으로 국제법정에서 직접 처벌할 수 있는 국제형사재
판소 관할범죄와 국제형사재판소에서 처벌될 수 없는 범죄를 구분하여
지칭하는 것이 형사재판권의 경합에 따른 문제점을 고찰하는데 적합한
측면도 있다.

국제형사법제에서는 국제형사재판소에 의한 직접강제체제와 전통적
재판권 보유 국가에 대한 국제법적 의무 부과를 통하여 그 집행을 강제
하는 간접강제체제, 자국에 직접적 연결점이 존재하지 않는 상태에서 제
3국에 의하여 행사되는 세계주의적 형사재판권이 병존하는 독특한 강제
체제가 형성되어 있다. 따라서 하나의 범죄에 대하여 앞서 살핀 바와 같
이 전통적으로 발생하는 재판권의 국제적 경합 이외에 보편적 관할권과
국제형사재판소의 재판권과도 경합하게 됨으로써 국제적 이중처벌의 가
능성은 더욱 높아지게 된다. 이러한 특성에 따라 학계에서는 국가들 상
호간에 발생하는 일사부재리를 수평적(horizontal perspective) 일사부재리
의 문제로, 국제재판소와 국가간에 발생하는 일사부재리의 문제를 수직
적(vertical perspective) 일사부재리의 문제로 나누어 고찰하기도 한다.[45]

가. 로마규정[46]에서의 핵심범죄 구성요건화

국제법이 개인에 대한 형사처벌의 근거로 작용함으로써 국제법에 의
하여 직접적인 처벌이 가능한 이른바 국제법 하에서의 범죄(crimes under
international law)는 집단살해죄(Genocide), **인도에 반한 죄**(Crimes Against
Humanity), **전쟁범죄**(War Crimes), 침략범죄(Aggression) 등이다.[47]

변 근거로 내세울 수는 없다. Neil Boister, 전게 논문, 962면.

45) 김성규, "형사관할권의 국제적 경합에 있어서 일사부재리의 적용범위", 형사법연
    구 제20권 제1호(2008) 참조.

46) '국제형사재판소에관한로마규정'을 로마규정으로 약칭한다.

47) 집단살해죄(genocide), 인도에 반한 죄(crimes against humanity), 전쟁범죄(war
    crime), 침략범죄(crime of aggression)에 대한 개인의 책임이 국제법 하에서 곧바

이들은 국제공동체에 영향을 미치는 가장 심각한 범죄인 국제형사법
상 핵심범죄(Core Crime)들로서 로마규정은 이들 범죄를 구성요건화하고
국제형사재판소의 관할 대상으로 규정하였다.[48]

집단살해죄(Genocide)는 국민적, 민족적, 인종적 또는 종교적 집단의
전부 또는 일부를 그 자체로서 파괴할 의도로 행하여지는 집단 구성원의
살해, 집단 구성원에 대한 중대한 신체적 또는 정신적 위해의 야기, 전부
또는 부분적인 육체적 파괴를 초래할 목적으로 계산된 생활조건을 집단
에게 고의적으로 부과하는 것, 집단내의 출생을 방지하기 위하여 의도된
조치의 부과, 집단의 아동을 타 집단으로 강제 이주 시키는 등의 행위를
말한다.[49] 위 조항으로 처벌하기 위하여는 살해, 중대한 육체적 위해 등
금지된 행위가 있어야 할 뿐 아니라 특히 그러한 살해 등의 행위가 국민
적, 민족적, 인종적 또는 종교적 집단의 전부 또는 일부를 그 자체로서
파괴할 의도로 행하여져야 한다는 특정한 의도(specific intent)가 존재하
여야 한다. 이는 살해행위 시 필요한 가해자의 일반적 살해 고의와는 구
분되는 것이다.[50]

인도에 반한 죄(Crimes Against Humanity)는 민간인 주민에 대한 광

로 인정되는 획기적인 변화는 제2차 세계대전 후 침략범죄와 관련하여 전쟁의
참혹성에 책임이 있는 군지도자들을 재판한 뉘른베르그 재판에서 유래한 것이다.
위 재판의 근간이 된 뉘른베르그 원칙은 뉘른베르그 재판시부터 로마규정의 성
립시기에 이르기까지 국제형사법의 핵심을 정의하는 원칙들의 조합으로 이루어
져 있다. Bruce Broomhall, International Justice and The International Criminal
Court : Between Sovereignty and the Rule of Law, New York : Oxford University
Press(2004), 19면 참조.

48) Gerhard Werle, 전게서, 26면.
49) 로마규정 제6조 참조.
50) 김영석, 『국제형사재판소법강의』, 서울 : 법문사, 2003, 62면 참조. 위 범죄의 성
립경위, 요건 등에 대하여 상세한 것은 Gerhard Werle, 전게서, 186면 이하. M.
Cherif Bassiouni, Crimes against Humanity in International Criminal Law, Hague :
Kluwer Law International(1999) 등 참조.

범위하거나 체계적인 공격의 일부로서 그 공격에 대한 인식을 가지고 범하여진 살해, 절멸, 노예화, 주민의 추방 또는 강제이주, 국제법의 근본원칙을 위반한 구금 또는 신체적 자유의 심각한 박탈, 고문, 강간, 성적 노예화, 강제매춘, 강제임신, 강제불임, 또는 이에 상당하는 기타 중대한 성폭력 등의 행위를 말한다.[51]

2차 대전 이후 독일의 유대인에 대한 학살과 참혹한 박해에 대응하여 영국, 미국, 구 소련 정부는 1943년 모스크바에서 있었던 독일의 만행에 대한 선언(Declaration on German Atrocities)을 통해 만행에 책임이 있는 독일 관리들과 나찌 당원을 처벌할 것임을 선포하였다. 미국, 영국, 프랑스, 구 소련 정부는 1945년 8월 8일 런던에서 위 선언에 따라 런던협정에 서명하고 런던협정과 불가분적 일체를 이루는 부속서인 국제군사재판소 헌장, 즉 뉘른베르그 헌장(Nuremberg Charter)을 채택하게 되었다. 위 헌장 제6조(c)가 인도에 반한 죄를 전쟁과 관련하여 규정하게 되었으며 이후 인도에 반한 죄는 1993년 구 유고 국제형사재판소 규정 제5조 등을 거쳐 로마규정에까지 명시되게 된 것이다.[52]

전쟁범죄(War Crimes)는 1949년 제네바 4개 협약의 규정에서 보호되는 사람을 고의적으로 살해하는 등 제네바 협약의 중대한 위반과 기타 국제적 무력충돌에 적용되는 법과 관습에 대한 중대한 위반, 제네바 4개 협약 공통 제3조의 중대한 위반과 기타 비국제적 성격의 무력충돌에 적용되는 법과 관습에 대한 중대한 위반행위를 말한다.[53] 로마규정 제8조

---

51) 로마규정 제7조 참조.
52) 로마규정 제정 당시 인도에 반한 죄의 성립과 관련된 '광범위'와 '체계적'이라는 용어의 관련성을 어떻게 규정할 것인지에 대하여 논란이 있었다고 한다. 이에 대하여 상세한 것은 김영석, 『국제형사재판소법강의』, 서울 : 법문사, 2003, 67면. 위 범죄의 성립경위, 요건 등에 대하여 상세한 것은 Gerhard Werle, 전게서, 214면 이하 참조.
53) 전쟁범죄 개념정의 문제는 로마회의 당시 가장 어려운 쟁점 중의 하나였다고 한다. 특히 제네바협약 제2추가 의정서에서 금지한 행위들을 전쟁범죄로 규정할 것

는 국제적 무력충돌과 비국제적 무력충돌의 경우 발생 가능한 네 가지
종류의 전쟁범죄를 규정하고 있다.[54)55)]

　침략범죄(Aggression)[56)]는 침략범죄의 정의와 재판권 행사의 요건을
규정할 것을 조건으로 국제형사재판소 관할 대상범죄에 포함되었다.

　침략범죄 개념정의와 관련하여 의견의 대립이 존재하였다. 일반적
(generic) 정의 방식을 선호하는 독일 중심의 서방국가들은 침략범죄를
둘러싼 법률분쟁 가능성을 예방하기 위하여 명백한 경우만을 포함하도
록 일반적 정의규정을 마련할 것을 주장하였다. 이에 대하여 열거적 정
의를 선호하는 아랍국가들은 1974년 침략에 관한 UN총회 결의에 열거
된 침략범죄의 정의를 그대로 사용하자고 주장함으로써 의견대립으로

　인가 여부를 둘러싼 논란과 함께 비국제적 무력충돌에 국제적 무력충돌시 적용
되는 금지행위 규정들이 적용되는가의 여부, 핵무기 사용금지 문제, 아동의 징집
등이 논란이 되었으며 강간 등 성범죄의 전쟁범죄화 문제 등도 어려운 쟁점이었
다고 한다. 김영석, 『국제형사재판소법강의』, 서울 : 법문사, 2003, 80면.

54) 네가지 종류의 전쟁범죄를 살펴보면 첫째는 제8조 2항(a)에서 1949년 제네바협
약들의 중대한 위반 행위, 둘째는 제8조 2항(b)에서 국제법의 확립된 체제내에서
국제적 무력충돌시 적용할 수 있는 법과 관습에 대한 다른 중대한 위반, 세째는
제8조 2항(c)에서 제네바 4개 협약에 공통된 제3조의 중대한 위반, 넷째는 제8조
2항(e)에서 국제법의 확립된 체제내에서 비국제적 성격의 무력충돌 시 적용할 수
있는 법과 관습에 대한 다른 중대한 위반 등이며 이는 주로 제네바협약 제2추가
의정서에서 유래한 것이라고 한다. 김영석, 『국제형사재판소법강의』, 서울 : 법
문사, 2003, 82면.

55) 위 범죄의 성립경위, 요건 등에 대하여 상세한 것은 Gerhard Werle, 전게서, 267
면 이하; 김헌진, "ICC 규정상의 전쟁범죄에 대한 연구", 법학연구 19집(2005년);
David Chuter, War Crimes Confronting Atrocity in the Mordern World, Colorado
: Lynne Rienner Publishers, Inc.(2003) 등 참조. 전쟁범죄와 관련하여 국제형사
기구의 집행력 부재로 인하여 현상금 사냥꾼 등이 지나치게 활동하는 문제점 등
을 지적하는 견해는 Major Christopher M. Supernor, "INTERNATIONAL BOUNTY
HUNTERS FOR WAR CRIMINALS: PRIVATIZING THE ENFORCEMENT OF
JUSTICE", Air Force Law Review(2001) 참조.

56) 위 범죄의 성립경위, 요건 등에 대하여 상세한 것은 Gerhard Werle, 전게서, 384
면 이하 참조.

결론을 내리지 못하였다. 결국 로마규정 제5조 제2항[57])에 따라 침략범죄에 대한 정의 및 이에 대한 국제형사재판소의 재판권 행사 조건을 정하는 조항의 개정절차를 거친 후 재판권을 행사하도록 규정하였다고 한다.[58])

나. 초국경범죄에 대한 금지의무화 규범

오늘날 국제법의 법원으로 지배적인 것은 국제관습법이 아닌 국제 조약이다. 많은 조약들이 형사처벌 및 그 집행에 필요한 보편적 관할권에 관한 규정을 가지고 있다. 이러한 조약들은 이미 존재하는 국제관습법을 조약의 형태로 조문화한 경우도 있으나 테러리즘, 고문, 선박 또는 항공기 납치, 인종차별 등의 경우는 국제조약에 의해 비로소 각 국가에 대한 형사처벌의무 등이 부과된 것들이다.[59])

조약법에 의하여 인정되는 초국경범죄는 국제법에 의하여 직접적으로 처벌이 가능한 이른바 국제법 하에서의 범죄(crimes under international law)와는 구별된다. 초국경범죄에 있어 범죄자를 기소하고 처벌할 수 있는 근거는 국제법이 아닌 국내에 도입된 국내법이다. 국제협약은 직접적으로 개인에 대한 형사책임의 근거로 작용하는 것이 아니라 국가에 대해 어떠한 범죄를 형사처벌이 가능하도록 규정할 의무를 부과한다. 이러한

---

57) 국제형사재판소에관한로마규정 제5조(재판소의 관할범죄) 제2항 제121조 및 제123조에 따라 침략범죄를 정의하고 재판소의 재판권 행사 조건을 정하는 조항이 채택된 후, 재판소는 침략범죄에 대한 재판권을 행사한다. 그러한 조항은 국제연합헌장의 관련 규정과 부합되어야 한다.

58) 김영석, 『국제형사재판소법강의』, 서울 : 법문사, 2003, 36면 참조.

59) 고전적 국제법에서 보편적 관할의 대상으로 처음 등장한 공해상에서의 해적행위는 국제관습법의 일부였으나, 공해에 관한 1958년 제네바협약 제19조에 처음 조문화되었으며 1982년 몬테고 배이 해양협약 제105조에 다시 규정되었다고 한다. Jon B. Jordan, "UNIVERSAL JURISDICTION IN A DANGEROUS WORLD: A WEAPON FOR ALL NATIONS AGAINST INTERNATIONAL CRIME", Michigan State University-DCL Journal of International Law(Spring, 2000), 전게 논문, 8면.

범죄유형을 국제법 하에서의 범죄와 구분하여 조약범죄(treaty crime)라고 지칭하기도 한다. 이러한 범죄들은 조약상 의무이행 메카니즘을 통해 국내법 체제에 규정된 것으로 국제법과 관련하여서는 간접적 범죄성을 가지고 있을 뿐이다.[60]

이러한 범죄들을 규정하고 있는 조약들은 대부분 당해 범죄의 개념을 정의하고 모든 체약당사국에게 그 범죄를 수사하여 기소하거나 혹은 범죄인을 인도할 의무를 부과하는 형태를 취하고 있다.

2. 직접강제체제로서의 국제법정의 발전

가. 직접강제체제의 강화

국제형사법제에서의 직접강제 체제는 국제법정(International Court)에서 직접 국제범죄를 기소하여 처벌하는 것이다. 이는 국제법상 위반행위를 국내법원을 통하여 강제하는 간접강제 체제에 대비된다.[61]

국제형사법에서의 직접강제체제는 뉘른베르그 재판과 동경재판을 계기로 태동하였으나[62] 상설재판소가 존재하지 않았던 관계로 국제형사사범에 대한 처벌은 국내법원에 의한 간접강제체제에 의존할 수밖에 없었다. 그러나 다시는 과거와 같은 잔혹상을 발생시키지 않으려는 인류사회의 노력에도 불구하고 제2차 세계 대전 이후에도 유사 범죄는 세계 곳곳

---

60) Gerhard Werle, 전게서, 36면.
61) Gerhard Werle, 전게서, 68면.
62) 뉘른베르그 국제전범 재판은 패전국의 정치적 군사적 수뇌부들을 '전쟁범죄자'로 규정하여 '국제형사절차'를 통해 법적인 처벌을 한 최초의 국제형사재판이었다 양천수, "뉘른베르그 국제전범재판의 역사적·법적 문제와 그 의미 - 법사학적·법철학적 논의를 중심으로 -", 군사 제60호(2006. 8.), 170면.

에서 계속 발생하였고 이를 제재하는 국내적 기소는 제대로 이루어지지 않았다.

이에 대한 대응책으로 국제적 관할을 창설하여 국제법정에서 이러한 범죄들을 다루도록 하려는 노력들이 나타났다. 국제사회는 국제법정에 의한 직접강제체제가 간접강제체제인 국내적 기소에서 벗어나려는 형벌로부터의 도피에 대한 해답이 될 수 있다고 판단한 것이다.[63] 구 유고슬라비아를 위한 형사법정, 르완다를 위한 형사법정 등 1990년 이후의 국제형사법정이 발전은 이러한 배경하에 이루어지게 된 것이다. 위와 같은 임시적 국제형사재판소는 인적, 장소적, 시적 관할이 모두 제한된 한계를 가지고 있는 것이어서 국제범죄에 대한 상설재판소 설립노력은 꾸준히 계속되었으며 결국 상설재판소인 국제형사재판소가 설립되기에 이르렀다.

상설재판소인 국제형사재판소의 설립이 국제형사법의 직접 강제체제를 강화시키는 효과를 가지는 것은 분명하다. 그러나 국제형사재판소는 국제형사범죄의 재판에 대한 보편적 책임을 부담하는 것이 아닌 비상적, 대기적 법원으로 평가받고 있다.[64] 아래에서는 과거 국제형사재판을 담당하였거나 현재 활동중인 국제형사재판소들에 대하여 간략히 살펴본다.[65]

나. 제1차 대전 이후의 상황

국제법에 의한 개인의 형사책임을 묻고 이를 국제재판소에서 처벌하려는 시도는 1차 대전 이후부터 시작되었다.

1차 대전 이후 체결된 베르사이유 조약(Versailles Peace Treaty of 28

---

63) Robert Cryer, Håkan Friman, Darryl Robinson, Elizabeth Wilmshurst, 전게서, 54면.
64) Gerhard Werle, 전게서, 68면.
65) 국제법정의 발전상에 대하여 상세한 것은 Cesare P. R. Romanon, Ander Nollkaemper, Jann K. Kleffner, Internationalized Criminal Courts, New York : Oxford University Press(2004) 등 참조

June 1919)에 의해 독일황제 빌헤름 2세를 심판하기 위한 국제법정이 설립될 것이 예정되어 있었다. 그러나 빌헤름 2세가 네덜란드로 도피하고 다른 혐의자들에 대한 신병인도가 이루어지지 않는 등의 이유로 국제형사법정은 설립되지 않았으며[66] 궁극적으로 국제법에 의한 형사 기소는 이루어지지 않았다.[67]

다. 제2차 대전 이후의 군사재판소

(1) 뉘른베르그 재판

국제형사법 발전의 신기원을 이룬 것은 제2차 세계대전 이후에 있었던 뉘른베르그 재판이다.

1945년 8월 8일 런던에서 개최된 국제군사회의(International Military Conference)에서는 평화에 반한 죄(crime against peace)에 대한 논의와 함께 런던협약의 불가분적 일체를 이루는 부속서로서 뉘른베르그에 임시 재판소 설립을 내용으로 하는 국제군사재판소 헌장, 즉 뉘른베르그 헌장(Nuremberg Charter)이 채택된다. 제2차 대전 승전국들에 의하여 1945년 런던협정과 함께 체결된 뉘른베르그 국제군사재판소헌장[68]은 국제형사법의 출생증명서로 간주될 수 있는 것이었다. 평화에 반한 죄, 인도에 반한 죄, 전쟁범죄 등은 국제법하에서의 책임을 수반한다는 당시로서는 혁명적인 내용을 담아 역사상 처음으로 개인이 실질적인 형사책임을 국제법에 의하여 부담하게 되었다. 뉘른베르그 헌장의 원칙들은 동경재판에

---

66) Gerhard Werle, 전게서, 4면.
67) 그러나 위와 같은 과정을 통하여 국제법 하에서의 개인의 형사책임이라는 관념이 받아들여져 조약화된 것은 과소평가될 수 없으며 이러한 발전을 기반으로 2차 대전 이후의 발전이 이루어진 것이라고 한다. Gerhard Werle, 전게서, 5면.
68) Charter of the International Military Tribunal of Nuremberg 뉘른베르그 헌장 혹은 IMT 헌장으로 흔히 지칭된다.

도 그대로 반영되었다.[69] 이러한 사상적 변화는 '국제법에 대한 범죄는 추상적인 단체가 아닌 사람에 의하여 저질러지는 것으로 그러한 범죄를 범한 개인을 처벌할 경우에만 국제법의 조항들은 집행되는 것이다'라는 뉘른베르그 판결문 내용에서 잘 나타나 있다.[70]

런던협약은 특정한 지역적 한계를 가지지 않고 활동한 전쟁범죄자들을 처단하기 위한 국제법정인 국제군사재판소의 설립근거를 제공하였으며 실제 전쟁범죄자들은 런던협약에 부속된 뉘른베르그 헌장에 따라 재판을 받았다.[71] 뉘른베르그 재판은 괴링(Göring) 등 모두 24명이 기소된 가운데 1945년 11월 20일 베를린에서 시작되었다. 자살, 궐석재판 등 우여곡절 끝에 1946년 9월 30일과 10월 1일 등 2차례에 걸쳐 12명에 대하여는 사형, 3명에 대하여는 종신형, 4명에 대하여는 10년에서 20년 형이 선고되었으며[72] 3명은 석방되었다고 한다.[73]

뉘른베르그 헌장에 규정된 원칙들을 구체적으로 보면 첫째는 집단살해죄, 인도에 반한 죄, 전쟁범죄, 침략범죄에 대한 개인의 책임이 국제법 하에서 곧바로 인정된다는 것이며, 둘째는 형사적 책임은 그 개인의 공식적 지위와 관계없이 부과된다는 것이다. 셋째는 개인의 형사책임은 국내법이 이에 대하여 침묵하던, 용서하던, 혹은 상급자의 명령 등을 통하여 문제된 행위가 실질적으로 요구되었던 관계없이 개인에게 직접 부과된다는 것으로 뉘른베르그 헌장은 재판을 받는 자가 자신은 상관의 명령에 따랐을 뿐이라는 항변을 허용하지 않았다. 넷째로 이러한 유형의 형

69) Gerhard Werle, 전게서, 7면 참조.
70) IMT, judgment of 1 October 1946, in The Trial of German Major War Criminals, Proceedings odf the International Military Tribunal Sitting at Nuremberg, Germany, Part 22, p.445 Gerhard Werle, 전게서, 7면에서 재인용.
71) Gerhard Werle, 전게서, 8면.
72) Gerhard Werle, 전게서, 9면. 행위당시의 처벌법규 존재 여부 등을 둘러싼 죄형법정주의 관련 논의 등에 대하여는 Gerhard Werle, 전게서, 10면.
73) 김영석, 『국제형사재판소법강의』, 서울 : 법문사, 2003. 30면. 뉘른베르그 헌장 제26조에 의하여 항소는 허용되지 않았다.

사책임에 대하여 재판권 확장을 통하여 국내법원 뿐 아니라 국제법정을
통한 집행가능성을 부여하였다.[74]

이처럼 뉘른베르그 원칙은 위 판결 이후 로마규정이 정립되기까지 국
제형사법의 핵심을 정의하는 원칙들의 조합으로 이루어져 있다. 이러한
새로운 원칙의 출현은 제2차 대전이 끝날 무렵 강화된 국가간 상호 의존
성과 산업화된 전쟁으로 인하여 새로운 긴급상황이 조성되고 있다는 인
식에 기반한다. 국제사회의 안정을 위해 보다 새롭고 강력한 안정책이
요구되었던 것이다. 이러한 배경 하에 개인과 국가, 국제사회의 관계를
새롭게 설정하는 새로운 원칙들이 형성되었으며 이러한 원칙들은 전쟁
이후 국제사회에서의 의식혁신 과정을 거쳐 유엔헌장에도 반영되었다고
한다.[75]

(2) 동경재판

뉘른베르그 헌장에서 채택된 원칙들이 재확인된 것이 1946년부터
1948년까지 동경에서 열린 동경재판에서였다.[76]

위 재판은 1945년 이전의 일본의 침략적인 정책을 대상으로 하는 것
으로 재판의 대상이 된 28명 모두 전직 고위정치인과 군수뇌부였다. 정
치적인 이유에서 일본 천황에 대한 기소는 이루어지지 않았다.[77] 동경극
동국제군사재판소의 법령상 근거는 연합군 사령관 맥아더의 1946년 1월
19일자 명령[78]이었다. 위 재판은 뉘른베르그 모델에 따라 뉘른베르그에

---

74) Bruce Broomhall, 전게서, 19면. 기타 상세한 것은 George Ginsburgs, V.N.Kudriavtsev,
   The Nuremberg Trial and International Law. Dordrecht : Martinus Nijhoff
   Publishers(1990). Joseph E. Persico, Uuremberg Infamy On Trial, New York :
   Penguin Books USA Inc.(1994) 등 참조.
75) Bruce Broomhall, 전게서, 19면.
76) Gerhard Werle, 전게서, 11면.
77) Gerhard Werle, 전게서, 11면.
78) Charter of the International Military Tribunal for the Far East. Tokyo 헌장 혹은

서 범죄로 규정한 평화에 반한 죄, 인도에 반한 죄, 전쟁범죄 등을 중심으로 이루어졌다. 재판부에는 일본에 항복한 국가나 일본의 확장정책으로부터 심한 고통을 당한 국가들의 대표가 참석하였다. 재판은 전원에 대한 유죄판결로 종결되었는데, 침략전쟁을 일으켰다는 혐의 등으로 도조 전 일본 수상 등 7명에 대하여 사형선고가 내려졌으며 16명에 대하여는 종신형이 선고되었고, 20년 형과 7년 형이 각각 1명에게 선고되었다.[79)]

라. 유엔 임시재판소

냉전기간 동안 동면상태에 머물러 사실상 문언상으로만 존재하고 있었던 국제형사법은 냉전이 종식되고 평화체제가 가동되기 시작한 1990년대 초반 새로운 부흥을 이루게 된다. 이러한 변화의 원인은 구 유고슬라비아 영토에서 벌어진 반인륜적 행위와 르완다에서 발생한 소수종족 투치족 대량학살 사건이다.[80)] 냉전 종식으로 인해 보다 많은 권한을 행사할 수 있었던 유엔은 최대한의 노력을 기울여 위 사건들에 대해 국제형사법이 실제 적용될 수 있도록 하기 위하여 두개의 임시재판부를 설치한다. 새로이 설치된 재판부들은 국제조약에 기초한 뉘른베르그 경우와 달리 유엔헌장 제7장에 기초한 안전보장이사회의 결의에 의하여 성립된 것이다. 따라서 유엔당사국들에는 재판소에 대한 협력의무가 부과되고 범죄자들이 속한 국가의 사법절차에 대한 국제재판소의 우위가 규정되는 등 국제재판소는 강력한 권한을 가지게 되었다.[81)]

구 유고 국제형사재판소(ICTY, International Criminal Tribunal for Former

---

IMTFE 헌장으로 불린다.

79) Gerhard Werle, 전게서, 12면. 동경재판에 대하여 상세한 것은 植松慶太, 極東國際軍事裁判, 東京, 人物往來社(1962), 김영석, 『국제형사재판소법강의』, 서울 : 법문사, 2003, 30~31면 참조.

80) Gerhard Werle, 전게서, 15면.

81) Gerhard Werle, 전게서, 16면.

Yugoslavia)[82]는 1991년 이후 구 유고연방공화국, 특히 보스니아 및 헤르쩨고비나에서 발생한 대량학살·감금·강간 등 이른바 인종청소(ethnic cleansing)라는 명목으로 자행된 국제인도법 위반 행위[83]를 처벌하려는 목적으로 설립된 임시적 성격의 국제형사재판소이다.[84] ICTY 법령은 위 재판소에서 국제법하에서의 범죄행위를 기소하고 재판할 수 있는 권한을 부여한다. 대상범죄는 전쟁범죄, 집단살해, 인도에 반한 죄 등 이른바 핵심범죄들이 포함되었으며 규정내용은 대체적으로 뉘른베르그의 조항들을 따랐다.[85]

르완다 국제형사재판소(ICTR, International Criminal Tribunal for Rwanda)[86]는 몇개월 만에 80만명의 생명을 앗아간 르완다에서의 대량학살행위에 대응하기 위한 목적으로 만들어졌다. 위 재판소의 관할은 1994년 1월 1

---

82) 정식명칭은 International Tribunal for the Prosecution of Persons Responsible for Serious Violations of International Humanitarian Law Committed in the Territory of the Former Yugoslavia since 1991(ICTY)이다.

83) 티토 대통령 사망 이후 구 유고슬라비아연방에서의 인종갈등은 심화되어 갔는데, 1980년 소련 붕괴 이후 유럽에서의 가장 심각한 충돌로 이어졌다. 1991년 슬로베니아·크로아티아의 독립을 시작으로 보스니아계의 독립움직임도 가시화되었는데, 1995년의 데이톤 평화협정(Dayton Peace Accord) 체결시까지 인종청소(ethnic cleansing)를 명목으로 한 비세르비아계 민족에 대한 대규모의 집단살해 등 국제범죄가 자행되었다. Gerhard Werle, 전게서, 16면.

84) 1993년 2월 22일 유엔안전보장이사회는 결의 제808호로 유고슬라비아 내전 시에 자행된 행위는 국제평화에 위협이 된다고 선언하였으며, 1993년 5월 25일자 유엔 안전보장이사회 결의 제827호에 따라 구 유고 국제형사재판소(ICTY)가 설립되었다. Gerhard Werle, 전게서, 16면.

85) 위 재판소가 국제형사법의 실체법과 절차법의 발전에 기여한 부분에 대하여는 Gerhard Werle, 전게서, 17면.

86) 정식 명칭은 International Criminal Tribunal for the Prosecution of Persons Responsible for Genocide and Other Serious Violations of International Humanitarian Law Committed in the Territory of Rwanda and Rwandan Citizens responsible for genocide and other such violations committed in the territory of neighbouring States, between 1 January 1994 and 31 December 1994(ICTR)이다.

일부터 12월 31일까지 범하여진 집단살해, 인도에 반한 죄, 전쟁범죄 등이었으며 르완다 재판소는 구 유고 재판소의 모델을 따랐다. 특히 2003년까지는 양 재판소의 업무를 겸임하는 1명의 검사가 있었고 르완다 재판소의 항소부 구성원 역시 구 유고 재판소의 구성원이 되는 등 양 재판소는 구조적으로도 상호 연관되어 있었다. 위 재판소의 진취적인 업무수행으로 집단살해 범죄의 개념정립에 큰 기여를 하였다고 평가받는다.[87]

마. 로마규정과 국제형사재판소

국제형사재판소(International Criminal Court)는 집단살해죄, 인도에 반한 죄, 전쟁범죄 및 침략범죄 등 국제형사법상의 핵심범죄를 저지른 개인을 처벌할 수 있는 최초의 상설 국제재판소이다.

국제연맹(League of Nations) 체제 하에서 있었던 테러범죄를 기소할 수 있는 국제형사재판소를 설립하려는 시도는 좌절되었으나 상설국제형사재판소를 만들려는 노력은 2차 대전 이후 뉘른베르그 재판 등을 통하여 새로운 탄력을 받게 되었다. 1948년 집단살해 방지협약에 대해 국제관할권을 부여하게 됨을 계기로 유엔총회는 집단살해에 대한 국제형사법정의 성립가능성 및 타당성을 유엔국제법위원회에 의뢰하였으며 유엔국제법위원회는 최초 초안을 1951년 완성시킨다. 그러나 이후 급격히 악화된 국제정치 상황으로 1957년 유엔총회는 침략 등에 대한 개념정의가 마련될 때까지 국제형사범죄의 조문화와 국제형사법정 관련 법령의 구축작업을 중단하기로 결정한다. 이처럼 중단되었던 국제상설형사재판소 구축 작업은 1989년 트리니다드 토바고의 제창으로 다시 유엔총회의 승인을 얻어 재개되었으며 1994년 국제법위원회는 국제형사재판소에 관한 법령의 초안을 총회에 제출한다. 이후 총회에서 임명한 임시위원회가 국

---

87) Gerhard Werle, 전게서, 18면.

제형사범죄와 이를 처벌하는 재판소의 구성과 규율에 관한 보고서를 제출하고 1996년 다시 총회에 의하여 임명된 준비위원회가 국제형사재판소 설립회의를 위한 새로운 초안을 제출하는 과정을 거친다.[88]

유엔은 1998년 6월 16일부터 7월 17일까지 로마에서 국제형사재판소에 관한 법령을 만들기 위하여 160여개국이 참가하는 회의를 개최하였으며 이 회의에는 17개 국제기구와 250개 비정부기구 등도 참관하였다. 회의과정에서 국제범죄의 개념 등에 대한 논란은 예상보다 적었으나 국제형사재판소의 관할문제가 가장 많은 논란을 일으켰다고 한다.[89] 로마규정은 1998년 7월 17일 회의에서 채택되었는데 미국, 중국, 이스라엘, 이라크, 리비아, 예멘, 카타르 등 일부 국가가 반대하였고 21개국은 기권하였다. 이후 여러 국가들의 협약비준이 이어져 2002년 3월 11일 보스니아와 헤르쩨고비나가 위 협약을 비준하고 비준서를 기탁함으로써 로마규정 제126조에 따라 2002년 7월부터 위 협약은 효력을 발생하게 되었다.[90] 2010년 7월 현재 111개국이 로마규정의 당사국이다.[91]

로마규정은 형사재판소의 관할범죄로 국제사회의 관심을 끄는 가장 중대한 범죄인 집단살해죄(Genocide), 인도에 반한 죄(Crime against Humanity), 전쟁범죄(War Crime) 및 침략범죄(Crime of Aggression)를 규정하고 있으며 과거 유엔임시재판소의 경우와 달리 이들 범죄에 대한 정의규정을 두고 있다.[92]

로마규정의 특징 중의 하나는 국내 사법체제가 국제형사사범에 대한

---

88) Gerhard Werle, 전게서, 19면.
89) Gerhard Werle, 전게서, 21면.
90) Gerhard Werle, 전게서, 23면 우리나라는 로마규정의 83번째 당사국이다.
91) ICC 홈페이지 참조(http://www.icc-cpi.int/, 2012. 7. 20. 방문).
92) 위와 같은 정의규정에 대하여는 상대적으로 광범위한 국제형사재판소의 관할이 무한정 확대되는 것을 막는다는 장점과 국제형사관습법의 발전을 막는다는 단점이 동시에 지적된다. Robert Cryer, Håkan Friman, Darryl Robinson, Elizabeth Wilmshurst, 전게서, 125면.

처벌에 실패하지 않는다면 국제형사재판소는 개입하지 않는다는 보충성의 원칙이다. 국가의 일차적 재판권에 대한 존중이라는 이념적 측면 뿐만 아니라 당사국이 관련 증거나 증인 등에 가장 잘 접근할 수 있고 이를 집행할 충분한 자원을 가지고 있다는 효율성의 측면도 고려한 것이다. 협상과정에서 당사국들의 합의를 이끌어 내는데 보충성의 원칙은 매우 긍정적인 역할을 하였다고 한다.[93] 보충성 원칙에 따라 국제형사재판소는 국내관할에 대한 보충적 재판권만을 가지므로 당사국이 수사하고 있거나 기소한 경우 또는 기소하지 않기로 결정한 경우에는 재판권을 행사할 수 없는 것이 원칙이다. 그러나 당해 국가가 진정으로 수사 또는 기소할 의사나 능력이 없다고 판단하는 경우는 예외로 취급된다.[94][95]

로마규정은 국제형사범죄에 대하여 구체적 정의 규정을 두는 등 최초로 성문화된 국제형사사법 체제를 구축한 것이다. 상설법원인 국제형사재판소의 성립으로 이제 동일한 범죄행위에 대하여 국내법원의 형사재판권과 국제형사재판소의 관할이 중첩하는 이른바 수직적 이중위험의 문제가 상시적으로 발생하게 되었으며 이와 관련하여 로마규정 제20조 등은 매우 섬세한 규정들을 두고 있다.

---

93) Robert Cryer, Håkan Friman, Darryl Robinson, Elizabeth Wilmshurst, 전게서, 127면.
94) Robert Cryer, Håkan Friman, Darryl Robinson, Elizabeth Wilmshurst, 전게서, 128면.
95) 이외에도 죄형법정주의, 소급금지(제24조), 개인의 형사책임(제25조), 18세미만자에 대한 관할권배제(제26조), 공적지위와의 무관련성(제27조), 지휘관 및 기타 상사의 책임(제28조), 공소시효의 부적용(제29조), 정신적요건(제30조), 형사책임조각사유(제31조), 사실의 착오 또는 법률의 착오(제32조), 상사의 명령과 법률의 규정(제33조) 등 로마규정에는 형사법과 관련된 주요한 원칙들이 선언되어 있다.

3. 간접강제체제와 보편적 관할권

가. 간접강제 체제의 중요성

국제형사법의 목적을 어떻게 구현할 수 있을 것인가는 국제형사법 영역에서 제기되는 쉽지 않은 과제이다.

국제법상 인정되는 국제범죄에 대한 형사책임의 추급을 위해 앞서 살핀 국제형사법정에 의한 '직접적 강제체제(direct enforcement system)'와 각국의 국내법원에 의한 '간접적 강제제체(indirect enforcement system)'가 동시에 작동하고 있다. 그러나 최근까지의 국제형사체제는 대부분 간접강제체제에 의존하고 있었다.[96]

세계 여러 곳에서 계속하여 발생하는 국제범죄에 대한 국내기소가 적절히 이루어지지 못한다는 문제의식[97]에서 최근 상설 국제재판소인 국제형사재판소가 설립된 것은 사실이다. 그러나 국제형사재판소가 국제형사법에 대한 보편적인 책임을 떠안도록 설립된 것이 아니며 인적, 물적 자원의 한계를 가지고 있다. 특히 미국 등 주요 국가가 가입하지 않음으로써 세계적 보편성을 확보하는데 미흡한 측면이 없지 않아 국제범죄에 대한 비상적, 대기적 법원에 불과한 것으로 평가되고 있다.[98] 정치적, 사회적, 실제적인 측면 이외에 합법성의 관점에서도 여전히 국제범죄에 대한 국내 기소는 보다 선호되는 대안이다.[99]

이처럼 국제범죄가 국제형사법정이 아닌 국내법원에 의하여 기소되는 일반적 상황이 그대로 이어지고 있다는 점에서 간접적 강제제체의 중

---

96) Gerhard Werle, 전게서, 67면.
97) Robert Cryer, Håkan Friman, Darryl Robinson, Elizabeth Wilmshurst, 전게서, 54면.
98) Gerhard Werle, 전게서, 68면.
99) Robert Cryer, Håkan Friman, Darryl Robinson, Elizabeth Wilmshurst, 전게서, 54면.

요성이 여전히 강조될 수밖에 없으며 이러한 서로 다른 강제체제의 병존
은 재판권의 국제적 경합상황을 발생시키는 배경을 제공하고 있다.

국제범죄에 있어서 특히 주목할 점은 국제법상 인정되는 각 국가재판
권의 성립을 위한 연결점이 '국제사회 전체의 이해'에 존재한다는 것으
로 내국법원의 재판권에 필요한 전통적 의미의 연결점은 요구되지 않는
다.100) 국제형사범죄는 국제사회의 기본적 이해를 침해하는 예외적 심각
성 또는 극악성을 띠고 있어 국제법에 의하여 절대적 보편적 관할권
(absolute universal jurisdiction)이 허용되는 것이다.101) 따라서 전통적인
국제법 하에서는 재판권을 가지지 못하던 국가들도 자신들의 결정에 따
라서 이러한 국제범죄를 국내 법원에서 처벌할 수 있게 되며 그 결과 국
제사회에 소속된 각 국가들이 참여하는 확장된 간접강제 시스템을 갖게
되는 것이다.102)

조약에 일반적 근거를 두고 있는 초국경범죄의 경우 범죄자를 기소하
고 처벌할 수 있는 근거는 국제법이 아닌 국내에 도입된 국내법이라는
점에서 국내법원의 중요성은 절대적이다. 국제형사재판소 설립 당시 이
러한 초국경범죄도 국제형사재판소 관할에 포함시키려는 시도가 있었으
나, 테러 등 조약범죄의 정의에 대하여 합의를 이루기 어려울 뿐 아니라
현행 조약과 국내법으로 처벌이 가능하다는 이유로 국제형사재판소의
관할범위에서 제외되었다고 한다.103)104)

---

100) Neil Boister, 전게 논문, 963면.
101) Neil Boister, 전게 논문, 964면.
102) 조건적 보편적 관할권(conditional universal jurisdiction)과 절대적 보편적 관할권
    (absolute universal jurisdiction) 등 상세한 것은 Antonio Cassese, International
    Criminal Law, New York : Oxford University Press(2003) 284면 이하 참조.
103) 김영석, 『국제형사재판소법강의』, 서울 : 법문사, 2003, 60면.
104) 핵심범죄와 달리 초국경범죄의 경우 역외관할을 정립할 의무는 체약 당사국에
    대한 침해의 위협이 있거나 침해가 있었던 경우로 제한되어 국제형사범죄의 관
    할보다는 그 범위가 좁고, 보편적 관할이 인정되는 경우에도 관할의 성립이 특
    정한 조약의 규정에 의존하는 성질을 가지고 있다는 점 또한 국제형사재판소의

초국경범죄의 경우 이를 규정하는 조약들은 일반적으로 체약당사국에 "범죄인인도 혹은 기소의 의무(aut dedere, aut judicare, either extradite or prosecute)"를 부과하고 있다. 이러한 의무는 조약법에 기한 보편적 관할권과 연결되어 체약당사국의 모든 법원에서 초국경범죄에 대한 처벌이 가능한 체제를 구축하고 있는 것이다.

나. 국제범죄에 대한 처벌의무

일반적으로 국제법상 강행규정으로 해석되고 있는 핵심범죄의 처벌에 대하여 각 국가의 협력의무가 존재하는가 여부는 매우 논쟁적인 영역이다. 당사국이 국제법상 핵심범죄를 처벌하는 조약 등에 가입하여 스스로 의무를 부담한 경우가 아님에도 국제범죄에 대한 기소의무를 인정할 것인가에 대하여는 다양한 견해가 존재한다.

인권관련 법령, 국가의 책임과 관련된 국가관행 등에 이러한 기소의무의 근거가 존재하며 핵심범죄를 처벌하는 관련 조약 등을 고려할 때 현재 시점에서 비록 이러한 의무가 명확히 확립된 것은 아니지만 국제관습법상 자국 영역 내에서 발생한 모든 핵심범죄를 기소할 의무는 존재한다는 입장,[105] 현재 시점에서 존재하는 국가의 관행들을 볼 때 구속적인 의무가 존재한다는 증거는 발견되지 않으나 이러한 핵심범죄 등의 처벌을 위한 국제적 협력 의무 등의 발전가능성에 대하여 긍정적으로 논하는 입장,[106] 핵심범죄에 대한 제한적 기소상황 등 제한된 국가관행 등에 비

관할에서 초국경범죄가 배제된 이유가 되었다는 주장이 있다. Neil Boister, 전게 논문, 964면.

105) Ward N. Ferdinandusse, Direct Application of International Criminal Law in National Courts. Hague : TMC Asser Press(2006), 185면 이하 참조. 기소의무가 인정된다는 견해에 대한 상세한 내용과 아메리카 대륙의 인권관련 사건을 계기로 1990년부터 촉발된 관련 논쟁 등에 대하여 상세한 것은 Gerhard Werle, 전게서, 62면 이하.

추어 이러한 의무를 인정하기 어렵다는 견해를 피력하면서 현재의 국제
법적 논의상황을 소개함에 그치는 입장[107] 등이 있다.

이러한 논쟁은 기소의무가 인정되는 경우에도 보편적 관할권의 행사
를 포함한 무조건적 기소의무가 인정되어야 하는가 아니면 자국 영토 내
에서 발생한 범죄의 경우에만 기소의무를 인정할 수 있는가 등의 논점이
더하여져 매우 복잡한 양상을 띠고 있으나 국제형사법 학자들을 중심으
로 핵심범죄에 대한 보편적인 기소의무를 국제법상 인정하려는 노력은
계속 진행될 것으로 생각된다.

국내형사법제를 로마규정으로 대표될 수 있는 국제형사법에 적합하
게 만들려는 노력들은 국제범죄의 국내적 기소가 국제형사체제 전반에
서 중요한 위치를 차지하고 있다는 인식에 기반한 것이다.[108]

로마규정은 체약당사국에 의한 핵심범죄의 처벌을 실현시키기 위해
노력하고 있다. 로마규정 제1조는 국제형사재판소의 관할은 국가의 형사
재판권을 보충하는 것에 불과하다는 보충성의 원칙을 명시적으로 언급
함으로써 국제형사법 체제의 분산화된 시스템을 강조한다.[109] 국제형사
재판소는 국제형사법의 실현과 관련하여 국내법원을 대체하는 것이 아
니라 이를 보충할 뿐이며, 국제형사재판소의 설립에도 불구하고 국내법
원을 통한 국제형사법의 이행은 여전히 국제형사사법 체제의 근간으로
남아 있다는 것이다.[110]

이와 관련하여 특이한 점은 로마규정은 핵심범죄에 관한 실체법을 체

106) Antonio Cassese, 전게서, 302면.
107) Robert Cryer, Håkan Friman, Darryl Robinson, Elizabeth Wilmshurst, 전게서, 59면.
108) Gerhard Werle, 전게서, 74면.
109) 국제형사재판소에관한로마규정 제1조 재판소
　　　국제형사재판소(이하 "재판소"라 한다)를 이에 설립한다. 재판소는 상설적 기구
　　　이며, 이 규정에 정한 바와 같이 국제적 관심사인 가장 중대한 범죄를 범한 자
　　　에 대하여 관할권을 행사하는 권한을 가지며, 국가의 형사재판권권을 보충한다.
　　　재판소의 관할권과 기능은 이 규정에 정한 바에 의하여 규율된다.
110) Gerhard Werle, 전게서, 74면.

약당사국이 국내법으로 수용하는 것과 관련하여 어떠한 의무도 부과하지 않고 있다는 것이다. 이는 국제형사법 영역에서 체결된 다른 국제협약들과의 큰 차이점으로 로마규정 체약당사국은 로마규정 당사국이 된 이후에도 그들의 형사법 조항과 관련하여 자율권을 보유한다.[111] 따라서 국제형사재판소는 체약당사국의 국내법 규정이 로마규정과 차이가 있다는 사실만으로는 체약당사국의 기소를 배제하고 스스로 기소권을 행사할 수는 없으며 로마규정상의 범죄개념 수용여부에 대한 유연성을 부여하고 있는 것이다.[112]

국제형사재판소가 체약당사국의 국내기소에 대하여 개입할 수 있는 기준점은 국제형사범죄의 처벌에 대한 각국의 의지(willingness)와 능력(ability)이다. 비록 로마규정이 체약당사국에 대한 구체적 의무조항을 규정하고 있지는 않으나 국제형사법이 규정한 범죄가 국내법에서 처벌되는 것이 불가능하거나 부적합할 경우 국제형사재판소가 당해 사건을 가져와 처벌하는 것을 가능하도록 하고 있다. 이러한 체제는 각국이 로마규정에 부합하도록 국내법을 정비하고 집단살해 등 핵심범죄들이 국내법원에서 성공적으로 기소되도록 유도하는 것이다. 국제형사재판소도 각국의 국내입법을 위한 각종 기준을 제공하는 등 내국법 정비를 위한 노력을 경주하여 왔다.[113]

국제범죄와 달리 초국경범죄를 규정하고 있는 조약들은 일반적으로 당해 범죄의 개념을 먼저 정의한 후 모든 체약당사국에게 그 범죄를 수사하여 기소하거나 혹은 당사국의 의사에 따라 다른 관할국에 범죄인을 인도할 의무를 부과하는 "범죄인인도 혹은 기소의 의무(aut dedere, aut

---

111) Gerhard Werle, 전게서, 75면.
112) 별도의 구성요건을 입법화하지 않은 일본의 로마규정 이행입법에 대하여 상세한 것은 Jens Meierhenrich, Keiko Ko, "HOW DO STATES JOIN THE INTERNATIONAL CRIMINAL COURT? The Implementation of the Rome Statute in Japan", Journal of International Criminal Justice(2009).
113) Gerhard Werle, 전게서, 75면.

judicare, either extradite or prosecute)" 체제를 취하는 것이 일반적이다.

로마규정이 당해 규정상의 실체법을 국내법으로 수용하는 것에 대하여 어떠한 의무도 체약당사국에 부과하지 않는 것과는 달리 국제조약은 직접적 의무부과 방식을 취하고 있다.[114] 특히 체약당사국에 대하여 당해 국가와 직접적인 관련성이 없는 범죄에 대하여서까지 범죄인인도 혹은 기소의 의무를 부과한다.

위와 같은 형태의 의무부과 방식이 나타난 것은 1949년의 제네바 협약부터였으며 고문방지협약[115]에 이르러서는 체약당사국에 대하여 협약에 규정된 고문범죄를 국내법상의 범죄로 규정할 의무를 명시적으로 규정되기에 이른다. 나아가 자국민에 의한 범죄나 자국민에 대한 범죄가 아닌 경우에도 자국의 영토 내에 있는 범죄인을 재판권 있는 국가에 인도하지 않을 경우에는 당해 범죄에 대하여 재판권을 확립하여 기소할 것이 요구되게 되었다.[116] 위와 같이 조약법에 의하여 인정되는 의무는 그것이 국제법적 의무이기는 하나 보충적 의무이며 범죄인인도 혹은 기소원칙(aut dedere aut judicare)의 적용결과 부과되는 것이다. 체약당사국은 위와 같은 범죄에 대하여 스스로 재판권을 행사하여 당해 범죄인을 기소하거나 재판권을 행사할 의사와 능력이 있는 국가에 범죄인을 인도하여

---

114) Gerhard Werle, 전게서, 75면.

115) Convention Against Torture and Other Cruel, Inhuman or Degrading Treatment or Punishment, 10 December 1984, 23 I.L.M. 1027, modified 24 I.L.M. 535 (entered into force 26 June 1987)
동협약 제7조 The State Party in the territory under whose jurisdiction a person alleged to have committed any offence referred to in article 4 is found shall in the cases contemplated in article 5, if it does not extradite him, submit the case to its competent authorities for the purpose of prosecution.

116) Bruce Broomhall, 전게서, 110면. 기타 보편적 관할과 관련하여 강행법규의 가능성을 거론하는 입장이 있다. 이러한 견해에 의하면 강행법규는 국제법의 기본적인 규범에 화체되어 있는 것으로 전쟁범죄, 해적행위, 집단살해 등의 범죄자를 기소할 의무는 논란의 여지는 있으나 강행법규의 관점에서 모든 국가를 구속한다는 주장이다. Jon B. Jordan, 전게 논문, 10면.

야 한다.117)

위와 같은 내용의 조약 규정은 아메리카 대륙 고문방지협약118)을 비롯하여 국제적 테러행위를 다루는 협약 등에 포함되었다.119) 비행기120)와 배121)에 대한 납치, 국제적으로 보호되는 인물,122) UN 인물123)들에 대한 범죄, 포로(hostage taking)에 관한 협약,124) 폭탄테러(terrorist bombing) 관련 협약125) 그리고 테러에 대한 자금지원금지 관련 협약126) 등이 그 예

---

117) Amnesty International, Universal Jurisdiction: the duty of states to enact and implement legislation (London, 2001, AI Index: IOR 53/004/2001) 참조.

118) Inter-American Convention to Prevent and Punish Torture, 9 Dec 1985, OAS Treaty Series No 67 (1987. 2. 18. 발효) 제12조.

119) European Convention on the suppression of terrorism, 27 Jan 1977, E.T.S. 90 (1978. 8. 4. 발효) 제7조.

120) Convention for the Suppression of Unlawful Seizure of Aircraft (Hague Hijacking Convention), 1970. 12. 16.발효. Convention for the Suppression of Unlawful Acts Against the Safety of Civil Aviation (Montreal Hijacking Convention), 23 Sept 1971, 974 U.N.T.S. 177, 10 I.L.M. 1151 (1973. 1. 26. 발효), 제5조 제2항, 제7조. 초기의 조약들은 보편적 관할권을 허용하는 조항들을 두고 있었는데, 그 예로는 Convention on Offences and Certain Other Acts Committed on Board Aircraft (Tokyo Hijacking Convention), 14 Sept 1963, 704 U.N.T.S. 219; 2 I.L.M 1042 (1969. 12. 4. 발효), 제3조 제3항.(3).

121) Convention for the Suppression of Unlawful Acts Against the Safety of Maritime Navigation, 10 March 1988, 27 I.L.M. 668 (1992. 3. 1. 발효), 제10조 제1항.

122) Convention on the Prevention and Punishment of Crimes Against Internationally Protected Persons Including Diplomatic Agents, 14 December 1973, 1035 U.N.T.S. 167 (1977. 2. 20. 발효), 제3조 제2항, 제7조.

123) Convention on the Safety of United Nations and Associated Personnel, 15 December 1994, A/49/742 (1999. 1. 15. 발효), 제9조 제4항, 제14조.

124) International Convention Against the Taking of Hostages, 17 December 1979, 18 I.L.M. 1456 (1983. 6. 3. 발효), 제5조 제2항, 제8조 제1항.

125) International Convention for the Suppression of Terrorist Bombings, 15 December 1997, A/RES/52/164 (2001. 5. 23. 발효), 제6조 제4항, 제8조.

126) International Convention for the Suppression of the Financing of Terrorism, 9 December 1999, A/RES/54/109 (2002. 3. 10. 발효), 제7조 제4항, 제10조.

이다. 또한 용병에 관한 협약127)에서도 유사한 조항이 발견되며 핵물질
의 물리적 보호에 대한 협약,128) 강제실종자에 대한 아메리카 대륙협
약129) 등에도 동일한 조항이 존재한다. 재량적 보편적 관할의 예로는
1973년의 인종차별 관련 협약130)과 마약거래에 관한 협약131) 등이 있다.

다. 내국법원에 의한 처벌

핵심범죄들은 국내법상 살인, 강간 등 일반적인 범죄에 해당할 수 있
어 이와 별도로 국제범죄에 대해 새로운 국내입법을 할 것인가 여부는
원칙적으로 각 주권국의 의사에 달려 있다. 국내법에서 국제형사사범을
어떻게 처벌할 것인가의 문제는 각국의 법제에서 국제형사범죄에 대해
어떤 윤곽을 그려두었는가에 의존하는 것이다.132)

---

127) International Convention Against the Recruitment, Use, Financing and Training
of Mercenaries, 4 December 1989, 29 I.L.M. 89, 제9조 제2항, 제12조.
128) Convention on the Physical Protection of Nuclear Material, 3 March 1980,
International Atomic Energy Agency (1987. 2. 8. 발효) 제8조 제2항, 제10조.
129) Inter-American Convention on Forced Disappearance of Persons, 9 June 1994,
OAS Doc. OEA/Ser.P/AG/doc.3114/94, 33 I.L.M. 1529 (1996. 3. 28. 발효), 제4
조. Draft International Convention on the Protection of All Persons from Forced
Disappearance, E/CN.4/Sub.2/1998/19, Annex (1998. 8. 19. 발효) 제6조 제1항,
제13조.
130) International Convention on the Suppression and Punishment of the Crime of
Apartheid, 30 Nov 1973, A/RES/3068 (XXVIII) (1976. 7. 18. 발효) 제4조, 제5조.
131) Single Convention on Narcotic Drugs, 30 March 1961, 14 I.L.M. 302 (1964.
12. 13. 발효) 제36조 제2항, 제36조 제2항. 동일한 조항은 Convention on
Psychotropic Substances, 21 Feb 1971, 1019 U.N.T.S. 175 (1976. 8. 16. 발효)
제22조 제2항, 제4항. Convention Against Illicit Traffic in Narcotic Drugs and
Psychotropic Substances, 20 December 1988, E/CONF.82/15, Corr. 1 and Corr.
2 (1990. 11. 11. 발효) 제4조 제2항, 제3항.
132) 로마규정의 비준촉진을 하려는 목적에서 로마규정은 비구속적인 접근방식을 채
택하였으며, 실제 국내 실체법 정립에 대한 직접적 의무를 부과하지 않은 것이

제2차 세계대전 이후 각국에서 이루어진 국제범죄에 대한 기소는 국제형사법과 관련한 국내법 개정이 없는 상황에서 국제범죄가 아닌 일반범죄 형태로 이루어졌다. 예를 들면 1967년부터 1974년까지 이어진 그리스의 군사정권시절 자행된 광범위한 고문은 인도에 반한 죄에 해당할 수 있는 것이었다. 그러나 그리스에는 이에 대한 특별구성요건이 없었으며 관련자들은 결국 직권남용, 불법적 구금과 중상해 등으로 기소되었다. 베트남에서의 대량학살 혐의로 미국에서 재판을 받은 윌리암 캘리(William Laws Calley)의 행위 역시 전쟁범죄에 해당할 수 있는 것이었으나 일반살인 혐의 등으로 재판을 받았다. 러시아 체첸공화국 민간인 살해사건 관련자들은 단순 살인과 강간혐의로 기소되어 10년형을 선고받음으로써 국제형사법이 사실상 무시되었다는 평가를 받기도 하였다. 미군이 이라크 수용자들에 대하여 행한 광범위한 고문 역시 전쟁범죄나 인도에 반한 죄에 해당할 수 있었으나 제한된 소수의 사람들만이 군사법원에서 국제형사범죄가 아닌 일반범죄로 재판을 받았을 뿐이다.133)

프랑스, 독일, 그리스, 스페인, 스위스, 에멘, 일본, 중국 등 많은 국가들은 조약에 의하여 재판권을 행사하는 것이 허용되거나 의무지워지는 국제형사범죄 혹은 초국경범죄에 대해 당해 범죄가 자국 영토 바깥에서 발생한 경우에도 자국 형사법이 적용되는 것으로 선언하고 있다. 그러나 각국이 국제범죄에 대한 특별구성요건을 국내법에 입법하였는가 여부와 역외범죄에 대하여 보편적 관할권을 행사하도록 국내입법을 하였는가는 반드시 일치하는 것이 아니다.134)

로마규정의 비준을 촉진하는 명백한 효과를 가져왔다고 한다. 그러나 로마규정의 국내법 불수용 상태는 장기적으로는 바람직하지 않으며 로마규정의 정신과 계획에 완전히 동조하기 위하여는 각국의 실체법 개정이 요구된다는 주장이 있다. Gerhard Werle, 전게서, 77면.

133) Ward N. Ferdinandusse, 전게서, 19면.

134) Ward N. Ferdinandusse, 전게서, 34면. 영국, 캐나다 등의 개별 입법에 대하여는 Ward N. Ferdinandusse, 전게서, 20면.

가장 국제법 친화적인 것은 국제법상 인정되는 구성요건과 동일한 내용으로 기소하는 것이다. 국제법과 동일한 내용으로 기소가 이루어지는 경우로는 국제법을 직접 적용하는 방식, 국내법이 국제법을 준거법으로 지정하는 방식, 국제법의 내용과 동일한 이행입법을 통한 국제법 수용방식 등이 상정될 수 있다.

국제법의 직접 적용방식은 국제관습법상 인정되는 국제형사법상의 범죄구성요건을 국내에서 직접적으로 적용하여 판결하는 것이다. 이러한 직접 적용방식은 형사벌이 반드시 명문으로 규정될 것이 요구되지 않고 관습법 역시 형사벌의 근거로 인정되는 보통법(common law) 체제에서 가능할 것으로 생각되나 이론적으로 상정되는 규범 논리적 상황과 현실은 차이가 있다. 현실에서는 보통법 체제에 속하는 국가들도 국내법정에서 국제관습법을 직접 적용하는 것을 극도로 꺼림으로써 입법적 조치가 없는 상황에서는 관습법상의 범죄개념들은 거의 적용되지 않는다고 한다.[135]

국제법을 준거법으로 지정하는 방식은 국내법에서 로마규정의 핵심 범죄 개념조항들을 직접 지정하거나 국제관습법에서 인정되는 규범내용을 지정하는 것으로 구체적 지정방식과 일반적 지정방식으로 나뉠 수 있다.[136] 국내헌법상 개인의 형사책임에 대한 성문의 국내입법이 요구될 경우 이러한 지정방식을 취하기 어렵다는 한계가 있다.[137]

국제법 수용방식은 로마규정의 범죄개념을 국내법에 동일하게 규정함으로써 국제법규를 국내법으로 수용하는 것이다. 이러한 방식의 한계는 국제형사법의 범죄개념 등이 국내헌법이 규정하고 있는 법적 명확성에 대한 요청을 충족시키지 못하는 경우이다. 이러한 경우 국제범죄개념의 내용적 수정이 없이는 국내적 수용은 불가능하다.[138] 다수의 국가들

---

135) Gerhard Werle, 전게서, 76면.
136) Ward N. Ferdinandusse, 전게서, 17면.
137) Gerhard Werle, 전게서, 76면.
138) Gerhard Werle, 전게서, 77면. 수용입법을 기존 법전의 개정 방식으로 하는 경우와 별도의 특별법을 입법하는 방식의 장단점에 대하여는 Gerhard Werle, 전게서, 78면.

은 로마규정상의 범죄 개념을 그대로 복제하여 자국 형사법에 규정하였
으며 일부 국가들은 내국입법과정에서 수정을 가하기도 하였다.[139] 국제
형사법의 내용을 국내형사법 체제에 수용하는 것은 원칙적으로는 국제
법 규범이 국내법에 도입되는 것이다. 그러나 그 과정에서 국내 법문화
의 특징적인 부분이 고려되거나 로마규정에 포함되어 있는 범죄 뿐 아니
라 관습법의 일부로 존재하는 범죄가 국내법에 포함되기도 한다. 또한
국제법상 존재하는 국제형사법의 존재범위와 해석과 관련하여 특정한 국
가가 보유하고 있는 관념이 공식적으로 포섭되는 계기로도 작용한다.[140]

경우에 따라서 이러한 3가지 방식들이 혼합되어 사용될 수도 있으
며[141] 위와 같은 유형적 구분이 명확하지 않은 경우도 존재한다. 예를
들면 국제법은 범죄의 개념 부분만을 제공하고 재판권과 범죄의 참여형
태와 관련된 사항들은 국내법에 의하여 규율되기도 한다. 또한 여러 범
죄가 기소되는 경우 집단살해죄는 국내법에 근거하고 전쟁범죄는 국제
법에 근거하는 등 복합적 형태를 띠기도 한다.[142]

국제형사법의 국내 수용으로 인하여 국제형사법이 국내법원에서 실

---

139) 이 경우 국내 입법시 이루어지는 약간의 변형은 외견상 사소해 보이는 것일지라
도 실질적으로는 상당한 차이를 가져올 수 있다고 한다. 대표적으로 프랑스는
인도에 반한 죄의 개념을 정의함에 있어 '광범위'와 '체계적'이라는 요소를 로
마규정과 달리 중첩적인 것으로 규정하여 그 범위를 좁히고 있다. 상세한 것은
Ward N. Ferdinandusse, 전게서, 21면. 위 조항에 대하여 우리 이행입법인 국제
형사재판소 관할 범죄의 처벌 등에 관한 법률 제9조는 로마규정과 동일하게 양
자의 관계를 선택적으로 규정하고 있다. 따라서 우리법과 프랑스 국내법은 적용
양태에 있어 실질적 차이를 가져올 수 있을 것이다.
국제형사재판소 관할 범죄의 처벌 등에 관한 법률 제9조 (인도에 반한 죄)
① 민간인 주민에 대하여 공격을 행하려는 국가 또는 단체·기관의 정책과 관련
하여 민간인 주민에 대한 광범위하거나 체계적인 공격으로 사람을 살해한
자는 사형, 무기 또는 7년 이상의 징역에 처한다.
140) Gerhard Werle, 전게서, 77면.
141) Gerhard Werle, 전게서, 77면.
142) Ward N. Ferdinandusse, 전게서, 18면.

질적인 중요성을 갖게 되며 새롭고도 복잡한 수많은 법적 과제들이 제기된다. 이는 국제법과 국내법에서 적용되는 규칙과 원칙들의 차이, 다양한 법 체제와 법 문화의 교차, 국제재판권과 국내재판권의 병행 등에 기인한 것이다. 로마규정의 효력이 발생한 이후 이를 수용하는 국가는 이러한 상황들을 그들의 국내형사법제를 변화시킬 계기로 삼는다는 점에서 국제형사법 체제와 국내형사법 체제의 수직적 상호작용(vertical interaction)이 발생한다. 경우에 따라서는 서로 다른 국가들 사이의 형사사법 체제들의 수평적 상호작용(horizontal interaction)이 강화되기도 한다. 이와 같이 새로이 국내법에 편입된 국제형사법의 규범들을 해석함에 있어 국제형사법은 일차적 영향력을 미치게 되는 것이다. 비록 국내법에 편입된 국제형사법의 규칙은 형식적으로는 국내법의 일부이나 그들의 실질적인 기원은 여전히 국제법인 상태로 존재한다. 일반적으로 승인된 해석방법에 의하더라도 수용된 법을 해석함에 있어서는 로마규정과 국제관습법의 규범들을 고려하는 것이 필수적이다. 따라서 이에 대한 국내법 해석 역시 국제형사법에 부합하도록 하는 것이 필요하며 국내법원은 국제형사법의 모규범(parent norm)과 국제법원 혹은 필요한 경우에는 다른 나라 법원의 해석들을 고려하게 되는 것이다.[143]

초국경범죄의 경우 당해 조약이 직접적인 처벌법규로 작용할 수 없다. 따라서 체약당사국은 범죄인인도 또는 기소의 의무를 부담하고 있으므로 조약의 내용에 상응하는 특별법을 이행법률로 입법하거나 일반형법 조항을 적용하여 범죄인을 처벌할 수 있을 것이다.[144] 또한 역외에서 발생한 조약범죄에 대하여도 다음에서 보는 바와 같은 보편적 관할권을 인정함으로써 자국의 재판권 행사범위를 확대할 수 있다.

---

143) Gerhard Werle, 전게서, 80면.
144) 대법원 1984. 5. 22. 선고 84도39 판결(중국 민항기 사건 판결) 및 항공기내에서 범한 범죄 및 기타 행위에 관한 협약, 구 항공기운항안전법(1974. 12. 26 공포, 법률 제2742호) 등 참조.

라. 보편적 관할권

(1) 보편적 관할권의 필요성

보편적 관할권이란 기소국가와 범죄 사이에 어떠한 접점도 인정되지 않는 상황에서 범행의 장소나 피의자 혹은 피해자의 국적 등과 관계없이 특정국가에 대하여 인정[145]되는 세계주의적 재판권을 의미한다.[146]

국내와의 직접적 연결점이 인정되지 않음에도 특정한 범죄에 대하여 보편적 관할권을 인정할 필요성은 국제형사법의 필요성에 전제된 이념과 유사하다. 일정한 범주에 속하는 중대한 범죄들은 국제적 우려의 대상으로 그 자체로 비난받을 만한 것들로서 이들은 전체 국제사회의 도덕, 평화와 안정이라는 이해관계에 영향을 미친다.[147] 따라서 각 국가들은 그러한 범죄의 발생장소나 범죄인의 국적 여부 등에 무관하게 그러한 범죄자들을 처벌할 권한을 가지거나 때로는 처벌할 의무까지 부담하게 된다.[148]

국제사회에서 공유하고 있는 기본적 가치에 대한 공격으로 볼 수 있는 고문, 집단살해와 같은 국제범죄를 저지른 범죄자는 인류에 대한 적(hostes humani gene)으로 간주된다. 따라서 보편적 관할의 부여를 통하여 이들에 대한 처벌을 강화하는 것이 이러한 행위를 범죄화한 국제사회의 이상에 부합하는 것이다. 이러한 범죄자들이 처벌받지 않고 방치된다면 국제법 질서는 종국적으로 그 신뢰를 상실하게 될 것이다. 따라서 국제법의 피조물로서 국제법에 의하여 그 권리와 의무가 규정되는 각 국가

---

145) Robert Cryer, Håkan Friman, Darryl Robinson, Elizabeth Wilmshurst, 전게서, 44면.

146) 森下忠, 刑法適用法の理論, 東京, 成文堂(2005), 213면.

147) Bruce Broomhall, 전게서, 107면.

148) Eva Brems, "Universal Criminal Jurisdiction for Grave Breaches of International Humanitarian Law: The Belgian Legislation", Singapore Journal of International and Comparative Law(2002), 917면.

들은 그와 같은 범행을 저지른 사람에 대하여도 정의를 실현하는 국제사회의 대리인으로서 역할을 담당하는 것이 적절하다는 것이다.[149]

모든 국가들로부터 보편적으로 비난받는 범죄의 특성에서 보편적 관할권 행사를 근거지울 수 있는 보편적 이해관계가 도출된다.[150] 보편적 관할권이 인정된 경우 전통적 재판권을 보유하고 있는 국가는 당해 범죄에 대한 직접적 관련성을 가지고 있지 않은 다른 국가가 그 범죄를 수사하여 기소할 수 있다는 것을 승인해야 한다. 법이론적 측면에서 볼 때 이와 같은 보편적 관할권의 인정은 국가의 형사재판권이 국가의 의사에 의하여 이전 가능하다는 사고가 맞닿아 있다.[151]

보편적 관할권을 인정하는 현실적 이유는 범죄자에 대한 면책성을 배제할 필요성 때문이다. 재판권에 대한 전통적 원칙이나 제한된 범위의 국제형사법정만으로는 심각한 국제범죄에 대한 면책성을 제거하기는 부족하다. 따라서 국내법과 국제법의 유기적 협력을 통하여 심각한 국제범죄를 저지른 사람들에 대한 피난처를 제공하지 않는 것이 필요한 것이다.[152]

실제 많은 국제범죄들이 외국의 재판권에 속하는 지역에서 실행되거나 범죄자들은 범죄 이후 외국으로 도주하기도 한다. 경우에 따라서는 일정한 국가의 비호 아래 범죄들이 행하여지며 범죄가 발생한 이후 새로운

---

149) 이러한 국제범죄를 저지른 사람이 자국영토 내에 있음에도 이들에 대한 조사나 기소가 이루어지지 않는다면 이는 국제관계에 대한 문제를 야기할 뿐 아니라 자국민들의 법에 대한 존중을 저하시키는 것이므로 국제법에 국한된 문제로만 볼 수 없는 측면도 있다. Eva Brems, 전게논문, 917면.
150) 이러한 논리는 재판권에 대한 전통적 관념이 당해 범죄와 관할국가 사이의 이해관계를 전제로 하고 있는 것과 유사하다. Jon B. Jordan, 전게논문, 4면.
151) Bruce Broomhall, 전게서, 108면. 예를 들면 포로에 관한 뉴욕협약이 당사국들에게 보편적 관할권을 부여하고 있는 것은 당사국들 사이에서는 다른 국가가 자국을 대신하여 재판권을 행사하는 것에 대하여 동의한다는 양보가 있었던 것으로 이해되는 것이다. Robert Cryer, Håkan Friman, Darryl Robinson, Elizabeth Wilmshurst, 전게서, 40면.
152) Eva Brems, 전게논문, 917면.

세력이 집권한 경우에도 구 세력과의 갈등으로 인한 사회적 혼란을 우려
하여 과거 정권의 범법자들을 기소하는 것을 꺼리는 경향도 존재한다.153)
이러한 사실은 지금까지 수많은 집단살해 행위, 전쟁범죄, 고문 등이 행
하여져 왔음에도 매우 적은 수의 범죄만이 영토주권을 행사하는 국가의
국내법원에 기소되어 처벌되었다는 점에서 실증적으로 드러난다.154)

　　면책성 문제의 해결을 위해 국제범죄를 처벌할 수 있는 국제형사재판
소가 출범한 것은 사실이다. 그러나 국제형사재판소는 인적·물적 한계로
인하여 관할에 해당하는 모든 사건을 처리할 수 있는 충분한 자원을 갖
추지 못하고 있다. 또한 로마규정 제13조에 의하여 국제연합 안전보장이
사회가 소추관에게 범죄를 회부한 경우를 제외하면 체약당사국과의 관
련성이 없을 경우에는 범죄발생지나 범죄자 국적국의 동의가 재판권 행
사의 필수 요소이다.155) 이처럼 국제형사재판소의 재판권의 범위는 얼마
나 많은 국가가 로마규정에 가입하였는가 여부에 좌우된다. 시간적 범위
에 있어서도 국제형사재판소의 재판권은 국제형사재판소가 성립된 2002
년 7월 이후 범죄로 제한되어 면책 문제의 해결에는 본질적 한계가 있다.
따라서 국제형사재판소의 설립에도 불구하고 국제범죄에 대한 면책성에
대한 적정한 대응을 위해 보편적 관할을 가진 국내법원의 역할이 여전히
요구되는 것이다.156)157)

---

153) Bruce Broomhall, 전게서, 108면.
154) Amnesty International, 전게 보고서, 16면.
155) 로마규정 제12조.
156) Eva Brems, 전게논문, 920면.
157) 모든 인류의 이해를 침해하고 문명자체를 위협하는 극악한 강행법규 침해 범죄
　　에 대하여 모든 국가들이 보편적 관할권을 행사하려 한다는 규범적인 측면에서
　　의 논의(M. Cherif Bassiouni, 전게서, 207면)는 인도에 반한 죄, 전쟁범죄 등에
　　서 보다 강하게 나타나며, 사법절차로부터 도주하여 범죄자들이 쉽게 피난처를
　　찾을 가능성이 큰 공해상에서의 해적행위, 노예, 테러 등에 보편적 관할권이 인
　　정되는 것은 실용적 측면에 대한 고려가 보다 큰 것이라고 한다. 경우에 따라서
　　는 보편적 관할을 인정하는 근거로 두 가지 요소를 모두 갖추고 있는 경우가 있

이처럼 국제법에서의 일정한 범죄에 대하여 인정되는[158] 보편적 관할은 국제형사법 체제의 일반적 강제력 확보를 위한 필수적인 요소로서[159] 국제형사사법의 실효성 강화와 정의 실현에 커다란 기여를 하고 있음은 부정할 수 없는 사실이다. 그러나 특정국가의 영토 바깥에서 발생하였고 피의자나 피해자가 당해 국가와는 아무런 관련성을 가지고 있지 않음에도 제3국에서 관련자를 조사하여 기소할 권능을 부여한다는 점에서 전통적 재판권을 가지고 있는 국가들과의 충돌 문제, 재판권경합으로 인한 이중처벌의 문제 등을 본질적으로 내포하고 있다.

(2) 보편적 관할권의 인정근거

조약과 함께 국제관습법이 국제법상 보편적 관할권의 주요한 법원인 것은 사실이나[160] 명문으로 규정된 조약에 비하여 보편적 관할권의 존부와 범위, 내용을 일의적으로 확정하기는 용이하지 않는 등[161] 불명확성이 존재한다.

이와 관련하여 공해에서의 해적행위, 노예매매, 전쟁범죄, 집단살해 등을 국제관습법에 근거한 보편적 관할권이 인정되는 범죄로 예시하면서 이들 범죄에 대하여는 보편적 관할권의 행사 여부를 규정하는 조약의 유무에 관계없이 보편적 관할권을 행사할 수 있다고 보는 견해,[162] 해적

다(Bruce Broomhall, 전게서, 108면).

158) Bruce Broomhall, 전게서, 106면.

159) Bruce Broomhall, 전게서, 105면. 보편적 관할이 관할 국가의 관할권행사에 대한 촉매제 역할을 한다는 것 등 일반적으로 상세한 것은 Amnesty International, 전게 보고서 참조.

160) Jon B. Jordan, 전게 논문, 7면.

161) 국제관습법은 일반적이고 지속적인 국가들의 관행과 그에 따르는 법적 의무감에 근거하는 것이다. 보편적 관할이 인정되기 위해서는 대다수의 국가가 당해 범죄에 대하여 지속적으로 관할권을 행사하는 관행이 있을 것이 요구된다. Jon B. Jordan, 전게 논문, 7면.

162) Jon B. Jordan, 전게 논문, 7면.

행위, 노예매매 등이 국제관습법상 보편적 관할권을 인정하는 출발점이
되었음을 지적하면서 이들 범죄와 전쟁범죄에 대하여 국제관습법상의 보
편적 관할권을 인정하는 견해,[163] 집단살해, 인도에 반한 죄, 일정한 유
형의 전쟁범죄에 대하여는 국제관습법상 보편적 관할권의 행사가 허용
되며 이러한 범죄에 대한 관할권의 행사는 재량적인 것에서 의무적인 것
으로 나아가고 있다는 견해[164] 등 다양한 의견이 존재한다. 비록 국제관
습법에 의한 보편적 관할권의 범위는 불명확하고 논쟁의 여지가 많은 것
은 사실이나 일부 범죄에 대하여는 관습법에 의한 보편적 관할권을 공통
적으로 인정하고 있으며 이러한 범죄들 중 대다수는 조약법상 보편적 관
할권의 인정근거를 동시에 가지고 있다.

　오늘날 지배적인 국제법의 법원은 국제관습법이 아닌 국제 조약으
로[165] 많은 국제 조약들이 보편적 관할권에 관한 규정을 두고 있다. 국제
관습법과 달리 조약은 모든 국가들이 아닌 체약당사국만을 구속하는 특
성을 가지고 있다. 따라서 조약에 의하여 인정되는 보편적 관할은 순수
한 의미에서 보편적이라기보다는 체약당사국들 사이에 한정되어 나타나
는 관할의 체제에 관한 권리와 의무로 파악된다.[166]

　보편적 관할권을 행사할 것인가 여부는 기본적으로 각국 법집행 당국
의 의사에 의존한다. 따라서 법적으로 보편적 관할권이 인정됨에도 불구
하고 역사적으로 볼 때 각국은 보편적 관할권의 행사를 꺼림으로 인하여
그 적용상 어려움이 있었던 것이 사실이다. 특히 제2차 대전 이후 발전을

---

163) M. Cherif Bassiouni, "Universal Jurisdiction for International Crimes: Historical
　　 Perspectives and Contemporary Practice", International Criminal Law volume II :
　　 Leiden : Martinus Niihoff Publishers(2008), 153면 이하.
164) 관습에 기한 관할의 경우에도 강제적인 관할권 행사의무가 있다는 주장이 있으
　　 나, 아직까지 이러한 주장은 각국의 관행이나 대표적인 의견에 의해 뒷받침되는
　　 것으로 보이지는 않는다. Bruce Broomhall, 전게서, 111면.
165) Jon B. Jordan, 전게 논문, 7면.
166) Bruce Broomhall, 전게서, 105면.

거듭하던 국제형사법체제가 냉전으로 인해 동면기에 접어들면서 이러한
현상은 더욱 현저히 나타났다.[167]

보편적 관할권과 관련된 각국의 관행에 대한 국제사면위원회의 조사
결과에 따르면 약120개의 국가에서 전쟁범죄에 대한 보편적 관할권을
허용하는 입법을 가지고 있었으나, 2차 대전 이후 호주, 오스트리아, 벨
기에 등 12개국만이 보편적 관할권을 행사하였다고 한다.[168] 또한 100여
개가 넘는 국가에서 평화시 인도에 반한 범죄에 대한 보편적 관할 행사
를 허용하는 조항을 가지고 있었으나 오스트리아, 벨기에, 캐나다, 독일
등 12개국만이 재판권을 행사하였다. 집단살해죄에 대한 보편적 관할권
관련 법률을 가지고 있는 국가들이 70개국 이상이나 독일, 이스라엘, 멕
시코 스페인 등에서만 재판권이 행사되었다고 한다.[169]

보편적 관할권의 동면상태를 해소하는데 중대한 영향을 미친 것은
1961년 발생한 아이히만 사건이다. 이스라엘 정보기관 모사드는 1960년

---

167) Alexander Zahar, Göran Sluiter, International Criminal Law, New York : Oxford
University Press(2008), 499면. 이러한 유형의 역외관할권 행사는 범죄인의 본
국에 대한 정치적 문제를 일으킬 가능성을 내포하고 있으며, 민주화 진행과정
에 있는 국가들이 자국의 과거 행위에 대한 조사를 외국에서 행하는 것에 대하
여 우려를 표명할 가능성이 존재한다. 따라서 부적절한 시기에 진행되는 역외
의 사법절차는 국제평화에 관한 협상을 혼란에 빠뜨릴 우려가 있어 주의가 필
요하다는 견해가 있다. Eva Brems, 전게논문, 945면.

168) 위와 같은 국가들의 입법 등 관행 형성에는 1949년 제네바 협약의 영향력이
컸었던 것으로 이해되고 있다. Eva Brems, 전게논문, 921면.

169) 이러한 조사에서 나타난 가장 놀라운 결과는 법률의 규정 내용과 실질적인 재판
권 행사의 괴리현상이다. 각국의 많은 법률들이 보편적 관할권을 허용하고 있으
나 대부분 동면상태에 머물러 있어 결국 보편적 관할권의 행사를 통하여 전쟁
범죄의 면책을 배제하려는 제네바협약은 실패한 것으로 평가되었으며, 그 주요
원인은 냉전으로 인한 정치적 상황에 기인한 것으로 이해되고 있다. Chris Van
den Wyngaert, "War Crimes, Genocide and Crimes Against Humanity–Are
States Taking National Prosecutions Seriously?" in M. Cherif Bassiouni, ed.,
International Criminal Law, 2nd ed. (Ardsley, NY: Transnational Publishers,
1998), Vol. II, 227 at 230. Eva Brems 전게 논문, 재인용.

아이히만을 아르헨티나로부터 유괴한 후 재판을 위해 이스라엘로 데리고 가 이스라엘 법정에 세웠다.

위 사건에서 이스라엘 법원은 국제법 하에서의 범죄를 심리하는 재판권은 보편적인 것이라고 판시하면서 아이히만 사건에 대한 이스라엘의 관할권을 확인한다. 국제법상 인정되는 범죄는 단지 이스라엘 법에만 규정되어 있는 것이 아니며 이러한 범죄는 전 인류와 국가의 양심에 충격을 주는 것으로 국제형사법정이 없는 상황임을 고려할 때 각국의 사법, 행정기관들은 그러한 범죄자들을 법정에 세우는데 노력하여야 한다는 것이다. 위 사건은 제2차 대전 기간 동안의 전쟁 범죄에 대해 책임을 묻는 노력에 활기를 불어넣어 1980년대와 1990년대에 있어서의 다양한 입법들을 성사시키고 관련 재판을 진행시키는 촉매제 역할을 하게 되었다.[170)]

유고슬라비아와 르완다에서 자행된 잔학행위와 그에 따른 공적인 분노는 이 분야의 발전에 있어 또 다른 촉매제가 되었다. 이러한 행위에 대한 책임을 묻기 위하여 유엔 안전보장이사회에 의하여 설립된 ICTY와 ICTR은 여러나라에서 제2차 대전 기간 동안 자행된 범죄에 대한 기소가 이루어지는 계기로 작용하였으며[171)] 국제형사재판소 설립의 추동력을 형성하는데도 기여하였다. 영국에서 있었던 피노체트 사건도 국제형사범죄의 면책성에 대한 경각심을 일으키는 한편 보편적 관할권의 행사에 대한 지지를 촉발시키는 계기가 되었다.[172)]

---

170) 상세한 것은 Robert Cryer, Håkan Friman, Darryl Robinson, Elizabeth Wilmshurst, 전게서, 46면.

171) 피난민들 사이에 끼어 들어온 혐의자들이 자국의 영토 내에 존재하는 상황은 이러한 절차를 촉진시켰으며, 안전보장이사회가 이러한 범죄는 국제평화와 안전을 위협한다고 선언한 것도 이러한 정부의 활동의욕에 기여하는 것이었다. 비록 이러한 일시적 경향은 절차의 완성도 및 숫자 면에서 볼 때 제한적인 성공에 불과한 것이었지만, 이러한 움직임들은 보편적 관할의 근원을 이루는 사상의 승인을 반영한 것으로 국내법원 역할의 발전에 새로운 장을 여는 것이었다. Bruce Broomhall, 전게서, 113면.

172) 칠레의 독재자였던 피노체트는 스페인의 범죄인인도 요청에 따라 1998년 10월

위와 같은 과정들을 거쳐 인권침해범죄의 면책성에 대한 대응 필요성은 세계적 공감대를 이루게 된다. 각국의 검사와 판사들에 대하여 자국의 법령을 보다 적극적으로 활용하도록 북돋우는 계기가 되었을 뿐 아니라 로마규정 등 국제협약에 부합하는 방식으로 국내법령을 정립할 필요성도 광범위하게 인식되기에 이르렀다. 그 결과 넓은 범위에서의 입법적 변화가 촉진되었으며 많은 국내 입법에 보편적 관할권 조항이 포함되는 결과를 가져온다.[173)

1997년부터 1999년까지 독일에서는 네 명의 보스니아 세르비아인들이 집단살해, 살인, 심각한 학대 등으로 처벌받았으며, 1994년 또 다른 보스니아 세르비아인들이 덴마크에서 살인과 고문으로 형을 선고받았다. 1995년 오스트리아에서 심리된 사건에서는 집단살해 혐의에 대하여 무죄가 선고되었으며 1997년 스위스의 군사법정에서도 보스니아 세르비아인들에 대하여 무죄를 선고하였다. 1999년 르완다 민간인은 살인, 집단살해 등에 대한 관여행위로 인하여 전쟁범죄혐의가 적용되어 형을 선고받았다. 1999년 영국에서는 2차 대전 중 현재의 벨라루스에 해당하는 장소에서 유태인을 살해한 혐의에 대한 유죄선고가 있었다.[174) 위와 같은 성과는 숫자 면에서는 많다고 할 수 없으나 이러한 새로운 흐름에 따라 보편적 관할에 근거한 보다 많은 사건들이 미래에 발생할 것으로 예상된다.

지금까지의 상황을 살펴보면 국제형사재판소의 설립과 피노체트 사건

런던에서 체포되었다. 피노체트가 범죄인인도와 기소의 대상에서 면제된다는 내용의 하급심 판결이 있었으나 상급법원은 원심결정을 뒤집었다. 그러나 종국적으로 피노체트는 건강상의 이유로 2000년 3월 석방되었다. Eva Brems, 전게논문, 922면.

173) Bruce Broomhall, "Symposium: Universal Jurisdiction: Myths, Realities, and Prospects Panel Five: Expanding United States Condification of Universal Jurisdiction TOWARDS THE DEVELOPMENT OF AN EFFECTIVE SYSTEM OF UNIVERSAL JURISDICTION FOR CRIMES UNDER INTERNATIONAL LAW", New England Law Review(Winter, 2001), 407면.

174) Eva Brems, 전게논문, 923면.

등 몇몇 중대사건에 대한 보편적 관할권의 행사가 국제사회에서의 사고
의 변화를 촉진시켰다. 특히 로마규정으로 인하여 촉발된 국내법 개정 움
직임으로 보편적 관할권이 비교적 광범위하게 적용되게 변화하는 등 국
제형사범들의 책임을 추궁할 수 있는 일반적인 조류가 형성되어 가고 있
는 것이다.

로마협정은 체약당사국에 대하여 그들이 정의한 협정상의 범죄에 대
한 처벌의무를 부과하지 않았던 까닭에 동협정이 보편적 관할의 국내적
도입을 촉진시킬 것이라고는 예상되지 않았었다. 그러나, 각국이 국내 사
법체제를 로마협정이 규정한 보충성의 원칙요건을 충족시킬 수 있도록
재검토하여 수정하는 과정에서 보편적 관할권을 부여할 것인가의 문제
가 동시에 제기되었으며, 보편적 관할에 대한 국내적 입법 활동의 물결
이 발생하였다. 실제 로마협정은 협정의 서문 등에서 나타나듯 가장 악
명 높은 범죄에 대하여 그 면책을 최소화하려는 목적을 가진 것으로 위
협정이 규정한 보충성의 원칙은 이러한 범죄의 책임을 묻는데 국내법원
에 보다 큰 역할을 담당시키고 국제형사법원은 국내 법원이 이러한 역할
을 담당할 의사가 없거나 이를 행할 수 없는 경우에만 역할을 수행하는
것을 예정하고 있다. 국제형사법원은 아주 제한된 숫자의 사건들만을 처
리할 수 있는 자원을 보유하고 있어 많은 사건의 처리는 사실상 불가능
하며 이처럼 국제형사법원이 보충적 체제로만 작용하는 상황에서 취할
수 있는 대안은 범죄에 대하여 면책을 부여하는 것이거나 아니면 보편적
관할을 채택하는 것이라는 점이 보다 명백해졌다. 결국 이러한 논리는
전쟁범죄, 집단살해 등 중대한 범죄에 대한 면책성을 타파하기 위하여
각국이 보편적 관할에 대한 국내조항을 가져야 한다는 주장으로 이어진
것이다. 만일 많은 국가들에 의한 보편적 관할권 도입 결정이 없었다면
핵심범죄에 대한 면책성을 없애자는 국제형사재판소의 목적은 심각하게
훼손되었을 것이다.[175]

보편적 관할권의 행사에 대하여 많은 도전이 존재하고 있는 것 또한

사실이다. 그럼에도 불구하고 국제범죄에 대한 면책성이 배제되어야 한다는 자각과 이러한 방향으로의 움직임은 국제사회에서 더욱 강력한 흐름으로 나타날 것으로 보인다. 이러한 변화가 국내법원에 의한 보편적 관할권 행사를 증가시키는 결과를 가져오고 국제형사재판소와 함께 국제형사사범에 대한 면책성에 대하여 실질적인 억제효과를 나타낼 것으로 예상되는 상황이다.[176]

(3) 보편적 관할권을 규정한 각국 국내법

조약법에 의하여 재판권을 행사하는 것이 허용되거나 행사의무를 부담하는 국제형사범죄에 대하여 국내 재판권을 확대하는 조항을 두고 있는 국가들은 독일, 중국, 프랑스, 일본, 그리스, 스페인, 스위스 예멘 등이다.[177]

독일 형법은 세계주의 입장에서 국제적으로 보호되는 법익의 국외범 처벌을 비교적 광범위하게 규정하고 있으며 특히 독일형법 제6조는 이른바 조약범죄에 대한 일반적 관할권을 규정하고 있다.[178] 그러나 독일 실무에서는 외국에서 행하여진 외국인에 대한 외국인의 범죄행위를 기소하기 위하여는 세계주의를 규정한 독일 형법 제6조만으로는 충분하지 않으며 국내와의 일정한 연결점이 필요하다고 보고 있다.[179] 보편적 관할

---

175) Bruce Broomhall, 전게서, 116면. 우리나라의 로마규정 이행법률 제3조 제5항도 보편적 관할을 규정하고 있다.

176) Eva Brems, 전게 논문, 922면

177) Ward N. Ferdinandusse, 전게서, 34면. 상세한 내용은 박찬운, 전게서, 155면 이하 및 하태영, 전게 논문 참조.

178) 보호주의의 입장에서 독일형법 제5조는 일정한 범죄의 국외범의 처벌을 규정하고, 제6조는 쌍방가벌성 등의 조건 하에 독일인에 대하여 행하여진 범행에 대한 국외범의 처벌을 규정하고 있다.

　　독일 형법 제6조 국외에서 범하여진 다음과 같은 행위에 대해 행위지법에 독립하여 독일 형법이 적용된다.

　　　　제9호 범죄가 국외에서 범해진 경우에 독일연방공화국에 대하여 구속력이 있는 국가 간의 조약에 근거하여 형사 소추되는 범죄

권의 행사에 대하여 독일형사소송법 제153조(f)가 제한요건으로 작용하
는 것으로 독일은 기소강제주의를 취하고 있음에도 위 조항에 의하면 기
소의무는 피의자나 피해자가 독일인이 아닐 경우 피의자가 국내에 존재
하지 않거나 혹은 장래에 독일 내에 존재할 것이 합리적으로 기대되지
않을 경우에는 배제될 수 있도록 규정하고 있다.[180] 실제 독일 검찰은
자국에서 신병치료를 받고 있던 우즈베키스탄의 전 내무장관 조키르존
알마토프에 대해 8명의 우즈베키스탄 피해자들이 제기한 독일 국제형사
법상의 고문 등에 대한 범죄 고소를 기각한 바 있다.[181]

일본 형법 제4조의2(조약에 의한 국외범)는 "제2조 내지 전조에 규정
하는 것 외에 이 법률은 일본 국외에서 제2편[각칙]의 죄로서 조약에 의
하여 일본 국외에서 범한 때에 벌하여야 할 것으로 되어 있는 죄를 범한
모든 자에게 적용한다"고 규정하여 조약상 의무를 근거로 한 재판권 확
장을 일반적으로 인정하고 있다. 위 조항은 1987년 형법 개정으로 신설
된 것으로 범인 또는 범죄지를 묻지 아니하고 반인류적인 범죄에 대하여
는 자국의 형법을 적용할 수 있는 세계주의를 표방한 것이다.[182]

위와 같은 형태의 세계주의는 이미 일본의 '항공기의 강취에 관한 법
률' 제5조에 규정되어 있었으며[183] 위 조항이 신설되게 된 계기는 '국가
대표등보호조약(1987년 7월 8일 발효)' 및 '인질행위방지조약'이었다고

---

179) Gerd Pfeiffer, Strafprozessordnung Kommentar. Münich : Verlag C. H. Beck(2005),
    27면 참조.
180) 독일 형사소송법 제153조(f) 및 Alexander Zahar, Göran Sluiter, 전게서, 501면.
181) 상세한 것은 Salvatore Zappalà, "Symposium The Twists and Turns of Universal
    Jurisdiction Edited by A. Cassese THE GERMAN FEDERAL PROSECUTOR'S
    DECISION NOT TO PROSECUTE A FORMER UZBEK MINISTER Missed
    Opportunity or Prosecutorial Wisdom?", Journal of International Criminal Justice (July,
    2006) 참조.
182) 淺田和茂, 刑法總論, 東京, 成文堂(2007), 73면.
183) 航空機の强取等の處罰に關する法律 國外犯) 第五條　前四條の罪は、刑法
    (明治四十年法律第四十五号) 第二條の例に從う。

한다. 국가대표등보호조약은 국제적으로 보호되는 인물, 공적 시설 등을 보호하기 위하여 그 신체 또는 자유를 침해하는 것을 처벌하는 것으로 이를 위한 재판권 설정의 의무를 규정하고 있었다. 위 조항에 해당하는 행위는 살해, 폭행, 협박, 유괴 등 광범위한 것으로 종래 방식에 의할 경우 일본 형법 제2조에 이를 추가하는 열거주의를 취하거나 특별법으로 규정하는 방식을 취할 수 있었다. 그러나 일본 형법 제2조는 피해자의 종류를 불문하고 적용되는 것이며 특별법에 규정하는 방식은 너무 번잡할 뿐만 아니라 특별히 가중형을 마련하는 것도 아니라는 점에서 별도의 포괄적인 형태의 규정을 두게 된 것이라고 한다. 위 조항의 신설에 따라 일본의 '폭력행위등처벌에관한법률' 제1조의2 제3항 및 '인질에 대한 강요행위의 처벌에 관한 법률' 제5조도 그 취지에 따라서 개정되었다.[184]

일본에서는 위 조항이 일정한 범죄를 국외범으로 처벌할 것인가 여부를 조약에 위임하였다는 점에서 죄형법정주의에 위반되는 것이 아닌가라는 논의가 있다. 위 조항은 범죄를 신설하는 것이 아닌 기존 범죄 국외범의 처벌범위를 정하는 것이고 범죄로 되는 행위는 조약에 명료하게 규정되어 있으며 조약 역시 국회의 심의를 거쳐 체결되어 관보에 공고되는 점, 일본 헌법 제98조 제2항에 의하여 조약의 법규범성도 인정되는 점 등을 근거로 죄형법정주의에 위반되지 않는다는 견해가 있다. 이에 반하여 당해 조약의 내용이 불명확한 경우는 위 조항의 적용여부가 불명확하게 되므로 명확성의 원칙에 반하여 무효라는 견해, 위 조항이 백지형법적인 것이라는 점은 부정할 수 없으며 조약의 구체적 내용에 따라 명확성의 원칙에 반하는 문제점이 발생할 수 있으므로 신중한 검토가 필요하다는 견해 등도 존재한다.[185]

위와 같은 내용의 일본식 보편적 관할권은 그에 적용될 법령이 국제법이나 국제형사법에서 규정하고 있는 특별구성요건이 아닌 일반 형법

---

184) 淺田和茂, 전게서, 74면.
185) 淺田和茂, 전게서, 74면.

이라는 특색을 가지고 있다.[186]

당초 벨기에는 보편적 관할권을 인정할 뿐 아니라 관할권 행사를 위하여 범죄인이 벨기에 영역 내에 존재할 것조차 요건으로 보지 않는 광범위한 보편적 관할권 조항을 가지고 있었다.[187][188] 이러한 벨기에의 법제는 국제형사범을 처벌하는 형사절차에서 사적 당사자의 역할을 강화한 것과 맞물려 벨기에를 피해자 및 인권단체들이 다른 나라의 고위직 국가공무원들을 고소할 수 있는 장소로 만듦으로써 많은 분쟁을 야기하게 된다. 대표적인 사례가 콩고 외무장관에 대한 체포영장의 발부에 관한 Yerodia 사건으로 종국적으로는 콩고의 ICJ 제소에 따라 부적법한 것으로 결론 내려졌다.[189] 부시 전 미국 대통령(H. W. Bush), 부통령이었던 딕 체니(Dick Cheney)와 국무장관이었던 콜린 파월(Colin Powell)을 1991년 걸프 전쟁에서의 전쟁범죄로 기소하려는 움직임은 벨기에의 관련 입법을 변경할 것을 요구하는 미국으로부터의 엄청난 압력을 초래하였다.[190] 결국 지나치게 광범위한 재판권 행사에서 나타나는 수많은 부작용에 대한 비판에 따라 2003. 3. 보편적 관할의 행사를 제한하는 새로운

---

186) Ward N. Ferdinandusse, 전게서, 19면.

187) 이른바 "Butare Four" 사건에서는 피의자들이 벨기에 내에 존재하였다. 그러나 콩고의 Yerodia, 혹은 이스라엘 총리 아리엘 샤론(Ariel Sharon) 사건의 경우 피의자는 벨기에 내에 존재하지 않았다. 특히 이스라엘 총리 사건은 이스라엘과 벨기에 사이의 긴장을 촉발시켰으며 광범위한 관할을 규정한 관련법이 벨기에의 정상적인 국제관계를 파괴한다는 논란을 불러일으켰다. Robert Cryer, Håkan Friman, Darryl Robinson, Elizabeth Wilmshurst, 전게서, 48면.

188) 두가지 유형의 보편적 관할에 대한 상세한 논의는 Antonio Cassese, 전게서, 285면 이하 참조

189) ICJ는 위 사건에서 보편적 관할권의 문제는 건드리지 않은 채 국가면책을 근거로 벨기에의 체포영장 발부의 적법성을 부정하였다. 위 판결에서는 보편적 관할권의 문제를 상세히 다룬 소수의견이 있었다. 상세한 것은 Robert Cryer, Håkan Friman, Darryl Robinson, Elizabeth Wilmshurst, 전게서, 48면.

190) Robert Cryer, Håkan Friman, Darryl Robinson, Elizabeth Wilmshurst, 전게서, 49면.

법률이 통과되어[191] 현재는 범죄자가 사후적으로 벨기에에 거주하는 경우에만 벨기에 법원은 관할권을 행사할 수 있는 상황이다.[192]

(4) 우리나라에서의 보편적 관할권

우리나라는 국제형사재판소 관할 범죄의 처벌 등에 관한 법률[193] 제3조 제5항에 핵심범죄에 대한 보편적 관할 규정을 두고 있다. 위 조항은 대한민국 영역 밖에서 집단살해죄등[194]을 범하고 대한민국영역 안에 있는 외국인에 대하여 위 법이 적용됨을 규정한다.[195]

우리 형법은 각칙에서 외국통화 위조죄를 규정하는 등 일부 세계주의적 규정을 두고 있을 뿐 총론에서는 직접적으로 세계주의를 도입하고 있지는 않다.[196] "항공기의 불법납치 억제를 위한 협약" 및 "항공기내에서 범한 범죄 및 기타 행위에 관한 협약" 등과 관련된 보편적 관할 관련 법령으로는 항공기운항안전법(1974.12.26 공포, 법률 제2742호)이 있었으며 현재는 「항공안전 및 보안에 관한 법률」로 시행 중에 있다.

---

191) Alexander Zahar, Göran Sluiter, 전게서, 499면.

192) 현재의 벨기에의 법령이 범죄인 부재 상태의 보편적 관할권을 포기한 것인가에 대한 상세한 논의는 Robert Cryer, Håkan Friman, Darryl Robinson, Elizabeth Wilmshurst, 전게서, 49면.

193) 국제형사재판소 관할 범죄의 처벌 등에 관한 법률(제정 2007.12.21 법률 제8719호).

194) 로마규정 이행법률 제2조 (정의) 제1호는 "집단살해죄등"이란 제8조부터 제14조까지의 죄를 말한다."라고 규정하고 있어 '집단살해죄 등'의 개념에는 제8조(집단살해죄), 제9조 (인도에 반한 죄), 제10조 (사람에 대한 전쟁범죄), 제11조(재산 및 권리에 대한 전쟁범죄), 제12조 (인도적 활동이나 식별표장 등에 관한 전쟁범죄), 제13조 (금지된 방법에 의한 전쟁범죄), 제14조 (금지된 무기를 사용한 전쟁범죄) 등이 포함된다.

195) 동법 제3조 (적용범위)
　⑤ 이 법은 대한민국 영역 밖에서 집단살해죄등을 범하고 대한민국영역 안에 있는 외국인에게 적용한다.

196) 위와 같은 세계주의적 성격을 가지는 조문도 외국인의 국외범을 처벌할 수는 없다는 점에서 보편적 관할권을 인정한 것이라고 보기는 어렵다.

마. 중국 민항기 사건(대법원 1984.5.22. 선고 84도39 판결)

(1) 사안의 개요

중국의 정치, 사회현실에 불만을 품어오던 피고인 등 6명은 중국여객기를 납치하여 대만으로 탈출하기로 공모하고 1983 5. 5. 11:30경 중국 민용항공 소속 심양발 상해행 항공기 트라이던트 비(B)-296호에 탑승하였다. 같은날 12:20경 위 항공기가 중국 대련시 부근 해안 상공을 통과할 때 비행기의 납치 행위에 착수하여 대항하는 항법사와 통신사에게 권총 1발씩을 발사하여 각 대퇴부관통상을 가하였다. 이들은 계속하여 권총으로 기장과 부기장을 위협하여 승객 90명과 승무원 9명이 탑승한 위 항공기의 항로를 변경시켜 서울방향으로 강제 운항케 하였다. 이들은 같은 날 14:11경 강원도 춘천시 근화동 소재 비행장에 위 항공기를 착륙시켰으며 같은 날 21:30경까지 위 항공기를 강점함으로써 위 항공기를 납치하였다.197)

(2) 대법원의 판단

원심법원은 위 사건에 대하여 우리나라의 항공기운항안전법198)을 적용하여 이들을 처벌하였다. 이에 대하여 변호인 측은 피고인들이 외국인의 국외범이므로 대한민국 형법의 적용대상이 아니며 그 결과 우리나라 법원이 재판권이 없으므로 형사소송법 제327조 제1호에 의하여 공소기

---

197) 양은룡, "항공기납치사건에 대한 법적 고찰", 서울지방변호사회, 판례연구 16집 하(2003. 01), 211면.
198) 항공기운항안전법[시행 1974.12.26] [법률 제2742호, 1974.12.26, 제정]
　　제8조 (항공기 납치죄)
　　① 폭력 또는 협박 기타의 방법으로 운항중인 항공기를 랍치한 자는 무기 또는 7년 이상의 징역에 처한다.
　　② 제1항의 미수범은 처벌한다.
　　제9조 (납치·치사상) 제8조의 죄를 범하여 사람을 치사상하게 한 자는 사형 또는 무기징역에 처한다.

각이 선고되어야 한다며 상고를 제기하였다.[199] 이에 대하여 대법원은
""항공기내에서 범한 범죄 및 기타 행위에 관한 협약"(이른바 토오쿄오
협약으로서 1971. 5. 20 대한민국에 대하여 효력발생) 제3조 제3항은 국
내법에 따라 행사하는 어떠한 형사재판 관할권도 배제하지 아니한다고
규정하고 있고 우리나라 항공기운항안전법 (1974. 12. 26 공포, 법률 제
2742호) 제3조에 의하면 이 법은 "항공기" 내에서 범한 범죄 및 기타 행
위에 관한 협약 제1조의 규정에 의한 모든 범죄행위에 적용한다고 규정
하여 이른바 위 토오쿄오협약 제1조 제1항 소정의 형사법에 위반하는 범
죄의 구성여부를 불문하고 항공기와 기내의 인명 및 재산의 안전을 위태
롭게 할 수 있거나 하는 행위 또는 기내의 질서 및 규율을 위협하는 행위
에 적용된다고 규정하고 있으므로 위 항공기운항안전법 제3조의 규정과
위 토오쿄오협약 제1조, 제3조, 제4조의 규정 및 "항공기의 불법납치 억
제를 위한 협약"(이른바 헤이그협약으로서 1973. 2. 17 대한민국에 대하
여 효력발생) 제1조, 제3조, 제4조, 제7조의 각 규정들을 종합하여 보면
이 사건 민간항공기 납치사건에 대하여는 항공기등록지국에 원칙적인
재판관할권이 있는 외에 이 사건 항공기의 착륙국인 우리나라에도 경합
적으로 재판관할권이 생기어 우리나라 항공기운항안전법은 외국인의 국
외범까지도 모두 적용대상이 된다고 할 것"이라며, 피고인들의 상고를
기각하였다.

(3) 대법원 판례의 국제법적 정당성

관련 조약들의 내용에 비추어 우리 법원이 위 사건에 대하여 재판권
을 행사한 것은 국제법적 정당성을 갖는 것으로 판단된다.

항공기내에서 범한 범죄 및 기타 행위에 관한 협약(Convention on
Offences and Certain Other Acts Committed on Board Aircraft)[200] 제3조 제

---

199) 신동운, 『판례백선 형법총론』, 서울 : 경세원, 1998, 58면.

3항은 "3. 본 협약은 국내법에 따라 행사하는 어떠한 형사재판관할권도 배제하지 아니한다"라고 규정하고 있고, 항공기의 불법납치 억제를 위한 협약(Convention for the Suppression of Unlawful Seizure of Aircraft (Hague Hijacking Convention)[201] 제4조,[202] 제7조[203])는 조약의 체약당사국에 대하여 당해 국가와 직접적인 관련성이 없는 범죄에 대하여 범죄인인도 혹은 기소의 의무(aut dedere, aut judicare, either extradite or prosecute)의 형태로 보편적 관할권을 규정하고 있을 뿐 아니라, 착륙국 등에 대하여 관할권확립의 의무까지 규정하고 있기 때문이다(동 협약 제1조,[204] 제3

---

200) 이른바 토오쿄오 협약으로서 1971. 5. 20. 조약 제385호로 우리나라에 효력이 발생하였다.

201) 이른바 헤이그 협약으로 1973. 2. 17. 조약 제460호로 우리나라에 효력이 발생하였다.

202) 제4조

   1. 각 체약국은 범죄 및 범죄와 관련하여 승객 또는 승무원에 대하여 범죄혐의자가 행한 기타 폭력행위에 관하여 다음과 같은 경우에 있어서 관할권을 확립하기 위하여 필요한 제반 조치를 취하여야 한다.

   (가) 범죄가 당해국에 등록된 항공기 기상에서 행하여진 경우

   (나) 기상에서 범죄가 행하여진 항공기가 아직 기상에 있는 범죄혐의자를 싣고 그 영토내에 착륙한 경우

   (다) 범죄가 주된 사업장소 또는 그와 같은 사업장소를 가지지 않은 경우에는 주소를 그 국가에 가진 임차인에게 승무원없이 임대된 항공기 기상에서 행하여진 경우

   2. 각 체약국은 또한 범죄혐의자가 그 영토내에 존재하고 있으며, 제8조에 따라 본조 제1항에서 언급된 어떠한 국가에도 그를 인도하지 않는 경우에 있어서 범죄에 관한 관할권을 확립하기 위하여 필요한 제반 조치를 취하여야 한다.

   3. 본 협약은 국내법에 의거하여 행사되는 어떠한 형사 관할권도 배제하지 아니한다.

203) 제7조 그 영토내에서 범죄혐의자가 발견된 체약국은 만약 동인을 인도하지 않을 경우에는, 예외없이, 또한 그 영토내에서 범죄가 행하여진 것인지 여부를 불문하고 소추를 하기 위하여 권한있는 당국에 동 사건을 회부하여야 한다. 그러한 당국은 그 국가의 법률상 중대한 성질의 일반적인 범죄의 경우에 있어서와 같은 방법으로 결정을 내려야 한다.

조,205) 제4조 등 참조).

(4) 대법원 판례의 국내법 관할규정의 적용

대법원은 판시이유에서 항공기내에서 범한 범죄 및 기타 행위에 관한 협약 (이른바 토오쿄오협약으로서 1971. 5. 20 대한민국에 대하여 효력발생) 제3조 제3항, 헤이그협약 제1조, 제3조, 제4조, 제7조 등의 규정들과 함께 항공기운항안전법 제3조(적용범위) 등 국제법규와 국내법규를 한꺼번에 설시하고 있어 대법원이 우리나라 재판권이 국내법적으로 어떻게 근거지워진 것으로 판단하였는가는 다소 불분명하다. 그러나 우리나라의

---

204) 제1조 비행 중에 있는 항공기에 탑승한 여하한 자도
    (가) 폭력 또는 그 위협에 의하여 또는 그밖의 어떠한 다른 형태의 협박에 의하여 불법적으로 항공기를 납치 또는 점거하거나 또는 그와 같은 행위를 하고자 시도하는 경우, 또는
    (나) 그와 같은 행위를 하거나 하고자 시도하는 자의 공범자인 경우에는 죄(이하 "범죄"라 한다)를 범한 것으로 한다.
205) 제3조
  1. 본 협약의 목적을 위하여 항공기는 탑승후 모든 외부의 문이 닫힌 순간으로부터 하기를 위하여 그와 같은 문이 열려지는 순간까지의 어떠한 시간에도 비행중에 있는 것으로 본다. 강제착륙의 경우, 비행은 관계당국이 항공기와 기상의 인원 및 재산에 대한 책임을 인수할 때까지 계속하는 것으로 본다.
  2. 본 협약은 군사, 세관 또는 경찰업무에 사용되는 항공기에는 적용하지 아니한다.
  3. 본 협약은 기상에서 범죄가 행하여지고 있는 항공기의 이륙장소 또는 실제의 착륙장소가 그 항공기의 등록국가의 영토외에 위치한 경우에만 적용되며, 그 항공기가 국제 혹은 국내 항행에 종사하는 지 여부는 가리지 아니한다.
  4. 제5조에서 언급된 경우에 있어서 본 협약은 기상에서 범죄가 행하여지고 있는 항공기의 이륙장소 및 실제의 착륙장소가 동조에 언급된 국가중의 하나에 해당하는 국가의 영토내에 위치한 경우에는 적용하지 아니한다.
  5. 본조 제3 및 제4항에 불구하고, 만약 범인 또는 범죄혐의자가 그 항공기의 등록국가 이외의 국가의 영토내에서 발견된 경우에는 그 항공기의 이륙장소 또는 실제의 착륙장소 여하를 불문하고 제6, 제7, 제8 및 제10조가 적용된다.

당시 항공기운항안전법 제3조는 그 적용범위에 관하여 "이 法은 "航空機 내에서犯한犯罪및기타行爲에관한協約" 第1條의 規定에 의한 모든 犯罪 行爲에 適用한다"는 특별규정을 두고 있었다.

따라서 대법원이 그 판시과정에서 법의 적용범위를 규정한 위 조항을 명시적으로 언급한 것은 위 조항을 국내법의 역외적용조항으로 이해하고 이를 근거조항으로 보아 역외적용의 문제를 해결한 것으로 생각되며 기타 조약에 관한 언급은 당해 관할권행사에 대한 국제법적 정당화의 문제에 대한 근거로 언급한 것으로 생각된다.206)207)

---

206) 항공기운항안전법 제3조(적용범위)의 규정이 명확하지 않은 것은 사실이다. 우리 나라 항공기 안전법은 일본법과 같이 명확하게 외국인의 국외범이 처벌됨을 규정하고 있는 것이 아니며, "항공기내에서범한범죄및기타행위에관한협약" 제1조 의 규정에 의한 모든 범죄행위에 적용된다고만 규정하고 있어 인적 적용범위 확대 조항인가 여부가 다소 불분명하다. 또한 위 법에서 범죄구성요건 요소를 별도로 규정하고 있음에도 위 협약 제1조가 범죄행위를 직접 규정하는 구성요건적 성격을 갖는 것처럼 보이는 표현을 사용하고 있어 위 조항은 위 항공기의 운항에 관한 기장의 조치 의무 등의 범위를 정한 것에 불과한 것이라는 반론이 제기될 수 있을 것이다. 위 조항은 2002년 위 법이 항공안전및보안에관한법률[시행 2002.11.27] [법률 제6734호, 2002. 8.26, 전부개정] 로 개정되면서 삭제되었다.

207) 위 사안을 국제법의 직접적용을 인정한 것으로 이해하는 입장이 있다.(조병선, "우리나라에서의 국제형법의 전망과 과제 - 국제형사규범의 국내법원을 통한 국내적 이행을 중심으로 -", 형사법연구 제19권 제4호(2007 겨울 통권 33호)). 그러나 우리나라의 재판권을 인정하는 조약은 국제범죄의 경우와는 달리 수명 자가 국가로서 조약의 내용은 국가에 대하여 관할권 확립의 의무를 규정하고 있음에 불과하다. 따라서 위 사례를 국제법의 직접 적용문제로 이해하는 것은 죄형법정주의에 비추어 신중한 검토를 요할 것으로 생각된다. 기타 위 판례에 대한 평가는 박찬운, 전게서, 296면. 헌법 제6조 제1항과의 관계에 대한 논의는 신동운, 『형법총론』 서울 : 법문사, 2008. 67면 등

제 3 장

일사부재리 원칙의 한계와 다양성

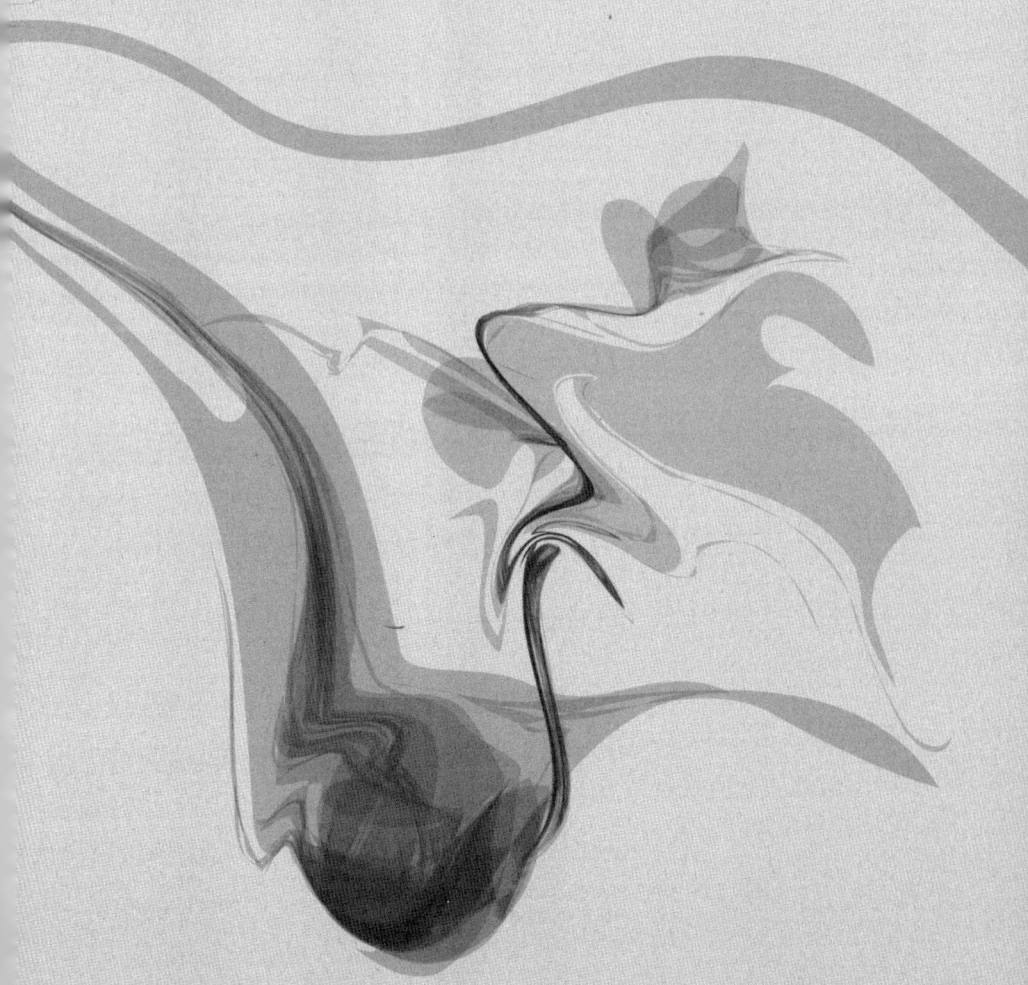

제1절 국제적 일사부재리 원칙의 특수성

제2장에서는 재판권의 국제적 경합으로 인하여 이중처벌이 발생할 수 있는 다양한 상황들에 대하여 살펴보았다.

앞서 살핀 바와 같이 재판권 경합으로 인한 국제적 이중처벌 문제는 서로 다른 재판권이 경합하여 발생하게 된다는 점에서 단일 재판권에서의 이중처벌문제와는 본질적으로 상이한 특징을 가지고 있다. 재판권 경합에 따른 이중처벌의 우려는 더욱 증가할 것으로 예상되며 특히 국제형사법제의 발전에 따라 국제범죄에 대하여는 직·간접적 강제체제가 동시에 작동되는 특수한 영역이 형성되고 있다.

단일한 재판권 하에서 이중처벌이 금지된다는 것은 확립된 형사법상의 원칙이며 이러한 유형의 이중처벌 금지는 국제인권조약에도 반영되어 있는 보편적 법원칙이다. 재판권이 경합하여 국제적 이중처벌의 문제가 발생하는 상황에서도 단일 재판권에 의한 거듭된 처벌은 여전히 금지된다. 따라서 단일한 재판권에서 발생하는 이른바 '국내적 이중처벌금지 내지 국내적 일사부재리원칙'과 서로 경합하는 상이한 재판권들 사이에서 발생하는 '국제적 이중처벌금지 내지 국제적 일사부재리 원칙'은 서로 배타적인 것이 아니고 중첩적인 것이다.

뒤에서 살피는 바와 같이 국제적 일사부재리원칙이 전면적으로 적용되지 않는 현재의 규범상황을 비추어 볼 때 '국내적 이중처벌금지 내지 일사부재리원칙'과 '국제적 이중처벌금지 내지 국제적 일사부재리 원칙'을 상호 분리하여 고찰하는 것이 다음과 같은 이유에서 바람직할 것으로 생각된다.

첫째 앞서 본 바와 같이 동일한 재판권에 의한 것인가 아니면 서로 다른 재판권이 경합하는가라는 본질적 차이가 존재한다. 따라서 국제적 일사부재리 원칙의 경우 국내적 일사부재리 원칙에는 존재하지 않는 주권제한[1]이나 재판권 제한, 자국형사법의 실현 필요성, 자국민 보호 등 다양한 고려요소가 복합되어 있다. 또한 국내적 일사부재리 원칙의 근거의 하나로 제시되는 국가기관에 대한 치밀한 준비 혹은 법집행기관의 효율성 요청 등은 재판권 경합상황에서는 타당하지 않다.

둘째 법이론적 측면에서의 상이성이다. 국내법원의 판결은 국내법 체제 하에서 당연히 그 효력을 갖는다. 그러나 외국판결에 대한 긍정적인 입장 변화에도 불구하고 외국판결에 대하여 법적 효력을 부여하기 위해서는 특별한 국내규범이 존재할 것이 요구된다. 외국법에 의하여 선고된 외국판결이 우리나라에 당연히 효력을 갖는 것으로 볼 수는 없다.

나아가 국제적으로 적용되는 일사부재리 원칙의 대상행위는 상이한 주권국가들에서 독립된 별개 범죄를 구성할 수 있다.

셋째 인권보호의 필요성에 대한 고려이다. 거듭된 처벌을 금지하는 일사부재리원칙을 구분하여 고찰하지 않고 단순히 일사부재리 원칙의 적용 여부만을 결정하는 방식은 기존의 일사부재리 원칙의 적용이 없을 경우 당사자를 아무런 제한없이 거듭처벌의 위험에 방치하는 결과를 가져온다. 다양한 제약으로 인하여 비록 국내법상의 일사부재리 원칙과 같은 전면적 거듭처벌 금지는 실현하지 못한다 하더라도 국제적 이중처벌의 폐해를 제한하거나 실질적으로 이중처벌을 금지하기 위한 법제들을 함께 고찰하여 당사자의 인권보호를 위한 바람직한 규범체제를 형성하여야 한다. 따라서 국제적 일사부재리 원칙 내지 국제적 이중처벌 규범체제를 국내적 일사부재리 원칙과 따로 분리하여 고찰하고 뒤에서 살필

---

1) Josè Luis DE LA CUESTA, "CONCURRENT NATIONAL AND INTERNATIONAL CRIMINAL JURISDICTION AND THE PRINCIPLE 'NE BIS IN IDEM' GENERAL REPORT". International Review of Penal Law (Vol. 73)(2002), 707면.

일사부재벌의 원칙 등이 포함된 포괄적 규범체제를 국제적 일사부재리 원칙에 관한 법체제로 따로 살피는 것이 필요하다.

그러나 위와 같은 특성에도 불구하고 국제적 일사부재리 원칙에 대한 논의는 각국 국내판결에 대하여 적용되는 각국의 일사부재리원칙을 그 출발점으로 삼을 수밖에 없을 것이다.[2] 각국에서 인정되고 있는 일사부재리 원칙은 그 핵심적 내용의 동일성에도 불구하고 내용적으로 매우 다양한 형태를 띠고 있다. 이러한 다양성은 일사부재리 원칙의 국제적 적용과 관련하여 국가간에 적용되는 통일적 규범 형성을 더욱 어렵게 하는 하나의 요인으로 작용하고 있다. 또한 일사부재리 원칙의 국제적 적용문제는 실체법 뿐만 아니라 절차법적으로도 다양하고 복잡한 쟁점을 내포하고 있고 국내적 차원의 일사부재리 원칙에는 존재하지 않는 주권적 이해와 맞물려 더욱 복잡하게 전개된다.

일사부재리 원칙의 국제적 적용이 제한되는 영역에 있어서는 이로 인하여 발생하는 인권문제 해결을 위한 제도적 보완책이 제시되고 있다. 동일한 행위에 기하여 이미 외국에서 판결을 선고받고 집행된 형벌은 새로운 형벌이 부과될 때 반드시 고려되어야 한다는 내용의 일사부재벌 원칙(ne bis poena in idem) 이 많은 국가들에 의해 수용되고 있으며[3] 대상 범죄에 대하여 소추재량을 부여하는 제도 역시 이러한 제한성을 보충하는 제도로 이해되고 있다.

본 장에서는 일사부재리 원칙의 일반적 규범내용을 먼저 살펴본 후 일사부재리 원칙의 국제적 적용을 둘러싼 국제적 논의상황을 살펴본다. 다음으로 국가별로 상이한 각국 국내입법상황들을 검토한 후 우리나라 헌법 제13조와 외국형사판결의 효력에 대해 일반법적 성격을 갖는 형법 제7조의 규범내용 등을 고찰한다.

---

2) Josè Luis DE LA CUESTA, 전게 논문, 708면.
3) Josè Luis DE LA CUESTA, 전게 논문, 708면.

제2절 전통적 일사부재리 원칙

1. 주요내용

일사부재리 원칙(ne bis in idem, non bis in idem) 또는 이중위험금지
(double jeopardy)는 개인의 인권보호와 공정한 형사사법의 토대가 되는
주요한 원칙이다.[4] 이 원칙은 어느 누구도 동일한 범죄로 거듭 소추되어
서는 안 되며 동일한 범죄로 거듭 처벌받아서 안 된다는 것을 그 핵심적
내용으로 하고 있다.[5]

일사부재리 원칙은 'res judicata rule', 'autrefois acquit/autrefois convict',
'double jeopardy', 'non bis in idem' 등 다양한 용례로 사용되고 있다.[6] 이
중위험 금지라는 용어는 미연방헌법 제5조에서 유래된 것으로[7] 대륙법

---

4) Lorraine Finlay, "DOES THE INTERNATIONAL CRIMINAL COURT PROTECT
   AGAINST DOUBLE JEOPARDY: AN ANALYSIS OF ARTICLE 20 OF THE
   ROME STATUTE", U.C. Davis Journal of International Law and Policy(Spring
   2009), 223면.

5) bis vexari pro una et eadem causa (no one should have to face more than one
   prosecution for the same offence)과 nemo debet bis puniri pro uno delicto (no one
   should be punished twice for the same offence)로 표현된다. John A.E. Vervaele,
   "The transnational ne bis in idem principle in the EU Mutual recognition and
   equivalent protection of human rights", Utrecht Law Review(Dec. 2005), 100면.

6) Christine Van den Wyngaert and Tom Ongena, "Ne bis in idem Principle, Including
   the Issue of Amnesty", The Rome Statute of The International Criminal Court : A
   Commentary volume I., II New York : Oxford University Press(2002), 706면
   참조.

7) 미연방헌법 수정 제5조 "… nor shall any person be subject for the same offence

계 국가나 국제기구에서는 위 원칙의 라틴어 표현인 "ne bis in idem"이
주로 사용된다.8)

위 원칙은 로마법까지 거슬러 올라가는 오랜 기원을 가지고 있으며,9)

---

to be twice put in jeopardy of life or limb …".

8) Anthony J. Colangelo, "DOUBLE JEOPARDY AND MULTIPLE SOVEREIGNS:
A JURISDICTIONAL THEORY", Washington University Law Review(2009) 779
면 참조. Black's Law Dictionary(8th ed. 2004) 1077면에서는 위 원칙을 동일한
범죄에 대한 한 번 이상의 재판을 금지(not twice for the same thing)하는 법을
지칭하는 것으로 본질적으로 이중위험금지(double jeopardy bar)를 의미한다고
설명하고 있다. 국가별 사용례를 구체적으로 살펴보면 ne bis in idem이라는 용
어를 사용하는 국가는 오스트리아, 벨기에, 브라질, 인도네시아, 네덜란드, 폴란
드, 러시아, 스페인 등이며, 이중위험의 금지(prohibition of double jeopardy)라는
용어는 오스트리아와 일본이, 이중처벌의 금지(prohibition of double punishment)
는 오스트리아, 기판력의 소극적 효력(negative authority of res judicata)은 알제
리, 핀란드, 프랑스, 그리스, 기니, 이태리, 폴란드, 루마니아 등에서 사용하고 있
다. Josè Luis DE LA CUESTA, 전게논문, 709면.
위와 같이 일사부재리 원칙, 이중처벌금지의 원칙 등을 평면적으로 비교할 수 있
으나 사실상 각 국가에서 인정되는 일사부재리 원칙과 이중처벌금지의 원칙은
그 내용에 있어 차이가 있다. 예를 들면 영미법의 경우 이중위험의 발생기준시점
을 배심원단 구성시점으로 보게 되나(신동운, 『신형사소송법』, 서울 : 법문사,
2007, 1202면 참조) 대륙법계 국가에서는 검사에게 부여되어 있는 공소권(right
to prosecute)은 판결이 확정된 시점에 소멸되며 따라서 판결이 상소를 포함하는
통상의 방법으로 다투어질 수 없는 단계에 이르러 확정될 경우 공소권은 비로소
소멸하는 것으로 본다. (森下忠, 國際刑法學の課題, 東京, 成文堂(2006), 162
면; Mireille Delmas-Marty and J.R. Spencer, European Criminal Procedures,
Cambridge : Cambridge University Press(2002), 573면 이하 등 참조).
이 책에서 다루고 있는 일사부재리 원칙의 국제적 적용문제와 관련하여서는 아
직까지 국제적으로 적용되는 공통된 일사부재리 원칙이나 이중위험금지 규범이
형성되어 있다고 볼 수 없는 관계로 각 국가에서 사용되는 일사부재리 원칙과
이중위험금지 규범을 전제로 논의를 진행시킬 수밖에 없다. 따라서 이 책에서는
이중위험금지와 일사부재리 원칙의 내용적 차이점에 대하여는 구체적인 설명이
필요한 경우에 한하여 명시하고 일응 대륙법계 국가에서 선호되는 일사부재리
원칙이라는 표현을 사용하고자 한다.

9) Lorraine Finlay, "DOES THE INTERNATIONAL CRIMINAL COURT PROTECT

교회법 시대를 거쳐 영국 보통법의 보편적인 원칙으로 자리 잡게 되었다
고 한다.[10) 위 원칙은 현재 각국의 국내법뿐만 아니라 많은 인권 관련
조약에도 화체되어 있는[11) 등 위 원칙의 오랜 역사와 보편적 사용으로
그 중요성과 가치에 대하여는 논란의 여지가 없는 상황이다.[12)

위 원칙이 각국의 국내 실정법에 규정되어 있는 경우에도 형법에 규
정하는 방식,[13) 형사소송법에 규정하는 방식[14) 등이 있다. 일본 헌법 제
39조와 독일 기본법 제103조 제3항, 러시아 헌법 제50조 제1항, 슬로베
니아 헌법 제28조와 제31조 등은 헌법에 일사부재리 원칙을 규정하는 헌
법적 보장방식을 취하고 있다.[15) 많은 국가들에서 시민적 정치적 권리에
대한 국제규약 제14조 제7항이나 인권과 기본적 자유의 보호를 위한 유
럽협약에 대한 제7보충규약 제4조 등을 비준하여 이 원칙을 국내법질서
에 편입시키고 있다.[16)

일사부재리 원칙이 작용되면 절차법적인 측면에서는 새로운 기소를
금지시키고, 실체법적 측면에서는 거듭된 처벌을 금지하는 결과를 가져
온다.[17) 위 원칙은 동일인(same person)이 동일한 사실(same fact, idem)

AGAINST DOUBLE JEOPARDY: AN ANALYSIS OF ARTICLE 20 OF THE
ROME STATUTE", U.C. Davis Journal of International Law and Policy(Spring
2009), 223면 참조.
10) Anthony J. Colangelo, 전게 논문, 779면 참조.
11) ICCPR 제14조 제7항, ECHR에 대한 Protocol 7의 4조 등.
12) Anthony J. Colangelo, 전게 논문, 779면 참조.
13) 브라질, 인도네시아, 네덜란드, 러시아, 슬로베니아 등.
14) 알제리, 오스트리아, 벨기에, 프랑스, 독일, 그리스, 헝가리, 기니 인도네시아, 이
    태리, 중국, 폴란드, 루마니아, 스페인, 터키 등.
15) 스페인의 경우에는 비록 1978년 헌법에서 명시적으로 일사부재리 원칙을 규정하
    고 있지는 않으나 스페인 헌법재판소는 형사법에 있어서의 죄형법정주의 원칙의
    직접적인 결과로서 위 원칙이 인정된다고 판시하였다. Josè Luis DE LA
    CUESTA, 전게논문, 709면.
16) 상세한 것은 Josè Luis DE LA CUESTA, 전게논문, 710면 참조.
17) 스페인 등 일부 국가의 경우에는 행정적 제재에 대한 형사벌의 우위성을 규정함
    으로써 양자의 처벌이 모두 가능한 경우에는 형사벌의 선호로 이어진다고 한다.

로 거듭 기소되거나 처벌될 위험이 있는 경우에 적용되는 원칙이므로 동
일한 행위에 대한 것이라도 다른 사람에 대한 거듭된 기소는 허용된다.[18]

새로운 형사절차를 금지시키는 것은 형사법원의 판결이 있는 경우에
한정되므로 행정판결이나 민사판결은 형사절차에 대한 일사부재리 효력
을 갖지 않는다.[19] 그리고 당해 형사판결은 일반적으로 종국적인 것이어
야 하며 중간결정이나 공판 이전 단계에서의 결정 등 형사책임에 대한
종국적 결론에 이르지 않은 것은 제외된다. 일반적으로 절차의 종국적인
종결이나 유무죄 판결 등 본안에 대한 해답이 주어진 경우에만 일사부재
리 효력이 부여되는 것이다.[20][21]

벨기에의 경우 일사부재리 원칙의 예외가 인정되어 재기소가 허용되
는 경우 종전의 구금기간을 새로운 형에 산입하여 주도록 하고 있으며,
중국의 경우에는 동일한 범죄사실로 인한 행정적 구금이나 벌금도 새로
운 형벌에서 공제하도록 규정하고 있다.[22]

2. 인정근거

각국에서 일사부재리 원칙을 인정하는 근거로 제시되는 것은 개인적
자유(individual freedom), 인권의 보장(protection of human rights), 정의

상세한 것은 Josè Luis DE LA CUESTA, 전게논문, 710면.
18) Josè Luis DE LA CUESTA, 전게논문, 711면.
19) Josè Luis DE LA CUESTA, 전게 논문, 712면.
20) Josè Luis DE LA CUESTA, 전게 논문, 713면.
21) 다만, 쉥겐협정이 적용되는 영역에 있어서는 그것이 검사의 결정이라 하더라도
형사절차의 종국적 종결을 가져온다면 사법적 결정이 아님에도 일사부재리 효력
이 인정된다는 유럽공동체 재판소 판결이 있다(Judgment of the European Court
of Justice of 11 February 2003 in Joined Cases C-187/01 and C-385/01, Hüseyin
Gözütok and Klaus Brügge). Josè Luis DE LA CUESTA, 전게 논문, 713면. 상세
한 것은 제5장 해당 부분 참조.
22) Josè Luis DE LA CUESTA, 전게 논문, 714면.

(justice), 법적 명확성(legal certainty), 이전의 사법적 결정에 대한 존중 (the respect for judicial decisions rendered in the past, res judicata), 법치주의 (rule of law), 사법에 있어서의 안전(juridical security), 적법절차(due process), 절차적 효율성(procedural efficiency), 사회적 평화와 질서(social peace and order)23) 등 매우 다양하다. 그러나 위 원칙의 인정이유 중 가장 우선시 되는 것은 범죄혐의를 받고 있는 자의 인권보호일 것이다.

Green v. United States 사건에서 미국연방대법관 블랙 판사는 이중위 험금지 원칙은 영미법에 깊이 자리한 것으로서 막대한 자원과 막강한 권 력을 가진 국가가 특정인의 범죄혐의에 대해 반복적으로 유죄입증을 시 도하는 것은 피의자에게 곤란함과 경제적 어려움, 고난 등을 가중하고 그를 계속적인 걱정과 불안 속에 두는 것일 뿐 아니라 무고한 사람이 유 죄판결을 받을 가능성을 높이는 것으로 허용되어서는 안 된다고 설시하 였다.24)

일사부재리 원칙은 형사사법 체제에 있어서 최종성의 중요성을 반영 한 것으로 사법시스템에 대한 공공의 신뢰와 사법절차에 대한 존중을 보 존하는 역할을 수행한다. 그리고 제한된 사법자원의 합리적 분배라는 부 수적 이득 외에도 수사기관으로 하여금 충분하고 열정적인 수사를 하도 록 하는 효과도 가지고 있다.25)

---

23) Josè Luis DE LA CUESTA, 전게 논문, 710면. 위 원칙의 인정근거에 대한 영국에 서의 논의는 David S. Rudstein, "RETRYING THE ACQUITTED IN ENGLAND PART II: THE EXCEPTION TO THE RULE AGAINST DOUBLE JEOPARDY FOR "TAINTED ACQUITTALS"", San Diego International Law Journal(2008), 240면 이하 참조.

24) Green v. United States, 355 U.S. 184, 187~188면 (1957).

25) Lorraine Finlay, 전게논문, 224면 참조. 결국 궁극적으로는 피의자에 대한 공정성 과 소추기관의 사전적인 완벽한 조사와 사건의 준비라는 이해가 이러한 원칙을 촉진하는 것이라고 한다. Robert Cryer, Håkan Friman, Darryl Robinson, Elizabeth Wilmshurst, An Introduction to International Criminal Law and Procedure. Cambridge : Cambridge University Press(2007), 67면.

독일에서는 위 원칙이 인간의 존엄 등과 관련하여 피고인에 대한 실질적인 보호에 그 목적이 있는 것으로 이해한다. 위 원칙이 적용됨으로써 명예롭지 못하고 불안감을 주는 형사절차에 피고인을 거듭 회부하는 것이 방지되며 법집행기관의 계속되는 수사를 제한함으로써 효율성의 측면도 제고할 수 있다는 것이다.26)

우리나라에서는 유죄, 무죄의 실체판결이 있을 경우 동일사건에 대한 재차의 심리나 판결을 금지하는 기판력의 인정 근거를 다음과 같이 설명한다. 먼저 국가는 확정판결에 기판력을 부여함으로써 불분명한 법률상태를 해결하고 일반인으로 하여금 새로운 법생활의 수립을 가능케 한다. 또한 방대한 조직과 법률지식을 갖춘 국가기관이 일개 시민을 대상으로 거듭 형사소추를 행함으로써 그에게 정신적·물질적 고통을 가하거나 혹은 무고한 시민을 범죄자로 몰아가는 것을 방지하려는 목적도 있다. 무용한 형사재판의 반복을 방지함으로써 형사사법기관의 업무와 비용을 절약하고 동일 사건에 대하여 전후 모순되는 판결이 행해지는 상황을 기판력을 통하여 방지함으로써 재판이라는 공적 판단의 권위를 유지하는 기능도 가지고 있는 것으로 본다.27)28)

---

26) Eser Meyer －Kommentar zur Charta der Grundrechte der Europäischen Union － 2. Auflage. Baden-Baden : Nomos Verlagsgesellschaft (2006) 7면 참조.
27) 일사부재리의 효력과 기판력과의 관계에 대하여는 견해가 대립한다. 고유의미의 기판력은 유무죄의 실체판결이 확정된 경우 동일사건에 대하여 다시 재판이 행하여지지 않는다는 효력을 말하는 것으로 기판력이 이와 같이 재소금지의 효력으로 파악되는 경우 기판력과 일사부재리는 동일한 개념이라고 보는 일치설, 기판력과 일사부재리는 전혀 차원을 달리하는 개념으로 기판력은 재판의 내용적 확정력의 대외적 효과를 의미하는 소송법적 개념이나 일사부재리의 효력은 피고인의 부담을 최소화하고 피고인의 불안정한 상태를 제거하고자 하는 이중위험금지의 법리에서 유래한 것으로 기판력과 일사부재리는 전혀 관계가 없다고 파악하는 구별설, 형식재판인가 실체재판인가 여부에 관계없이 재판의 내용적 확정력 중 대외적 효력인 내용적 구속력을 기판력이라 부르고 실체재판에 있어서의 동일사건에 대한 재소금지의 효과를 일사부재리의 효력으로 보아 기판력이 내용적 확정력의 대외적 효과를 의미하는 내용적 구속력과 일사부재리의 효과를 포함하

그러나 이러한 원칙도 다른 중요한 가치와의 관계에서 합리적인 균형을 이루어야 한다. 무고한 사람을 처벌하지 않도록 안전장치를 마련하는 것도 중요하나 죄를 지은 사람이 유죄판결을 받아 처벌받도록 하는 것역시 중요하다. 형사절차가 이러한 기능을 제대로 수행하지 못할 경우형사사법절차 전반에 대한 국민의 신뢰가 상실된다는 점에서 이중위험의 완벽한 금지를 적용하는 법역은 거의 없다고 한다. 위 원칙의 예외없는 적용이 오히려 정의의 실현을 방해하는 것으로 범죄피해자와 공동체가 인식할 수 있는 일정한 상황 하에서는 위 원칙의 적용이 배제되는일정한 예외를 인정하고 있다.29)

3. 규범내용의 다양성

일사부재리 원칙은 국가 형사법 체제에 깊이 뿌리박고 있을 뿐 아니라 오랜 역사와 보편적 적용으로 그 가치에 대하여는 논란의 여지가 없는 상황이다. 그러나 구체적으로 어떤 상황에서 위 원칙이 적용되는가를결정하는 구체적 규범내용은 각 국가마다 상이하며 언제 어떤 요건 하에위 원칙이 적용될 것인가는 여전히 어려운 문제로 남아 있다.30)

일사부재리 원칙의 다양성과 관련한 가장 주요한 논쟁점 중의 하나는

는 것으로 파악하는 포함설 등이 대립되어 있다. 상세한 것은 신동운, 『신형사소송법』, 서울 : 법문사, 2007, 1184면 이하 참조. 한편 이중위험금지의 관점에서기판력을 논하는 것에 대한 우리 법제에서의 부적절성에 대한 것은 신동운, 『신형사소송법』, 서울 : 법문사, 2007, 1202면 이하 참조.

28) 실질적 정의와 법적 안정성은 법치국가적 형사재판의 본질적 요소로서 법적 안정성과 법적 평온을 보장하기 위하여 비록 정의에 반하는 재판이라 할지라도 일정한 기간이 지난 후에는 그 재판에 대하여 다툴 수 없는 확정력을 부여한다는견해는 이재상, 『신형사소송법』, 서울 : 박영사, 2007, 655면.

29) Lorraine Finlay, 전게 논문, 225면 참조.

30) Anthony J. Colangelo, 전게 논문, 779면 참조.

위 원칙의 적용 범위가 유죄 혹은 무죄 판결이 선고된 것과 동일한 사실 관계(facts, in concreto application)를 기초로 하는 것인가 아니면 동일한 범죄(offence, in abstracto application) 혹은 책임의 법적 근원(legal head of liability)을 기초로 하는 것인가 여부이다.[31]

위 원칙에서 요구되는 전후 소송의 동일성은 위 원칙의 적용범위를 결정하는 핵심적인 부분이다. 영미법계 국가들은 동일성 판단의 대상을 좁게 파악하여 '범죄(offence)'를 기준으로 적용여부를 결정하는 경향이 있는 반면 대륙법계 국가에서는 보다 넓은 범위인 유무죄 판결의 기초가 된 '사실'(facts)을 기준으로 삼아 원칙의 적용범위를 넓히고 있다. 따라서 위 원칙을 동일한 범죄를 기준으로 적용하는 영미법 전통 국가들에서는 그 범위가 좁은 까닭에 선행 기소가 일반 폭행이었다면 다른 일정한 제약요건이 존재하지 않는 한 심각한 신체상해를 이유로 한 새로운 기소가 가능하다. 사실관계를 기준으로 위 원칙의 적용범위가 결정되는 대륙법계 국가들에서는 이전의 판결과 동일한 사실관계를 가지고 있으므로 위 원칙의 제한을 받아 후속기소는 불가능한 상황에 이르는 것이다.[32]

대륙법계 국가인 우리나라 형사소송법 체제에서 사용되고 있는 범죄사실 개념은 '과거의 특정시점에서 행하여졌던 삶의 한 부분으로서 법률적 평가와는 무관한 순수한 사실상태'를 의미한다. 즉, 과거의 특정시점에서 행하여진 사실이라는 의미에서 '역사적 사건'(historisches Geschehen)을 기준으로'[33] 일정한 시점에서 공소제기의 효과가 미치는 범죄사실의 단위인 사건의 단일성(單一性)과 시간의 경과에 따른 사실관계의 증감에도 불구하고 전후의 범죄사실이 그 동질성을 유지하는 사건의 동일성(同一性)이 평가되며 기판력의 객관적 범위도 이에 따라 함께 결정되는 것이

---

31) GERARD CONWAY, "Ne Bis in Idem in International Law", International Criminal Law Review(2003), 227면 참조.
32) GERARD CONWAY, "Ne Bis in Idem in International Law", International Criminal Law Review(2003), 227면 참조.
33) 신동운, 『신형사소송법』, 서울 : 법문사, 2007. 487면.

다.34) 이처럼 우리 형사소송법은 이중위험금지의 범위를 결정함에 있어 유죄 혹은 무죄 판결이 선고된 것과 동일한 사실관계(facts, in concreto application)에 근거를 두는 넓은 입장을 취하고 있으며 동일한 범죄 (offence, in abstracto application)인가 여부 혹은 책임의 법적 근원(legal head of liability)은 원칙적으로 그 고려대상이 아니다.

이처럼 'ne bis in idem' 원칙에서의 'idem'의 구체적 범위와 관련하여 사실에 기초하여 결정하는 국가들로는 오스트리아, 브라질, 프랑스, 독일, 헝가리, 이태리, 일본, 폴란드, 루마니아, 스페인, 터키 등이 있다.35) 벨기에의 경우 국내판결에서는 사실관계를 기준으로 판단하나 외국판결에 대하여는 범죄가 결정적인 역할을 수행한다고 한다.36)

일사부재리의 효력이 부여되는 시기에 있어서도 영미법계와 대륙법계는 차이가 있다. 영미법계 국가에서는 동일인에 대한 동일한 내용의 복수소송은 재판절차의 남용이라는 '재판절차 남용(abuse of process doctrine)' 이라는 관념에 기초한다. 따라서 무죄판결에 대한 검찰 상소도 일사부재리 원칙에 반하는 것으로 보는 것이 일반적이다. 대륙법계 국가에서는 검사에게 부여되어 있는 공소권(right to prosecute)은 판결이 상소를 포함하는 통상의 방법으로 다투어질 수 없는 단계에 이르러 확정되었을 경우에만 비로소 소멸한다. 따라서 공소권 소멸 이전에 행하여지는 검찰상소는 공소권의 복수 행사에 해당되지 않고 무죄판결에 대한 상소도 일사부재리의 원칙에 반하지 않으므로 가능하다고 보는 것이다.37)

---

34) 신동운, 『신형사소송법』, 서울 : 법문사, 2007. 471면, 1199면 등 참조.
35) 법적인 것과 사실적인 것을 종합하여 고려하는 제3의 입장으로 문제된 범죄가 완전히 서로 다른 가치를 보호하는 경우 이중기소를 인정하는 네덜란드 법제에 대하여는 Josè Luis DE LA CUESTA, 전게 논문, 711면.
36) Josè Luis DE LA CUESTA, 전게 논문, 711면.
37) 森下忠, 國際刑法學の課題, 東京, 成文堂(2006), 162면; Mireille Delmas-Marty and J.R. Spencer, European Criminal Procedures, Cambridge : Cambridge University Press(2002), 573면 이하 등 참조.

제3절 제한적으로 적용되는 국제적 일사부재리 원칙

1. 외국형사판결 효력에 대한 입장 변화

국가들은 형사재판권의 행사를 주권 행사의 중요 요소로 여김으로써 역사적으로 외국형사판결을 승인하는 것을 거부하여 왔다.[38] 외국형사판결을 승인할 경우 자국의 소추권을 행사할 수 없게 되어 사실상 주권을 포기하는 결과를 가져오게 된다. 또한 외국형사판결의 객관성, 공정성을 전면적으로 신뢰할 수 없을 뿐 아니라 외국형사판결을 승인하기 위하여는 외국판결을 확인하여야 하는데 실무상으로 그러한 내용을 확인하는 것이 어렵다는 이유 등으로 외국형사판결 효력의 승인을 꺼려 왔다.[39] 이처럼 제2차 대전 이전까지는 주권관념에 기초한 '형법의 국가성의 원칙 – 형벌권은 국가에 속한다고 하는 원칙 –'이 지배적이었다.[40]

그러나 유사한 법제도를 갖고 문화적, 사회적으로 같은 정도의 발전단계에 있는 국가들 간에 외국판결을 승인하는 것을 반대할 근거는 상대적으로 박약하다는 주장이 제기된다. 또한 국제교류의 증대에 따른 국제적 범죄의 증가에 효율적으로 대처하기 위한 국제적 협력의 필요성이 강하게 자각되는 등 외국형사판결의 효력을 무조건적으로 부인하는 종래

---

38) M. Cherif Bassiouni, "Law and Practice of United States", International Criminal Law volume II. : Leiden : Martinus Niihoff Publishers(2008), 11면.
39) 森下忠, 國際刑法の基本問題, 東京, 成文堂(1996), 82면 이하 참조.
40) 森下忠, 國際刑法入門, 東京, 悠悠社(1993), 83면 이하.

의 논거들이 많이 약화되어 가고 있다.[41]

특히 현재까지 발전해 온 국제형사법제의 변화에 비추어 외국형사판결의 효력을 승인하지 않는다는 경직된 입장은 그 자체로 모순이 있다는 주장은 경청할만하다. 예를 들면 이미 각 국가들은 외국판결에 기한 범죄인인도를 수용하고 있으며, 외국에서 선고된 형을 집행하고 범죄행위에서 유래한 자산을 동결하는 등 사실상 외국판결의 효력을 전제로 한 조치들을 취하고 있다. 이러한 상황에서 외국형사판결의 효력을 승인하지 않는다고 주장하는 것은 외국판결의 결과를 승인하는 것과 외국판결 그 자체를 승인하는 것을 인위적으로 구분하는 것에 불과하며 외국형사판결의 불승인이라는 법적 허구의 도그마틱한 성격을 나타내고 있다는 것이다.[42] 따라서 외국형사판결 승인의 거부라는 도그마는 점차적으로 그 의미가 공허해지고 보다 넓게 외국형사판결을 승인하게 됨으로써 외국형사판결의 적용가능성이 더욱 확장되고 형사분야의 국제적 협력도 강화되는 방향으로 진행된다는 것이다.[43]

외국형사판결의 효력 문제와 관련하여 민사판결과 형사판결은 동일시되어야 한다는 견해와 민사판결은 당사자 사이의 분쟁해결을 도모하는 것임에 반하여 형사판결은 국가 형벌권의 행사에 기초를 두는 것이라는 본질적인 차이를 주장하는 반대론이 존재하여 왔으며 형벌권 행사와 관련한 형법의 국가성의 원칙이 국제법적으로 근거를 가지고 있다는 점에서 반대론의 주장에도 충분한 타당성이 존재하는 것은 사실이다. 그러나 제2차 대전 이후부터 범죄방지에 있어서 국가간 연대성의 요구가 강화됨에 따라 형법의 국가성 원칙이 완화될 수 있으며, 범죄자에 대한 처우와 관련하여서도 범죄자의 국적국 및 거주지국에서 형사제재를 집행하는 것이 더욱 바람직하다는 주장 등을 토대로 이론적 측면에서의 수정

---

41) 森下忠, 新國しい國際刑法, 東京, 信山社(2002), 85면 등 참조.
42) M. Cherif Bassiouni, 전게서, 11면.
43) M. Cherif Bassiouni, 전게서, 12면.

이 가해져 왔다. 실제적인 측면에서는 국제교류가 확대되어 국제적 규모로 행하여지는 범죄가 증가하고 범인과 증거가 범죄지국 이외의 장소에서 자주 발견되고 있어 범죄지국에서는 외국거주자에 대한 형사제재를 집행하는 것이 곤란하다는 문제점 등도 더욱 빈번히 제기된다고 한다. 결국 이러한 사정들을 기초로 외국형사판결과 국내형사판결을 동일시하는 입장, 즉 외국에서 선고된 형사판결에 대하여 국내형사판결과 동일한 효력을 인정하는 입장이 생겨나게 되었으며 1970년 5월 28일의 '형사판결의 국제적 협력에 관한 유럽협약'은 기본적으로 위와 같은 입장을 취한 것이라고 한다.44)

외국판결의 적극적 효력 측면에서의 이와 같은 긍정적 변화는 외국형사판결의 적극적 효력과 대비되는 소극적 효력을 어떠한 요건 하에 어떤 범위로 인정할 것인가라는 일사부재리 원칙의 국제적 적용문제45)와 밀접한 관련성이 있는 것으로 생각된다. 이와 같은 외국형사판결의 효력에 대한 긍정적 입장변화와 국제적 일사부재리 원칙에 대한 발전적 논의 상황은 다음 항에서 보는 국제회의 동향에서도 잘 나타나고 있다.

2. 국제회의 동향

외국형사판결의 효력에 관한 국제학회 및 국제회의의 움직임은 주목할 만하다.46) 특히 제2차 대전 후 유럽에서의 논의는 국제형사법의 발전

---

44) 森下忠, 新國しい國際刑法, 東京, 信山社(2002), 85면.

45) 森下忠, 國際刑法入門, 東京, 悠悠社(1993), 81면 참조.

46) 1935년 하버드 국제연구소의 범죄의 재판권에 관한 조약 초약 제13조는 국제적 이중위험금지에 대한 조항을 두고 있었다. 森下忠, 國際刑法の基本問題, 東京, 成文堂(1996), 101면.

(Harvard) Draft Convention on Jurisdiction with Respect to Crime Draft Article 13 "In exercising jurisdiction under this Convention, no State shall prosecute or

에 중요한 역할을 하였다고 한다.

1883년 국제법협회 뮌헨 회의에서는 외국에서 형을 집행 받은 판결이 국가보호주의의 대상이 되는 범죄가 아니라면 일사부재리 원칙을 적용할 수 있도록 하자는 취지의 제안이 있었고 1900년의 제6회 국제법회의에서도 동일한 취지의 주장이 있었다. 1927년 개최된 '형법의 통일에 관한 국제회의'에서는 일사부재리의 원칙을 속지주의에 한하여 국제적으로 인정하는 결의가 있었다고 한다.47)

1963년 개최된 국제법협회 제2회 국제연구회의에서는 '형사판결의 국제적 효력'을 주제로 외국판결의 소극적 효력과 적극적 효력에 관한 토론이 있었다. 소극적 효력에 관한 토론에서 일사부재리 원칙의 국제적 적용에 관하여는 찬반 의견이 나뉘었다. 진보적 견해를 취하는 입장에서도 적어도 속지주의와 보호주의의 대상이 되는 범죄에 대해서는 외국의 형사판결에도 불구하고 자국의 재판권 행사가 필요하며, 통화위조, 인신매매, 마약, 해적행위와 같은 세계주의 대상이 되는 범죄에 대하여는 외국판결에 소극적 효력을 인정할 여지가 있다는 취지의 의견이 개진되었다. 또한 외국판결이 있었던 경우 기소유예 제도를 활용할 것을 강하게 추천하는 의견과 반대하는 의견이 있었다고 한다.48)

1964년의 제9회 국제형법회의는 제4주제로서 '형사판결의 국제적 효력'을 취급하여 형사판결의 국제적 효력을 매우 넓은 범위에서 인정하는 결의를 하였다. 소극적 효력 부분의 결의내용은 다음과 같았다.

---

punish an alien after it is proved that the alien has been prosecuted in another State for a crime requiring proof of substantially the same acts or omissions and has been acquitted on the merits, or has been convicted and undergone the penalty imposed, or having been convicted, has been pardoned" 29 AJIL (1935) 437 at 441.

47) 森下忠, 國際刑法の基本問題, 東京, 成文堂(1996), 102면.

48) 森下忠, 國際刑法の基本問題, 東京, 成文堂(1996), 103면.

(a) 외국에서 선고된 형사판결 기판력의 소극적 효력은 모든 나라에 의하여 가능한 한 넓은 범위에서 승인되지 않으면 안 된다. 외국판결을 승인해야 하는 나라가 2차적 재판권49) 밖에 가지지 않는 경우에는 이러한 승인은 완전히 적용된다.

(b) 관계국이 1차적 재판권을 가지는 경우에도 승인은 고려되어야 한다. 특히 개인적 법익(생명, 자유, 명예) 및 문화적 공공법익(통화, 원자력의 자유화의 금지, 항공의 안정)에 대한 범죄에 있어서 고려되지 않으면 안 된다.

(c) 모든 경우 어떤 나라에서 어떤 죄로 집행된 형은 적어도 다른 나라에서 동일한 죄에 있어서 과하여지는 형에 산입되지 않으면 안 된다.

(d) 어떤 나라에서 선고된 판결의 기판력에 관계없이 다른 나라의 최고사법기관(예를 들면 검찰총장)은 사법의 중대한 이유(관계국의 형사평가에 있어서의 중대한 차이, 새로운 소추의 개시에 유리한 증거의 존재)에 의하여 새로운 소추를 예외적으로 개시할 수 있는 가능성을 가진다.

(e) 형을 선고하는 판결의 경우 기판력은 형이 집행되거나 형의 집행이 면제된 경우, 형의 시효가 완성된 경우에 한하여 외국에서 승인될 수 있다.

(f) 어떤 나라에서 범하여진 죄에 대해 그 나라에서 형사 소추가 이루어졌을 때는 다른 나라의 사법기관은 동일한 행위에 대하여 소추하지 않을 권한을 가지지 않으면 안 된다(기소편의주의).

이러한 제9회 국제형법회의 결의는 1970년 '형사판결의 국제적 효력에 관한 유럽조약'에서 기본적으로 받아들여졌다고 한다.50)

1999년 부다페스트에서 있었던 국제형법협회 제14차 회의에서는 국제적 일사부재리 원칙은 국제적 혹은 지역적 인권조약 등에 화체된 인권으로 간주되어야 한다는 결의가 있었다.51)

---

49) 2차적 재판권이라고 하는 것은 내국형법에 의거하는 고유의 재판권(형법의 고유적용)이 아닌 다른 나라와의 조약에 기초하여 타국의 고유의 재판권을 근거로 하는 공통의 재판권(형법의 공통적용)을 가지는 경우를 말한다. 森下忠, 國際刑法の基本問題, 東京, 成文堂(1996), 103면.

50) 유럽이사회의 유럽 범죄자문위원회(CEPC, CDPC)는 1962년 4월부터 외국형사판결의 국제적 효력의 문제로부터 발생하는 모든 쟁점을 검토하는 사업을 개시하고 있었으며, 제9회 국제형법회의 결의는 그러한 배경의 아래에서 이루어졌다고 한다. 森下忠, 國際刑法の基本問題, 東京, 成文堂(1996), 104면.

51) Josè Luis DE LA CUESTA, 전게 논문, 707면.

2004년 북경에서 개최된 제17차 회의에서는 4개의 주제 중 형사재판권의 경합과 일사부재리의 원칙에 대한 주제(Concurrent National and International Criminal Jurisdiction and the Principle 'Ne bis in idem')가 다루어졌는데 위 회의를 위한 제4주제에 대한 준비회의가 2003년 6월 베를린에서 있었다.[52]

위 회의에서는 특히 국제형사재판소의 창설과 관련하여 일사부재리의 문제를 수평적·초국경적 일사부재리(horizontal transnational ne bis in idem)와 국내재판권과 초국가적 재판권의 수직적 경합(vertical national-supernational concurrence)의 문제로 나누어 고찰하였다.

먼저 일반적인 측면에서 국제적 일사부재리 원칙은 개인의 인권으로 보호되어야 한다는 14차 회의의 결과를 다시 한 번 확인하고 인권을 보호하기 위하여 거듭되는 기소와 처벌은 회피되어야 한다고 선언하였다. '동일(idem)'의 범위는 최초의 재판에서 이에 대한 모든 측면을 판단할 수 있다면 실질적으로 동일한 사실(substantially same facts)에 의하여 판단되어야 한다고 하였다. 일반적인 원칙으로 외국에서의 유무죄 확정판결이 있을 경우 새로운 기소는 금지되어야 하나 법제도적 차이점, 예외적 상황 등은 고려되어야 하는 것으로 보았다. 예외적으로 새로운 기소가 허용되는 경우에도 종전의 제재를 새로운 형에 산입하거나 적절한 감형은 반드시 필요하다고 선언하였다.[53]

수평적 경합의 경우에는 국내적 차원의 일사부재리 원칙과 기본적으로 동일하나 법정지 선택(forum shopping)의 회피 필요성, 면책적 소송(sham trial)의 대응책 등이 고려되어야 한다고 보면서[54] 외국관결에 대

---

52) Josè Luis DE LA CUESTA, 전게 논문, 708면.

53) Resolutions of the Congresses of the International Association of Penal Law XVIITH INTERNATIONAL CONGRESS OF PENAL LAW(Beijing, 12-19 September 2004), 13면.

54) 상세한 것은 森下忠, 國際刑法學の課題, 東京, 成文堂(2006), 173면 이하. 김성규, "형사관할권의 국제적 경합에 있어서 일사부재리의 적용범위", 형사법연구

한 일사부재원칙은 직권으로 고려되어야 하며 적절한 정보가 제공되어야 한다고 밝혔다.[55]

수직적 경합의 경우 '동일(idem)'의 범위는 아래로의 일사부재리는 1차적으로는 실질적으로 동일한 사실(substantially same facts)에 의하는 것이 타당하며 위로의 일사부재리의 적용여부를 판단함에 있어서는 당해 범죄가 국제인도법을 중대하게 위반하였는가의 여부도 고려되어야 한다고 선언하였다.[56]

3. 국제인권법의 제한적 규율

거듭 처벌을 금지하는 일사부재리 원칙은 시민적 정치적 권리에 대한 국제규약 제14조 제7항, 인권과 기본적 자유의 보호를 위한 유럽협약에 대한 제7보충규약 제4조를 포함하여 다양한 국제적, 지역적 규약에 규범화되어 있다.[57] 그러나 국제인권규약에 포함되어 있는 위 조항들이 일사

제20권 제1호(2008) 등 참조.

55) Resolutions of the Congresses of the International Association of Penal Law XVIITH INTERNATIONAL CONGRESS OF PENAL LAW(Beijing, 12-19 September 2004), 14면.

56) 상세한 것은 森下忠, 國際刑法學の課題, 東京, 成文堂(2006), 173면 이하; 김성규, "형사관할권의 국제적 경합에 있어서 일사부재리의 적용범위", 형사법연구 제20권 제1호(2008) 등 참조.

57) Article 14(7) of the International Covenant on Civil and Political Rights, Article 4 of the Seventh Additional Protocol of the European Convention for the Protection of Human Rights and Fundamental Freedoms, Article 8(4) of the American Convention on Human Rights, Article 19 of the revised Arab Charter on Human Rights, the Principles and Guidelines on the Right to a Fair Trial and Legal Assistance in Africa as proclaimed by the African Commission on Human and Peoples' Rights, Article 50 of the Charter of Fundamental Rights of the European Union, Article 54 of the Schengen Convention 등 Lorraine Finlay, 전

부재리 원칙의 국제적 적용을 규범화한 것으로는 해석되지는 않고 있다.

시민적 정치적 권리에 대한 국제규약 제14조 제7항은 국제인권법 체제에서 개인의 인권으로 정립된 일사부재리 원칙을 규정하고 있는 대표적인 조항이다.[58] 위 조항의 문언이 일사부재리 원칙의 국제적 적용을 명시적으로는 배제하지 않고 있어 위 조항을 폭넓게 해석하여 국제적 이중위험금지 원칙이 위 조항에 의하여 인정된다는 견해도 있어 왔다. 그러나 인권을 위한 유엔위원회는 A.P. v. Italy 사건[59]에서 위 조항이 규정하고 있는 일사부재리 원칙은 다수 국가의 관할에 대하여서까지 이를 보장하는 것이 아니며 단지 판결이 내려진 국가에 대한 관계에서 이중위험을 금지하는 것이라고 판시하여 위 조항에 따른 국제적 일사부재리 원칙은 인정되지 않음을 분명히 하였다.[60] 위 사건에서 인권을 위한 유엔위원회는 주권평등의 원칙에 따라 어떤 나라의 법원도 다른 나라를 구속하지 못하며 서로 다른 국가들은 외국에서의 형사판결의 효과를 서로 다르게 평가할 수 있다고 보았다.[61] 결국 위 협약에서의 국제적 인권보호는

게 논문, 225면 참조.

58) "No one shall be liable to be tried or punished again for an offence for which he has already been finally convicted or acquitted in accordance with the law and penal procedure of each country." the International Covenant on Civil and Political Rights of 19 December 1966 (Article 14 (7)) John A.E. Vervaele, 전게논문, 102면.

59) HUMAN RIGHTS COMMITTEE A. P. v. Italy Communication No. 204/1986 2 November 1987.

60) Christine Van den Wyngaert and Tom Ongena, "Ne bis in idem Principle, Including the Issue of Amnesty", II.: Leiden : Martinus Niihoff Publishers(2008), 716면.

61) Robert Cryer, Håkan Friman, Darryl Robinson, Elizabeth Wilmshurst, 전게서, 67면 위 협약을 적용할 수 있는 국내법원도 위 조항에 대하여 동일한 방식으로 해석하고 있다. Cour de Cassation(Belgium) 20 February 1991, Rechtskundig Weekblad(1991~1992) 131; Bundesgerichtshof(Germany) 13 May 1997, N.St.Z. (1998) 149. Christine Van den Wyngaert and Tom Ongena, 전게논문, 716면에서 재인용.

제한적이며 위 조항에 의하여 초국가적 일사부재리 원칙은 보장되지 않는다.[62][63]

인권에 관한 유럽협약(ECHR)은 국제적 일사부재리 원칙에 대한 조항을 가지고 있지 않았다. 인권에 관한 유럽위원회가 일정한 유형의 이중기소가 ECHR 제6조의 공정한 재판을 받을 권리를 침해할 수 있다는 점을 명시적으로 배제한 바는 없으나 기본적으로 ECHR 제6조에 의한 일사부재리 원칙의 존재는 부인하는 입장이었다고 한다.[64] 이후 일사부재리 원칙에 관한 규범적 공백상태가 제7보충규약 제4조에 의하여 보충되기는 하였으나[65] 단지 25개 유럽공동체 구성원들만이 위 규약을 비준하

---

62) Christine Van den Wyngaert and Tom Ongena, 전게논문, 717면.
63) 우리나라는 일사부재리에 관한 위 규약의 조항에 대하여 일시 유보하였다가 현재는 철회한 상태이다. 상세한 것은 김민서, "韓國에서의 自由權規約 履行 現況에 대한 論考", 법학논정 제30집(2009).
64) European Commission on Human Rights, 13 July 1970, no. 4212/69, CDR 35, 151. John A.E. Vervaele, 전게 논문, 102면 참조. ECHR 제6조의 해석상 일사부재리 원칙을 인정하기 어렵다는 견해는 P. van Dijk, G.J.H. van Hoof, Theory and Practice of the European Convention on Human Rights, Boston : Kluwer Law International(1984), 273면.
65) 특히 위 보충규약은 일사부재리을 협약 15조에서 규정하고 있는 비상상황의 경우에도 훼손될 수 없는 완전한 권리의 형태로 규정되었다. Christine Van den Wyngaert and Tom Ongena, 전게논문, 716면.
Article 4 - Right not to be tried or punished twice
No one shall be liable to be tried or punished again in criminal proceedings under the jurisdiction of the same State for an offence for which he has already been finally acquitted or convicted in accordance with the law and penal procedure of that State.
The provisions of the preceding paragraph shall not prevent the reopening of the case in accordance with the law and penal procedure of the State concerned, if there is evidence of new or newly discovered facts, or if there has been a fundamental defect in the previous proceedings, which could affect the outcome of the case.
No derogation from this Article shall be made under Article 15 of the

였다. 그리고 이후에 있었던 인권에 관한 유럽위원회의 결정에서도 일사
부재리 원칙의 국내적인 측면만이 다루어졌을 뿐 국제적 일사부재리 원
칙은 취급되지 않는 등 시민적 정치적 권리에 대한 국제규약 제14조 제7
항의 경우와 유사한 상황을 보여주고 있다.[66]

우리나라 법원의 하급심 판례 역시 시민적 정치적 권리에 대한 국제
규약 제14조 제7항은 외국판결에 대하여는 적용되지 않는 것으로 판시
한 바 있다.[67]

4. 조약법과 국제법의 보편적 원칙 여부

외국형사판결의 국제적 효력을 인정하려는 움직임은 유럽의 경우
1868. 10. 17. 라인운하항행법에서 나타났다고 할 수 있으나 제2차 대전
후 유럽에서 체결된 조약들에서부터 본격적으로 중요한 의미를 갖기 시
작한 것으로 평가되고 있다. 일찍이 광의의 형사사법공조에 관한 조약
중 일사부재리 원칙의 국제적 적용과 관련성을 가지는 초기 협약들로는
1957. 12. 13.의 유럽범죄인인도조약(1960. 4. 8. 발효),[68] 1964. 6. 30. 유

Convention.

66) John A.E. Vervaele, 전게 논문, 102면.
67) 서울지방법원 2002. 1. 29. 선고 2001고합1050, 1228(병합) 판결(인질강도미수 사건).
68) Article 9 - Non bis in idem

Extradition shall not be granted if final judgment has been passed by the
competent authorities of the requested Party upon the person claimed in respect
of the offence or offences for which extradition is requested. Extradition may be
refused if the competent authorities of the requested Party have decided either
not to institute or to terminate proceedings in respect of the same offence or
offences.

위 협약 제9조는 최종적 판결(res judicata)을 다루는 일사부재리 원칙의 고전적
형태를 규정하고 있는 것으로, 위 조항 제1문은 인도의 의무적 거부를 규정하고
있으며, 여기에서의 '확정판결'에는 무죄판결, 형면제 판결 및 유죄판결이 포함된

럽도로교통범죄처벌조약(1972. 7. 18. 발효) 등이 있었다. 이후 유럽에서 지역적 차원의 국제적 일사부재리 원칙을 도입하기 위한 노력이 계속되어 1970년의 형사판결의 국제적 효력에 관한 유럽협약(1970 Convention of the Council of Europe on the International Validity of Criminal Judgements) 제53조 내지 제57조와 1972년의 형사절차 이송에 관한 유럽협약(Convention on the Transfer of Proceedings in Criminal Matters) 제35조 내지 37조에 일사부재리 원칙이 규정되었다. 이들 두개의 협약은 비준된 비율이 낮았으며 일사부재리 원칙에 대한 많은 예외를 가지고 있는 것이었다. 이후 1990년 범죄수익의 돈세탁, 압수, 수색, 몰수에 관한 협약(Convention on Laundering, Search, Seizure and Confiscation of the Proceeds from Crime) 제18조에도 일사부재리 원칙이 규정되었으며 그 비준상황도 양호하였다. 그러나 위 조항의 적용은 선택적인 것이었으며 몇몇 체약당사국은 협조 요청에 대한 거절의 근거를 그들의 비준선언에 포함시키기도 하였다고 한다.69) 인권에 관한 아메리카 협약 제8조 제4항,70) 죄수 처우에 관한 유엔최소 기준 제30조71) 등 일사부재리 원칙은 다양한 국제적, 지역적 규약에 규범화되어 있다.72) 베네룩스 범죄인인도 및 형사법공조조약(1962.

다. 제2문은 인도에 대한 재량적 거부의 경우를 규정하고 있는데, 특히 예심면소 (non-lieu)의 결정이 있는 경우를 고려한 것이라고 한다.[Explanatory Report Article 9 (Non bis in idem)] 또한 위 협약 제8조는 기소되어 있는 사건(lis pendens)의 경우 인도거절을 할 수 있는 선택적 근거를 두고 있으며, 제7조는 자 국 내에서 범하여진 범죄의 경우 인도를 거절할 수 있도록 함으로써 주권적 이해 의 우선성을 수용하고 있었다고 한다. 森下忠, 國際刑法の基本問題, 東京, 成文 堂(1996), 106면.

69) John A.E. Vervaele, 전게 논문, 104면.

70) Article 8. Right to a Fair Trial 4. the right of the accused to defend himself personally or to be assisted by legal counsel of his own choosing, and to communicate freely and privately with his counsel.

71) United Nations Standard Minimum Rules for the Treatment of Prisoners 30. (1) No prisoner shall be punished except in accordance with the terms of such law or regulation, and never twice for the same offence.

6. 27. 1967. 12. 11. 발효) 제8조는 유럽의 범죄인인도조약과 완전히 동일한 내용의 규정을 가지고 있다고 한다.[73]

특히 지역적 통합에 기초한 쉥겐 조약 제54조[74]는 국가들 사이에서 일사부재리원칙을 구현한 대표적 조항으로 평가받고 있으며 다양한 국제형사법정 관련 규정[75]들에서도 일사부재리 원칙 조항이 구현되어 있다.

위와 같이 다수의 조약들에 일사부재리 원칙이 규정되어 있는 것은 사실이나 지역적으로 제한된 협약이거나 국제형사협력 부분에 한정되는 것들로서 국제사회에 보편적으로 적용되는 조약법은 발견되지 않는다. 현재로서는 기존의 조약법 내용이나 국가관행들을 근거로 국제적 일사부재리 원칙 규범을 도출해 내기는 어려울 것으로 생각된다. 일반적으로 효력있는 국제적 일사부재리 원칙을 구성하려는 시도가 없는 것은 아니나[76] 국제형사법계의 일반적 견해는 국제적 일사부재리 원칙이 국제관습 등의 형태로 존재하는 국제적 규범력을 가진 것으로는 보고 있지 않다.[77] 또한

---

72) Article 19 of the revised Arab Charter on Human Rights, the Principles and Guidelines on the Right to a Fair Trial and Legal Assistance in Africa as proclaimed by the African Commission on Human and Peoples' Rights, Article 50 of the Charter of Fundamental Rights of the European Union, Article 54 of the Schengen Convention 등 Lorraine Finlay, 전게 논문, 225면 참조.

73) GERARD CONWAY, "NE BIS IN IDEM AND THE INTERNATIONAL CRIMINAL TRIBUNALS", Criminal Law Forum(2003), 221면 참조.

74) 쉥겐 조약에 대한 상세한 내용은 제5장 참조.

75) 국제형사법정에서의 일사부재리 원칙에 대하여는 제4장 참조.

76) GERARD CONWAY, "Ne Bis in Idem in International Law", International Criminal Law Review(2003). 그러나 위 논문에서도 국제규범으로서의 일사부재리 원칙을 주장하면서도 각 국가별로 상이한 일사부재리 원칙의 내용과 주권에 대한 제약 등을 이유로 대다수의 학자들은 국제법의 일반원칙이나 국제관습으로 국제적 일사부재리 원칙을 받아들이는 것을 거부하고 있다고 기술하고 있다. 위 논문, 217면 이하 참조.

77) Robert Cryer, Håkan Friman, Darryl Robinson, Elizabeth Wilmshurst, 전게서, 67면, Antonio Cassese, 전게서, 319면 이하에는 위와 같은 관습국제법의 존재는 매우 논쟁적인 문제라고 기술하고 있다. 국제법하에서의 국제적 일사부재리 원칙이

국제법을 해석 적용하는 각국 국내법원에서도 국제적 일사부재리 원칙이 국제법으로 존재하는 것으로 받아들이고 있지는 않다.[78]

5. 보편적이지 않은 각국 국내법

위에서 본 바와 같이 재판권이 경합하는 상황에서 국제적으로 적용되는 일사부재리 원칙에 관한 보편적 국제법은 존재하지 않는다. 따라서 외국의 형사판결이 있을 경우 당사자를 다시 국내법원에서 처벌할 수 있는가의 문제는 일사부재리 원칙의 적용범위에 대한 개별 국가 국내법의 문제로 귀결될 것이다.

앞서 본 바와 같이 일사부재리 원칙은 많은 국가의 국내법질서에서 형사법의 일반원칙으로 때로는 헌법적 원칙으로 고양되어 있다.[79] 그러나 위 원칙은 전통적으로 단일한 국가의 형사법 영역에 한정적으로 적용되는 것으로 이해되고 있다.[80] 많은 국가들은 일사부재리의 원칙은 국내에서 선고된 최종판결에 대하여만 적용되는 것으로 보고 있으며 상대적으로 소수의 국가들만이 조약법 등의 제한이 없는 자유로운 입법권한을

일반적으로 받아들여지지 않은 것으로 평가하는 독일에서의 논의는 Kai Ambos, Münchener Kommentar zum StGB, Band 1,1. Auflage (2003), 73면. 그러나 국제형사법제의 발전에 따라 국제적 일사부재리 원칙의 규범력을 주장하는 입장은 더욱 강화되어 갈 것으로 보인다.

78) Robert Cryer, Håkan Friman, Darryl Robinson, Elizabeth Wilmshurst, 전게서, 68면 및 각주 39 참조.

79) John A.E. Vervaele, 전게 논문, 100면. 약 50개국 이상이 이중위험금지를 승인하고 국내적 차원에서 위 원칙을 규정하고 있는데 우리나라를 포함하여 독일, 일본, 나이지리아, 남아프리카 공화국은 헌법적 보장 방식을 취하고 있다. Lorraine Finlay, 전게 논문, 225면 참조.

80) John A.E. Vervaele, 전게 논문, 100면; Robert Cryer, Håkan Friman, Darryl Robinson, Elizabeth Wilmshurst, 전게서, 67면.

가진 영역에 있어서도 외국판결의 소극적 효력을 인정하고 있다.[81] 따라서 현재로서는 각 국가의 적용사례에서 국제적으로 승인될 수 있는 일사부재리 원칙에 관한 보편적 법이론을 추출해 낼 수는 없을 것으로 보인다.

국내형사판결에 대하여는 일사부재리 원칙이 엄격히 적용됨에도 불구하고 외국판결의 효력 승인을 주저하는 이유는 다양하다. 외국 판결의 효력을 승인하여 기판력(res judicata)을 인정한다는 것은 자국에서의 새로운 기소나 처벌이 더 이상 가능하지 않다는 소극적 효력(negative effect) 혹은 외국 판결이 국내 판결에 고려되어야 한다는 적극적 효력을 인정하는 것을 의미한다. 그런데 각 국가들은 그들의 형사법과 그에 대한 완전한 집행을 주권의 본질적인 요소로 여기고 있어 외국형사판결에 대하여 res judicata의 효력을 부여하는 것은 문제가 있는 것으로 생각하고 있다. 특히 당해 범죄가 자국 영토 내에서 발생하였을 경우는 이러한 문제는 더욱 심화된다. 또한 자국의 이익만을 추구하는 이기적인 요소 이외에 다른 국가의 사법에 대한 충분한 믿음이나 신뢰를 갖지 못한다는 점도 중요한 원인으로 작용한다.[82]

일사부재리 원칙이 국제적으로 적용되지 않아 외국판결의 유효성에 대한 승인이 거부될 경우 경합하는 재판권에 의한 다수의 소추로 이어질 수 있다. 이는 인권보호에 중요한 문제를 야기할 뿐 아니라 때로는 국제관계에도 문제를 일으킬 수도 있다.[83] 특히 국제범죄에 대한 보편적 관할의 도입을 의무 지우는 국제조약이 나날이 증가하는 상황에서 국제적 일사부재리 원칙이 존재하지 않는 것은 개인의 인권보호에 대한 심각한 공백이다.

국가들 사이에 형사재판권의 경합문제를 해결할 수 있는 합리적 재판권 배분 규정이 존재하지 않는 현 상황에서 국제적 이중처벌로부터 개인

---

81) John A.E. Vervaele, 전게 논문, 101면.
82) John A.E. Vervaele, 전게 논문, 101면.
83) John A.E. Vervaele, 전게 논문, 102면.

을 보호할 수 있는 것은 국제적인 일사부재리 원칙이 될 수밖에 없을 것
이다. 따라서 국제적 차원에서 일사부재리 원칙의 가치를 실질적으로 구
현할 필요성과 이에 상충되는 주권적 이해 사이에 적절한 균형점을 찾는
노력이 필요할 것이다.[84]

이처럼 형사판결에 대해 국제적 일사부재리 원칙을 인정할 것인가의
문제는 개인의 인권보장 필요성, 형사사법에 대한 상호신뢰 여부, 국가주
권행사의 중요한 부분인 형사재판권 등과 상호연관 됨으로써 매우 어렵
고 복잡한 양상으로 전개되며 각 국가들의 제도 역시 다양한 스펙트럼을
형성하고 있다.

보통법 체제에 속하는 국가들 사이에서도 입장은 극명하게 나뉜다.
미국은 연방헌법 수정 제5조의 이중위험의 규정을 동일한 주권에 의한
중복기소에만 적용되는 것으로 본다. 따라서 외국뿐만 아니라 미연방에
소속된 서로 다른 주의 경우에도 상이한 주권에 의한 기소이므로 새로운
기소는 허용된다는 입장을 취하고 있다.[85] 이에 반하여 영국, 캐나다 등
은 외국판결에 대하여도 이중위험금지의 효력을 인정하는 입장을 취하
고 있다. 대륙법계 국가들 중에는 네덜란드만이 영국, 캐나다와 같이 외
국의 형사판결이 있을 경우 동일한 범죄에 대한 네덜란드 내에서의 연속
적 소추는 배제되는 것으로 규정하고 있을 뿐[86] 다른 대륙법계 국가들은
자국 영역 내에서 행하여진 범죄에 대하여는 외국판결에 대하여서까지
일사부재리 원칙의 보호를 부여하고 있지는 않다. 대부분의 대륙법계 국

---

84) 1999년 부다페스트에서 있었던 국제형법협회 제14차 회의의 결의 내용 등 국제
   형법학계의 논의 내용에 대하여는 Josè Luis DE LA CUESTA, 전게 논문, 707
   면; 森下忠, 國際刑法學の課題. 東京, 成文堂(2006), 172면 등 참조.
85) 외국판결의 승인과 관련된 미국에서의 논의에 대하여는 Lara A. Ballard, "THE
   RECOGNITION AND ENFORCEMENT OF INTERNATIONAL CRIMINAL
   COURT JUDGMENTS IN U.S. COURTS", Columbia Human Rights Law
   Review(1997).
86) Anthony J. Colangelo, 전게 논문, 818면.

가들의 관행은 국제적 차원에서의 일사부재리 원칙의 완전한 인정과 부
정 사이의 중간에 위치하고 있으며 외국형사판결에 대하여 일사부재리
효력을 전면적으로 인정하는 입장이 보편적이지는 않다.[87]

　이처럼 각 국가가 가지고 있는 국제적 차원의 일사부재리 원칙 규범
들은 매우 다양하며 이는 아직까지 일사부재리 원칙이 국제적으로 적용
될 수 있는 국제관습법으로 발전되지는 않았고 법의 일반원칙으로 인식
되기도 어렵다는 주장의 주요논거로 작용하고 있다.[88] 따라서 현재로서
는 각국의 입법례를 토대로 국제사회에서 통용되는 구속적인 법원칙을
도출해 낼 수는 없을 것으로 판단된다.

---

87) Josè Luis DE LA CUESTA, 전게 논문, 716면.
88) 실제 유럽사법재판소의 Advocate General Mayras가 유럽각국의 국내법과 관행들
　　을 고찰한 후 국내에서 적용되고 있는 non bis in idem rule은 국제관계에서의 일
　　반적인 법원칙으로 받아들이기는 요원하다는 결론을 내린 바 있다. Case 45/69,
　　Boehringer Mannheim GmbH v. Commission, 1972 E.C.R. 1281, 1296. Anthony
　　J. Colangelo, 전게 논문, 818면.

제4절 일사부재벌 원칙의 보충적 기능

일사부재벌 원칙(ne bis poena in idem)은 일사부재리 원칙과 밀접하게 관련되어 있는 원칙으로 당사자가 이미 일정한 범죄로 형을 집행 받았음에도 형을 집행 받은 범죄 또는 범죄의 원인되는 사실과 동일한 범죄나 사실관계를 근거로 재차 형을 선고함에 있어서는 종전에 집행된 형이 고려되어야 한다는 것이다.[89]

위 원칙은 다른 국가에서 선고한 판결내용을 완전히 승인할 것을 요구하는 일사부재리 원칙의 엄격성을 완화시킨 것으로 주권에 대한 제한이 상대적으로 적다. 따라서 국제적으로 일사부재리 원칙보다 오히려 광범위한 지지를 받고 있으며 특히 대륙법계 국가의 경우 외국 법원 판결에 대한 일반적 입장으로 받아들여지고 있다고 한다.[90]

일사부재벌 원칙(ne bis poena in idem)에 대한 지지는 국제형법학회등 학계의 논의과정에서도 나타난다. 1964년의 제9회 국제형법회의는 제4주제 '형사판결의 국제적 효력'에 관한 부분에서 '어떤 나라에서 어떤 죄로 집행된 형은 적어도 다른 나라에서 동일한 죄에 과하여지는 형에 산입되지 않으면 안 된다'는 내용의 결의를 하였다.[91] 2004년 북경에서 개최된 제17차 회의에서는 4개의 주제 중 형사관할권의 경합과 일사부

---

89) GERARD CONWAY, "Ne Bis in Idem in International Law", International Criminal Law Review(2003), 226면 참조.
90) GERARD CONWAY, "Ne Bis in Idem in International Law", International Criminal Law Review(2003), 226면 참조.
91) 森下忠, 國際刑法の基本問題, 東京, 成文堂(1996), 104면.

재리의 원칙에 대한 주제(Concurrent National and International Criminal Jurisdiction and the Principle 'Ne bis in idem) 부분에서도 '새로운 절차가 예외적으로 허용될 경우에도 종전의 제재는 반드시 고려되어야 하며 적어도 적절한 감경이 행하여져야 한다'는 내용의 결의가 있었다.[92]

외국판결의 소극적 효력이라 할 수 있는 일사부재리 효력을 인정하지 않으면서도 외국에서 집행된 형의 전부 또는 일부를 국내 법원이 선고하는 형에 산입하는 소위 산입주의(Anrechnungsprinzip)를 채용하는 입법례는 독일, 오스트리아 등 다수이다. 이는 국가의 이익과 정의의 요구에 대한 조화를 도모하려는 것으로 이러한 입장은 국제적 일사부재리의 원칙을 승인하는 방향으로 향하는 것이라고 평가된다.[93] 특히 산입주의를 인정하는 입장은 외국판결의 효력을 전면적으로 부정하거나 일정한 조건이 충족될 경우 인정하는 입장을 취하는 국가에 의하여도 받아들여질 수 있는 것으로 일사부재리 원칙과 배타적인 것이 아니다.[94] 로마규정 제78조 제2항도 동일한 행위에 대한 이전의 구금기간을 공제할 수 있도록 규정하고 있다.[95]

일사부재리 원칙의 완벽한 승인은 일정 영역의 주권적 판단권한을 완전히 포기하도록 하는 반면 일사부재벌(ne bis poena in idem) 원칙은 국

---

92) XVIITH INTERNATIONAL CONGRESS OF PENAL LAW (Beijing, 12-19 September 2004) RIDP, vol. 75 3-4, 2004, 785면 이하.

93) 森下忠, 國際刑法の基本問題, 東京, 成文堂(1996), 101면. 외국판결을 국내에 선고된 형에 산입하는 산입주의는 외국판결의 소극적 효력을 인정하는 방향으로의 진전이라고 평가하면서 외국형사판결의 적극적 효력을 인정하는 것과 소극적 효력을 인정하는 것 사이에 모순은 존재하지 않고 현재의 국제적 형사법의 조류는 소극적 효력뿐만 아니라 적극적 효력을 인정하는 방향으로 전진하고 있다고 한다. 森下忠, 國際刑法の基本問題, 東京, 成文堂(1996), 87면.

94) 森下忠, 國際刑法の基本問題, 東京, 成文堂(1996), 88면.

95) 로마 규정 제78조(형의 결정) 제2항 징역형을 부과함에 있어, 재판소는 재판소의 명령에 따라 전에 구금되었던 기간이 있을 경우 이를 공제한다. 재판소는 그 당해 범죄의 기초를 이루는 행위와 관련하여 구금되었던 기간도 공제할 수 있다.

가의 주권적 권리를 상대적으로 덜 침해하는 것이다. 따라서 외국법원의
판결에 지나치게 의존한다는 우려를 배제할 수 있어 전후 소송의 기초적
사실관계가 동일할 것을 요건으로 광범위하게 적용될 수 있다고 한다.96)

---

96) GERARD CONWAY, "Ne Bis in Idem in International Law", International
Criminal Law Review(2003), 226면 참조.

제5절 다양한 입법례

1. 국제적 적용에 대한 다양한 입장

가. 인정하는 입법례

보통법 국가인 영국은 외국형사판결에 대하여 광범위하게 일사부재리 원칙을 인정하는 진보적인 입장을 취한다. 영국 판례법은 종전의 유죄나 무죄판결이 외국주권에 의하여 행하여졌다 하더라도 영국에서의 이중위험금지의 항변이 허용되는 것으로 보고 있다.[97]

영국은 전통적으로 '이전의 무죄재판(autrefois acquit)' 및 '이전의 유죄재판(autrefois convict)'의 항변 즉 국내재판에 있어서의 일사부재리의 항변을 인정하고 있었다. 이러한 항변은 어느 누구도 단일하고 동일한 사건을 이유로 두 번 고통을 받아서는 안 된다(Nemo debet bis vexari pro una et eadem causa)는 보통법의 오래된 원칙에 근거한 것으로 외국판결에까지 위 원칙의 적용이 확대된 것이다. R. v. Roche(1775) 1 Leach 134 ; R. v. Aughet, 13 Cr. App.R.101, CCA. 사건 등에서 영국법원은 영국 바깥에서 행하여진 권한 있는 법원에 의한 무죄판결은 동일한 범죄를 이유로 한 영국 내에서의 기소를 봉쇄한다고 판시하였다. R. v. Lavercombe and Murray(19988) Crim.L.R.435, CA. 사건에서는 위 원칙이 외국법원의

---

97) 그러나 대부분의 주석가들은 대상판결은 권한 있는 관할 법원에 의한 것일 것을 요건으로 한다고 보고 있다. 森下忠, 國際刑法の基本問題, 東京, 成文堂(1996), 90면.

유죄판결에도 적용되는 것임을 명백히 전제하고 있다.[98][99]

다만 외국의 유죄판결에 기한 항변이 인정되기 위하여는 피의자가 실질적으로 두 번째의 위험에 직면할 것이 요구된다. 이중위험(double jeopardy) 원칙의 목적상 위험(jeopardy)은 진정한 위험을 의미하는 것으로 피의자가 이탈리아에서 사기죄로 기소되어 유죄판결을 선고받았으나 당해 재판이 궐석재판으로 행하여졌을 뿐 아니라 범죄인인도의 대상도 되지 않았던 R. v. Thomas(K.W.), 79 Cr. App.R. 200, CA 사건에서는 이중위험의 항변을 허용하지 않았다.[100][101]

다른 보통법 국가인 캐나다,[102] 호주[103] 등도 영국과 동일한 입장을

---

98) 이 경우 피의자는 자신이 심리를 받아 무죄판결을 받은 국가의 공식기록을 제출해야 한다. R. v. Roche(1775) 1 Leach 134; R. v. Aughet, 13 Cr. App.R.101, CCA. P.J. Richardson, Archbold Criminal Pleading, Evidence and Practice 2001, London : Sweet &Maxwell Limited(2001), 368면. 기타 Treacy v. Dir. of Pub. Prosecutions, [1971] A.C. 537, 562 (H.L.) (Judgment of Lord Diplock). 262. 등도 이러한 범주의 판결에 속한다. Anthony J. Colangelo, 전게 논문, 817면.

99) 1950년의 Samasivam 사건(Sambasivam v. Public Prosecutor, Federation of Malaya [1950] A.A. 458; applied in Hay (1983) 77 Cr.App.RE. 70)도 이러한 범주에 속한다고 하는 견해로는 森下忠, 國際刑法の基本問題, 東京, 成文堂 (1996), 90면.

100) P.J. Richardson, Archbold Criminal Pleading, Evidence and Practice 2001. London : Sweet &Maxwell Limited(2001), 368면; Anthony J. Colangelo, 전게 논문, 817면.

101) Law Commission의 1970년의 보고서(워킹 페이퍼 29 주제3)는 외국판결에 대한 일사부재리를 선언하는 내용의 일반규정을 장래의 입법과제로 제안하고 있다. 상세한 내용은 The Law Commission (LAW COM No 267) DOUBLE JEOPARDY AND PROSECUTION APPEALS Report on two references under section 3(1)(e) of the Law Commissions Act 1965 Presented to the Parliament of the United Kingdom by the Lord High Chancellor by Command of Her Majesty March 2001 Cm 5048.

102) R. v. Leskiw, Morgan and Eedy, [1986] 26 C.C.C. (3d) 166., R. v. Van Rassel, [1990] 1 S.C.R. 225 (Can.) Anthony J. Colangelo, 전게논문, 817면에서 재인용.

103) JAY A. SIGLER, DOUBLE JEOPARDY: THE DEVELOPMENT OF A

취하고 있다.

대륙법계 국가로서 외국판결에 대해 조건 없는 승인을 인정하고 있는 국가는 네덜란드로서[104] 영국, 캐나다와 같이 유효한 외국판결이 존재할 경우 동일한 범죄에 대한 네덜란드 내에서의 연속적인 소추는 불가능하다.[105]

나. 부정하는 입법례

외국판결에 대한 일사부재리 효력을 부인하는 대표적인 국가는 미국 이다. 미국에서는 미연방헌법 수정 제5조의 이중위험의 규정이 동일한 주권에 의한 중복기소에만 적용되며 외국을 포함한 서로 다른 주권에 의 한 기소는 허용된다는 입장을 취하고 있다.[106]

LEGAL AND SOCIAL POLICY 125 (1969); Gary di Bianco, Truly Constitutional? The American Double Jeopardy Clause and its Australian Analogies, 33 AM. CRIM. L. REV. 123 (1995). Anthony J. Colangelo, 전게논문, 817면에서 재인용.

104) Pater Baauw, "Ne bis in idem", International Criminal Law in the Netherlands. Freiburg : Ed. Iuscrim, Max-Planck-Inst.(1997) 스페인도 이러한 효력을 인정하고 있다는 주장은 Martin Wasmeier. Nadine Thwaites, "THE DEVELOPMENT OF NE BIS IN IDEM INTO A TRANSNATIONAL FUNDAMENTAL RIGHT IN EU LAW: COMMENTS ON RECENT DEVELOPMENTS", European Law Review(2006), 567면.

105) Anthony J. Colangelo, 전게논문, 818면.

106) Chua Han Mow v. United States, 730 F.2d 1308, 1313 (9th Cir. 1984); United States v. Richardson, 580 F.2d 946 (9th Cir. 1978); United States v. Martin, 574 F.2d 1359 (5th Cir. 1978); United States v. Rashed, 83 F. Supp. 2d 96 (D.D.C. 1999); United States v. Benitez, 28 F. Supp. 2d 1361 (S.D. Fla. 1998), aff'd, 208 F.3d 1282 (11th Cir. 2000) 등. Anthony J. Colangelo, 전게논문, 817 면에서 재인용. 외국판결의 승인과 관련된 미국에서의 논의에 대하여는 Lara A. Ballard, 전게 논문 참조. 일본의 일부 학자는 외국판결의 승인에 대한 미국의 입장과 관련하여 1848. 4. 28. 캘리포니아 주대법원의 쿠마스 사건(Coumas v. Superior Court 192 P.2d449. Cal. 948) 판결과 1959. 4. 6. 법무장관의 메시지 등을 근거로 미국을 외국판결

미국이 외국판결의 효력을 부인하는 근거는 이중주권의 원칙(Dual Sovereignty Doctrine)이다. 위 원칙에 의할 경우 각 국가들은 다른 외국 법원에 의하여 내려진 판결에 일정한 효력을 부여할 것을 강요받지 않으며 이러한 원칙은 각 주권이 서로 상이하고 독립된 근원에서 유래한다는 점에 근거한다. 대상자가 하나의 행위로 두개의 주권의 법을 위반하였다면 서로 구분되는 두 개의 죄를 범한 것이 되며, 위 원칙에 의하더라도 하나의 죄를 두 번 기소한 것이 아니라 서로 다른 별개의 죄를 기소하는 것이다. 따라서 한 주권국은 다른 주권국가의 법에 의하여 기소된 행위를 재기소하더라도 이중위험금지의 원칙에 저촉되지 않는다고 본다.[107) 위 원칙은 다른 국가의 법원 뿐 아니라 각 주와 연방 사이에도 적용된다. 미연방대법원은 위와 같은 내용을 명시적으로 판시하지는 않았으나 일부 하급심 판결에서는 각 주권들이 서로 다른 근원에서 유래한 것이라면 위 원칙은 연방과 주 사이 뿐 아니라 외국법원의 판결에도 적용되는 것임을 명확히 한 바 있다.[108)

뒤에서 살필 산입주의 채택 여부를 고려하지 않은 채 외국판결에 근거한 일사부재리 원칙을 인정하는가 여부의 점만을 볼 때 독일, 이탈리아 등도 일사부재리 원칙의 국제적 적용을 인정하고 있지 않아 같은 범주에 포함될 수 있을 것이다.[109)

에 대하여 일사부재리 효력을 인정하는 국가로 분류한 바 있으나(森下忠, 國際 刑法の基本問題, 東京, 成文堂(1996) 90면 이하) 국제적 일사부재리 원칙을 인정하지 않는 국가로 분류하는 것이 타당할 것이다.

107) Siehon Yee, International Crime and Punishment, Maryland : University Press of America(2004), 175면.

108) United States v. Richardson, 580 F.2d 946 (9th Cir. 1978) 사건에서는 외국 주권에 의한 기소는 미국이 형사기소를 배제하지 않는다고 선언하고 있다. Siehon Yee, International Crime and Punishment. Maryland : University Press of America (2004) 175면. 미국법률가협회(ALI)의 모범형법전(Model Penal Code, 1962) 1·10조와 일반적인 외국판결에 대하여 취하는 입장 등 외국판결의 승인과 관련된 미국에서의 논의에 대하여는 Lara A. Ballard, 전게 논문 참조.

특히 이탈리아는 명문으로 외국판결의 소극적 효력을 부정하고 있다고 한다.[110]

우리나라, 일본, 중국, 폴란드 등도 산입주의 또는 양형고려주의에 의하여 보완되고 있기는 하나 외국판결에 대하여 일반적인 일사부재리 효력을 인정하지 않는다는 점에서 외국판결의 소극적 효력을 부정하는 입법례에 속한다고 볼 것이다.[111]

다. 일정한 조건 하에 인정하는 입법례

자국 영역 내에서 행하여진 범죄(territorial crime)에 대한 외국판결인가 아니면 외국에서 행하여진 범죄(extraterritorial crime)에 대한 판결인가를 구분하여 외국판결에 대한 소극적 효력 여부를 결정하는 입장이 있다.

위와 같은 입장을 취하는 대표적인 국가는 벨기에이다. 벨기에 법에 의하면 벨기에 내에서 행하여진 범죄에 대한 외국의 유무죄 판결이 있다 하더라도 일사부재리 원칙은 적용되지 않으나 역외범죄(extraterritorial crime)에 대하여는 일사부재리 원칙이 적용된다. 프랑스의 the Nouveau Code Pènal(113조의9)과 프랑스 형사소송법 692조도 프랑스 영토 바깥에서 행하여진 범죄에 대하여 내려진 외국판결만을 승인함으로써 동일한 입장을 취하고 있는 것으로 생각된다.[112]

---

109) 독일의 경우 원칙적으로 외국판결의 효력을 부인하는 입장이나 뒤에서 보는 바와 같이 산입주의를 취하고 있어 완전히 부정하는 입장으로 보기 어려운 측면이 있다. Christine Van den Wyngaert and Tom Ongena, "Ne bis in idem Principle, Including the Issue of Amnesty", The Rome Statute of The International Criminal Court : A Commentary volume I., II New York : Oxford University Press(2002), 712면.

110) 森下忠, 新國しい國際刑法, 東京, 信山社(2002), 86면.

111) Josè Luis DE LA CUESTA, 전게 논문, 724면.

112) Christine Van den Wyngaert and Tom Ongena, 전게논문, 713면. 프랑스 형법 제113-9조(이중처벌의 금지)는 '제113-6조 및 113-7조의 경우 외국에서 동일한

위와 같은 원칙에 의할 경우 어떤 사람이 A국에서 x라는 범죄를 범한 경우 그가 B국 법원에서 유죄 혹은 무죄의 판결을 받았는가 여부에 관계없이 그는 항상 A국에서의 소추의 대상이 된다. 이러한 입법방식은 자국 영토에 대하여 재판권을 행사하는 국가의 권한은 중요하며 보호의 가치가 높은 것이라는 점에서 수긍할만하다. 만일 벨기에가 역외관할권을 행사하는 국가이고 범죄인이 이미 영토국에서 유죄 혹은 무죄의 판결을 받았다면 벨기에는 영토국의 판단을 존중하여 일사부재리 원칙에 의한 보호를 인정한다.[113]

행위지의 법원에 의한 무죄판결이 있거나 유죄판결 후 형을 집행 받은 경우 처벌을 배제하는 내용의 오스트리아 형법 제65조 제4항도 동일한 유형으로 파악된다.[114]

행위로 이미 확정판결을 받았음을 증명하는 자 또는 그 판결이 유죄의 확정판결인 경우에는 형의 집행을 받았거나 형의 시효가 완성되었다는 것을 증명하는 자에 대하여는 소추할 수 없다'고 규정하고 있다. 위 조항의 대상이 되는 범죄는 제113-6조 및 113-7조의 범죄로서 프랑스 국민의 국외범, 프랑스 국민에 대한 외국인 범죄 등에 대하여만 적용되는 것으로 그 범위를 제한하고 있다. 프랑스 형사소송법 제692조는 "전장에 규정된 경우, 이미 동일한 사실로 외국에서 확정판결을 받거나 형의 선고가 있는 경우에는 그 형의 집행을 종료한 사실 또는 시효가 완성된 사실을 증명하는 경우에는 그에 대한 소추를 할 수 없다" 는 내용으로 외국에서 형이 집행된 사건에 대하여는 소송조건이 흠결되는 것으로 규정하고 있다.(법무부,『프랑스 형사소송법』, 서울 : 법무부, 2005.) 김성규, "일사부재리의 원칙과 형법 제7조의 의미", 성균관법학 제14권 제1호(2002년), 174면 등 참조.
프랑스의 영향을 받은 알제리, 기니 등이며, 이태리와 슬로베니아도 동일한 범주로 분류되는데 슬로베니아의 경우 영토관할의 우선성은 재량적인 것으로 취급되고 있다. 따라서 외국에서 기소되었거나 기소가 진행 중인 사건에 대한 기소를 위하여는 법무부장관의 허가가 필요하며 이 경우 새로운 형에 대한 산입주의의 적용이 요구된다. Josè Luis DE LA CUESTA, 전게 논문, 717면.
113) Anthony J. Colangelo, 전게논문, 819면.
114) 오스트리아 형법 제62조는 속지주의를, 제63조는 기국주의를 규정하고 있으며, 제64조는 외국에서 행하여졌으나 행위지의 법률과 무관하게 처벌되는 행위를, 제65조는 행위지의 법률로 처벌될 때에 한하여 처벌되는 외국에서의 범행을 각

다음으로 범죄의 특성에 따른 예외를 두는 경우가 있다. 국제적 일사부재리 원칙의 보호에서 배제되는 전형적인 예는 뇌물죄(bribery)와 반역죄(treason)이다.[115)116)]

국가보호주의의 대상범죄에 대하여는 재판이 행하여지는 외국과 이해가 상반될 수 있어 외국에서 행하여진 재판이 반드시 공정하지 않을 수 있다. 또한 국가의 기본적 이익을 지킨다는 견지에서 외국판결에 일사부재리의 효력을 인정하지 않는 것은 합리적인 것으로 생각된다.

외국판결의 효력을 승인하는 조건으로 가장 전형적인 것 중의 하나는 외국판결이 집행되었을 것을 조건으로 동일한 범죄에 대한 기소를 배제한다는 것이다.[117)]

벨기에 형사소송법은 외국에서 범하여진 범죄에 대하여 선고된 형이 외국에서 집행된 경우에만 새로운 기소는 금지되는 것으로 규정하고 있으며 위 원칙은 많은 국가들에 의하여 받아들여지고 있다고 한다.[118)]

규정하고 있다. 또한 오스트리아 형법 제66조는 국내에서 처벌될 범죄로 인해 외국에서 받은 처벌은 국내에서의 형의 집행에 산입한다고 규정하여 산입주의를 병행하고 있다. 법무부, 『오스트리아형법』, 서울 : 법무부, 2009; 森下忠, 國際刑法の基本問題, 東京, 成文堂(1996), 99면.

115) 위와 같은 범죄 이외에도 자국의 영토에 관한 이해관계를 보호하려는 보호주의에 입각하여 많은 국가들은 중요한 국가 이익이나 정부의 기능에 영향을 미치는 역외범죄에 대하여는 무조건적인 기소를 허용하고 있다. 예를 들면 어떤 사람이 프랑스의 통화를 위조하여 프랑스에서 기소될 수 있을 경우 그가 미국법을 위반하여 이미 미국 법원에서 기소되었다고 하더라도 그는 항상 프랑스 법원에 기소될 수 있다. Anthony J. Colangelo, 전게논문, 818면.

116) 유사한 내용이 쉥겐 조약 제55조에도 반영되어 있다. 제55조는 체약당사국이 그들 국가의 공무원에 의한 범죄나 국가와 그의 본질적 이익에 대한 범죄 등에 대하여는 조약 효력을 유보할 수 있도록 규정하고 있다. Christine Van den Wyngaert and Tom Ongena, 전게논문, 713면.

117) Christine Van den Wyngaert and Tom Ongena, 전게논문, 712면. 국내재판에 대한 일사부재리 효력 인정에 위와 같은 조건을 부여하지 않은 것은 국내재판은 언제든지 집행될 수 있으나 외국재판은 원칙적으로 그러하지 않다는 점에 있다. Christine Van den Wyngaert and Tom Ongena, 전게논문, 712면.

스위스형법 제5조 제2항 역시 외국에서 범하여진 행위에 대한 판결이 일정한 조건을 충족할 경우 외국에서의 무죄판결이나 집행된 유죄판결에 일사부재리 효력을 부여하고 있다.[119]

판결이 일부만 집행된 경우라면 외국형사판결의 완전한 집행을 조건으로 하는 경우에는 후속기소가 허용될 것이다. 그러나 일부 집행으로 인한 후속기소가 허용되는 경우에도 많은 국가들은 뒤에서 보는 산입주의 원칙을 적용하여 당사자에 대한 실질적 보호를 도모하고 있다.[120]

2. 일사부재리 원칙의 실질적 구현

가. 산입주의

앞서 본 바와 같이 영국, 캐나다, 네덜란드 등 일부 국가를 제외하면 많은 국가들이 외국형사판결의 소극적 효력을 전면적으로 부정하거나 일정한 조건이 충족될 경우에 한하여 이를 인정하고 있다. 이는 외국형사재

---

118) 뒤에서 살필 쉥겐 협정에도 이러한 내용은 받아들여지고 있다. Christine Van den Wyngaert and Tom Ongena, 전게논문, 712면.

119) 스위스 형법 제5조 제2항 : 행위자는 연방헌법의 근본원칙들 그리고 1950년 11월 4일 인권과 기본권의 보호를 위한 협약(EMRK)에 대하여 중대한 침해가 되는 경우를 제외하고, 다음 각호의 1에 정한 경우에 해당하는 때에는 스위스에서 동죄로 인하여 더 이상 소추를 받지 아니한다.

a. 외국법원이 그 자에 대하여 무죄의 확정판결을 내린 경우

b. 그가 외국에서 받은 제재가 집행되거나 그 집행이 면제되거나 그 시효가 완성한 경우

(한국형사정책연구원, 『스위스형법전』. 서울 : 한국형사정책연구원 2009)

스위스에 대하여 상세한 것은 森下忠, 國際刑法の基本問題, 東京, 成文堂 (1996), 98면 참조.

120) Josè Luis DE LA CUESTA, 전게 논문, 725면.

판에 대한 신뢰의 부재, 주권적 이해관계 등에 근거한 것이기는 하나[121] 거듭처벌은 인권보호 뿐만 아니라 형사정책적 측면에서도 결코 바람직한 것이 아니다.

　이러한 문제점에 대한 보완책으로 많은 국가들은 외국에서 이미 판결이 선고되어 집행된 것에 대하여 일정한 효력을 부여하는 '산입주의(Anrechnung, deduction of sentence principle)'를 채택하고 있다.[122]

　산입주의를 채택하여 외국에서 이미 선고되어 집행된 형을 새로이 선고되는 형에서 공제하여 준다 하더라도 새로운 형사절차의 진행을 배제한다는 의미에서의 일사부재리 효력을 갖는 것으로는 볼 수는 없다. 그러나 결과적으로는 외국의 형사판결이 새로운 판결에 영향을 미치는 것으로 산입주의의 채택은 실질적 일사부재리 원칙의 효력을 갖는 것으로 이해되고 있다.[123] 비록 외국형사판결에 대하여 전면적 일사부재리 효력을 부여할 수는 없다 하더라도 산입주의를 취하는 한도 내에서는 국제주의적 견지를 채용한 것이며 일사부재리 원칙이 적용되지 않는 것을 대신하는 보상으로 일종의 소극적 효력을 인정한 것으로 이해된다.[124]

　산입주의에는 산입 여부가 임의적인 것과 필요적인 것이 있으며, 외국에서 집행된 형의 전부를 산입하여 주는 경우와 일부만을 산입하여 주는 경우로 나뉜다. 입법례의 동향은 점차적으로 임의적인 것에서 필요적인 것으로 이행되고 있다고 한다.[125]

---

121) Josè Luis DE LA CUESTA, 전게 논문, 717면.
122) 독일 형법 제51조 제3항, 오스트리아 형법 제66조 등 참조. Josè Luis DE LA CUESTA, 전게 논문, 724면.
123) Josè Luis DE LA CUESTA, 전게 논문, 736면 참조.
124) 森下忠, 國際刑法の基本問題. 東京, 成文堂(1996), 92면.
125) 산입주의의 분류와 관련하여 형의 전부를 의무적으로 산입하는 것을 엄격한 산입주의, 산입자체는 의무적이나 외국에서 받은 형의 전부 또는 일부 혹은 외국에서 받은 형을 초과하여 산입할 수 있는 재량을 부여하는 경우를 완만한 산입주의, 외국에서 형의 집행을 받은 경우 국내에서 선고되는 형의 양정에 있어서 고려하는 것을 실질적 산입주의 또는 양형고려주의로 분류하는 입장이 있다.(森

산입의 유형은 다양한데 먼저 외국에서 선고받은 형의 전부를 의무적으로 산입하는 유형으로 전부산입주의가 있다. 오스트리아 형법 제66조는 국내에서 처벌될 범죄로 인해 외국에서 받은 처벌은 국내에서의 형의 집행에 산입한다고 규정하고 있으며, 독일 형법 제51조 제3항 역시 전부산입주의 방식을 취하고 있다.[126]

다음으로 산입 자체는 의무적이나 산입의 범위를 법원의 재량에 위임하는 탄력적 산입주의가 있다. 입법유형에 따라 산입에 관한 법원의 재량 범위가 외국에서 선고받은 형을 최대한도로 제한되는 경우와 그러한 제한이 없는 경우가 있을 수 있다. 그러한 제한이 없는 경우 산입되는 형량은 외국에서 집행된 형량을 초과할 수도 있고 미달할 수도 있다. 현행 일본형법 제5조의 산입주의는 외국에서 집행된 형의 종류 및 형량과 국내의 형에 산입되는 종류 및 형량이 반드시 동일할 것을 요구하지 않는다는 점에서 탄력적 산입주의에 해당하는 것으로 평가된다.[127]

下忠, 國際刑法の基本問題, 東京, 成文堂(1996), 92면 이하 참조) 먼저 엄격한 산입주의와 완만한 산입주의는 산입이 의무적이라는 점은 동일하나 산입의 범위에 차이가 있는 것으로 생각된다. 그러나 위 용어들은 그러한 차이점이 명확히 드러내지 못한 것으로 생각되며 실질적 산입주의 역시 형의 양정에서 고려된다는 특수성이 명확히 반영되어 있지 못한 것으로 생각된다. 따라서 의무적으로 외국에서 집행된 형을 산입하되 그 집행된 형의 전부 산입하는 방식을 전부산입주의, 의무적으로 산입하되 산입의 범위에 재량을 인정하는 방식을 탄력적 산입주의, 외국에서 집행된 형을 새로이 선고되는 형의 양정 단계에서 고려하는 경우를 양형고려주의로 지칭하고자 한다.

126) 1950년의 헝가리 형법 제5조, 1951년의 불가리아 형법 제68조, 체코슬로키아 형법 제96조 등도 이러한 분류에 속한다고 한다. 독일 구형법 제7조도 전부산입주의를 채용한 것으로 해석되었는데 1969년 6월 25일 제1차 형법개정에 의해 구형법 제7조는 삭제되고 제60조 제3항으로 대체되었다가 신형법 제51조 3항이 되었다고 한다. 森下忠, 國際刑法の基本問題, 東京, 成文堂(1996), 93면 참조.
127) 산입주의 유형은 매우 다양한 것으로 보인다. 1864년의 스웨덴 형법 제1장 제3조 제2항은 외국에서 집행된 형을 재판소의 공평한 평가에 따라 산입하는 것이 가능하다는 취지의 규정을 두고 있었으며, 1902년의 네덜란드 형법 제12조 제2항은 외국에서 집행된 형을 최대한으로 하여 필요적으로 산입하는 것으로 규정

양형고려주의는 외국에서 형의 집행을 받은 경우 국내에서 선고되는 형의 양형에 이를 고려할 수 있도록 한 것이다. 우리 형법 제7조[128] 및 중국형법 제10조[129]가 이러한 유형에 해당하는 것으로 생각된다.

나. 소추재량

일사부재리 원칙이 국제적으로 적용된다는 것은 외국형사판결을 승인하고 외국형사판결의 대상이 된 범죄에 대한 후속 기소를 금지한다는 것을 의미한다. 외국판결에 대해 법적으로 후속기소가 금지되는 형태의 일사부재리 원칙을 인정하지 않는다 하더라도 외국판결이 존재할 경우 소추기관에 대해 소추재량을 인정하는 것은 의무적이지 않은 형태로 일사부재리 원칙의 국제적 적용가능성을 열어두는 것이다.[130]

하였다. 1930년 덴마크 형법 제10조 제4항은 외국에서 집행된 형에 상응하는 부분을 국내에서 선고하는 형에서 감경 또는 면제하는 것을 고려하지 않으면 안 된다는 규정을 두고 있었다고 하며, 1932년의 폴란드 형법 제11조 제1항은 외국에서 집행된 형을 법원의 재량에 따라 필요적으로 산입하는 것으로 규정하였다고 한다. 1950년의 체코슬로바키아형법 제22조는 외국에서 받은 미결구금 및 형의 집행의 기간을 산입가능한 범위에서 필요적으로 산입하는 것으로 하되 산입이 불가능한 경우에는 외국에서의 미결구금 및 형의 집행을 국내법원이 양형에서 고려해야 한다는 취지의 규정을 두고 있었다고 한다. 이탈리아 형법 제138조 제1항은 외국에서 집행된 형은 그 종류를 고려해 산입한다는 취지로 규정하고 있고, 동조 제2항은 외국에서 받은 미결구금의 일수를 본형에 산입하는 조항까지 두고 있다고 한다. 森下忠, 國際刑法の基本問題, 東京, 成文堂(1996), 94면.

128) 형법 제7조 (외국에서 받은 형의 집행) 범죄에 의하여 외국에서 형의 전부 또는 일부의 집행을 받은 자에 대하여는 형을 감경 또는 면제할 수 있다.

129) 중국 형법 제10조 '중화인민공화국의 영역 외에서 죄를 범하여 본법에 따라 형사책임을 져야 하는 경우, 비록 외국에서 재판을 받았다고 하더라도 모두 본법에 따라 추궁할 수 있다. 다만, 외국에서 이미 형벌을 받은 자에 대하여는 처벌을 면제하거나 감경할 수 있다.' 법무부, 『중국형사법』, 서울 : 법무부, 2008.

130) Josè Luis DE LA CUESTA, 전게 논문, 724면.

독일 형사소송법 제153조c 제2항은 외국에서의 유죄판결이 국외에서 집행되었을 경우나 무죄판결이 있었던 경우 검사의 소추재량을 인정하고 있으며 오스트리아 역시 국내절차의 진행이 필수적인 것으로 생각되지 않을 경우 검사에게 기소를 하지 않을 수 있는 소추재량을 인정하고 있다.[131]

1964년의 제9회 국제형법회의에서는 어떤 나라에서 범하여진 죄에 대해 그 나라에서 형사 소추가 이루어졌을 때는 다른 나라의 사법기관은 동일한 행위에 대하여 소추하지 않을 권한을 가져야 한다는 결의가 있었다.[132]

3. 개별 국내법에 대한 검토

가. 독일 국내법

(1) 일사부재리 원칙의 제한적 적용

일사부재리의 원칙은 독일 기본법 제103조 제3항에 선언되어 있다.[133] 독일 형사소송법은 일사부재리 원칙을 명문으로 규정하고 있지는 않으나 이를 당연한 것으로 전제하고 있다고 한다. 이와 같은 절차적 기본권의 보장은 개인이 최종 판결을 받은 이후 다시 기소되는 것을 막음으로써 개인의 법적 안정을 보장하고 법집행기관에 대하여는 처벌절차의 일회성을 요구하는 것이다.[134]

독일에서는 위 원칙의 인정근거를 실질적인 정의의 원칙, 법적 명확

---

131) Josè Luis DE LA CUESTA, 전게 논문, 725면.

132) 森下忠, 國際刑法の基本問題, 東京, 成文堂(1996), 104면.

133) 독일기본법 제103조 제3항 누구도 동일한 행위를 이유로 일반형법에 근거하여 거듭 처벌되지 아니한다.

   (GG 103 (3) Niemand darf wegen derselben Tat auf Grund der allgemeinen Strafgesetze mehrmals bestraft werden.)

134) Radtke/Hagemeier, Beck'scher Online-Kommentar Hrsg: Epping/Hillgruber 44면.

성의 요구, 비례성의 원칙 등에서 찾고 있다. 1902년 현재 연방최고재판소의 전신인 제국법원은 이중처벌로부터 보호받을 수 있는 실질적인 권리가 있다고 판시한 바 있다.[135] 일사부재리 원칙이 적용될 경우 완전한 종결효(Erledigungsprinzip)가 인정되며 후속적 유죄판결 혹은 형의 집행뿐만 아니라 수사착수 자체를 금지하는 효력이 발생한다.[136]

　독일의 경우에도 일사부재리 원칙의 효력은 다른 대륙법계 국가들과 같이 국내판결로 제한되며 외국판결에 대하여는 위 원칙이 확대 적용되지 않는다.[137] 이러한 입장은 1987년의 독일 연방헌법재판소 판례에서 명확히 표현된 바 있다.[138] 판례 및 학설도 외국의 확정판결이 있다 하더라도 독일에서의 새로운 소추 및 처벌은 독일 기본법이나 독일 내에 적용되는 조약법에 위반되지 않는 것으로 보고 있다.[139)140] 이처럼 독일에서도 외국판결에 대한 일사부재리 원칙은 인정되지 않으며 외국에서의 확정판결은 국내소송의 종료사유에도 해당하지 않는다.[141]

(2) 산입주의 – 독일 형법 제51조 제3항

독일 형법 제51조 제3항은 '형의 선고를 받은 자가 이미 동일한 범죄

---

135) decision of 30 September (RGST 2, 347 ff) Wolfgang SCHOMBURG, "GERMANY CONCURRENT NATIONAL AND INTERNATIONAL CRIMINAL JURISDICTION AND THE PRINCIPLE "NE BIS IN IDEM", International Review of Penal Law (Vol. 73)(2002), 941면.

136) 독일형사소송법 제362조, 제359조의 기판력에 대한 예외는 인정된다.

137) Radtke/Hagemeier, Beck'scher Online-Kommentar Hrsg: Epping/Hillgruber, 49면.

138) Constitutional Court of 31 March 1987(BVerfGE 75, 1, 15.). 일사부재리 원칙이 외국판결에 대하여는 적용되지 않음에도 불구하고 쉥겐 조약에 기한 수평적 일사부재리 원칙이 적용되는 영역이 존재한다. 이처럼 일부 국제적으로 적용되는 일사부재리 원칙의 적용 및 해석의 문제는 위 원칙의 국내법에서의 해석 적용을 그 기본적 출발점으로 삼는다. Wolfgang SCHOMBURG, 전게논문, 949면.

139) BGHSt 24, 54(57); 4 StR 105/69 v. 30.4. 1969.

140) 森下忠, 國際刑法の基本問題, 東京, 成文堂(1996), 85면.

141) Ambos, Münchener Kommentar zum StGB, Band 1,1. Auflage 2003, 73면.

로 인해 국외에서 처벌받은 경우에는 국외에서 받은 형은 그 집행이 종료된 경우에 한하여 새로운 형에 산입된다. 국외에서 선고받은 기타의 자유박탈에 대해서도 제1항이 동일하게 적용된다.'라고 규정하고 있다.[142) 동일한 행위로 외국에서 집행된 형이 있을 경우 그러한 범위에서 국외에서 선고되고 집행된 형벌이나 그 밖의 자유박탈을 국내에서 인정될 새로운 형벌에 산입하도록 한 것이다.[143)

위와 같은 산입은 외국에서의 형이 집행되었을 경우에만 가능하며[144) 외국의 형이나 자유의 박탈에 대한 공제의 원칙은 일사부재리 원칙이 존재하지 않는 영역에 적용된다.[145) 그 경우 독일 형법 제51조 제1항에 규정된 바와 같이 외국의 제재는 마치 그것이 국내에서의 재제인 것과 같이 공제되어야 한다.[146)147)

외국에서 동일한 행위를 원인으로 재판받아 집행된 범죄에 대한 산입

---

142) 법무부, 『독일형법』, 서울 : 법무부, 2008.
　　StGB 51 Anrechnung
　　(3) Ist der Verurteilte wegen derselben Tat im Ausland bestraft worden, so wird auf die neue Strafe die ausländische angerechnet, soweit sie vollstreckt ist. Für eine andere im Ausland erlittene Freiheitsentziehung gilt Absatz 1 entsprechend.
143) 요하네스 베셀스 저, 허일태 역, 『독일형법총론』, 부산 : 세종출판사, 1998, 65면.
144) Dr. Bernad, Münchener Kommentar zum StGB, Band 1,1. Auflage 2003, 73면.
145) Wolfgang SCHOMBURG, 전게 논문, 956면.
146) 독일 형법 제51조(형의 산입)
　　제1항 형의 선고를 받은 자가 형사소송절차의 대상이거나 그 대상이 되었던 범죄행위로 인하여 미결 구금되었거나 기타의 자유박탈을 받은 경우에 그 기간을 자유형 및 벌금형에 산입한다. 다만, 법원은 범행 후 형의 선고를 받은 자의 태도에 비추어 타당하지 아니한 경우에는 그 기간의 전부 또는 일부를 산입하지 않을 수 있다.
　　제3항 형의 선고를 받은 자가 이미 동일한 범죄로 인해 외국에서 처벌받은 경우에는 국외에서 받은 형은 그 집행이 종료된 경우에 한하여 새로운 형에 산입된다. 국외에서 선고받은 기타의 자유박탈에 대해서도 제1항이 동일하게 적용된다.
147) Wolfgang SCHOMBURG, 전게논문, 956면; Dr. Bernad, Münchener Kommentar zum Strafgesetzbuch, München : Verlag C. H. Beck(2003), 122면.

은 법률의 효력으로 즉시 발생한다. 따라서 원칙적으로 법원을 통한 어떠한 선고도 필요하지 않으나 산입의 방법이 법으로부터 즉각적으로 도출될 수 없는 경우에는 선고가 필요하다. 산입은 외국판결과 국내판결이 독일 형사소송법 제264조[148])에서 규정한 심판의 대상이 동일한 경우에 가능하다. 범죄의 장소는 중요하지 않으나 그 형벌은 반드시 외국에서 집행되었어야 하며 감형이나 시효의 완성은 요건을 충족시키지 못하는 것으로 이해되고 있다.[149]

검사가 외국에서 저질러진 범죄를 독일 형사소송법 제153조c에 따라 기소한 경우 국내에서의 구금도 존재한다면 외국에서의 형사구금의 산입 이전에 국내에서의 구금이 절차적으로 우선 산입된다. 예외적인 경우 산입에 대한 판결주문이 필요하며 독일 형법 제51조 제3항은 이중 판결의 가능성을 전제로 한 것이다.[150]

외국의 유죄판결의 형은 집행되었거나 현재 집행되고 있으면 족하다. 집행유예 판결은 현재 집행되고 있는 것으로 간주되며, 외국에서의 구금기간이 독일당국에 의한 국제적 수배의 결과에 기인한 것이라면 외국에서의 구금은 그것이 추방 절차를 취하였는가 아니면 범죄인인도 절차를 취하였는가 여부에 관계없이 산입되어야 한다.[151]

(3) 독일 형사소송법 제153조c

독일 형사소송법 제153조c 제2항은 '외국에서 그 범죄행위로 인한 피

---

148) 독일 형사소송법 제264조
　　 제1항 판결의 대상은 심리의 결과에 따라 나타난 것으로 소에서 지적하고 있는 행위이다.
　　 제2항 법원은 공판개시결정의 근거가 된 범죄행위에 대한 판단에 기속되지 않는다.
149) Dr. Bernad, 전게서, 1695면.
150) 범죄인인도를 위하여 겪은 구금기간과 관련하여서는 독일 형사소송법 제450조a 가 제51조 제3항을 보충하는 역할을 한다. Dr. Bernad, 전게서, 1695면.
151) Dr. Bernad, 전게서. 1695면.

의자에 대한 형이 이미 집행되었고, 그 외국의 형을 산입하여 볼 때 국내에서 예상하고 있는 형이 중요하지 않거나 또는 피의자가 그 행위에 관하여 외국에서 무죄의 확정판결을 받은 경우' 검사의 소추재량을 인정하고 있다.[152] 비록 재량적이기는 하나 국외에서 벌어진 행위에 대한 기소배제의 근거를 둔 것이다.[153]

위 조항의 적용을 위해서는 당해 형이 외국에서 집행되었거나 무죄판결을 받은 경우라야 한다. 이 경우 피의자가 외국인인가 내국인인가는 중요하지 않으며 당해 범죄행위가 독일 형사소송법의 적용범위 내에서 발생하였는가 여부도 역시 중요하지 않다. 기소 여부의 결정은 외국에서의 형을 산입하여 본 후 남아 있는 형의 중요성에 따라 이루어진다. 피의자가 수감생활을 한 외국 교도소의 특성과 피의자가 두 번의 절차를 겪어야 한다는 부담 등도 고려되어야 한다.[154]

위 조항을 통하여 국외사건에 대해 기소법정주의를 제한하는 것은 소송법적으로 큰 의미를 갖는다. 외국판결이 존재하는 경우에 대한 기소편의주의의 인정은 국외범의 소추에 있어서의 사법경제적 내지는 일반정책적인 관점을 고려한 것이다. 비교적 광범위한 독일형법의 장소적 적용범위에 관한 조항에서 발생하는 문제 상황을 소송법적으로 보정하는 의미도 갖는다.[155] 일반적으로는 쉥겐 조약 등 조약법의 적용대상이 아닌 이상 외국에서 형이 선고된 경우에도 일사부재리 원칙이 적용되지 않아 국내에서 다시 처벌받은 것을 방지하지 못한다. 따라서 비록 재량적이기는 하지만 위 조항을 통하여 일사부재리 원칙의 후속 기소 금지의 효과

---

152) BeckOK StPO § 153c Rn 11.
153) Wolfgang SCHOMBURG, 전게논문 949면 한편 StPO Article 154 b는 형사관할의 국제적 경합의 경우로서 이중기소가 아닌 범죄인인도나 추방 등이 이루어진 경우에 대한 규정을 두고 있다.
154) Schoreit. Karlsruher Kommentar zur StPO. 6, Auflage(2008), 153c Rn 12 참조.
155) 김성규, "일사부재리의 원칙과 형법 제7조의 의미", 성균관법학 제14권 제1호 (2002), 173면.

를 달성할 수 있다.156)

위 조항과 앞서본 위 산입주의 규정을 함께 활용할 경우 국제적 일사부재리 원칙의 실질적 적용이 가능하다는 견해가 존재한다.157)

나. 일본 국내법

(1) 일사부재리 원칙의 제한적 적용

일본 헌법 제39조158)는 동일한 범죄에 관하여 재차 형사상의 책임을 묻지 않는다고 규정하여 일사부재리 원칙을 규정하고 있다. 다른 대부분의 대륙법계 국가들과 같이 위 원칙은 국내재판의 경우에만 적용되는 것으로 이해되고 있다.159)

일본 최고재판소 역시 일본헌법 제39조는 일본 법원의 재판에 대하여만 이중의 위험을 금지하는 것이라며 형법의 적용이 경합되는 상황에서 외국의 확정판결이 있는 경우 다시 재판하는 것을 허용하는 일본 형법 제5조를 합헌으로 판결160)하였다. 이처럼 일본에서도 일본헌법의 이중위험금지 조항은 국내판결에 대하여만 적용된다고 보는 것이 일본의 통설, 판례이다.161)

---

156) Josè Luis DE LA CUESTA, 전게 논문, 724면.

157) 森下忠, 國際刑法の基本問題, 東京, 成文堂(1996), 93면.

158) 일본헌법 제39조 何人も、實行の時に適法であつた行爲又は既に無罪とされた 行爲については、刑事上の責任を問はれない。又、同一の犯罪について、重ねて刑事上の責任を問はれない。

159) Toshihiro KAWAIDE, "CONCURRENT NATIONAL AND INTERNATIONAL CRIMINAL JURISDICTION AND THE PRINCIPLE "NE BIS IN DEM" IN JAPAN", International Review of Penal Law (Vol. 73)(2002), 1031면.

160) 최대판 소화 28·7·22 형집 7·7·1621.

161) 最大判昭30·6·1 刑集9卷 7号 1103項. 淺田和茂, 전게서, 75면; 森下忠, 國際 刑法の基本問題, 東京, 成文堂(1996), 84면.

(2) 탄력적 산입주의의 채택

일본 형법 제5조는 외국의 확정판결에도 불구하고 동일한 행위로 다시 처벌할 수 있음을 규정하여 외국판결의 소극적 효력을 명시적으로 배제하고 이미 외국에서 받은 형의 전부 또는 일부를 집행 받은 경우 필요적으로 형의 집행을 감경하거나 면제하는 내용의 탄력적 산입주의를 채택하고 있다.162)

1947년 일본 형법 개정 전까지는 감경 또는 면제를 임의적인 것으로 규정하고 있었으나 1947년 법률124호에 의하여 필요적 감면으로 개정하였다.163) 이러한 개정을 통하여 외국판결을 존중하는 국제주의적 입지가 강화되었다는 평가를 받고 있으며164) 일본 현행법의 입장은 일본 개정형법초안 제8조에도 승계되어 있다고 한다.165)

일본 형법의 이러한 태도는 비록 외국판결에 대하여 일사부재리의 효력은 인정하지는 않으나 동일한 행위를 이유로 실질적으로 2회의 형을 집행받는 것은 적당하지 않다는 취지에서 외국에서 형의 집행을 받은 사

---

162) 일본형법 제5조(외국판결의 효력)
　　외국에서 확정재판을 받은 자라도 동일의 행위에 대하여 다시 처벌하는 것을 방해하지 아니한다. 다만, 범인이 이미 외국에서 선고된 형의 전부 또는 일부의 집행을 받은 때에는 형의 집행을 감경하거나 면제한다.
　　日本刑法 第5條(外國判決の效力)
　　外國において確定裁判を受けた者であっても、同一の行爲について更に處罰することを妨げない。ただし、犯人が旣に外國において言い渡された刑の全部又は一部の執行を受けたときは、刑の執行を減輕し、又は免除する。

163) 淺田和茂, 전게서, 75면.

164) 森下忠, 國際刑法の基本問題, 東京, 成文堂(1996), 84면.

165) 초안의 설명서는 '외국판결의 국제적 승인의 범위를 확대하는 세계적 경향을 거울삼아 외국판결에 기판력을 인정하는 것 등에 대하여 검토하였으나, 유럽제국 상호간에 있어서의 경우와 같이 국제적 교류가 일반화되어 있지 않은 일본의 현상에서 외국판결에 위와 같은 효력을 인정하는 것은 적당하다고 볼 수 없다'고 기술하고 있다. 森下忠, 國際刑法の基本問題, 東京, 成文堂(1996), 84면.

실을 일본에서의 형의 집행 단계에서 필요적으로 고려하도록 규정한 것이다. 특히 세계주의에 입각한 국외범 처벌의 경우 일본 고유의 이익에 기초한 것이 아닌 국제사회 공통의 처벌 필요성에 따라 처벌의무를 분담하는 것일 뿐이라는 성격도 고려된 것이라고 한다.[166)

외국판결이 있음에도 거듭된 기소가 이루어지는 것은 통상 속지주의에 기하여 외국에서 유죄판결을 받은 자가 다시 속인주의, 보호주의 혹은 세계주의에 기하여 일본에서 유죄판결을 받는 경우 발생한다.[167) 예를 들면 일본인이 미국에서 살인죄를 범하고 유죄판결을 받아 형의 집행을 마친 후 귀국한 경우라면 일본에서의 재차 처벌이 가능하나 외국에서 이미 형을 집행 받은 경우 형의 집행을 면제하거나 감경하도록 하는 것이다.[168)

필요적 감면의 적용요건인 '외국에서 확정재판을 받은' 경우의 확정판결이란 일본과 상이한 재판권 하에서 형사 확정판결을 받은 경우를 말한다. 점령 기간 중의 연합국의 재판,[169) 점령 중의 오키나와(沖繩)의 琉球政府裁判所에 의한 재판[170)에 대하여도 일본 판례는 위 조항이 적용된다고 보았다.[171)

외국형사판결은 외국의 형사법원에 의하여 행하여진 확정판결을 말

---

166) 大塚 仁, 佐藤 文哉, 河上 和雄, 古田 佑紀, 전게서, 100면.
167) 淺田和茂, 전게서, 75면.
168) 大塚 仁, 佐藤 文哉, 河上 和雄, 古田 佑紀, 전게서. 100면.
169) 最大判昭 30·6·1 刑集9卷 7号 1103項.
170) 最大判昭 30·10-18 刑集9卷 11号 2263項.
171) 위 판결에 대하여는 일본의 통치권이 제한되고 다른 권력이 일본의 통치권을 대신하여 재판을 한 경우에는 국내 재판과 동일하게 보아야 한다는 유력한 반대의견이 있었다고 한다. 특히 점령국에 의한 재판의 경우 일본의 형벌법규와 상이한 독자의 목적에서 재판권을 행사한 경우는 제외하더라도 당해 처벌이 동일한 취지, 목적에서 출발한 경우라면 일본의 재판권 행사의 실질을 가지고 있는 것이라고 보아야 하며 그러한 의미에서 일본 최고재판소의 견해가 실질적인 견지에서는 의문이라는 주장은 大塚 仁, 佐藤 文哉, 河上 和雄, 古田 佑紀, 전게서, 101면.

하며 구체적으로 다음 3가지의 요건이 필요하다고 한다.[172)]

> (a) 형사법원에 의하여 형이 선고될 것을 요한다. 따라서 민사법원의 판결은 제외되며 소년의 형사사건을 특별히 취급하기 위하여 설립된 법원에서의 판결은 형사판결에 포함된다.
> (b) 판결은 형사소추의 결과 이루어지는 것이어야 한다. 형벌 및 보안처분을 선고할 목적으로 진행된 형사소송의 결과 선고된 유죄 또는 무죄판결이 여기에 해당한다. 판결이란 반드시 협의의 판결에 한하지 않으며 재판 전체를 지칭하는 것으로 이해된다.
> (c) 판결이 확정되어 기판력이 발생할 수 있어야 한다. 통상의 상소방법에 의하여 다툴 수 없게 된 경우 및 당사자가 상소하지 않고 상소기간이 경과한 경우 등 판결이 확정된 경우를 말하며 판결이 확정되었는가 여부는 오로지 판결국의 법령을 기준으로 정해진다.[173)]

일본 형법 제5조 단서는 외국에서 선고된 형의 전부 또는 일부의 집행을 받은 경우 형의 집행을 필요적으로 감경[174)] 또는 면제할 것을 규정하고 있는데 이 경우 형의 집행을 전부 면제할 것인가 아니면 감경함에 그칠 것인가 여부, 감경하는 경우에도 어느 정도 감경할 것인가의 문제가 발생한다. 외국에서 집행된 형의 종류 및 분량과 감경 또는 면제되는 형의 종류 및 분량이 반드시 동일하도록 요구되지 않는다.[175)] 따라서 어떤 피고인에 대하여 살인죄로 일본에서 징역 15년을 선고할 경우 외국에서 복역한 1년의 기간이 당연히 공제되는 것으로 해석되지 않는다. 일본 법원은 외국에서 형의 집행을 받은 기간을 초과하는 기간에 대하여도 형의 집행 면제를 선고할 수 있다. 또한 일본 법원이 살인죄 혐의로 징역

---

172) 森下忠, 新國しい國際刑法, 東京, 信山社(2002), 84면.
173) 다른 나라는 이러한 결정에 이의를 제기할 수 없다는 의미로 '기판력의 불가촉성의 원칙'이 언급되고 있다. 森下忠, 新國しい國際刑法, 東京, 信山社(2002), 84면.
174) 여기에서 형의 집행의 감경은 형의 집행의 일부면제를 의미한다. 일본 개정형법 초안 제8조 참조.
175) 森下忠, 新國しい國際刑法, 東京, 信山社(2002), 91면.

15년에 처하는 경우 외국에서 벌금을 선고받아 집행까지 되었다면 외국에서 집행된 벌금액을 고려하여 징역형에 대해 그 일부의 집행을 면제하는 것도 가능하다.[176]

일본 형법 제5조에 의한 감경 또는 면제는 형 그 자체에 대해 행해지는 것이 아닌 그 집행에 대하여 행하여지는 것이다. 따라서 판결에 형명, 형기 또는 금액은 그대로 나타나야 하며 형의 집행의 감경 및 면제는 재판에서 선고되어야 한다.[177]

집행의 감경이란 자유형에 있어서는 선고되는 형기의 집행기간, 재산형에 있어서는 선고되는 벌금액 등 징수하여야 하는 금액을 감하여 주는 것을 말한다. 그러나 선고되는 형 자체가 변경되는 것은 아니므로 형의 시효는 선고된 바에 따라 정하여 진다.[178]

무기형의 경우 형기가 정하여 있지 않으므로 이를 감경할 수 없다고 하는 일본의 하급심 판례[179]가 있었다. 그러나 일본 최고재판소는 점령군 군사재판소에서 종신형의 판결을 선고받아 3년간 복역한 자에 대하여 다시 무기징역형을 선고한 사안에서 일본의 가출옥 규정의 적용에 있어서 그 기간을 경과기간에 산입하는 방법으로 '형의 집행을 감경'하지 않으면 안 된다고 판시하였다.[180] 일본 최고재판소가 일본의 가출옥 요건인 형집행의 경과기간에 일정기간을 산입하는 것을 형의 집행의 감경에 해당한다고 본 것이 이론적으로는 의문이 없지는 않으나 위 조항이 정한 것이 형의 감경이 아니고 형의 집행의 감경이므로 실질적으로 집행이 경

---

176) 森下忠, 新國しい國際刑法, 東京, 信山社(2002), 92면.
177) 最大判昭 29·12·23集 8卷 13号 2288項. 또한 무기형에 관한 형의 집행의 감경을 선고하는 방법에 대하여는 最大判昭 30·2·24集 9卷 2号 374項. 大塚 仁, 佐藤 文哉, 河上 和雄, 古田 佑紀, 大コンメンタール刑法, 101면.
178) 大塚 仁, 佐藤 文哉, 河上 和雄, 古田 佑紀, 전게서, 101면.
179) 東京高最判 昭 28·3·1 高刑集6卷 2号 262項.
180) 最大判昭 30·6·1 刑集9卷 7号 1103項. 상세한 판례 내용은 大塚 仁, 川端 博, 刑法<1>新·判例コンメンタール, 東京, 三省堂(1996), 24면 내지 27면 참조.

하게 되는 경우라면 문리해석에 반하는 것은 아니며 실제상으로도 타당한 결과를 가져온다는 견해가 있다.[181]

사형에 대하여는 집행의 감경이라는 관념을 인정하기 곤란하나 외국에서의 형이 반드시 일본의 형과 같은 내용을 가질 것을 요구하는 것은 아니다. 예를 들면 자유형을 한 가지 종류로 단일화하고 있는 국가에서는 징역, 금고의 구별이 없고, 벌금과 과료의 구별도 존재하지 않는 국가도 많다. 또한 신체형을 존치하는 경우도 있으므로 이러한 경우에는 법원이 건전한 재량에 의하여 위 조항을 적용하여야 한다. 다만 외국에서의 처벌이 형이 아닌 과료 같은 경우에는 위 조항을 적용할 수는 없으며 정상에서 고려되는 것에 그친다.[182]

일본에서는 입법론으로 국제화를 강화하기 위하여 일정한 범위 내에서 외국의 확정판결에도 일사부재리의 효력을 인정해야 한다는 주장,[183] 세계주의에 근거해 외국에서 재판을 받은 경우에는 그 취지에 따라 일본에서는 거듭된 유죄판결을 하지 않아야 한다는 주장 등이 존재한다.[184]

(3) 기소편의주의

일본 형사소송법 제248조는 죄의 중대성이나 전과의 부존재 같은 조건을 부과하지 않고 광범위한 기소편의주의를 채용하고 있으며, 실제로 일본에서는 검사에 의한 기소유예처분이 외국에서는 그 예를 보기 어려울 정도로 활발히 행하여지고 있다고 한다. 따라서 이러한 기소편의주의의 운영상황 등 일본의 전체 시스템을 고려할 때 구체적 타당성을 흠결하는 국제적 이중처벌은 사실상 일어날 수 없으며 제한적 기소편의주의를 채용하는 국가에 비하여 외국판결에 대한 국제적 일사부재리 원칙을

---

181) 大塚 仁, 佐藤 文哉, 河上 和雄, 古田 佑紀, 전게서, 101면.
182) 大塚 仁, 佐藤 文哉, 河上 和雄, 古田 佑紀, 전게서, 101면.
183) 淺田和茂, 전게서, 75면.
184) 淺田和茂, 전게서, 75면.

인정할 필요성이 상대적으로 적다는 주장이 있다.[185]

---

185) 森下忠, 國際刑法の基本問題. 東京, 成文堂(1996) 84면.

제6절 우리나라 국내법

1. 국제적 일사부재리 원칙 적용 여부

헌법 제13조 제1항은 동일한 범죄로 거듭 처벌받지 않는다는 일사부재리 원칙[186]을 선언하고 있고 형법 제7조는 외국에서 형을 선고받은 경우 이를 감경, 면제할 수 있다고 규정하여 거듭처벌이 가능함을 전제로 한 규정을 두고 있다.

헌법의 해석상 위 원칙의 적용대상이 국내판결로 제한되는가 아니면 외국판결에도 미치는가의 문제는 앞서 본 독일과 일본의 경우와 동일하게 발생한다.[187] 학계에서는 헌법이 규정하고 있는 이중처벌금지의 원칙 내지 일사부재리의 원칙은 한 국가 내에서 동일한 범죄에 대하여 재차 형사재판권이 발동되어서는 안 된다는 것을 의미하는 것에 불과한 것으로 이해하고[188] 외국형사판결이 존재하는 경우 이중처벌 가능성을 배제하지 않고 있다.[189]

---

186) 헌법 제13조 제1항 모든 국민은 행위시의 법률에 의하여 범죄를 구성하지 아니하는 행위로 소추되지 아니하며, 동일한 범죄에 대하여 거듭 처벌받지 아니한다.
187) 이곳에서는 우리법상 일반적으로 인정되는 외국형사판결에 대한 일사부재리 원칙의 적용논의와 형법 제7조에 대한 일반적 해석론만을 전개한다. 외국판결에 대한 일사부재리 효력 부여 여부에 대한 상세한 검토 및 우리 법제에 대한 비판적 검토에 대한 상세한 논의는 제6장 해당 부분 참조.
188) 김성규, "일사부재리의 원칙과 형법 제7조의 의미", 성균관법학 제14권 제1호 (2002년), 171면.
189) 신동운, 『형법총론』, 서울 : 법문사, 2008, 69면.

현재까지 형법 제7조의 위헌성 문제를 정면으로 다룬 헌법재판소 결정례는 존재하지 않으나 재판취소사건의 반대의견에서 헌법 제13조 제1항의 이중처벌금지 규범의 적용대상은 국내판결을 요건으로 제한되어야 한다는 견해가 제시된 바 있다.[190]

대법원은 명시적으로 외국판결은 일사부재리의 효력이 없음을 선언하고 있다. 베네주엘라에서 형의 선고를 받고 그 집행을 마친 피고인에게 다시 살인 혐의로 형을 선고한 원심 판결에 대하여 '형법 제7조의 규정취지는 외국에서 형의 전부 또는 일부를 받은 자에 대하여 법원의 재량으로 형을 감경 또는 면제할 수 있다는 것이므로 외국에서 형의 집행을 받은 자에 대하여 형을 선고한 것을 위법하다고 할 수 없다.'고 판시하였다.[191] 부가형인 몰수, 추징과 관련하여서도 외국판결에 의하여 몰수, 추징의 선고가 있었던 경우에도 관세법 제198조에 의한 추징이 재차 가능하다고 판시하였다.[192]

결국 우리 학계나 판례 모두 우리 헌법상의 일사부재리 원칙은 국내법원의 판결에 대하여만 인정되는 것으로 이해하고 실무상으로도 동일하게 운영되고 있다.

---

190) 헌법재판소 2008. 11. 27. 자 2007헌마49 결정(전원재판부) 재판관 조대현, 김종대, 민형기의 반대의견.
191) 대법원 1988. 1. 19. 선고 87도2287 판결. 피고인이 동일한 행위에 관하여 외국에서 형사처벌을 과하는 확정판결을 받았다 하더라도 외국판결은 우리나라에서는 기판력이 없으므로 여기에 일사부재리의 원칙이 적용될 수 없다(대법원 1983. 10. 25. 선고 83도2366 판결).
192) 형법 제7조 규정의 취지에 비추어 외국판결에 의하여 몰수추징의 선고가 있었던 경우라도 관세법 제198조의 몰수할 수 없는 때에 해당한다 할 것이므로 그 물품의 범칙 당시의 국내도매가격에 상당한 금액을 피고인으로부터 추징하여야 마땅하다. 대법원 1977. 5. 24. 선고 77도629 판결.

2. 형법 제7조

가. 형법 제7조의 규범내용

우리 형법은 형법의 적용범위를 규정한 총칙 제1장 제7조에서 '범죄에 의하여 외국에서 형의 전부 또는 일부의 집행을 받은 자'에 대하여 '형을 감경 또는 면제'할 수 있도록 명시하여 외국에서 형의 집행을 받은 경우를 형의 임의적 감면 사유로 규정하고 있다.[193] 형법 제7조는 제정 형법 당시의 조문이 전혀 개정됨이 없이 그대로 동일하게 유지되고 있는 것으로 넓게는 앞서 본 '일사부재벌(ne bis poena in idem)' 원칙에 해당하는 규정으로 생각된다.

위 조항은 문언 자체에서 나타나듯 형사재판권이 국제적으로 경합하는 상황에서 '외국에서 범죄로 인하여 형의 집행을 받은 경우'에 대한 국내법원의 거듭된 재판이 가능함을 전제한 것이다.

위 조항에 의한 형의 감경 또는 면제의 성격과 관련하여 대법원은

> '범죄에 대하여 외국에서 형의 전부 또는 일부의 집행을 받은 자에 대하여는 법원의 재량에 의하여 형을 감경 또는 면제할 수 있다는 것으로서 외국에서 형을 받은 자라고 해서 반드시 감경 또는 면제를 하지 않으면 안 된다는 것이 아니니, 이건에 있어서 피고인등이 일본국에서 형의 집행을 받았다고 해서 피고인등에게 형을 선고한 것이 형법 제7조에 위배된다고 할 수 없다'

고 판시하여 형의 임의적 감면임을 명백히 하고 있다.[194]

형법 제7조의 조문 제목은 '형의 감경'이 아닌 '외국에서 받은 형의

---

193) 형법 제7조 (외국에서 받은 형의 집행) 범죄에 의하여 외국에서 형의 전부 또는 일부의 집행을 받은 자에 대하여는 형을 감경 또는 면제할 수 있다.

194) 대법원 1979. 4. 10. 선고 78도831 판결【관세법위반·방위세법위반】[집27(1)형, 52;공1979 .7. 15.(612), 11952].

집행'으로 규정되어 있다. 그러나 위 조항은 외국에서 형을 집행 받았을 경우 국내에서의 형을 감경한다는 내용으로 '외국에서 받은 형의 집행' 이라는 제목과는 상응하지 않는다고 생각된다.[195)]

나. 동일성이 인정되는 대상범죄

형법 제7조는 임의적 감면 대상을 '범죄로 인하여 외국에서 형의 전부 또는 일부의 집행을 받은 자'로 규정하고 있을 뿐 국내재판과 외국판결 대상의 동일성 요건을 명시적으로 규정하고 있지 않다. 그러나 외국판결의 효력에 대한 일반이론 등에 비추어 전혀 상이한 범죄사실로 외국에서 형의 집행을 받았다고 하여 국내재판에서 형의 감경을 허용하는 것으로 해석할 수는 없을 것이므로 국내판결과 외국판결 사이에 대상의 동일성이 요구된다고 보아야 할 것이다. 우리 대법원도 밀항단속법위반 등 사건[196)]에서 외국판결과의 동일성이 형법 제7조의 적용기준이 됨을 명

---

195) 위 조항의 성립경과에 관하여는 심의회 회의록에 엄상섭 법제사법위원회 대리의 발언은 다음과 같다. "法制司法委員長代理(嚴상섭) : 「第七條 犯罪에 依하여 外國에서 刑의 全部 또는 一部의 執行을 받은 者에 對하여는 刑을 輕減 또는 免除할 수 있다」 이것은 外國에 가서 罪를 지어가지고 … 詐欺罪면 詐欺罪를 지어서 外國에서 裁判을 받고 거기서 全部 刑을 받았거나 或은 刑의 執行의 一部를 받았거나 이럴 쩍에는 우리나라에서 執行의 一部를 받은 것은 減輕을 하고 全部 받은 것은 免除한다 이런 것입니다. 이것은 常識的으로 봐서는 當然한 일로 생각할 것이나 外國의 判決이라는 것은 반드시 우리나라의 判決이 아닙니다. 그러니까 外國의 判決에 依해서 刑을 받고 刑의 執行을 받았다 하드라도 우리나라에서는 우리나라 立場에서 다시 價値判斷을 해서 大韓民國의 立場에서 判決할 수가 있는 것입니다. 그러나 같은 行爲를 가지고 이미 外國에서 判決을 받아서 刑의 執行을 받은 사람을 또다시 우리나라에서 處罰한다는 것은 苛酷하지 않을까 그래서 이러한 條文이 있는 것입니다." 위 발언 부분 이외에 위 조항에 대한 추가적인 토론 자료 등은 발견되지 않는다. 한국형사정책연구원, 『형사소송법제정자료집』, 서울 : 한국형사정책연구원, 1990, 197면.
196) 대법원 2008. 10. 9. 선고 2008도5833 판결.

백히 하고 있다.

다음으로 형법 제7조의 해석상 어떠한 동일성을 기준으로 감경요건이 되는 외국에서의 형의 집행인가 여부를 판단할 것인가의 문제가 남는다. 이는 일사부재리 원칙의 'idem'을 결정하는 것과 동일한 맥락에서 제기되는 문제로서 특히 우리 형법 제7조는 일본형법 제5조가 '행위'의 동일성을 규정한 것과 달리 '범죄'라는 용어를 사용하고 있어 범죄를 기준으로 전후 동일성을 판단하여 감경여부를 결정할 수 있을 것이라는 주장도 가능할 것으로 생각된다.

형법 제7조는 형의 양정에 관련된 조항으로 위 조항의 적용여부를 결정함에 있어서는 우리 형사소송법의 심판대상이 무엇인가를 먼저 고찰할 필요가 있을 것이다.

대륙법계 국가인 우리나라 형사소송법 체제의 범죄사실 개념은 '과거의 특정시점에서 행하여졌던 삶의 한 부분으로서 법률적 평가와는 무관한 순수한 사실상태로서 과거의 특정시점에서 행하여진 사실이라는 의미에서 역사적 사건'(historisches Geschehen)'이다.[197] 이를 기반으로 일정한 시점을 기준으로 공소제기의 효과가 미치는 범죄사실의 단위인 사건의 단일성(單一性)과 시간의 경과에 따른 사실관계의 증감에도 불구하고 전후의 범죄사실이 그 동질성을 유지하는 사건의 동일성(同一性)이 평가되어 기판력의 객관적 범위가 결정된다.[198] 따라서 형법 제7조가 '범죄'라는 용어를 사용하고 있음에도 불구하고 우리 법원의 심판범위 및 기판력이 미치는 범위를 고려할 때 우리 재판과정에서 심판대상으로 되는 것과 동일한 행위로 외국에서 형을 선고받은 경우를 형법 제7조의 적용대상이 되는 것으로 해석하는 것이 타당할 것으로 생각된다.

우리 헌법재판소는 헌법상의 이중처벌금지의 원칙은 처벌 또는 제재가 "동일한 행위"를 대상으로 행해질 때에 적용될 수 있는 것이고, 그

---

197) 신동운, 『신형사소송법』, 서울 : 법문사, 2007. 487면.
198) 신동운, 『신형사소송법』, 서울 : 법문사, 2007, 471면, 1199면 등 참조.

대상이 동일한 행위인지의 여부는 기본적 사실관계가 동일한지 여부에
의하여 가려야 할 것이라고 판시한 바 있다.[199] 대법원 2008. 10. 9. 선고
2008도5833 밀항단속법위반 등 사건에서도 범죄사실의 동일성이 형법
제7조의 적용여부를 결정하는 기준이 됨을 명백히 하고 있다.

형법 제7조는 일사부재리 원칙이 적용되지 않을 경우 발생하는 문제
점을 보완한다는 의미에서 인정되는 '일사부재벌(ne bis poena in idem)'
원칙의 범주에 속하는 것이다. 따라서 일사부재리 원칙에서 적용되는 대
상의 동일성에 대한 이론을 배제할 특별한 이유를 발견할 수 없다. 또한
우리 형사소송법의 심판대상은 '범죄사실의 동일성'이고 이를 기준으로
기판력의 범위가 결정되고 양형이 이루어진다는 점에서 형법 제7조는
'범죄사실의 동일성'을 기준으로 그 적용여부가 결정되어야 할 것이다.

다. 외국에서의 형의 집행 요건

외국에서 형의 전부 또는 일부를 집행 받은 경우란 외국의 권한 있는 법
원에 의한 형사판결을 통하여 형의 집행을 받은 경우를 의미할 것이다.[200]

형법 제7조가 범죄로 인하여 외국에서 '형의 일부 집행을 받은 자'를
포함하고 있으므로 외국에서 형의 전부를 집행 받을 것을 요하는 것은 아
니다. 실제 우리 법원은 피지 교도소에서 3년 5개월간의 수감생활을 하다가
가석방된 사안에서 형법 제7조를 적용하여 법률상 감경을 한 바 있다.[201]

국제형사재판소의 판결에 따라 형의 집행이 있었던 경우 위 조항에
의하여 감경대상이 되는가의 문제는 쉽지 않은 과제이다. 로마규정 제20
조 제2항의 이행법률인 국제형사재판소 관할 범죄의 처벌 등에 관한 법
률 제7조의 면소대상을 국제형사재판소의 판결과 동일한 범죄로 한정하

---

199) 헌법재판소 1994. 6. 30. 자 92헌바38 결정(전원재판부).
200) Josè Luis DE LA CUESTA, 전게 논문, 722면.
201) 서울지방법원 2000.7. 20. 선고 2000고합616 판결(폭행치사 사건).

여 해석하고 기본적 사실관계가 동일한 경우 국제형사재판소의 범죄와 동일하지 않은 범죄로 기소할 경우 형법 제7조의 적용문제가 발생할 수 있을 것이다.

형법 제7조의 연혁 등을 고려할 때 국제형사재판소 등 국제법정의 판결을 위 조항에 포섭하도록 상정하지는 않았을 것이다. 그러나 형법 제7조는 형사재판권의 국제적 경합 상황에서 거듭된 소추가 인정될 경우 발생하는 문제점을 해결하기 위한 원칙조항으로서의 성격을 가지고 있다. 또한 형법 제7조는 '외국에서의 형의 집행'을 받은 자를 그 대상으로 규정하고 있을 뿐 외국의 판결 등으로 판결 주체에 대한 명시적인 제약을 두고 있지 않다.

당사자의 입장에서는 외국법원의 판결에 의하여 형을 집행받았는가 아니면 국제형사재판소의 판결에 따라 형을 집행 받았는가는 중요하지 않다. 따라서 국제형사재판소의 판결 및 이에 따른 형의 집행이 있었음에도 아무런 감경 가능성을 인정하지 않는 방향으로 해석하는 것은 당사자의 기본권을 침해하는 것이라는 비판이 가능하다. 국제형사재판소의 재판권은 각 국가의 재판권에서 유래한 것이라는 주장이 존재할 뿐만 아니라 이를 제한적으로 해석할 경우 동일한 국제형사범죄가 국제형사재판소가 아닌 보편적 관할권에 기하여 다른 외국에서 처벌받은 경우에 비하여 불이익한 결과를 가져와 형평성 문제도 제기될 수 있을 것이다.[202]

따라서 형법 제7조의 '외국에서의 형의 집행'을 우리나라 영토 바깥에서 있었던 모든 판결 및 집행을 포함하는 개념으로 파악하여 국제형사재판소의 판결 및 그 판결에 따른 집행의 경우에도 형법 제7조의 적용이 있다고 보는 것이 타당하지 않을까 생각된다.

국제형사재판소의 유죄판결에도 불구하고 다른 죄명으로 국내재판을 허용하고 있는 로마규정 제20조가 매우 불합리한 결과를 초래할 수 있음

---

202) 일본 最大判昭 30·6·1, 刑集9卷 7号, 1103項, 最大判昭 30·10-18, 刑集9卷 11号, 2263項 등 참조.

에도 로마규정이 국내법원이 국제형사재판소의 판결에 따라 집행된 형을 의무적으로 산입하도록 하는 산입주의를 채택하지 않은 것은 매우 유감스러우며 인권을 보호를 위해 필요한 최소한의 보호조치를 하지 않은 것이라는 비판이 있다.203)

라. 범죄장소의 문제

대상범죄가 외국에서 범하여진 것에 한하여 형법 제7조가 적용되는가의 문제가 있다. 벨기에의 경우 외국에서 범하여진 범죄에 대하여 외국에서 형이 집행된 경우 일사부재리의 원칙을 적용하여 거듭된 소추를 금지하고 있다. 그러나 우리 형법 제7조는 우리 형사재판권의 전면적 배제 조항이 아닌 임의적 감면조항에 불과할 뿐 아니라 형법 제7조의 문언상 범죄장소를 적용요건으로 요구하고 있지도 않다. 따라서 범죄장소가 국내인 경우에도 형법 제7조를 적용대상에서 제외할 필요는 없을 것으로 생각된다. 독일의 경우에도 형벌이 외국에서 집행된 이상 범죄장소는 중요하지 않은 것으로 보고 있다.204)

3. 기소편의주의

우리 형사소송법도 일본의 경우와 같이 광범위한 소추재량을 소추기관에 인정하고 있다. 그러나 기소편의주의를 규정한 우리 형사소송법 제247조205)는 형법 제51조가 정한 다양한 양형 요소를 고려하여 공소를 제

---

203) Christine Van den Wyngaert and Tom Ongena, 전게논문, 724면; 森下忠, 國際刑法學の課題, 東京, 成文堂(2006), 170면.
204) Dr. Bernad, 전게서. 1695면.
205) 형사소송법 제247조 검사는 형법 제51조의 사항을 참작하여 공소를 제기하지

기하지 않을 수 있도록 규정하고 있을 뿐 외국판결이 존재하는 경우에 대한 특별한 고려를 규정하고 있지는 않다.

실무상으로 외국에서 형의 집행이 있었던 경우 기소유예 제도를 활용하여 외국판결에 대하여 일사부재리의 효력을 사실상 부여한 사례가 발견된다.206)

아니할 수 있다.

형법 제51조 (양형의 조건) 형을 정함에 있어서는 다음 사항을 참작하여야 한다.

1. 범인의 연령, 성행, 지능과 환경
2. 피해자에 대한 관계
3. 범행의 동기, 수단과 결과
4. 범행후의 정황

206) 인천지검 2009년 형제85042호 사건 참조.

제 4 장

국제형사법과 일사부재리 원칙

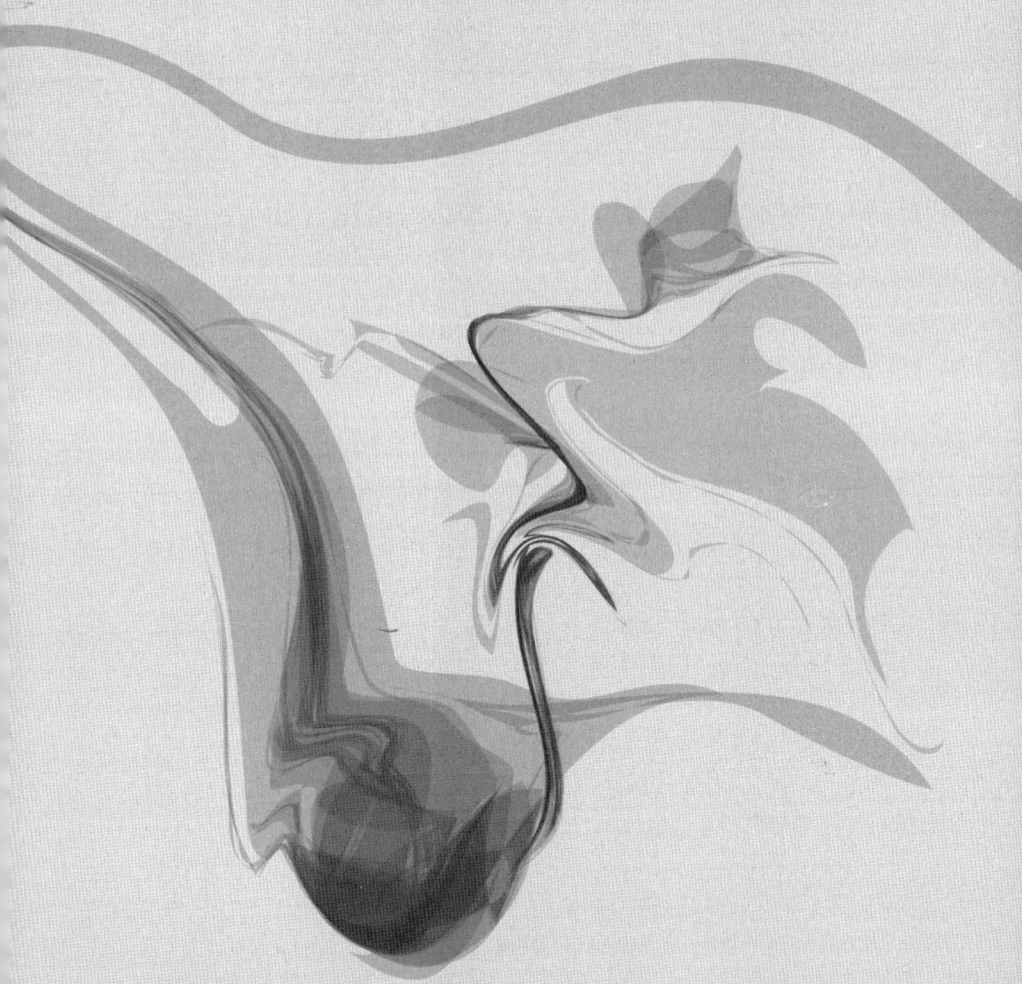

제1절 국제형사법제에서의 일사부재리원칙

　국제법이 직접적으로 개인에 대하여 형사책임을 부과하게 되는 새로운 발전, 국제범죄와 초국경범죄를 규율하는 강제체제, 특히 국제형사재판소에 의한 '직접적 강제체제(direct enforcement system)'와 국내법원에 의한 '간접적 강제제체(indirect enforcement system)'의 병존상황, 각국이 국제사회의 대리인으로서 역할을 담당하는 보편적 관할권의 인정 등에 대하여는 제2장에서 살펴보았다. 위와 같은 고찰을 통하여 국제형사법 영역에서의 재판권 경합 상황과 그로 인하여 발생하는 국제적 이중처벌의 위험성이 명백해진 것으로 생각된다.

　제3장에서 살펴본 바와 같이 일반형사 사건의 경우 외국형사판결에 대하여 일사부재리 효력을 인정하는 보편적 법원칙이나 국제법은 존재하지 않으며 각국은 일사부재리 효력이 인정되지 않음으로 인하여 발생하는 문제점을 보완하기 위하여 산입주의나 소추재량을 활용하는 등 제도적 보완책이 강구되고 있다.

　국제형사법 영역에서의 일사부재리 원칙의 문제는 일반범죄와는 다른 각도에서 고찰될 필요가 있다. 재판권의 국제적 경합이라는 측면에서는 일반범죄와 동일하며 재판권의 경합상황에서 적용되는 법률도 통상적으로는 국제법이 아닌 국내법이다. 그러나 이러한 국제범죄의 처벌은 국제사회가 공유하는 기본적 가치를 공격하는 가장 우려스런 행위에 대한 개인의 형사책임을 추급함으로써 국제법에 규정된 이상을 실현한다는 공통의 목적 하에 이루어지는 것이며 내국법에 편입된 국제형사규범의 실질적 기원이 국제법이라는 특수성을 가지고 있다.[1]

따라서 지금까지 성립하여 활동하였거나 현재도 운영되고 있는 각종 국제형사재판소 관련 법령들은 국제형사재판소의 재판권과 국내 재판권의 경합 상황을 규율하는 섬세한 규정들을 두어 왔다. 특히 우리의 로마규정 이행법률인 국제형사재판소 관할 범죄의 처벌 등에 관한 법률 제7조는 국제형사재판소 판결이 있었던 사건을 국내법원에서의 면소판결 대상으로 규정하고 있다. 위 법이 국제형사재판소의 판결이 있었던 경우를 면소 대상으로 규정하고 있는 것은 형법 제7조에서 취하고 있는 외국 판결에 대한 기본적 입장과는 상이한 것으로 국제형사범죄의 특수성을 반영한 것이다. 면소대상이 되는 사건의 범위와 요건 등을 로마규정과 관련하여 검토하고 형법 제7조와 다른 특별한 취급의 근거 등에 대하여 살펴볼 필요가 있다.

나아가 보편적 관할권의 경우 일사부재리 원칙을 확대 적용하려는 외국의 실무와 이론을 고찰함으로써 일사부재리 원칙의 확대가 국내법에 있어서도 가능하고 바람직한 것인가를 살펴볼 필요가 있다. 보편적 관할권은 국제사회에서 공유하고 있는 기본적 가치에 대한 공격인 국제범죄 등을 처벌하기 위한 목적으로 각 국가가 국제사회의 대리인으로서 역할을 담당하도록 하기 위하여 인정되는 것이다. 따라서 국제형사법정이나 전통적 재판권을 보유한 국가에서 국제형사범죄에 대한 성공적 형사소추가 이루어졌다면 국제형사법제가 추구하는 목적은 달성된 것으로 볼 수 있다는 점에서 국제형사법 영역에서는 일사부재리 원칙에 대한 특수한 이론이 전개되고 있다.

---

1) Gerhard Werle, Principles of International Criminal Law. Cambridge : Cambridge University Press(2005), 80면.

제2절 로마규정 이전 법령들

1. 뉘른베르그 헌장

국내법원과의 관계에서 수직적 형태를 취하였던 뉘른베르그 재판소의 근거인 뉘른베르그 헌장은 아래로의 일사부재리 원칙만을 매우 제한적 형태로 규정하고 있었다.[2][3]

뉘른베르그 헌장 제11조는 국내법원에서의 새로운 기소가 가능한 경우를 헌장 제10조에서 규정한 범죄집단에 관한 죄로 재판을 받은 경우로 한정한다. 이 경우에도 국내법원은 뉘른베르그 재판과 동일죄명으로는 재판하거나 처벌할 수 없도록 하는 매우 제한적인 형태의 아래로의 일사부재리 원칙만을 규정하고 있었다. 이에 반하여 위로의 일사부재리 원칙은 전혀 규정되지 않았는데 이러한 제한적이고 비대칭적인 규정들은 국제형사법정의 국내형사법정에 대한 우월성을 전제한 것으로 평가될 수 있다.[4]

---

2) Art. 11 any person convicted by the Tribunal may be charged before a national, military or occupation court, referred to in Art. 10 of this Charter, with a crime other than of membership in a criminal group or organization and such court may, after convicting him, impose upon him punishment independent and additional to the punishment imposed by the Tribunal for participation in the criminal activities of such group or organization.

3) 위 헌장이 전세계적 유효성을 가지고 있는가의 점에 대한 논란과 관련하여 비록 위 헌장이 유럽적인 문제만을 다루었고 당사국은 연합국의 4대 강국이 주축을 이루었으나 미국과 비유럽국가들도 참여하였다는 점에서 세계적인 유효성을 가지는 것이라는 주장은 Dionysios SPINELLIS, "THE NE BIS IN IDEM PRINCIPLE IN "GLOBAL" INSTRUMENTS", International Review of Penal Law (Vol. 73)(2002), 1154면.

2. 유엔 임시재판소 규정들

유엔헌장 제7장에서 규정된 권한에 따라 유엔 안전보장이사회에 의하여 설립된 ICTY 및 ICTR은 유고슬라비아와 르완다에서 행하여진 국제적 평화와 안전에 대한 위협에 대응한 것으로 심각한 국제법 위반범죄에 대한 인적, 지역적, 시간적으로 제한된 재판권을 부여받고 있다.[5]

임시재판소의 설립에도 불구하고 국내법원의 병존적 재판권은 인정하되 임시재판소는 국내법원에 대한 우월성을 보유하여 법령에 규정되어 있는 국제법적 금지에 대한 제1차적 집행자 지위를 가진다. 또한 ICTY 법령 제9조 제2항, ICTR 법령 제8조 제2항에 의하여 국제법정은 어느 단계에서든지 국내법원에 대하여 권한의 이양을 요청하는 이양요청권도 가지고 있었다.[6]

---

4) 1953년 국제형사재판소 헌장초안도 국제형사재판소에서 유죄 혹은 무죄의 판결을 받은 사람은 국내법원에서 다시 재판을 받을 수 없으나 국내법원에서 재판을 받은 사람의 경우는 전혀 언급하지 않는 등 동일한 구조의 규정체제를 가지고 있었다. Christine Van den Wyngaert, International Criminal Law A Collection of International and European Instruments. Hague : Martinus Nijhoff Publishers(2005), 718면.

5) Anthony J. Colangelo, "DOUBLE JEOPARDY AND MULTIPLE SOVEREIGNS: A JURISDICTIONAL THEORY", Washington University Law Review(2009), 820면.

6) ICTY Statute Article 9 Concurrent jurisdiction
   1. The International Tribunal and national courts shall have concurrent jurisdiction to prosecute persons for serious violations of international humanitarian law committed in the territory of the former Yugoslavia since 1 January 1991.
   2. The International Tribunal shall have primacy over national courts. At any stage of the procedure, the International Tribunal may formally request national courts to defer to the competence of the International Tribunal in accordance with the present Statute and the Rules of Procedure and Evidence of the International Tribunal.

일사부재리 원칙과 관련하여 위 법령들은 아래로의 일사부재리 원칙과 위로의 일사부재리 원칙을 모두 규정하고 있다.

ICTY 규정 제10조 제1항 및 ICTR 규정 제9조 제1항은 어느 누구도 국제법정에서 이미 재판을 받은 국제인권법의 심각한 위반을 구성하는 행위에 대하여 국내법원에서 다시 재판을 받지 않는다고 규정한다.

ICTY 제10조 제2항과 ICTR 규정 제9조 제2항은 심각한 국제인권법 위반으로 국내법원에서 재판을 받은 사람은 단지 2가지의 경우에만 국제법정에서 다시 재판을 받을 수 있도록 규정하고 있다. 그 경우는 ①국내법원에서 일반적인 범죄로 재판을 받은 경우 ②국내절차가 편파적이고 비독립적인 것으로 피의자를 국제적 책임으로부터 보호하려는 의도이거나 당해 사건이 정상적인 열의를 가지고 기소되지 않은 경우 등이다.[7)]

ICTR Statute Article 8(Concurrent jurisdiction)

1. The International Tribunal for Rwanda and national courts shall have concurrent jurisdiction to prosecute persons for serious violations of international humanitarian law committed in the territory of Rwanda and Rwandan citizens for such violations committed in the territory of the neighbouring States, between 1 January 1994 and 31 December 1994.2. The International Tribunal for Rwanda shall have the primacy over the national courts of all States. At any stage of the procedure, the International Tribunal for Rwanda may formally request national courts to defer to its competence in accordance with the present Statute and the Rules of Procedure and Evidence of the International Tribunal for Rwanda.

7) ICTY Statute Article 10 Non-bis-in-idem

1. No person shall be tried before a national court for acts constituting serious violations of international humanitarian law under the present Statute, for which he or she has already been tried by the International Tribunal.

2. A person who has been tried by a national court for acts constituting serious violations of international humanitarian law may be subsequently tried by the International Tribunal only if:

  (a) the act for which he or she was tried was characterized as an ordinary crime; or

ICTY 협정 제10조 제2항에 의해 국내 판결에 대해 위로의 일사부재리 효력이 부여된 것이 위 임시재판소들의 수직적 성격에 모순되는 것으로 보일 수도 있다. 그러나 국내법원에서 일반범죄(ordinary crime)로 처벌받은 경우를 위로의 일사부재리에 대한 예외로 규정하여 그 적용범위는 제한적이다. 위 조항에 의할 경우 일반범죄로 국내법원에서 재판을 받았다면 동일한 행위에 대하여 전쟁범죄, 집단살해 등 ICTY의 관할범위내에 있는 범죄로 ICTY에서 거듭 재판을 받을 수 있다. 다만 국내법원에서의 재판이 일반범죄가 아닌 전쟁범죄, 집단살해 등에 대한 것이었다

    (b) the national court proceedings were not impartial or independent, were designed to shield the accused from international criminal responsibility, or the case was not diligently prosecuted.

3. In considering the penalty to be imposed on a person convicted of a crime under the present Statute, the International Tribunal shall take into account the extent to which any penalty imposed by a national court on the same person for the same act has already been served.

ICTR Statute Article 9: Non bis in idem

1. No person shall be tried before a national court for acts constituting serious violations of international humanitarian law under the present Statute, for which he or she has already been tried by the International Tribunal for Rwanda.

2. A person who has been tried before a national court for acts constituting serious violations of international humanitarian law may be subsequently tried by the International Tribunal for Rwanda only if:

    a) The act for which he or she was tried was characterised as an ordinary crime; or

    b) The national court proceedings were not impartial or independent, were designed to shield the accused from international criminal responsibility, or the case was not diligently prosecuted.

3. In considering the penalty to be imposed on a person convicted of a crime under the present Statute, the International Tribunal for Rwanda shall take into account the extent to which any penalty imposed by a national court on the same person for the same act has already been served.

면 ICTY에서 다시 재판하는 것은 불가능하다.[8] 또한 국내절차가 편파적이고 비독립적인 것으로 피의자를 국제적 책임으로부터 보호하려는 의도이거나 당해 사건이 의욕적으로 기소되지 않은 경우 등 국내재판이 이른바 면책적 소송(sham trial)에 해당되는 경우에는 위로의 일사부재리 원칙의 두 번째 예외에 해당하여 ICTY는 다시 재판할 수 있다.[9]

특히 주목할 것은 ICTY 규정 제10조 제3항과 ICTR규정 제9조 제3항이 산입주의(deduction of sentence) 원칙을 규정하고 있다는 점이다. 따라서 국제재판소는 이미 국내에서 재판을 받은 사람에 대하여 다시 재판하여 형을 선고할 경우 국내에서 동일한 행위를 이유로 판결을 받아 집행된 형을 고려하여야 한다.[10]

3. 유엔 임시재판소 판결 등

가. Tadić 사건[11]

ICTY 법령에 규정되어 있는 일사부재리 규정의 해석 및 적용범위와 관련된 최초의 사건이다.

---

8) Christine Van den Wyngaert and Tom Ongena, 전게논문, 719면.
9) Christine Van den Wyngaert and Tom Ongena, 전게논문, 720면. ICTR의 규범내용도 동일한다.
10) Josè Luis DE LA CUESTA, "CONCURRENT NATIONAL AND INTERNATIONAL CRIMINAL JURISDICTION AND THE PRINCIPLE 'NE BIS IN IDEM' GENERAL REPORT". International Review of Penal Law (Vol. 73)(2002), 730면 참조 1994년 ILC 국제형사법원에 대한 ILC 초안 및 1996년 인류의 평화, 안전 등에 대한 ILC 국제형사법원의 초안에는 위 규정과 거의 동일한 내용이 규정되어 있었다고 한다. Christine Van den Wyngaert and Tom Ongena, 전게논문, 721면.
11) ICTY, Trial Chamber, Prosecutor v. Tadić, Decision on the Defence Motion on the Principle of Non-bis-in-idem, 14 November 1995.

피의자는 독일로부터 인도되어 재판을 받는 과정에서 자신은 이미 독일에서 재판을 받았으므로 또다시 재판을 하는 것은 일사부재리 원칙에 반하여 ICTY는 재판권을 가지지 않는다고 항변하였다.

ICTY 재판부는 피의자가 독일에서 본안에 대한 심리를 받은 사실을 인정하면서도 독일에서의 심리는 피의자를 ICTY에 인도하기 위한 인도준비를 포함한 일련의 중간적 재판이므로 ICTY에 의한 새로운 재판이 일사부재리 원칙에 반하지 않는다며 피의자의 항변을 받아들이지 않았다. 일사부재리 원칙은 당해 사건이 종결되는 형태의 재판에 대하여만 인정되며 절차 초기단계에서는 이중위험금지 원칙이 의미하는 위험(jeopardy)이 존재하지 않는다고 본 것이다.[12]

나. Ntuyahaga 사건

Tadić 사건이 위로의 일사부재리 원칙에 대한 것이었다면 ICTR과 관련된 Ntuyahaga 사건은 아래로의 일사부재리 원칙과 법정지 선택(forum shopping), 병합관할 등이 문제된 사건이었다.[13]

르완다 수상 Uwilingiyimana와 이를 호위하던 10명의 벨기에 직원들에 대한 암살 사건이 발생하였는데 위 사건으로 르완다 군인인 Bernard Ntuyahaga는 다른 여러 명의 피의자들과 함께 르완다와 벨기에 사법당국으로부터 동시에 수배를 받고 있었다.[14] 그는 당국의 추적으로 곧 체포될 것으로 생각되자 도주하다 체포되어 르완다로 범죄인인도가 이루어질 경우 사형선고가 가능하다는 생각에 아루샤(Arusha)에 있는 ICTR에 스스로

---

12) Alexander Zahar, Göran Sluiter, International Criminal Law A Critical Introduction. New York : Oxford University Press(2008), 31면.
13) LUC REYDAMS, UNIVERSAL CRIMINAL JURISDICTION: THE BELGIAN STATE OF AFFAIRS, Criminal Law Forum 11(2000), 204면.
14) LUC REYDAMS, 전게 논문, 204면.

출두한다. 그는 ICTR에서 인류에 반한 죄, 전쟁범죄, 집단살해 등의 죄목으로 기소되었고 벨기에와 르완다는 각각 Ntuyahaga를 자국 법원에서 심리하도록 해 줄 것을 요청해 왔다. ICTR 검사는 1999년 3월 Ntuyahaga가 벨기에에 인도되어 재판을 받도록 할 목적으로 Ntuyahaga에 대한 기소를 취하하고 재판부에 Ntuyahaga를 탄자니아 사법당국에 인도해 줄 것을 요청하였다. 이에 대해 재판부는 이미 기소된 사람에 대한 인도를 명할 수 있는 권한을 가지고 있지 않다며 Ntuyahaga를 석방하도록 판시한다.[15] 석방된 Ntuyahaga는 벨기에와 르완다의 요청에 따라 탄자니아 정부에 의하여 체포되었다. 양 국가가 모두 범죄인인도를 요청하는 상황에서 탄자니아가 르완다에 우선권을 줌으로써 Ntuyahaga는 그가 범죄를 범한 국가인 르완다로 인도되었다.[16]

그는 새로운 재판과정에서 법원에 대하여 당해 법원은 재판을 위한 정당한 권한을 가지고 있지 않으며 ICTR 재판부의 결정에 의하여 자신은 방면된 것이라고 항변하였다. 실제 ICTR에서 정식으로 그에 대한 무죄판결을 하였다면 Ntuyahaga는 벨기에나 르완다 어느 나라에서도 기소될 수 없었던 상황이었다. 이에 대해 재판부는 고려되는 이전의 판결은 검사가 모든 증거를 제출하는 등 일정한 단계까지 도달하였어야 하는데 이전 재판에서의 증거제출 상황 등을 고려할 때 이에 해당한다고 보기 어렵다는 이유로 피고인의 주장을 받아들이지 않았다.[17]

다. Bagosora 사건

벨기에에 의하여 ICTR로 이송되어 온 Bagosora는 ICTR의 재판과정에서 자신은 동일한 사실관계로 이미 벨기에에서 처벌받았으므로 일사

15) Case no. ICTR-90-40-T.
16) LUC REYDAMS, 전게 논문, 204면.
17) Christine Van den Wyngaert and Tom Ongena, 전게논문, 721면.

부재리 원칙이 적용되어야 한다고 주장하였다. ICTR 재판부는 종국적으로는 Bagosora의 이러한 주장을 받아들이지 않으면서도 Bagosora가 통상의 범죄가 아닌 제네바 조약이 정한 심각한 위반 즉 전쟁 범죄 등으로 벨기에에서 재판을 받았다면 동일한 사실관계에 근거한 거듭된 재판은 불가능하다고 보았다.[18]

---

18) Christine Van den Wyngaert and Tom Ongena, 전게논문, 719면.

제3절 로마규정에서의 일사부재리 원칙

1. 규정 배경

국제형사재판소는 전쟁범죄 등 국제형사법상의 중요 범죄에 대한 재판권을 가지고 있어 동일한 행위에 기반한 각국의 형사재판권과 경합함으로써 국제적 이중처벌의 문제가 발생할 수 있다.

국제형사재판소에 관한 로마규정 제20조는 3가지 유형의 일사부재리 원칙을 규정하고 있다. 로마규정이 이러한 원칙을 인정하는 이유는 피고인에 대한 공정성, 개인의 인권보장, 사법체제의 정합성 보호 등 국내법상 이유와 다르지 않다. 그러나 일사부재리 원칙에 관한 구체적 규범내용을 정함에 있어서는 국제형사재판소의 창설로 새로운 이중위험을 발생시키는 부가적 관할을 만들었다는 점 등 다양한 요소들이 함께 고려되었다고 한다. 여기에는 국제적 차원의 형사정의의 요청, 국가의 주권적 이익과 관련하여 국내법원과 국제형사재판소 사이의 적절한 관계설정의 필요성, 국내적 통제를 벗어나는 외국사법체제에 대한 각국의 의구심 해소 등이 포함된다.[19]

국제형사재판소는 국제사회에 심각한 문제를 야기한 사람의 책임을 추궁함으로써 정의를 실현하고자 하는 목적에서 만들어진 것이다. 국제형사

---

[19] Lorraine Finlay, "DOES THE INTERNATIONAL CRIMINAL COURT PROTECT AGAINST DOUBLE JEOPARDY: AN ANALYSIS OF ARTICLE 20 OF THE ROME STATUTE", U.C. Davis Journal of International Law and Policy(Spring 2009), 226면.

재판소에는 집단살해죄(genocide), 인도에 반한 죄(crimes against humanity), 전쟁범죄(war crimes) 등에 대한 재판권이 부여되어 있다.

이와 관련하여 이러한 심각한 범죄들에 대한 책임은 반드시 추궁되어야 하므로 일사부재리 원칙의 적용범위는 축소되어야 한다는 입장과 이와 반대로 국제공동사회의 공적 분노가 가장 높은 경우 피고인의 권리는 적법절차와 기본적 공정성의 측면에서 보호되어야 한다는 입장이 대립한다. 사법당국은 사회의 비난과 전쟁범죄자들에 대한 처벌의 요구를 충족시키면서도 전쟁범죄 등으로 기소된 자의 세심한 권리 보호에도 노력하여야 하며 이러한 과정을 통하여 재판부가 정통성을 확보할 수 있다는 것이다. 위와 같이 상반된 입장에 대한 균형점으로 로마규정 제20조가 만들어졌으나 그 적절성에 대하여는 많은 논란이 제기되고 있다고 한다.[20]

국제형사재판소의 재판권과 관련하여 유의할 점은 국제형사재판소는 로마규정 제17조에 포함되어 있는 보충성의 원칙(principle of complementarity)이 타당한 한도 내에서 재판권을 행사할 수 있다는 점이다. 당사국이 직접 자신들의 재판권을 행사하지 않으려는 범위 내에서만 재판권을 행사하며 국내법원 재판권에 대한 우위성은 인정되지 않아 ICTY 및 ICTR의 경우와 같은 강제적 관할권은 부여되어 있지 않다.[21]

성립근거의 측면에서도 국제형사재판소와 앞서 본 유엔 임시재판소들과는 차이점이 존재한다. 유엔 임시재판소의 경우 유엔헌장 제7장의 규정에 따라 안전보장이사회를 통하여 임시재판부 규정은 국가들과의 관계에서도 강제적으로 형성된 것으로 볼 수 있다. 그러나 국제형사재판소는 국제조약인 로마규정에 근거한 것으로 로마규정 가입여부는 각 국가가 스스로 결정할 수 있다. 결국 국제형사재판소의 권위는 로마규정에 의존하여 발생하는 것으로 로마규정은 국제형사재판소 재판권 행사의 조건과 범위, 국내법원과의 관계 등에 대한 규정들을 두고 있다.[22][23]

---

20) Lorraine Finlay, 전게 논문, 226면.
21) Christine Van den Wyngaert and Tom Ongena, 전게논문, 721면.

2. 주요내용

로마규정에서 일사부재리 원칙을 규정한 것은 제20조[24]이며 보충성
을 규정한 제17조[25]도 이와 간접적으로 관련되어 있다.

---

22) Anthony J. Colangelo, 전게논문, 823면.
23) 위 조항의 성립 경위 등에 대한 자세한 논의는 http://www.un.org/icc /prepcom.htm
   등 참조
24) 제20조 일사부재리
   1. 이 규정에 정한 바를 제외하고, 누구도 재판소에 의하여 유죄 또는 무죄판결을
      받은 범죄의 기초를 구성하는 행위에 대하여 재판소에서 재판받지 아니한다.
   2. 누구도 재판소에 의하여 이미 유죄 또는 무죄판결을 받은 제5조에 규정된 범
      죄에 대하여 다른 재판소에서 재판받지 아니한다.
   3. 제6조, 제7조 또는 제8조상의 금지된 행위에 대하여 다른 재판소에 의하여 재
      판을 받은 자는 누구도, 그 다른 재판소에서의 절차가 다음에 해당하지 않는
      다면 동일한 행위에 대하여 재판소에 의하여 재판받지 아니한다.
      가. 재판소 관할범죄에 대한 형사책임으로부터 당해인을 보호할 목적이었던
         경우
      나. 그 밖에 국제법에 의하여 인정된 적법절차의 규범에 따라 독립적이거나
         공정하게 수행되지 않았으며, 상황에 비추어 당해인을 처벌하려는 의도
         와 부합하지 않는 방식으로 수행된 경우
25) 제17조 재판적격성의 문제
   1. 전문 제10항과 제1조를 고려하여 재판소는 다음의 경우 사건의 재판적격성이
      없다고 결정한다.
      가. 사건이 그 사건에 대하여 관할권을 가지는 국가에 의하여 수사되고 있거
         나 또는 기소된 경우. 단, 그 국가가 진정으로 수사 또는 기소를 할 의사
         가 없거나 능력이 없는 경우에는 그러하지 아니하다.
      나. 사건이 그 사건에 대하여 관할권을 가지는 국가에 의하여 수사되었고, 그
         국가가 당해인을 기소하지 아니하기로 결정한 경우. 단, 그 결정이 진정
         으로 기소하려는 의사 또는 능력의 부재에 따른 결과인 경우에는 그러하
         지 아니하다.
      다. 당해인이 제소의 대상인 행위에 대하여 이미 재판을 받았고, 제20조제3항
         에 따라 재판소의 재판이 허용되지 않는 경우
      라. 사건이 재판소의 추가적 조치를 정당화하기에 충분한 중대성이 없는 경우

로마규정 제20조는 3개의 조항으로 구성되어 있다. 제20조 제1항은 국제형사재판소 재판의 국제형사재판소에 대한 일사부재리 원칙, 제2항은 국제형사재판소의 재판이 국내 법원에 대하여 미치는 일사부재리 원칙, 제3항은 각국 법원 재판이 국제형사재판소에 대하여 미치는 일사부재리 원칙 등으로 나뉘어 규정되어 있다. 로마규정 제17조 제1항 가목은 각국의 수사 또는 기소 사건에 대한 국제형사재판소의 재판적격 배제를, 나목은 당해 사건이 그 사건에 대하여 재판권을 가지는 국가에 의하여 수사되었고 그 국가가 당해인을 기소하지 아니하기로 결정한 경우에 대한 배제를, 다목은 위 제20조 제3항 해당 사건에 대한 재판적격성 배제 결정을 각각 규정하고 있다.[26]

가. 국제형사재판소 판결의 스스로에 대한 효력

로마규정 제20조 제1항은 국제형사재판소가 유죄 혹은 무죄 판결을 선고한 경우 국제형사재판소 스스로 당해 사건에 대하여 재차 심리할 수 없음을 규정하고 있다. 하나의 단일한 법원에 의한 동일 사안에 대한 거듭된 재판을 금지하는 것으로 통상적으로 인정되는 일사부재리의 보호의 범주에 속하며 재판권의 경합을 전제로 한 조항은 아니다.

1994년 국제법 위원회에 의하여 마련된 초안에는 너무나 자명한 원리라는 이유로 포함되지 않았다가 1998년 예비위원회에서 명확성의 원칙을 충족시킬 필요성이 있다는 주장이 제기되어 규정되게 되었다고 한다.[27] 일사부재리 원칙의 일반이론에 비추어 볼 때 국제형사재판소가 재판한 사건에 대하여 국제형사재판소가 다시 심리할 수 없다는 것은 의문의 여지가 없는 원칙으로 생각된다. 여기서 주목할 점은 일사부재리 원

---

26) 위 조항에 대한 독일에서의 논의는 Radtke/Hagemeier, Beck'scher Online-Kommentar Hrsg: Epping/Hillgruber, 50면 이하 참조.
27) Lorraine Finlay, 전게 논문, 229면.

칙을 규정하고 있는 제20조의 3가지 규범들 중 적용대상 사건의 범위가
가장 직접적이고 포괄적이라는 점이다.

로마규정 제20조 제1항의 일사부재리 원칙은 '범죄의 기초를 이루는
행위(conduct which formed the basis of crimes)'를 대상으로 규정되어 있
으며 범죄의 특질이나 법적 요소 등은 위 원칙의 적용여부를 결정하는데
고려되지 않는다. 위 조항은 유죄 혹은 무죄 판결이 선고된 것과 동일한
사실관계(facts, in concreto application)를 기초로 하여 적용되며 행위나
사실관계의 동일성이 인정된다면 사후에 동일한 행위나 사실관계를 다
른 범죄로 규정하여 기소하거나 재판하는 것은 불가능하다.[28] 따라서 국
제형사재판소에서 집단살해 혐의에 대하여 무죄판결 받았다면 동일한
행위에 대하여는 인도에 반한 죄라는 새로운 죄명으로 재판하는 것도 일
사부재리 원칙에 반하여 허용되지 않는다.[29] 이와같이 행위를 기초로 포
괄적으로 적용되는 일사부재리 원칙은 피고인에 대한 광범위한 보호책
으로 기능한다.

위 조항은 "이 규정에 정한 바를 제외하고(except as provided in this
Statute)"라는 내용의 단서를 두어 항소나 재심 등에는 일사부재리원칙이
적용되지 않음을 명백히 하고 있다.[30]

---

28) Lorraine Finlay, 전게 논문, 230면.
29) 제1항의 '행위(conduct)'라는 용어가 idem과 관련하여 광의의 해석을 채용하고
    있다는 것을 명백하나 국제형사재판소의 관할범죄가 특정의 범죄(specific crime)
    에 제한되어 있어 실질적 차이점은 크지 않다는 주장이 있다. Christine Van den
    Wyngaert and Tom Ongena, 전게논문, 722면, 森下忠, 國際刑法學의 課題, 東
    京, 成文堂(2006), 168면.
30) 영미법계 국가의 입장에서는 검찰 측 항소를 허용하고 있는 로마규정 제81조가
    이중위험금지의 예외에 해당한다고 이해할 수 있을 것이다. Christine Van den
    Wyngaert and Tom Ongena, 전게논문, 722면.

나. 국제형사재판소 판결의 국내법원 등에 대한 효력

로마규정 제20조 제2항은 국제형사재판소 재판의 국내법원에 대한 아래 방향으로의 일사부재리 원칙을 규정하고 있다. 이는 동조 제3항의 위로의 일사부재리 원칙과 대비되는 조항이다.

위 조항은 국제형사재판소에 의하여 유죄 또는 무죄 판결을 받은 피고인이 다른 법원(another Court)에서 심리되는 것을 금지하고 있다. 국제형사재판소에서 특정한 범죄에 대한 판결이 있었던 경우 위 조항에 따른 일사부재리 원칙이 적용됨으로써 국내법원의 재판권을 제약한다는 점에서 각 국가의 주권제한 문제와 밀접하게 관련된다.[31]

제2항이 규정하고 있는 일사부재리 원칙의 객관적 적용범위는 제1항과 달리 '제5조에 규정된 범죄'로 제한된다.

국제형사재판소에 의하여 일정한 범죄에 대해 유죄 혹은 무죄의 판결이 있었다 하더라도 국내법원은 국제형사재판소가 직접 판결한 제5조에 열거되어 있는 범죄인 집단살해, 전쟁범죄 등 당해 범죄가 아니라면 이미 국제형사재판소에서 심리한 범죄의 기초를 이루는 동일한 행위에 대하여도 새로이 재판하여 처벌하는 것이 가능하다. 따라서 국제형사재판소에서 집단살해죄로 이미 무죄선고를 받았다고 하더라도 집단살해죄의 요소를 이루는 살인죄로는 국내법원에서 재차 심리될 수 있다.[32]

나아가 국내법원은 로마규정 제5조에 열거되어 있는 범죄 중 국제형사재판소에서 심리한 것과 동일한 범죄가 아니라면 로마규정에서 규정

---

31) 주권과 관련된 국제형사재판소 규정에 대한 비판은 Anthony J. Colangelo, 전게 논문 참조.

32) Lorraine Finlay, 전게 논문, 231면. 예를 들면, 집단살해죄로 국제형사재판소에 기소된 자가 집단살해죄 구성요건이 정한 특별한 고의(dolus specialis)의 입증이 없다는 이유로 무죄를 선고받은 경우 동일한 행위에 대해 국내재판소에서 일반 살인죄로 재판받을 수 있다. 森下忠, 國際刑法學の課題, 東京, 成文堂(2006), 169면.

하고 있는 국제형사법상의 범죄로도 심리하여 처벌할 수 있을 것이다. 예를 들면 국제형사재판소에서 집단살해죄에 대하여 무죄판결을 받은 경우에도 국내법원에서 인도에 반한 죄로 기소될 수 있다. 이러한 결과는 위 조항이 규정하고 있는 일사부재리 원칙의 적용범위가 동일한 범죄(offence, in abstracto application) 혹은 책임의 법적 근원(legal head of liability)을 토대로 제한되고 있는 것에 기인한다.33)

당초 1998년의 준비위원회에서는 행위개념을 기본으로 한 보다 광범위한 내용의 조항이 준비되었으나 최종적으로는 국제형사재판소에서 집단살해죄에 대한 무죄판결이 있었다 하더라도 각 국가가 살인죄 등으로 기소하는 것을 허용하는 내용으로 문언이 변경되었다고 한다. 위와 같은 문언 변경을 둘러싸고 일사부재리 원칙이 의도하는 보호가 완전히 훼손되었다는 견해와 국제형사재판소 재판권의 제한성을 고려할 때 정당화된다는 견해가 서로 대립되고 있다. 인권보호의 관점에서는 일사부재리 원칙에 대한 커다란 제한에 해당될 수 있으나 국제형사재판소가 국내법원에서 심리할 수 있는 일반범죄에 대한 재판권을 보유하고 있지 않음을 고려할 때 일사부재리 원칙의 적용범위를 지나치게 확대하는 것은 법체제의 심각한 공백을 초래할 수 있는 것도 사실이다.34)

살인행위가 있었다 하더라도 그 자체만으로 국제형사재판소의 재판권에 바로 포섭되는 것은 아니다. 국제형사재판소의 관할 대상 범죄인 집단살해죄로 인정되기 위해서는 '국민적, 민족적, 인종적 또는 종교적 집단의 전부 또는 일부를 그 자체로서 파괴할 의도'가 있어야 하며, 인도에 관한 죄가 성립되기 위해서는 '민간인 주민에 대한 광범위하거나 체계적인 공격의 일부로서 그 공격에 대한 인식을 가지고 범하여진 행위'에 해당되어야 한다.

이처럼 로마규정 제5조에 열거된 범죄로 성립되기 위해서는 제6조,

33) Lorraine Finlay, 전게 논문, 231면.
34) Lorraine Finlay, 전게 논문, 231면.

제7조, 제8조가 규정한 특정한 유형의 주관적 요소가 인정될 필요가 있다. 그런데 실제 소송과정에서 이러한 주관적 요건을 입증하는 것은 쉽지 않은 과제이다. 따라서 이러한 특정한 유형의 주관적 요소가 인정되지 않았다는 이유로 국제형사재판소에서 무죄판결이 선고된 경우라면 국내법원에서 일반 살인죄로 처벌할 수 있도록 하는 것이 타당할 것이다. 이러한 결과는 국제형사재판소는 국내법에 기한 일반범죄 재판권을 갖지 않는다는 한계로 인한 것이므로 비록 동일한 행위에 대한 거듭된 심리에 해당하더라도 국내법원이 다른 죄명을 적용하여 처벌하는 것을 막을 수 없다는 것이다.[35]

한편 국제형사재판소에 의하여 집단살해죄로 유죄판결을 받은 자에 대하여 국내법원에서 일반 살해죄로 다시 재판할 수 있는가의 문제가 있다. 이러한 재판이 허용되는 것은 이미 동일한 행위에 대한 유죄판결이 있었음에도 국내법원의 거듭된 재판이 가능하다는 점에서 당사자에게 가혹할 뿐 아니라 불합리한 것으로 보이기도 한다. 그러나 로마규정 제20조 제2항이 '제5조에 적시된 범죄(crime referred to in article 5)'에 한하여 일사부재리의 원칙이 적용됨을 규정하여 사실(fact)이 아닌 법률상의 동일한 범죄(the same offence in law)로 'idem'의 범위를 한정하고 있으므로 피고인에 대하여는 불이익한 점이 있음에도 불구하고 일사부재리 원칙은 적용되지 않는 것으로 보고 있다.[36]

이러한 불합리한 결과가 발생할 수 있음에도 국내법원이 국제형사재판소의 판결에 따라 집행된 형을 의무적으로 산입하도록 하는 산입주의(deduction of sentence principle)를 채택하지 않은 것은 인권보장의 이념에 비추어 최소한의 보호조차 부여되지 않은 것이라는 비판이 있다.[37]

---

35) Lorraine Finlay, 전게 논문, 231면, 森下忠, 國際刑法學の課題, 東京, 成文堂 (2006), 169면.

36) Christine Van den Wyngaert and Tom Ongena, 전게논문, 724면; 森下忠, 國際刑法學の課題, 東京, 成文堂(2006), 170면.

37) Christine Van den Wyngaert and Tom Ongena, 전게논문, 724면. 森下忠, 國際刑

로마규정 제20조 제2항[38])의 '다른 재판소(another court)'의 의미가 문
제된다. 당초 로마규정 준비위위원회는 '다른 재판소'를 체약당사국의
국내법원만을 의미하는 것으로 규정하였다. 그러나 체약당사국의 국내법
원만을 의미하는 것으로 규정할 경우 ICTY나 ICTR과 같은 임시적 국제
재판소나 혹은 장래 설치될 수 있는 국제진실위원회(international truth
commission) 등과의 재판권 경합이 발생할 수 있다는 점이 고려되어 다
른 재판소는 '다른 어떤 국내재판소 및 국제재판소(any other national or
international court)'를 지칭하는 것으로 해석되게 되었다고 한다.[39])

다. 국내법원 등의 판결의 국제형사재판소에 대한 효력

로마규정 제20조 제3항은 각국 국내법원의 재판이 국제형사재판소에
대하여 미치는 일사부재리 원칙에 대하여 규정하고 있다.

위 조항은 제20조 제1항과 같이 행위(conduct)를 기초로 일사부재리
원칙을 규정하고 있다. 따라서 후속기소의 법적 근거가 이전의 기소된
것과 다른가 여부에 관계없이 동일한 사실관계를 기반으로 한 후속 기소
는 불가능하다.[40]) 예를 들면 국내법원에서 살인이나 성범죄를 저지른 것
으로 판결을 받았다면 국제형사재판소는 동일한 행위에 기초하여 재차
심판할 수 없다.

이처럼 상대적으로 넓게 일사부재리 원칙의 효력범위를 규정함으로
써 인권보장이라는 목적을 최대한 달성함은 물론 국가의 주권 존중, 국
제형사재판소의 보충성 원칙 등도 가장 실효성 있게 보장하는 것으로 평

法學の課題, 東京, 成文堂(2006), 170면.
38) 다른 재판소(another court)의 의미는 제20조 제3항의 경우에도 동일하게 적용될
   것이다.
39) 森下忠, 國際刑法學の課題, 東京, 成文堂(2006), 169면.
40) Christine Van den Wyngaert and Tom Ongena, 전게논문, 726면.

가되고 있다.[41]

위와 같이 넓은 효력범위를 가지는 일사부재리 원칙을 규정함으로써 중대한 국제범죄 등을 저지른 자에 대한 불충분한 처벌이 허용되거나 일부 국가가 고의로 중대한 범죄를 은폐할 수 있다는 비판이 제기될 수 있다. 이러한 우려는 위 조항이 규정한 예외들에 의하여 상당 부분 완화될 수 있을 것으로 기대된다.

위 조항 단서가 규정한 첫 번째 예외는 '재판소 관할범죄에 대한 형사 책임으로부터 당해인을 보호할 목적이었던 경우'이다. 위 단서는 국내법원에 의한 면책적 소송(sham trial)을 막고 일사부재리 원칙의 남용을 방지하려는 목적을 가지고 있다.[42] 예외사유 해당여부는 국내법원이 아닌 국제형사재판소가 결정한다. 국제형사재판소는 위 단서조항을 통하여 중대한 범죄가 의도적으로 처벌되지 않는 결과를 방지할 수 있는 일종의 감독적인 권한을 행사하게 되고 국내법원의 절차가 형사적 정의의 기준을 충족시키도록 하는 것이다.[43]

위와 같이 소위 면책적 소송에 대하여 예외적으로 일사부재리의 효력을 인정하지 않는 제20조 제3항은 그 성립과정에서 복잡한 논의가 가장 많았던 부분으로 많은 반대가 있었다고 한다. 예외조항에 반대하는 주요 논거는 면책적 소송을 일사부재리 원칙의 예외로 객관적으로 정의하여 적용하는 것이 용이하지 않다는 점이다.

구체적 사건에서 면책적 소송 예외 해당 여부 판단의 어려움은 일찍부터 지적되어 왔으며, 이에 부합하는 증거를 제출하는 것의 어려움과 입증책임의 분담 문제 역시 논점으로 제기되었다고 한다. 그러나 1989년 제14회 국제형법회의에서 면책적 소송의 예외를 인정하는 취지의 결의가 있었고 국제법위원회(ILC)의 초안에도 국내사법기관의 권한의 남용

---

41) Lorraine Finlay, 전게 논문, 235면.
42) Christine Van den Wyngaert and Tom Ongena, 전게논문, 724면.
43) Lorraine Finlay, 전게 논문, 236면.

및 부적절한 사법과 같은 것이 예외에 해당한다고 규정된 것 등의 영향을 받아 위 조항이 도입되게 되었다고 한다.[44]

로마규정은 ICTY, ICTR에서 규정하고 있는 일반 범죄의 예외(ordinary crime exception)를 채택하지 않고 있다. 따라서 국내법원에서 국제범죄가 아닌 일반 범죄로 기소된 경우에도 위로의 일사부재리 원칙의 예외가 존재하지 않아 원칙적으로 국제형사재판소는 동일한 행위에 대하여 다시 심판할 수 없다. 일반 범죄의 예외가 로마규정에서 채택되지 않은 기본적 이유는 위 원칙의 개념이 너무 불분명한 것으로 초안자들에게 비쳐졌다는 점이다. 그러나 일반 범죄의 예외가 가지고 있는 관념 자체가 완전히 포기된 것은 아니며 로마규정의 면책적 소송 예외 규정에 의하여도 상당부분 문제점이 해결될 수 있을 것으로 생각된다.[45]

두 번째로 규정된 예외는 '그 밖에 국제법에 의하여 인정된 적법절차의 규범에 따라 독립적이거나 공정하게 수행되지 않았으며, 상황에 비추어 당해인을 처벌하려는 의도와 부합하지 않는 방식으로 수행된 경우'이다. 위 규정은 실제 사건에서 적용하기가 매우 까다로운 규정으로 평가된다.[46]

위 조항은 두개의 요건을 중첩적으로 충족시켜야 하는데 첫 번째 요건은 국제법에서 인정되는 적법절차의 위반이다. 선입견을 가진 판사에 의한 재판, 판결을 하는 법관에 대한 압력행사, 편향된 시각을 가진 수사기관의 존재 등이 그 예이다. 두 번째 요건은 당해 절차가 '상황에 비추어 당해인을 처벌하려는 의도와 부합하지 않는 방식으로 수행된 경우'이다. 위와 같이 요건 인정에 있어 주관적 요소가 개입됨으로써 개념적으

---

44) 森下忠, 國際刑法學の課題, 東京, 成文堂(2006), 171면; 김영석, 『국제형사재판소법강의』, 서울 : 법문사, 2003, 126면 참조.

45) Christine Van den Wyngaert and Tom Ongena, 전게논문, 726면. 森下忠, 國際刑法學の課題, 東京, 成文堂(2006), 171면에서는 '형사사법을 면하려는 목적'은 예를 들면 집단살해죄와 같은 흉악범죄를 단순 폭력으로 기소하는 경우를 예로 들고 있다.

46) Christine Van den Wyngaert and Tom Ongena, 전게논문, 725면.

로 매우 개방된 조건이 되었으며 이러한 규범구조는 요건의 충족여부를
판정하는 국제형사재판소의 재량을 넓히는 것으로서 당해 기준의 발전
가능성을 열어둔 것이라고 한다.[47]

사면이 있었던 경우는 또다른 문제상황이다. 판결 확정 전 국내에서
사면이 있었다 하더라도 사면은 재판은 아니기 때문에 국제형사재판소
는 당해 사건을 재차 심리할 수 있다. 그러나 국내법원에서 유죄판결을
받은 자가 사면된 경우 집단살해죄, 인도에 반한 죄 등으로 국제형사재
판소에서 기소할 수 있는가의 문제가 제기될 수 있을 것이다. 국제사면
위원회가 이러한 문제에 대하여 명문규정을 마련하여 둘 것을 제안하였
지만 결론적으로 로마규정에는 받아들여지지 않았으며 이러한 규정이
존재하지 않는 것은 중대한 흠결에 해당한다고 보는 입장이 있다.[48]

라. 보충성과 일사부재리 원칙

국제형사재판소의 국내법원에 대한 보충성을 규정한 로마규정 제17
조 제1항[49]은 일사부재리 원칙과 밀접하게 관련되어 있는 조항이다.

---

47) Lorraine Finlay, 전게 논문, 238면.
48) 森下忠, 國際刑法學の課題. 東京, 成文堂(2006), 170면.
49) 제17조 재판적격성의 문제
  1. 전문 제10항과 제1조를 고려하여 재판소는 다음의 경우 사건의 재판적격성이
    없다고 결정한다.
    가. 사건이 그 사건에 대하여 관할권을 가지는 국가에 의하여 수사되고 있거
      나 또는 기소된 경우. 단, 그 국가가 진정으로 수사 또는 기소를 할 의사
      가 없거나 능력이 없는 경우에는 그러하지 아니하다.
    나. 사건이 그 사건에 대하여 관할권을 가지는 국가에 의하여 수사되었고, 그
      국가가 당해인을 기소하지 아니하기로 결정한 경우. 단, 그 결정이 진정
      으로 기소하려는 의사 또는 능력의 부재에 따른 결과인 경우에는 그러하
      지 아니하다.
    다. 당해인이 제소의 대상인 행위에 대하여 이미 재판을 받았고, 제20조제3항
      에 따라 재판소의 재판이 허용되지 않는 경우

　　로마규정 제17조 제1항 가목은 각국에서 수사 또는 기소한 사건에 대한 국제형사재판소의 재판적격 배제를, 동항 나목은 당해사건이 그 사건에 대하여 재판권을 가지는 국가에 의하여 수사되었고 그 국가가 당해인을 기소하지 아니하기로 결정한 경우에 대한 배제를, 동항 다목은 제20조 제3항 해당 사건에 대한 재판적격성 배제결정을 각각 규정하고 있다.

　　보충성과 일사부재리 원칙의 직접적 연결성을 표시하고 있는 것은 위 제17조 제1항 다목으로 로마규정 제20조 제3항과의 관계를 규정하고 있다. 로마규정에서 국제형사재판소 재판권의 행사여부는 체약당사국의 형사절차 진행상황이 공판단계인가 아니면 수사단계에 머무르고 있는가에 관계없이 당해 국가의 행동에 기반한다. 일사부재리 원칙을 직접적으로 규정한 제20조 제2항은 국내법원의 판결이 있었던 경우를 의미하는 반면 제17조는 수사단계의 보충성을 규정한 것으로 위 두개의 조항은 모두 체약당사국이 국제형사범죄를 처벌하려는 진정한 의사와 능력이 있는 경우 국제형사재판소 재판권과 국내재판권의 실질적 충돌을 방지하여 이중처벌의 위험을 소멸시키는 기능을 수행하는 것이다.[50]

　　로마규정 제17조의 보충성의 원칙이 제20조 제3항의 범위를 확장하고 있다는 주장이 있다. 실제 제20조 제3항과의 관련성을 보충성의 입장에서 규정하고 있는 로마규정 제17조 제1항 다목은 유죄 혹은 무죄의 판결이 있었음을 조건으로 하지 않는다. 따라서 국내소송절차가 진정한 의사에서 이루어진 것이라면 국내절차가 단순히 절차적 이유로 종료된 경우를 포함하여 절차의 종료원인을 묻지 않고 제17조가 적용될 수 있다는 것이다. 제17조를 이와 같이 해석할 경우 앞서 본 ICTY의 Tadić 사건에서 본안에 대한 심리가 없었다는 이유로 일사부재리 보호를 인정하지 않은 것과는 다른 취지가 규정된 것으로 보인다. 이러한 규정은 국제형사

　　라. 사건이 재판소의 추가적 조치를 정당화하기에 충분한 중대성이 없는 경우
50) Tijana Surlan, "Ne bis in idem in Conjunction with the Principle of Complementarity in the Rome Statute", ESIL Florence Agora Papers(2004).

재판소의 보충성을 잘 드러내 주는 것이라고 하며 제17조 제1항 나목과 다목의 차이점은 시간적 진행에 따라 법원으로 사건에 대한 책임이 이전되었는가 여부에 있다는 것이다.[51]

마. 산입주의

로마규정 제78조 제2항은 '징역형을 부과함에 있어 재판소는 재판소의 명령에 따라 전에 구금되었던 기간이 있을 경우 이를 공제한다. 재판소는 그 당해 범죄의 기초를 이루는 행위와 관련하여 구금되었던 기간도 공제할 수 있다.'라는 내용으로 산입주의 원칙을 선언하고 있다.

위 규정은 '공제할 수 있다'라는 표현을 사용하여 산입주의를 재량적으로 규정하고 있다. 그러나 문언에 관계없이 실제 적용에 있어서는 국제형사재판소가 예외 없이 이전의 구금을 산입할 것으로 기대되며 위 조항을 의무적 산입주의로 규정하는 것이 바람직하였다는 견해가 있다.[52]

---

51) Markus Benzing, "The Complementarity Regime of the International Criminal Court : International Criminal Justice between State Sovereignty and the Fight against Impunity", Max Planck Yearbook of United Nations Law Volume 7.(2003), 618면 참조

52) Lorraine Finlay, 전게 논문, 243면.

제4절 우리 이행법률에서의 일사부재리 원칙

1. 로마규정 이행법률

로마규정 당사국인 우리나라는 그 이행입법인 국제형사재판소 관할 범죄의 처벌 등에 관한 법률을 2007. 12. 21.부터 제정, 시행하고 있다.

주요 내용은 국제형사재판소에 관한 로마규정이 정하는 각종 범죄에 대한 새로운 불법구성요건의 제정, 국내법원 재판권 범위 규정, 국제형사 범죄에 대한 특례 등이며 특히 동법 제7조는 일사부재리의 원칙을 규정한 로마규정 제20조 제2항에 상응하여 국제형사재판소의 확정 판결을 면소판결 대상으로 규정하고 있다.

구체적으로 살펴보면 법 제1조(목적)는 인간의 존엄과 가치를 존중하고 국제사회의 정의 실현이라는 이념 하에 국제형사재판소의 관할 범죄에 대한 구성요건을 규정하고 대한민국과 국제형사재판소 간의 협력에 관한 구체적 절차를 정함을 그 목적으로 명시하고 있다. 또한 국민적·인종적·민족적 또는 종교적 집단 자체를 전부 또는 일부 파괴할 목적으로 그 집단 구성원의 살해를 처벌하는 것을 내용으로 하는 집단살해죄(동조 제8조), 민간인 주민에 대하여 공격을 행하려는 국가 또는 단체·기관의 정책과 관련하여 민간인 주민에 대한 광범위하거나 체계적인 공격으로 사람을 살해하는 등의 행위를 처벌하는 인도에 반한 죄(동법 제9조), 국제적 무력충돌 또는 국제적이 아닌 무력충돌과 관련하여 인도에 관한 국제법규에 따라 보호되는 사람을 살해하거나 재산의 약탈 등을 처벌하는 전쟁범죄(동법 제10조, 제11조) 등 국제형사재판소의 관할에 속하는 국제형사범죄의 실체규범들을 국내법화하고 있다. 그리고 시효의 적용배제(제6조), 사법방해죄(동법 제16조) 등 특칙들을 규정하는 한편 국제형사재판소와의 협력관계를 규율하는 조항(동법 제19조, 제20조) 등도 두고 있다. 특히 동법 제3조 제5항은 대한민국 영역 밖에서 집단살해죄 등을 범하고 대한민국영역 안에 있는 외국인에 대하여 우리 형법을 적용하도록 규정함으로써 제한적 세계주의를 규정하고 있다.[53)]

2. 로마규정 이행법률 제7조

우리의 로마규정 이행법률 제7조는 '집단살해죄 등[54)]의 피고사건에 관하여 이미 국제형사재판소에서 유죄 또는 무죄의 확정판결이 있은 때에는 판결로써 면소의 선고를 하여야 한다'[55)]고 규정하고 있다.

형사소송법 제326조가 국내법원에 의한 확정판결이 있을 경우 면소판결을 선고하도록 한 것과 동일하게 국제형사재판소의 확정판결이 존재하는 경우를 면소판결의 대상으로 규정한 것이다.[56)]

---

53) 동법 제3조 (적용범위)
　　⑤ 이 법은 대한민국 영역 밖에서 집단살해죄등을 범하고 대한민국영역 안에 있는 외국인에게 적용한다.
54) 로마규정 이행법률 제2조 (정의) 제1호는 ""집단살해죄등"이란 제8조부터 제14조까지의 죄를 말한다."라고 규정하고 있어 '집단살해죄 등'의 개념에는 제8조(집단살해죄), 제9조 (인도에 반한 죄), 제10조 (사람에 대한 전쟁범죄), 제11조(재산 및 권리에 대한 전쟁범죄), 제12조 (인도적 활동이나 식별표장 등에 관한전쟁범죄), 제13조 (금지된 방법에 의한 전쟁범죄), 제14조 (금지된 무기를 사용한 전쟁범죄) 등이 포함된다.
55) 국제형사재판소 관할 범죄의 처벌 등에 관한 법률[시행 2007.12.21] [법률 제8719호, 2007.12.21, 제정] 제7조 (면소의 판결) 집단살해죄등의 피고사건에 관하여 이미 국제형사재판소에서 유죄 또는 무죄의 확정판결이 있은 때에는 판결로써 면소의 선고를 하여야 한다.
56) 형사소송법 제326조 (면소의 판결) 다음 경우에는 판결로써 면소의 선고를 하여

국내확정판결이 있을 경우 이를 면소판결의 대상으로 하는 것은 피고
사건의 실체와 관련하여 이미 확정판결이 존재하고 있음에도 재소를 허
용하게 되면 종전 법원의 판단과 후소 법원의 판단이 불일치하는 사태가
발생하여 재판의 권위를 해할 염려가 있고[57] 확정판결에는 일사부재리 효
력이 있으므로 동일성이 인정되는 범죄사실에 대하여 재소를 금지하려는
것이다.[58][59]

별개의 재판권 하에서 이루어진 외국법원의 판결이나 국제형사재판
소의 판결이 직접 우리 법원에 대하여 구속력을 가질 수는 없다. 그러나
위 이행법률 제7조가 우리 법원에 대한 구속력을 부여함으로써 위 조항
을 통하여 국제형사재판소의 판결에 일사부재리효력이 부여된 것으로
보아야 할 것이다.

위 조항을 통하여 부여되는 일사부재리 원칙의 효력범위가 국내법에
서 일반적으로 인정되는 일사부재리 효력범위와 동일할 것으로 생각할
수도 있을 것이다. 그러나 위 조항의 효력범위를 결정함에 있어서는 법
률의 문언과 함께 위 이행법률의 근거가 된 로마규정 제20조, 국제형사
재판소 재판권의 협소성 등 다양한 요소들에 대한 종합적이고 신중한 검
토가 필요하다.

야 한다.
 1. 확정판결이 있은 때
 2. 사면이 있은 때
 3. 공소의 시효가 완성되었을 때
 4. 범죄후의 법령개폐로 형이 폐지되었을 때
57) 신동운, 『신형사소송법』, 서울 : 법문사, 2007, 1157면.
58) 이재상, 『신형사소송법』, 서울 : 박영사, 2007, 651면.
59) 국내법원에서의 확정판결이 있었던 경우에는 검찰사건사무규칙에 의하여 당연히
    공소권없음 처분을 하여야 한다는 점에 비추어 검찰사건사무규칙상 명시되어 있
    지 않으나 이행법률 제7조의 범위 내에 속하는 수사중인 사건은 공소권 없음 결
    정을 하는 것이 타당할 것이다. 검찰사건사무규칙 제69조 제3항 제4호 참조

3. 객관적 범위의 제한

로마규정 이행법률 제7조가 '집단살해죄 등의 피고사건'에 대한 국제
형사재판소의 확정판결이 있을 경우를 면소판결의 대상으로 규정한 점
은 명백하다. 그러나 국제형사재판소 판결의 일사부재리효력을 어떤 범
위에서 인정할 것인가는 쉽지 않은 과제이다. 위 문제는 일사부재리 원
칙의 국제적 적용에 있어 'idem'의 동일성을 둘러싼 복잡한 문제 상황을
그대로 반영하고 있다.[60]

로마규정 이행법률 제7조가 국제형사재판소가 선고한 판결에 대한 일
사부재리 원칙을 규정한 것이라면 그 효력의 객관적 범위의 근거가 되는
'idem'의 범위는 우리 형사소송법 이론에 근거하여 결정하는 것이 일반
적으로는 타당할 것이다.

우리 형사소송법은 일사부재리 효력이 미치는 범위와 관련하여 유죄 혹
은 무죄 판결이 선고된 것과 동일한 사실관계(facts, in concreto application)
에 근거를 두는 넓은 입장을 취하고 있으며 동일한 범죄(offence, in abstracto
application)인가 여부 혹은 책임의 법적 근원(legal head of liability)은 원칙
적으로 고려대상이 아니다. 우리 형사소송법 체계에서 기판력이 미치는
범위는 과거의 특정시점에서 행하여졌던 삶의 한 부분으로서 법률적 평
가와는 무관한 순수한 사실상태[61]로서 사건의 단일성과 동일성의 범
위[62]이다. 법원의 현실적 심판의 대상이 된 공소사실은 물론 그 공소사

---

60) 실제 많은 국가들은 각국 형사법의 상이성으로 말미암아 일사부재리 원칙을 국
　　제적 차원에서 적용함에 있어 동일성 판단과 관련하여 어려움을 겪고 있다. 특히
　　영미법과 대륙법계의 상이성에서 발생하는 문제들은 일사부재리 원칙의 국제적
　　적용에 실질적인 문제점을 야기하고 있다고 한다. José Luis DE LA CUESTA,
　　전게 논문, 721면, 726면 등 참조.
61) 신동운, 『신형사소송법』, 서울 : 법문사, 2007, 487면.
62) 신동운, 『신형사소송법』, 서울 : 법문사, 2007, 471면.

실과 단일하고 동일한 관계에 있는 사실의 전부에 효력이 미친다.[63)64)]

그런데 제7조의 국제법적 근거가 되는 로마규정 제20조 제2항은 일사부재리 원칙을 적용함에 있어 동일한 범죄(offence, in abstracto application) 혹은 책임의 법적 근원(legal head of liability)을 근거로 하는 상이한 'idem'의 개념을 가지고 있어 국내법 체제와의 불일치로 인한 해석상의 문제점을 발생시킨다. 로마규정 제20조 제2항은 범죄의 동일성에 근거한 일사부재리 원칙을 선언하고 있어 국제형사재판소에서 판결한 범죄와 동일한 범죄가 아니라면 국내법원에서의 재판을 허용하고 있기 때문이다.[65)]

우리 이행법률 제7조는 면소의 원인이 되는 이전의 판결을 '집단살해죄 등의 피고사건'으로만 규정하고 있다. 따라서 견해에 따라서는 우리 형사소송법에서 기판력이 미치는 범위는 과거의 특정시점에서 행하여졌던 사실상태에 근거하는 것이므로 위 조항에서의 '피고사건'도 동일한 맥락에서 해석되어야 한다고 주장할 수 있다. 이러한 견해에 의할 경우 국제형사재판소의 판결이 있었던 사건과 단일성과 동일성이 미치는 범위에서는 면소판결이 선고되어야 한다.

그러나 위와 같이 우리 이행법률 제7조를 해석하는 것은 로마규정 제20조 제2항이 제20조 제1항과 달리 좁은 범위의 일사부재리 원칙을 입법화한 것과 상응하지 않는 것이다. 앞서 본 바와 같이 국제형사재판소는

---

63) 이재상, 『신형사소송법』, 서울 : 박영사, 2007. 665면.
64) 이와 관련하여 대법원 1994. 3. 22. 93도2080 전원합의체판결 이후 규범적 요소도 기본적 사실관계동일설의 실질적 내용을 이루는 것으로 보이나 판례가 언급한 '규범적 요소'에 대한 개념정의가 불분명하다는 점에서 이러한 입장은 동일성 판단에 혼란을 초래하기 쉬우며 여전히 前 법률적·자연적 관점에서 동일성을 판단하여야 한다는 주장이 있다.(신동운, 『신형사소송법』, 서울 : 법문사, 2007, 1201면) 'idem'의 개념범위에 대한 외국의 다양한 입장은 José Luis DE LA CUESTA, 전게 논문, 722면 이하.
65) Lorraine Finlay, 전게 논문, 231면; 森下忠, 國際刑法學の課題, 東京, 成文堂 (2006), 169면.

국내법상의 일반살해죄 등을 심리 판단할 수 없다는 한계를 가지고 있다. 따라서 국제형사재판소에서의 심리결과 인명을 살상한 행위자체는 인정되나 집단살해죄 등에서 요구되는 특정한 목적이 입증되지 않을 경우 국제형사재판소에서는 무죄판결을 선고할 수밖에 없다. 이러한 경우까지 국제형사재판소의 판결에 광범위한 일사부재리효력을 인정하고 국내법원에서 일반 살인죄로 기소될 수 없도록 하는 것은 우리나라의 주권을 지나치게 제약하는 것일 뿐 아니라 법질서의 공백을 야기할 수 있다.

이행법률 제7조의 문언에 의하더라도 범죄에 기반한 일사부재리 원칙을 인정하는 것이 배제되는 것으로 생각되지는 않는다. 왜냐하면 이행법률 제7조는 그 대상을 단순히 '피고사건'으로 규정한 것이 아니라 '집단살해죄 등의 피고사건'으로 특정한 죄명을 피고사건에 대한 수식어로 전면에 부기하고 있기 때문이다.

입법과정에서 있었던 국회의 국제형사재판소 관할범죄의 처벌 등에 관한 법률안 심사 보고서의 해당부분에서도

> "형법은 외국에서 형의 집행을 받은 경우 임의적 감경사유로 규정하고 있는데 비하여, 안 제7조는 집단살해죄 등에 대하여 이미 국제형사재판소에서 유죄 또는 무죄의 확정판결이 있은 때에는 판결로써 면소의 선고를 하여야 한다고 규정하고 있음. 이는 로마규정 제20조의 일사부재리 조항에 의한 것으로 적정한 것으로 판단됨"

이라고 기재되어 있는 등 로마규정 제20조 제2항의 범죄 개념에 상응하는 국내입법임을 명시하고 있다.

결론적으로 문언상 다소 불분명한 점이 있고 일반적으로 인정되는 국내법이론과 부합하지 않는 측면이 있기는 하나 우리 이행법률 제7조의 일사부재리 효력은 로마규정 제20조 제2항에 상응하여 동일한 범죄(offence, in abstracto application) 혹은 책임의 법적 근원(legal head of liability)을 근거로 제한되는 것으로 해석하는 것이 타당할 것이다. 따라서 국제형사

재판소에서 집단살해죄에 대한 무죄판결이 내려진 경우 동일한 행위에 대하여 우리 법원이 동일한 집단살해죄로 이를 재차 심리하는 것은 허용되지 않으나 일반살해죄로 심리할 수 있음은 물론 인도에 반한 죄 등으로 심리하여 처벌할 수 있다고 해석하여야 한다.[66]

위와 같은 제한적 효력범위를 인정하는 것은 이례적인 것이므로 이행법률 제7조에서 일사부재리 원칙의 효력범위를 좀 더 명확히 규정하는 것이 바람직할 것으로 생각된다.[67]

4. 판결 확정 이전 단계

로마규정 이행법률 제7조는 국제형사재판소의 확정판결이 있는 경우를 면소판결사유로 규정하고 있을 뿐이다. 따라서 국제형사재판소에서 수사가 이루어지고 있거나 기소 후 1심 판결까지 국내법원에서의 재판가능성에 대한 논의가 제기될 수 있을 것이다.

먼저 국제형사재판소에서의 사건이 수사단계에 머물러 있을 경우 일사부재리의 효력을 인정할 수 없다는 것은 일사부재리 원칙의 일반이론 및 국제형사재판소의 보충성을 규정한 로마규정 제17조에 비추어 명백한 것으로 생각된다. 로마규정 제20조의 일사부재리 조항 역시 '유죄 또는 무죄판결을 받은(convicted or acquitted)' 행위나 범죄를 그 대상으로

---

66) 이에 대하여 형법 제7조에 의하여 형이 감면될 수 있다는 견해 김성규, "형사관할권의 국제적 경합에 있어서 일사부재리의 적용범위", 형사법연구 제20권 제1호(2008) 통권 45호, 111면), 형법 제7조와 위 법 제7조가 상충된다는 입장 김헌진, "국제형사재판소규정과 그 이행입법에 대한 연구", 청주대학교 박사논문(2005년) 180면) 등이 있다.

67) 독일의 이행입법에서 사용된 용례는 우리에게 시사하는 바가 있다. 로마규정 제20조 제2항에 상응하는 독일의 국제형사재판소와의 협력에 관한 법률 제69조 제1항은 그 대상을 행위(Tatbestand)가 아닌 범죄(Verbrechen)로 명시하고 있다.

하고 있으므로 일사부재리 원칙에서 위험(jeopardy)은 수사나 기소 단계
에서는 발생하지 않는 것으로 이해된다.[68]

다음으로 국제형사재판소에의 기소가 이루어졌으나 아직 1심 판결이
선고되지 않은 단계이다. 국내형사절차의 경우 형사소송법 제327조 제1
호 및 제3호는 피고인에 대한 재판권이 없는 경우나 공소가 제기된 사건
에 대하여 다시 공소가 제기된 경우를 공소기각 판결 대상으로 명시하고
있다. 이행법률 제7조가 국제형사재판소의 확정판결을 면소사유로 규정
하는 등 일정한 경우 국제형사재판소의 판결에 국내판결과 동일한 효력
을 부여하고 있으므로 국제형사재판소에 기소가 이루어진 경우 우리 형
사소송법이 규정하고 있는 '공소가 제기된 사건'으로 볼 수 있다는 주장
이 가능할 것이다. 그러나 국제형사재판소의 국내절차에 대한 보충성을
규정한 로마규정 제17조, 공소권의 제약은 주권의 제약과 관련된 문제로
서 로마규정에도 이에 대한 명백한 언급이 없는 점, 일사부재리의 효력
은 원칙적으로 국내재판에 한정된다는 것이 우리의 학설 및 판례의 태도
인 점 등을 고려할 때 이에 대한 명문의 규정이 없는 경우이므로 우리
이행법률 제7조는 국제형사재판소의 확정 판결에 대하여만 특별한 효력
을 부여한 것으로 보아야 하며 이행법률 제7조를 확대해석하는 것은 타
당하지 않은 것으로 생각된다.

다음으로 해석상 논란이 제기될 수 있는 것은 국제형사재판소 판결은
선고되었으나 아직 확정되지 않은 경우이다.

로마규정은 일사부재리 원칙에 관한 전통적인 영미법계 입장과 달리
항소를 허용하고 있다.[69] 이와 관련하여 로마규정 제20조 제1항은 '이
규정에 정한 바를 제외하고는(except as provided in this Statute)'이라는
단서를 두어 영미법의 이중위험금지 원칙의 예외사유에 해당되는 항소

---

68) Lorraine Finlay, 전게 논문, 233면.
69) Rule 150(1) of the Rules of Procedure and Evidence는 30일의 항소기간을 두고
    있다.

절차와 관련된 근거규정을 두고 있다. 그런데 국내법원에 대한 일사부재리 원칙을 규정한 제20조 제2항은 '재판소에 의하여 유죄 또는 무죄의 판결을 받은 사람(that person has already been convicted or acquitted by the Court)이라는 표현만을 사용하고 있어 위 규정의 해석상 언제 일사부재리 원칙에서 규정하는 금지되는 위험이 발생하는가의 점에 대하여 논란이 있다.

로마규정 제20조 제1항 및 제2항은 일사부재리 원칙의 보호와 관련하여 단지 국제형사재판소에 의하여 유죄 또는 무죄의 판결이 선고되었음을 요건으로 규정하고 있다. 영미법적 관념에서는 이중위험금지의 요건이 되는 위험은 적어도 1심 판결 시에 발생한다. 또한 협약 제20조 제1항은 '협약에서 규정한 경우(except as provided in this Statute)'를 위 원칙에 대한 예외로 허용하고 있으나 위 협약은 상소에 대한 것만을 규정하고 있을 뿐이다. 따라서 위 규정의 해석과 관련하여 국제형사재판소의 판결이 확정되기 이전이라 할지라도 1심 판결이 있었다면 원칙적으로 일사부재리 원칙의 효력이 발생하며 만일 그렇게 해석하지 않는다면 위 제20조 제1항 단서는 불필요한 것을 규정한 것이 되어 불합리하다는 주장이 있다.[70]

한편 우리의 로마규정 이행법률 제7조는 국내재판에서 있어서의 면소판결의 요건[71]과 동일하게 '국제형사재판소에서의 유죄 또는 무죄의 확정판결'이 있을 경우에만 면소판결을 선고하도록 규정하고 있다.

일사부재리 원칙의 효력 발생시기의 문제는 로마규정 제20조 제1항의 단서를 예시적인 것으로 볼 것인가 아니면 열거적인 것으로 볼 것인가의 여부, 조약법과 국내법의 상충 문제, 로마규정 가입 이후 위와 같은 내용

---

70) Lorraine Finlay, 전게 논문, 233면 참조.
71) 형사소송법 제326조 (면소의 판결) 다음 경우에는 판결로써 면소의 선고를 하여야 한다.
　　1. 확정판결이 있은 때

의 입법을 한 입법자의 의사에 대한 고려 등을 둘러싼 쉽지 않은 해석론
적 과제를 제시하고 있다.[72]

그러나 위와 같은 해석상 논란이 실제 실무상 문제로 이어질 확률은
높지 않은 것으로 보인다. 보충성 원칙에 비추어 국제형사재판소는 국내
법원이 수사나 기소를 할 진정한 의사가 없을 경우에만 형사절차를 진행
하게 되므로 국제형사재판소의 형사절차와 병행하는 국내법원에서의 절
차가 진행되는 상황은 쉽게 발생하지 않을 것이다.[73] 또한 앞서 본 바와
같이 로마규정 제20조 제2항의 해석상 국제형사재판소의 국내법원에
대한 효력을 동일한 범죄로 제한하고 있으므로 중첩가능성은 더욱 좁아
진다.

국제형사재판소에서 유무죄의 판결이 있었다면 그 재판의 항소 여부,
확정 여부와 무관하게 국제형사재판소에 대한 신뢰의 측면에서 동일한
사건에 대한 국내법원의 기소는 적절하지 않은 것으로 생각된다. 특히
국제형사재판소의 기소 및 재판 절차가 국내절차에 대한 보충성의 원칙
하에 이루어졌다는 점에서 국제형사재판소의 판결 선고가 있었던 것과

---

72) 독일의 경우에도 로마규정 당사국이 됨으로써 로마규정 제20조의 일사부재리 원칙
   조항은 독일 국내법질서의 일부가 되었다고 보고 있다. Wolfgang SCHOMBURG,
   전게 논문, 958면. 국제법과 국내법 일원주의를 취하는 국가의 경우에도 직접 국
   민에게 적용될 수 있는 조약은 직접 적용이 가능할 정도로 내용이 명확한 자기집
   행적 조약에 제한된다는 보며(Alexander Zahar, Göran Sluiter, 전게서, 494면 참
   조), 유럽사법재판소(court of justice of the european communities)는 조약법의 구
   속성에도 불구하고 네덜란드가 요구되는 입법조치를 취하지 않은 경우 개인에
   대한 유죄판결을 할 수 없다고 보았다.(Case 80/86, Koppinghuis Nijmegen BV(1987)
   ECR 3969) Alexander Zahar, Göran Sluiter, 전게서, 491면. 위 유럽사법재판소의
   판결은 죄형법정의의 원칙 등에 비추어 타당한 것으로 생각되나, 로마규정 제20
   조는 개인의 인권을 보장하는 조항으로 국가기관에 대한 의무를 발생시킨다는
   점에서 다른 관점에서 논의될 수도 있을 것이다. 국내법과 국제법과의 관계에 대
   한 것은 이병조, 이준범, 『국제법신강』, 서울 : 일조각, 2007, 20면 이하. 조약법
   과의 관계에 대한 것은 이대순, 『국제법론』, 서울 : 삼영사. 1999, 126면 이하.
73) Tijana Surlan, 전게 논문, 5면.

동일한 범죄에 대하여는 국내법원에서의 공소제기는 제한되는 것이 바
람직할 것이다.[74]

---

74) 독일의 국제형사재판소와의 협력에 관한 법률(Law on Cooperation wit the ICC)
제69조는 국제형사재판소와의 관계를 규율하는 상세한 조항들을 두고 있다.
Law on Cooperation with the International Criminal Court (ICC Act) § 69
German Criminal Proceeding and Earlier Criminal Proceeding before the Court
(relating to Article 20 para. 2, Article 70 para. 2 of the Rome Statute)
  (1) No one shall, based upon a crime described in Article 5 of the Rome Statute
    or a criminal act described in Article 70 para. 1 of the Rome Statute for
    which he has already been judged guilty or acquitted by the Court, be
    brought before another court.
  (2) If, during a criminal proceeding taking place domestically against a person,
    it becomes known that there is a final judgment against that person or he
    has been acquitted by the Court based upon all or a portion of the acts that
    are the basis of the German proceeding, the proceeding as to the acts as
    to which the Court has ruled, at the cost of the State, shall be terminated.
    If the proceedings are pending before a court, a decision of the court is
    required for the termination.
  (3) The ruling of the Court on the questions of guilt and penalty shall be used
    as a basis for the decision to be made regarding compensation for criminal
    prosecution measures.

제5절 보편적 관할권 관련 논의

1. 특수성에 따른 논의 상황

보편적 관할권이란 기소국가와 범죄 사이에 어떠한 접점도 인정되지 않는 상황에서 범행의 장소나 피의자 혹은 피해자의 국적 등과 관계없이 특정국가에 대하여 인정[75]되는 세계주의적 재판권을 의미한다.[76]

보편적 관할권은 국제형사법의 강제 시스템에서 중요한 부분을 차지하고 있으나 형사재판권의 국제적 경합가능성을 증대시켜 국제적 이중위험의 가능성을 높인다는 비판이 있다.[77] 그러나 이러한 비판에 대하여는 재판권의 경합을 이유로 한 이중처벌의 위험은 전통적인 국가 형사관할권 획정 구조 하에서도 발생할 수 있는 것으로 보편적 관할에만 국한되는 문제가 아니며[78] 보편적 관할을 인정하게 된 국제사회 전체의 이해관계를 충분히 고려하지 못한 것이라는 반론이 존재한다.[79]

형식적인 측면에서만 살필 경우 세계주의적 재판권을 가진 국가와 전

---

75) Robert Cryer, Håkan Friman, Darryl Robinson, Elizabeth Wilmshurst, An Introduction to International Criminal Law and Procedure. Cambridge : Cambridge University Press(2007), 44면.
76) 森下忠, 刑法適用法の理論, 東京, 成文堂(2005), 213면.
77) George P. Fletcher, "Against Universal Jurisdiciton", The Journal of Criminal Justice(2003) 참조.
78) ALBIN ESER, "For Universal Jurisdiction:Against Fletcher's Antagonism", The University of Tulsa law review 39 (2004), 957면.
79) Georges Abi-Saab, "The Proper Role of Universal Jurisdiction", The Journal of Criminal Justice(2003), 597면.

통적 일반 재판권을 가진 국가, 혹은 세계주의적 재판권을 가진 국가 상
호간에 적용되는 일사부재리 원칙의 문제는 제3장에서 살핀 외국형사판
결에 대한 일반론과 동일선상에서 취급될 수 있을 것으로 생각된다. 그
러나 세계주의적 재판권의 문제는 전통적 국가 형사 관할 획정이론에서
전제되는 각 국가와의 연결점이 존재하지 않는다는 구조적 특수성과 국
제사회 전체의 공통된 이해관계의 대처라는 목적상의 특수성을 가지고
있다.

　보편적 관할을 비판하는 입장과 이를 지지하는 입장 모두 보편적 관
할에 내재되어 있는 국제적 이중처벌 가능성을 인식하고 이에 대한 대책
들을 제시하려 노력하고 있다. 이러한 대응책들은 보편적 관할을 인정함
에 있어 일정한 요건을 부여함으로써 재판권의 국제적 경합가능성을 줄
이려는 것이거나 혹은 보편적 관할의 인정 목적 등을 고려하여 재판권에
대한 보충성을 인정하려는 입장 등으로 나타난다.

2. 스페인법에서의 일사부재리 원칙 확대

　스페인 법원조직법 제23.4는 '피의자가 외국에서 사면되거나 혹은 형을
선고받지 않은 경우'로 보편적 관할권의 행사를 제한하고 있다. 이는 보편
적 관할과 관련된 이중위험을 최소화하기 위한 입법조치로 생각된다.[80]
　스페인 대법원은 페루 집단살해 사건(Peruvian Genocide case)과 관련
된 알베르토 후지모리 전 페루 총리 사건에서 보편적 관할과 관련된 일
사부재리 원칙에 대한 의견을 표명하였다. 스페인 대법원은 보편적 관할
의 본질상 영토관할국의 관할행사가 있을 경우 관할배제의 원칙이 성립
할 수 있다는 것으로 "영토관할국이 자국 내에서 국제적인 성격을 가진

---

80) 오스트리아 형법 제65조 제4항를 동일한 범주로 구분하는 입장은 Anthony J.
　　Colangelo, 전게논문, 828면.

범죄를 효율적으로 기소하였다면 보편적 관할의 원칙에 따른 사법적 간섭의 필요성은 소멸된다"라고 판시[81]하였다.

나아가 스페인 헌법재판소 역시 과테말라 대량학살 사건(Guatemala Genocide Case)과 관련하여 보편적 관할을 인정함으로써 발생하는 재판권 중첩 문제에 대한 의미있는 판결을 내린다. 스페인 헌법재판소는 스페인 법원조직법 제23.4의 해석상 보편적 관할국이 아닌 전통적인 재판권을 가진 국가에서의 기소가 있을 경우 스페인에 의한 보편적 관할권은 배제되어 재판권의 경합이 발생하지 않는다고 판시한 것이다.[82]

영토주권에 의한 전통적 재판권을 가진 국가에서 기소가 이루어졌을 경우 보편적 관할국의 재판권은 인정되지 않는다는 이론은 보편적 관할의 특수성을 반영한 것으로 국제적 이중처벌의 위험성을 없애는 역할을 하고 있다.

3. 보편적 관할권 인정요건의 강화

보편적 관할권에서 발생하는 이중위험을 최소화하려는 노력은 보편적 관할권 자체의 인정요건을 보다 엄격히 함으로써 형사재판권의 국제적 경합가능성을 줄이려는 시도에서도 나타난다.

일부 학자는 지나치게 광범위한 형사재판권의 역외적용 문제에 대하여 비판적인 입장을 취한다. 재판권을 자국 영토 바깥으로 확장하는 역외 국가 관할권을 규정하는 것은 로마규정이나 다른 국제조약상의 국제범죄와 같이 실질적으로 보편적으로 받아들여지고 있는 법적 이익의 보호를 위하여만 채용되어야 한다는 것이다. 이런 맥락에서 독일형법 제6조가 채용하고 있는 세계주의 원칙(Weltrechts prinzip)의 부적절성을 지적하는 견해가 존재한다.[83]

---

81) Peruvian Genocide, 42 I.L.M. 1200, 1205.
82) Anthony J. Colangelo, 전게논문, 828면.

나아가 보편적 관할권이 인정되는 경우에도 일정한 조건을 부가하여 이에 대한 제한을 시도하기도 한다.

첫 번째 유형은 국내의 형사실체법이 무조건적으로 역외범죄에 적용되는 것이 아니라 자국 영토 내에 피의자가 존재하거나 피의자가 자국에 의하여 체포된 경우 등으로 제한하는 방식이다. 국내 형사실체법을 통한 역외범죄의 처벌에 조건을 부가하는 방식을 채택하는 국가는 오스트리아, 프랑스, 스위스 등이 있다고 한다.[84]

두 번째 유형은 실체법에서는 아무런 제한을 두지 않으나 절차적 측면에서 이를 제한하는 것이다. 보편적 관할권에 기하여 범죄인을 기소하기 위하여는 자국 영토 내에 피의자가 존재하는 경우 혹은 피의자가 체포된 경우 등의 조건이 충족되어야 한다. 독일이 이러한 방식을 채택하고 있다고 한다.[85]

위와 같이 보편적 관할에 대하여 실체적·절차적 조건을 부가함으로써 보편적 관할에 내재되어 있는 형사 재판권의 국제적 경합가능성을 줄이는 것은 일사부재리 원칙과 함께 국제적 이중처벌 문제에 대한 하나의 대응책이 될 수 있을 것이다.[86]

---

83) ALBIN ESER, 전게논문, 977면.
84) ALBIN ESER, 전게 논문, 977면.
85) 위 두가지 형태의 보편적 관할과 각국의 입법례에 대한 상세한 것은 Antonio Cassese, The Tokyo Trial and Beyond Reflections of a Peacemonger. Cambridge : Polity Press(1993), 285면 이하 참조.
86) 더욱 근본적으로 Freiburg Proposal on Concurrent Jurisdictions과 같은 국가간 형사관할권 획정 규칙 등이 정립될 필요가 있다는 견해는 ALBIN ESER, 전게 논문, 978면 참조.

4. 보편적 관할에 있어서의 수평적 보충성

가. 수평적 보충성과 일사부재리 원칙

국제범죄를 다루는 국제형사재판소의 재판권과 국내법원의 재판권의 경합문제는 로마규정 제20조가 규정하고 있는 일사부재리 원칙과 제17조의 보충성의 원칙에 의하여 규율되고 있다.

판결이 있었던 경우에 대한 일사부재리 원칙을 규정한 제20조과 수사단계의 보충성을 규정한 제17조는 모두 체약당사국이 국제형사범죄를 처벌하려는 진정한 의사와 능력이 있는 경우 국제형사재판소 재판권과 국내재판권의 실질적 충돌을 방지하여 이중처벌의 위험을 소멸시키는 기능을 수행하고 있다.[87]

국제범죄나 초국경범죄에 대한 재판권을 행사하는 보편적 관할권에서 발생하는 재판권 경합의 문제에 대하여는 조약법상 이를 특별하게 취급하는 일반적 규정을 찾을 볼 수 없으며 앞서 본 스페인 사례와 같이 각국 내국법 규율체제에 맡겨져 있는 것으로 보인다.

보편적 관할에서의 수평적 보충성에 관한 논의는 로마규정 제20조의 일사부재리 원칙 및 제17조의 보충성에 관한 논의와 교차된다. 수평적 보충성이 적용될 경우 국제형사범죄에 대한 보편적 관할권 행사는 전통적인 재판권을 갖는 국가가 국제형사범죄를 기소할 수 없거나 기소할 의사가 없는 경우 등 효율적인 법체제를 갖추지 못한 경우로 한정된다. 따라서 전통적인 재판권을 갖는 국가의 재판권 행사가 원칙이며 이들 국가에 의해 재판권이 행사된 경우에는 세계주의적 재판권은 행사하지 못하게 되는 것이다. 이러한 방식으로 보편적 관할을 국내재판권에 대한 보

---

87) Tijana Surlan, "Ne bis in idem in Conjunction with the Principle of Complementarity in the Rome Statute", ESIL Florence Agora Papers(2004).

조적 혹은 보충적 재판권으로 운영할 경우 이중처벌의 위험성은 발생하지 않으며 보편적 관할권은 보충성의 원칙(principle of complementarity)이 타당한 한도 내에서 그 기능을 가지거나 존립하게 된다.

이처럼 국제적 이중처벌의 위험성은 재판권의 우선성이나 재판권들 사이의 계층성을 인정하는가 여부에 따라 좌우된다. 세계주의적 재판권을 가지는 국가가 전통적 재판권을 가지는 국가에 대하여 재판권 행사에 있어 우선성을 부여하고 이들 국가가 신뢰 있는 기소나 기소 노력을 보일 경우 보편적 관할권에 기한 후속적인 기소가능성을 배제함으로써 거듭되는 기소로부터 보호되는 것이다.[88]

로마규정이 일사부재리 원칙과 보충성의 원칙을 명시하고 있는 것과 달리 이에 상응하는 보편적 관할권의 보충성에 대한 논의는 아직까지는 국제법상 명확하게 나타나고 있지는 않다. 그러나 다음에서 보는 바와 같이 조약법의 규정과 실제 시행되고 있는 각국의 국내법으로부터 보편적 관할권의 수평적 보충성을 찾는 노력이 진행 중인 것으로 생각된다.

나. 조약법에서 추론되는 수평적 보충성

조약법에 기한 보편적 관할권은 "관할국으로의 범죄인인도를 하지 않을 경우 기소하라"는 '범죄인인도 혹은 기소'(aut dedere aut judicare) 원칙과 함께 존재하는 경우가 일반적이다. 이러한 조약법의 내용으로부터 보편적 관할의 보충성이 추론될 수 있다고 보는 견해가 있다.

조약법상 인정되는 보편적 관할의 전제가 되는 범죄인인도 혹은 기소 (aut dedere aut judicare) 체제는 국제범죄를 규율하는 최근 조약들에서는 보편화된 것으로 혐의자가 자국 영토 내에 있을 경우 전통적인 관할국으로 범죄인인도를 실행하지 않는다면 자국에서 재판권을 설정하여 처벌할

---

88) Anthony J. Colangelo, 전게논문, 830면.

의무를 부과하고 있다. 예를 들면 고문방지협약 제5조[89] 제1항은 당해 범
죄에 대하여 인정되는 국가관할을 나열한 후 제2항에서 피의자가 자국
내에 현존하는 경우 관할국으로 범죄인을 인도하지 않으면 당해 국가에
대해 당해 범죄를 처벌할 수 있는 재판권의 설정을 요구하는 형태로 규정
되어 있다. 위 협약 뿐 아니라 이러한 방식의 보편적 관할조항은 여러 협
약들에서 발견된다.[90]

위와 같은 형식의 보편적 관할 조항의 목적은 범죄인이 전통적 재판
권을 가진 국가 이외의 국가들에서 피난처를 찾을 수 없도록 하기 위한
것이다. 보편적 관할권은 위 조항 제1항이 규정하고 있는 전통적 재판권
국가들의 재판권을 보충할 의도로 제2항에 규정되고 있는 것이라고 한
다. 실제 일반적인 경우 제1항에서는 전통적인 재판권 보유의 근거로 삼
아 왔던 영토, 피의자의 국적, 피해자의 국적 등 국가와 범죄 사이에 관
련성이 있는 경우를 먼저 기재하고 다음 항에서 그러한 연결점이 없는
보편적 관할을 규정하고 있다. 이러한 조항의 내용을 볼 때 범죄와의 연
결점이 존재하는 전통적 형사재판권의 보편적 관할권에 대한 우선성과
보편적 관할권의 종속적 지위가 추론된다는 것이다.[91]

---

89) 1. Each State Party shall take such measures as may be necessary to establish
its jurisdiction over the offences referred to in article 4 in the following cases:
   (a) When the offences are committed in any territory under its jurisdiction or
on board a ship or aircraft registered in that State;
   (b) When the alleged offender is a national of that State;
   (c) When the victim is a national of that State if that State considers it
appropriate.
2. Each State Party shall likewise take such measures as may be necessary to
establish its jurisdiction over such offences in cases where the alleged
offender is present in any territory under its jurisdiction and it does not
extradite him . . . to any of the States mentioned in paragraph 1 of this article
Torture Convention, supra note 157, art. 5.
90) Anthony J. Colangelo, 전게논문, 833면.
91) 동일한 구조를 가지는 다양한 국제조약의 예들은 Anthony J. Colangelo, 전게논

보편적 관할권과 관련된 전통적 재판권 보유국에 대한 사전 통보 조항(prior notice provisions)[92]들도 보편적 관할권의 보충성과 관련된 의미 있는 내용이라는 주장이 있다. 이러한 통보조항의 내용은 보편적 관할국이 피의자를 구금하였을 경우 피의자의 구금사실 및 관련 상황, 예비조사 결과 드러난 내용 등을 전통적 재판권 보유국에 즉각적으로 통보하여 이들 국가가 재판권을 행사할 것인가 여부를 결정하도록 해야 한다는 것이다. 결국 이러한 통보절차를 통하여 재판권 행사의 이익을 강하게 가지고 있는 전통적 재판권 보유국으로 하여금 보편적 관할권을 가지고 있는 국가에 대해 범죄인인도를 요청할 기회를 부여하게 된다는 것이다.[93]

다. 각국 입법 동향

보편적 관할에 대하여 전통적 재판권 국가의 우월성을 인정하는 계층 구조는 오스트리아법에서도 인정되고 있다. 오스트리아 대법원은 형사법의 역외 적용을 허용하는 오스트리아 형법 제65조 제1항[94] 등을 해석함

문, 834면.

92) 고문방지협약 제6조 제4항 When a State, pursuant to this article, has taken a person into custody, it shall immediately notify the States referred to in article 5, paragraph 1, of the fact that such person is in custody and of the circumstances which warrant his detention. The State which makes the preliminary inquiry contemplated in paragraph 2 of this article shall promptly report its findings to the said State and shall indicate whether it intends to exercise jurisdiction.

93) Anthony J. Colangelo, 전게논문, 834면. 이러한 경우 요청을 받은 국가의 범죄인 인도와 기소 중 합리적 선택에 관한 관할의 근접성 논의에 대하여 상세한 것은 Adam Abelson, 전게 논문.

94) 제65조(행위지의 법률로 처벌될 때에 한하여 처벌되는 외국에서의 범행)
제1항 제63조와 제64조에서 적시한 행위 이외에 외국에서 행해진 행위에 대해서는 행위지의 법률로 처벌되는 때에 한하여 오스트리아 형법이 적용된다.
1. 행위자가 행위 당시 오스트리아인이었거나 오스트리아 국적을 사후적으로 취득하였거나 형사소송이 개시될 당시 오스트리아 국적을 보유하고

에 있어 영토 주권에 기한 재판권을 갖는 국가의 법체제가 제대로 기능하지 못하여 범죄인인도가 불가능한 경우일 것을 조건으로 형사법의 역외 적용에 따른 재판권 행사가 가능한 것으로 보고 있다.[95]

네덜란드 역시 자국의 보편적 관할권을 해석함에 있어 영토주권에 기한 재판권 보유국의 우선성을 인정함으로써 재판권 사이의 계층구조를 승인하고 있다.[96] 보편적 관할권의 행사 여부를 결정함에 있어 오스트리아, 독일, 벨기에 법원 등은 모두 전통적 재판권 보유국이 기소를 할 의사나 능력이 없는가를 먼저 판단한 후 그 행사 여부를 결정하고 있다.[97]

라. 소추재량과 수평적 보충성

소추재량은 사건이 재판에 회부되기 이전 단계에 있어서 전통적 재판권 보유국의 우선성을 인정함으로써 불필요한 보편적 관할의 행사를 막는 유용한 수단이 되고 있다.[98]

매우 광범위한 보편적 관할 조항을 가지고 있었던 벨기에는 2003년의 법률 개정을 통하여 보편적 관할의 행사와 관련한 절대적 소추재량(absolute prosecutorial discretion)을 검사에게 부여하였다. 범죄지, 피의자의 국적국 등에서 권한 있고 독립적이며 편파적이지 않은 공정한 법원에

　　있는 때
　　2. 행위자가 행위 당시 외국인으로서 국내에 있으며 범행의 종류나 성질 이
　　　외의 다른 이유로 외국으로 인도될 수 없는 때
95) Anthony J. Colangelo, 전게논문, 830면.
96) ARIANA PEARLROTH, REDRESS, UNIVERSAL JURISDICTION IN THE EUROPEAN
　　UNION: COUNTRY STUDIES 3 (2003). Anthony J. Colangelo, 전게논문, 830면에
　　서 재인용
97) Anthony J. Colangelo, 전게논문, 830면. 상세한 것은 LUC REYDAMS, UNIVERSAL
　　JURISDICTION: INTERNATIONAL AND MUNICIPAL LEGAL PERSPECTIVES
　　94(2003) 참조
98) Anthony J. Colangelo, 전게논문, 830면.

의한 재판이 있을 경우 검사는 절차의 진행을 거부하도록 규정하였다.[99]

이러한 벨기에에서의 변화는 독일이 검사에게 보편적 관할권과 관련된 광범위한 재량을 부여하고 실제 전 미국 법무장관 도날드 럼스펠드와 다른 유력 인사 등에 대한 독일에서의 심리를 거부한 것과 유사한 것이다. 독일 검사는 위 사건에서 보편적 관할 범죄를 기소하는 권한은 일정한 계층구조에 종속된다고 전제하였다. 그리고 이러한 계층구조 하에서는 범죄지 관할국, 범죄인 국적국, 피해자 국적국 등 제1차적 재판권을 행사할 수 있는 국가가 당해 범죄를 기소할 의사가 없거나 기소가 불가능한 경우가 아니라면 독일의 보편적 관할권은 활용될 수 없는 것이라고 판단하였다.[100]

5. 시사점

앞서 본 바와 같이 최근의 보편적 관할의 성격을 이해하는 새로운 흐름은 보편적 관할을 전통적 재판권에 대한 보조적 혹은 보충적 성격을 가진 것으로 보고 전통적 국가 재판권에 우선권을 부여하는 것이다. 그리고 전통적 재판권 보유국에서 재판권이 행사된 이상 보편적 관할에 기한 후속기소는 불가능하다는 견해가 유력한 것으로 생각된다.[101]

---

99) Anthony J. Colangelo, 전게논문, 831면.
100) Anthony J. Colangelo, 전게논문, 832면. 독일국제형법전과 독일형사소송 제153f와 관련된 상세한 논의는 Cedric Ryngaert, "HORIZONTAL COMPLEMENTARITY:THE COMPLEMENTARY JURISDICTION OF BYSTANDER STATES IN THE PROSECUTION OF INTERNATIONAL CRIMES UNDER THE UNIVERSALITY PRINCIPLE", Working Paper No. 44-March Katholieke Universiteit Leuven(2010); 이진국, "독일 국제형법전의 실효성과 정책적 시사점", 형사정책연구 제19권 제3호 통권 제75호(2008년 가을) 등 참조.
101) Anthony J. Colangelo, 전게논문, 834면. 프린스턴 대학의 프린스턴 원칙 9.는 보편적 관할권과 관련한 일사부재리 원칙을 규정하고 있다. 위 원칙에 의하면

이러한 새로운 흐름은 보편적 관할권을 부여함으로써 국제형사범죄를 처벌하고자 하는 목적과 배치되지 않으면서도 전통적 재판권을 보유하고 있는 국가의 주권적 이익도 함께 보호한다. 그리고 무엇보다 위와 같은 입장을 취할 경우 국제적 이중처벌 가능성이 최소화됨으로써 실질적으로는 일사부재리 원칙이 지향하는 인권보호의 기능을 수행하게 되는 것이다.

보편적 관할에 대하여는 신제국주의적이라는 비판[102]이 있을 뿐 아니라, 이중처벌의 가능성, 피해자나 비정부기구에 의한 법정지 선택(forum shopping) 문제, 제3국의 국민에 대한 재판권 문제 등 이론적으로 많은 논쟁점을 내포하고 있다. 그러나 국제사회가 발전해 나감에 따라 국제사회의 구성원인 각 국가들이 국제형사법적 정의에 봉사하여야 할 필요성은 더욱 강조될 것이며 국제범죄에 대한 강제수단의 하나인 보편적 관할권의 중요성도 계속 유지되어 나갈 것이다.

우리나라도 현재 로마규정 이행법률 제3조 제5항에 보편적 관할에 관한 규정을 두고 있을 뿐 아니라, 우리가 체결하였거나 향후 체결할 다양한 국제협정들을 근거로 보편적 관할권을 인정하는 국내입법 또한 증가할 것으로 예상된다.

보편적 관할권이 가지고 있는 중요한 이념적 가치에도 불구하고 국제정치적으로 민감한 부분을 다루는 것[103]이다. 경우에 따라서는 보편적 관

보편적 관할권을 행사함에 있어서는 국내재판과 같이 일사부재리 원칙이 적용되며 다만 면책적 소송(sham trial)의 예외는 인정된다. 그러나 기본적으로는 다른 나라의 재판권행사가 적절하다는 추정에 입각해야 하며 국제적 적법절차에 따라 행사하는 다른 나라 사법기관의 판단이나 국제사법기구의 판단을 존중할 의무가 있다는 것이다. 범죄인은 일사부재리의 효력과 관련하여 어떤 국가 내 사법기구나 국제사법기구에 그 권리를 주장할 수 있다. 박찬운, 『국제범죄와 보편적 관할권』, 서울 : 한울, 2009, 244면 참조.

102) Robert Cryer, Håkan Friman, Darryl Robinson, Elizabeth Wilmshurst, 전게서, 52면.

103) 상세한 것은 Salvatore Zappalà, "Symposium The Twists and Turns of Universal

할권의 행사는 국가 전체의 국제관계에 영향을 미칠 수 있으며 국제정치
의 흐름 속에서 국제적 압력에 직면하는 상황을 초래할 수도 있다. 앞서
본 바와 같이 매우 광범위한 보편적 관할권 규정을 두었던 벨기에가 제한
적 방식의 입법으로 선회한 것이나 독일 검찰이 전범으로 고소된 럼스펠
드 미국방장관을 재량권을 발휘하여 기소하지 않은 사례[104] 등이 존재한다.

강대국의 반열에 있지 못하면서도 국제정치적으로 민감한 영역에 위
치하고 있는 우리나라의 경우 보편적 관할에 대한 보다 신중한 입법과
지혜로운 운영이 요구된다고 할 것이다.

Jurisdiction Edited by A. Cassese THE GERMAN FEDERAL PROSECUTOR'S
DECISION NOT TO PROSECUTE A FORMER UZBEK MINISTER Missed
Opportunity or Prosecutorial Wisdom?", Journal of International Criminal Justice(July,
2006) 참조.

104) Alexander Zahar, Göran Sluiter, 전게서, 502면.

제 5 장

조약법에 의한 일사부재리 원칙의 확장

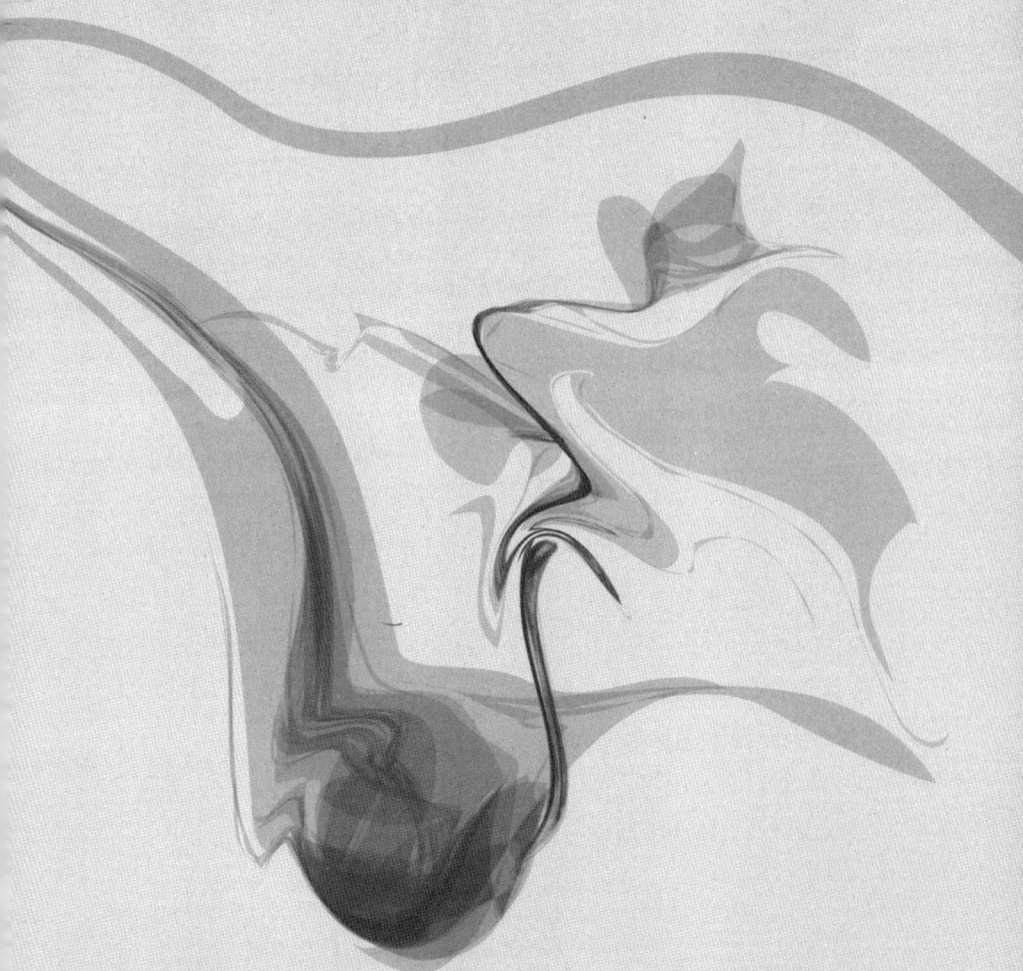

제1절 유럽의 통합과 쉥겐조약의 일사부재리 원칙

1. 쉥겐조약

국제적 차원에서 일사부재리 원칙을 명시적으로 규정한 대표적 조약이 유럽국가들 사이에 체결된 쉥겐조약이다.[1] 쉥겐조약 제54조에 따라 체약당사국의 어떤 국가에서 유죄판결 또는 무죄판결을 받은 사람은 다른 어떤 체약당사국에서도 소추될 수 없다. 이처럼 유럽연합 국가들 사이에 일사부재리 원칙을 확대하는 쉥겐조약은 외국형사판결의 승인 및 집행에 관한 가장 적절한 모델로 평가되고 있다.[2] 어떤 사람도 동일한 행위나 동일한 범죄로 두 번 처벌받지 않는다는 원칙은 법적 명확성과 형평성에 기초하여 쉥겐조약 체약당사국들 사이에서 직접 통용되는 원칙으로 자리잡은 것이다.[3][4]

---

1) GERARD CONWAY, "NE BIS IN IDEM AND THE INTERNATIONAL CRIMINAL TRIBUNALS", Criminal Law Forum(2003), 221면 참조.
2) Elena A. Baylis, "PARALLEL COURTS IN POST-CONFLICT KOSOVO", Yale Journal of International Law(Winter 2007), 49면.
3) 상세한 것은 Angelina Tchorbadjiyska, "JOINT CASES C-187/01 AND C-385/01 GÖZÜTOK AND BRÜGGE", Columbia Journal of European Law(Summer, 2004) 참조.
4) 2002. 2. 유럽연합(EU) 내 급증하는 월경범죄에 대처하기 위해 각국 검찰을 중심으로 유로저스트(EUROJUST)를 설립하고 유럽체포영장(EAW) 집행 등 다양한 형사공조방안 등을 실행하는 등 형사법적 결정에 대한 다양한 상호인정 제도들이 유럽연합에서 발전하고 있다. 상세한 것은 Ilias Banteka, "THE PRINCIPLE OF MUTUAL RECOGNITION IN EU CRIMINAL LAW", European Law Review(2007).

특히 일사부재리 원칙의 국제적 적용 대상을 검사에 의한 법정 외 결정까지 확대시키고 있다는 점은 주목할 만한 것이다.[5]

2. 쉥겐 체제의 성립

쉥겐조약은 당초 독일, 프랑스 및 베네룩스 3국 사이에 체결되었다가 대부분의 유럽연합 국가들 사이의 다자간 협약으로 확대되었다. 이러한 확대과정은 매우 복잡한 유럽의 국가구조와 다양한 연합구조 등과 얽혀 진행된 까닭에 쉥겐조약의 적용범위에 대한 이해를 매우 어렵게 하고 있다.

쉥겐조약의 탄생배경을 이해하기 위하여는 먼저 EU 협정을 살펴볼 필요가 있다. EU협정 제2조는 유럽공동체를 국경통제, 망명, 이민, 범죄에 대한 예방과 투쟁 등과 관련하여 개인의 자유로운 이동이 보장되는 자유, 안전, 정의의 지역으로 유지, 발전시킬 것을 목적으로 규정하고 있다. 또한 암스테르담 조약까지 이어진 EU협정 제62조는 특정 개인이 유럽공동체 시민인가 혹은 다른 나라의 국민인가 여부에 관계없이 내부적 국경을 지날 때 어떠한 통제도 하지 않을 것을 선언하였다.[6]

위 두개의 조항 내용에서 드러난 바와 같이 EU는 쉥겐지역의 내부이동에 있어 통제가 사라진 공통여행구역을 형성하기 위한 법적 제도적 정비를 진행한다. 먼저 규범적 토대의 구체적 실현을 위하여 1985년 벨기에, 프랑스, 독일, 룩셈브르크, 네덜란드 등 5개국은 룩셈브루크의 쉥겐 마을에서 그들의 국경통제를 철폐하는 협정을 체결하였으며(제1차 쉥겐

---

5) 쉥겐협정 제54조와 유럽사법재판소의 판례에 따라 검사의 결정도 기판력 내지는 기판력에 유사한 효력을 가지게 되었다는 것에 대한 상세한 것은 한스 하이너 퀴네, "독일 검찰의 지위 – EU 국가들과의 비교법적 관점에서의 분석 –", 형사법의 신동향, 통권 제17호(2008 12), 181면 이하 참조.

6) Bert Swart, "The European Union and the Schengen Agreement", International Criminal Law volume II. : Leiden : Martinus Niihoff Publishers(2008), 246면.

협정)[7] 1990년 위 협정의 도입을 위한 협정(CISA)[8]을 다시 쉥겐마을에서 체결하였다. 1990년 체결된 2차 협정에 국제적 일사부재리 원칙이 포함되어 있다.

위와 같이 내부적 국경을 철폐하는 쉥겐 체제는 유럽국가 전체가 아닌 일부 국가에 국한된 것이었다. 그러나 전 유럽적 차원에서 내부적 국경 철폐 등을 통한 공동구역을 보다 빨리 실현하려는 EU 측의 희망에 따라 1997년 암스테르담 협약 의정서에 의하여 쉥겐 체제는 유럽공동체 체제로 통합되게 되었다.[9] 통합 과정에서 일부 EU 국가들은 조약의 일부 조항들에 대하여 유보의사를 표명하기도 하였다. 또한 쉥겐체제는 기존 경제협력체제 등 유럽 내에 복잡한 형태로 존재하는 다른 유형의 협력체제에 대해 직접적 영향력을 미치지는 않는 것으로 유럽 내에서 이루어지는 다양한 방식의 통합은 매우 복잡한 양상을 띠고 있다.

결론적으로 매우 복잡한 통합과정을 거쳐 EU 국가뿐만 아니라 EU 외부국가들도 일부 참여하는 쉥겐 지역이 형성되게 되었으며, 내부적 이동 자유가 보장되는 쉥겐 지역에서는 쉥겐 조약을 기반으로 일사부재리 원칙이 국제적으로 적용되는 규범으로 형성된 것이다.[10][11]

---

7) The 1985 Agreement between the Governments of the States of the Benelux Economic Union, the Federal Republic of Germany and the French Republic on the gradual abolition of checks at their common borders.

8) 위 협정은 "The 1990 Convention implementing the Schengen Agreement of 14 June 1985 between the Governments of the States of the Benelux Economic Union, the Federal Republic of Germany and the French Republic on the gradual abolition of checks at their common borders"이라는 다소 긴 이름으로 체결되었다.

9) Bert Swart, 전게논문, 246면.

10) 상세한 것은 Maria Fletcher, "Some Developments to the ne bis in idem Principle in the European Union: Criminal Proceedings Against Hüseyn Gözütok and Klaus Brügge", Modern Law Review Limited (2003), 769면 이하; Hans-Jügen BARTSCH, "COUNCIL OF EUROPE NE BIS IN IDEM: THE EUROPEAN PERSPECTIVE", International Review of Penal Law(Vol. 73)(2002), 1167면 이하.

11) 2007년 최종합의된 '리스본 조약'의 성립 및 발효, 2009년 12월 1일 유럽 27개

두 번째 쉥겐조약에서는 쉥겐지역 내에서 내부 국경이 사라짐으로써 발생하는 문제점에 대응하기 위하여 형사분야에서의 보다 고양된 경찰 및 사법적 협력을 이루려 하였다. 경찰 및 사법적 협력에 기반한 내용들은 EU 통합구조의 제3영역에 자리 잡게 되었으며 이러한 쉥겐 체제는 개정과 확장 과정을 거듭하고 있다고 한다.[12][13]

3. 지역적으로 적용되는 일사부재리 원칙

가. 이중위험방지에 관한 유럽협약

통합된 지역공동체에 기반한 쉥겐협정이 체결되기 이전에도 유럽공

나라가 정치적으로 하나가 된 거대유럽의 공식 출범 등 유럽에서의 일반적 통합 상황, Maastricht 조약 제5장(Title Ⅵ)과 유럽통합에 있어서 3개의 중심축 구조 (three pillar)에 대한 논의, 유럽사법재판소의 기능 등 다양한 논점에 대하여 상세한 것은 Bert Swart, 전게논문, Maria Fletcher, "Some Developments to the ne bis in idem Principle in the European Union: Criminal Proceedings Against Hüseyn Gözütok and Klaus Brügge". Modern Law Review Limited (2003), Hans-Jügen BARTSCH, "COUNCIL OF EUROPE NE BIS IN IDEM: THE EUROPEAN PERSPECTIVE", International Review of Penal Law(Vol. 73)(2002) 등 참조.

12) 현재까지도 각 국의 입법권과 관련하여 주권과 공동체의 관계에 대한 다양한 법적 논란이 지속되고 있다고 한다. 상세한 것은 Bert Swart, 전게논문, 248면 이하.

13) EU 협정 제29조 내지 제42조는 형사분야에 있어서 체약당사국 사이에서의 경찰 및 사법적 협력과 관련되어 있다. 특히 제29조는 높은 수준의 상호협력을 요구하고 있으며, 제30조에서는 제33조의 협력을 위한 보다 제도적인 문제를, 제43조 내지 제45조는 각국의 법으로 위와 같은 조항들을 도입하는 문제 등을 다루고 있다. 체약당사국 사이의 형사분야 협력의 움직임은 더욱 강화되고 있으며, 진정한 유럽사법을 위하여 형사분야 상호협력에 대한 장애를 최소화하고 공동체 영역에 존재하는 모든 공동체 회원들은 그들이 어디에 있던 범죄에 대하여 동일한 보호를 받는 공동체를 건설하겠다는 야심찬 목표를 가지게 된 것이라고 한다. 경찰 및 사법분야 협력에 대하여 상세한 것은 Bert Swart, 전게논문, 253면 이하.

동체에서는 외국형사판결에 대하여 일정한 효력을 부여하려는 움직임이 있었다. 가장 대표적인 것이 1987년의 이중위험방지에 관한 유럽협약이다. 위 조약은 EC의 초국가적 틀에서 일사부재리 원칙을 다룬 것이었으나 덴마크, 프랑스, 이태리, 네덜란드, 포르투갈 등 몇몇 국가만 비준하는 데 그쳤다. 그러나 위 협약 조항들의 중요 부분들이 쉥겐 체제에 실질적으로 통합되는 등 개인들에게 인정되는 권리로서의 일사부재리 원칙을 규정한 최초의 다자 조약이라는 평가를 받기도 한다.14)

나. 쉥겐 조약15)

쉥겐조약은 국제적으로 적용되는 일사부재리 원칙을 명시한 대표적 조약이다.16) 위 조약 제54조는 하나의 체약당사국에서 최종적 결정이 내려짐으로써 형이 부과되거나 집행된 경우, 형이 집행 중에 있거나 형을 선고한 국가의 법에 의하여 더 이상 형의 집행이 불가능한 경우 다른 체약 당사국에 의하여 동일한 행위로 다시 기소되지 않는다고 규정하고 있다.17)

---

14) John A.E. Vervaele, "European Criminal Law and General Principles of Union Law", College of Europe European Legal Studies, RESEARCH PAPERS IN LAW(2005), 107면.

15) 영문으로는 CISA(Convention implementing the Schengen Agreement), 독일어로는 SDÜ(Schengener Durchführungsübereinkommen) 등의 약칭이 두 번째 쉥겐 조약에 사용되고 있다.

16) GERARD CONWAY, "NE BIS IN IDEM AND THE INTERNATIONAL CRIMINAL TRIBUNALS", Criminal Law Forum(2003), 221면 참조.

17) CISA Article 54. A person whose trial has been finally disposed of in one Contracting Party may not be prosecuted in another Contracting Party for the same acts provided that, if a penalty has been imposed, it has been enforced, is actually in the process of being enforced or can no longer be enforced under the laws of the sentencing Contracting Party.

제1차 쉥겐 협정으로 협정체약국들 사이의 내부 국경이 철폐되고 이동의 자유가 개선되었다. 위 조항은 체약당사국 중 어느 한 국가에서 최종적 판정을 받고 이러한 통합지역에서 이동의 자유를 행사한 사람에 대하여 동일한 행위를 근거로 통합지역에 속하는 다른 국가가 재차 처벌하는 것을 방지하려는 목적을 가지고 있다.[18] 법적 명확성과 형평성에 기초하여 어떤 사람도 동일한 행위나 동일한 범죄로 두 번 처벌받지 않는다는 일사부재리의 원칙이 쉥겐 지역 내의 국가들 사이에서는 직접 통용되는 원칙으로 자리 잡은 것이다.[19]

특히 위 쉥겐협정 제54조의 종국적 결정과 관련하여 "법원의 관여가 없고 사법적 결정과 관계없는 절차"에 의하였던 경우에도 일사부재리 원칙이 적용되는가에 대해 많은 논란이 있었다.[20] 뒤에서 보는 바와 같이 유럽사법재판소는 위 조항의 결정 범위에는 사법적 결정만이 아니라 당해 국가의 형사사법에서 일정한 역할을 담당하는 권한 있는 당국의 결정도 그 결정에 의하여 기소절차가 종료되는 경우라면 조약상의 결정에 포함된다고 보아 일사부재리 원칙의 규범 영역을 확대하고 있다.[21]

위 조약은 전부 또는 일부의 범행이 자국 내에서 범하여진 범죄, 국가 안보에 관한 범죄, 자국 공무원의 범죄 등에 대하여는 일사부재리 원칙의 적용을 유보할 수 있도록 하고 있다.[22] 이는 외국판결에 대하여 일반

---

18) Radtke/Hagemeier, Beck'scher Online-Kommentar Hrsg: Epping/Hillgruber, 49면.
19) 위 원칙의 도입은 회원국들 사이에서의 형사절차 협력 증대와 함께 이루어졌다. 상세한 것은 Angelina Tchorbadjiyska, 전게 논문 참조.
20) Dr. Bernad, Münchener Kommentar zum Strafgesetzbuch, München : Verlag C. H. Beck(2003), 76면.
21) Radtke/Hagemeier, Beck'scher Online-Kommentar Hrsg: Epping/Hillgruber, 49면.
22) Article 55.
　　1. A Contracting Party may, when ratifying, accepting or approving this Convention, declare that it is not bound by Article 54 in one or more of the following cases:
　　　a) where the acts to which the foreign judgment relates took place in whole

적으로 일사부재리 효력을 인정하는 국가들의 경우에도 자국 영토내의 범죄(territorial crime), 뇌물죄(bribery)나 반역죄(treason) 등 일정한 범죄를 일사부재리 원칙의 적용대상에서 제외하는 일반적 경향에 따른 것으로[23] 일사부재리 원칙의 인정 필요성과 주권적 이익의 조화를 도모한 것으로 생각된다.

쉥겐협정 제56조는 일사부재리 원칙의 예외에 해당되는 경우 산입주의를 적용할 것을 규정하여 인권보장을 도모하고 있으며 제57조는 일사부재리 원칙의 적용 여부가 문제되는 상황에서의 필요 절차를, 제58조는 쉥겐 조약보다 강화된 일사부재리 원칙의 보호를 규정한 국내법이 있을 경우 국내법 우선적용 원칙을 규정하고 있다.[24]

---

or in part in its own territory; in the latter case, however, this exception shall not apply if the acts took place in part in the territory of the Contracting Party where the judgment was delivered;

  b) where the acts to which the foreign judgment relates constitute an offence against national security or other equally essential interests of the Contracting Party;

  c) where the acts to which the foreign judgment relates were committed by officials of that Contracting Party in violation of the duties of their office.

2. A Contracting Party which has made a declaration regarding the exception referred to in paragraph 1(b) shall specify the categories of offences to which this exception may apply.

3. A Contracting Party may at any time withdraw a declaration relating to one or more of the exceptions referred to in paragraph 1.

4. The exceptions which were the subject of a declaration under paragraph 1 shall not apply where the Contracting Party concerned has, in connection with the same acts, requested the other Contracting Party to bring the prosecution or has granted extradition of the person concerned.

23) Christine Van den Wyngaert and Tom Ongena, "Ne bis in idem Principle, Including the Issue of Amnesty", The Rome Statute of The International Criminal Court : A Commentary volume I., II New York : Oxford University Press(2002), 713면. 상세한 것은 제3장 참조.

24) Article 56.

4. 유럽사법재판소의 판결

가. 유럽사법재판소의 역할

쉥겐 조약의 의미와 해석에 대하여 의문이 있을 경우 쉥겐 조약 체약당사국은 유럽사법재판소에 EU 협정 35조가 규정한 예비적 질의(preliminary question)를 할 수 있다. 실제로 쉥겐조약 제54조의 해석과 관련하여 유럽사법재판소에 예비판정이 신청되어 유럽사법재판소에 의하여 쉥겐조약

If a further prosecution is brought in a Contracting Party against a person whose trial, in respect of the same acts, has been finally disposed of in another Contracting Party, any period of deprivation of liberty served in the latter Contracting Party arising from those acts shall be deducted from any penalty imposed. To the extent permitted by national law, penalties not involving deprivation of liberty shall also be taken into account.

Article 57.

1. Where a Contracting Party charges a person with an offence and the competent authorities of that Contracting Party have reason to believe that the charge relates to the same acts as those in respect of which the person's trial has been finally disposed of in another Contracting Party, those authorities shall, if they deem it necessary, request the relevant information from the competent authorities of the Contracting Party in whose territory judgment has already been delivered.

2. The information requested shall be provided as soon as possible and shall be taken into consideration as regards further action to be taken in the proceedings under way.

3. Each Contracting Party shall, when ratifying, accepting or approving this Convention, nominate the authorities authorised to request and receive the information provided for in this Article.

Article 58. The above provisions shall not preclude the application of broader national provisions on the ne bis in idem principle with regard to judicial decisions taken abroad.

제54조에 관한 판결들이 내려지고 있다.[25]

이러한 유럽사법재판소의 판결들은 EU/쉥겐 맥락에서 일사부재리 원칙의 인정요건과 적용범위에 대한 흥미로우면서 결정이 용이하지 않은 문제들에 관한 것들이다. 이러한 판결들은 체약당사국들이 쉥겐조약을 해석, 적용하는데 직접적 영향을 미치고 있다.[26]

나. 이전 사건이 사법적 결정 없이 종결된 경우
(Hüseyin Gözütok and Klaus Brügge 사건)[27]

(1) 사실관계

위 사건은 두 개의 분쟁과 동시에 관련되어 있다.

Gözütok은 터키사람으로 네덜란드에 수년간 거주하고 있었는데 마약 소지 혐의를 받고 있었다. 네덜란드 경찰은 1996년 그가 운영하던 스낵 바를 수색하여 수 킬로그램의 해쉬쉬와 마리화나를 발견하였다. 위 사건은 Gözütok이 형사절차와 관련하여 네덜란드 검찰에 의하여 제안된 금액의 지급에 합의하고 이를 모두 납부함으로써 네덜란드 검찰은 공소를 제기하지 않았다.[28]

---

25) 유럽사법재판소의 심사권한과 의미 등에 대하여 상세한 것은 Gerard Conway, "Judicial Interpretation and the Third Pillar IRELAND'S ACCEPTANCE OF THE EUROPEAN ARREST WARRANT AND The Hüseyin Gözütok and Klaus Brügge CASE", European Journal of Crime, Criminal Law and Criminal Justice, Vol. 13/2(2005).

26) John A.E. Vervaele, 전게 논문, 110면.

27) Joined Cases C-187/01 and C-385/01, Criminal proceedings v. Hüseyin Gözütok and Klaus Hans Fritz Brügge, ECJ 11-02-2003, nyr (http://eur-lex.europa.eu /LexUriServ/ LexUriServ.douri 2010. 7. 4. 방문).

28) 네덜란드 형법은 6개월 형 이상에 해당하는 범죄가 아닐 경우 일정한 금액의 부담과 같은 조건을 부과하여 그것이 이행될 경우 형사절차를 중단하는 일종의 불기소처분을 허용하고 있다. Nadine Thwaites, Mutual Trust in Criminal Matters:

이후 독일 은행은 Gözütok의 의심스런 금융거래내역을 독일 경제범죄 수사국29)에 통보하고 독일 수사기관이 Gözütok에 대한 수사에 착수한다. 독일 수사당국은 네덜란드 수사기관으로부터 범죄정보를 추가로 수집한 후 Gözütok을 체포하여 네덜란드에서의 마약거래 혐의로 기소하였다. 1997년 독일 아헨구법원(Amtsgericht Aachen)은 Gözütok에 대하여 징역 1년 및 집행유예의 유죄판결을 선고하였으며 이에 대해 Gözütok과 검찰 모두 항소하였다. 그런데 아헨주지방법원(Landgericht Aachen)은 Gözütok 에 대한 형사절차의 중단을 선언하였다. 쉥겐조약 제54조에 규정된 일사 부재리 원칙 등에 근거하여 네덜란드에서 Gözütok에 대한 형사절차가 확정적으로 중단된 것은 독일 검찰에 대하여도 구속력이 가진다고 판단 한 것이다. 이에 대해 독일 검찰은 재차 주고등법원(Higher Regional Court, Oberlan desgericht Köln)에 항소하였으며 항소법원은 재판절차를 중단하고 EU협정 제35조에 근거하여 유럽공동체재판소(ECJ)에 예비판 정(preliminary ruling)을 요청하였다.(제1분쟁)

독일에 거주하는 독일인인 Brügge는 벨기에에서 발생한 피해자 Leliaert 에 대한 폭력 등 혐의로 벨기에 검찰로부터 조사를 받고 벨기에 형법을 위반한 혐의로 벨기에에서 기소된다. 피해자인 Leliaert는 위 사건으로 건

---

the European Court of Justice gives a first interpretation of a provision of the Convention implementing the Schengen Agreement Judgment of the European Court of Justice of 11 February 2003 in Joined Cases C-187/01 and C-385/01, Hüseyin Gözütok and Klaus Brügge, GERMAN LAW JOURNAL)Vol. 04 No. 03(2003), 255면; John A.E. Vervaele, 전게 논문 19면 참조.
Dutch Criminal Code Article 74(1)
'The Public Prosecutor, prior to the trial, may set one or more conditions in order to avoid criminal proceedings for serious offences, excluding offences for which the law prescribes sentences of imprisonment of more than six years, and for lesser offences. The right to prosecute lapses when the conditions are met'.

29) EC 국가들 사이에서의 돈세탁 방지를 위한 각국 협력체제 이행을 위하여 설립된 것이다.

강이 악화되어 일을 할 수 없었다며 Brügge를 상대로 민사적 손해배상도 요구하였다. 벨기에 지방법원은 벨기에 형사절차에 따라 위 사건에 대한 형사와 민사 두 가지 부분을 모두 담당하게 되었다.

위와 같이 벨기에의 베우른(Veurne) 지방법원에서 절차가 진행되고 있는 것과 별도로 독일 본 검찰은 Brügge에게 독일 형사소송법 153a조, 153조 제1항 제2문에 따라 1,000DEM을 납부하는 것을 조건으로 법정 외 해결을 제안한다.[30] Brügge는 이에 응하여 제안된 금액을 납부하였고 독일 검찰은 공소를 제기하지 않았다.[31]

벨기에에서 관련 사건을 진행하고 있던 베우른(Veurne) 지방법원은 이러한 상황이 쉥겐조약 제54조의 해석과 관련이 있다며 재판절차를 중단하고 EU협정 제35조에 근거하여 유럽공동체재판소(ECJ)에 예비판정 (preliminary ruling)을 요청하였다(제2분쟁).

(2) 사안의 쟁점과 유럽사법재판소의 판결

위 사안은 쉥겐조약 체약당사국의 법원 판결이 아닌 검찰 결정에 의한 절차종결의 경우 쉥겐조약 제54조에 의한 일사부재리 원칙이 적용되어 다른 국가의 형사재판권이 배제되는가의 문제이다.[32] 아래에서 보는 바와 같이 결론적으로 유럽사법재판소는 쉥겐조약 제54조는 법원 바깥에서 이루어지는 검찰의 결정에도 적용되는 것으로 보았다.[33]

---

30) 독일 형사소송법에 의하면 피의자가 일정한 기관에 금전을 지불할 경우 관할 법원의 승인 없이 형사절차를 종결할 수 있는 권한을 검사가 보유하고 있다. 위와 같은 법정 외에서의 절차는 이러한 독일 형사소송법에 기하여 행하여진 것이다. John A.E. Vervaele, 전게 논문, 110면.

31) Nadine Thwaites, 전게 논문, 256면 참조.

32) Nadine Thwaites, 전게 논문, 256면.

33) M. Cherif Bassiouni, International Criminal Law volume I., II., Ⅲ. Leiden : Martinus Niihoff Publishers(2008), 261면.

(i) "종국적으로 기각된 것"과 "법원의 관여가 없고 사법적 결정과 관계없는 절차"

유럽사법재판소의 추론은 쉥겐조약 제54조[34] 문언의 해석에서 시작된다. 위 조항은 "다른 당사국에서 최종적으로 종결된 경우"를 요건으로 규정하고 있다.

유럽사법재판소는 쉥겐조약 제54조 문언에 명시적인 반대내용이 없다는 점에 주목하였다. 명시적인 반대 규정이 없는 상황에서 형사절차 중단이 형사사법의 일부인 검찰의 결정에 의하여 이루어졌으므로 피의자가 범한 것으로 의심받던 위법한 행위는 처벌된 것이고 당해 형벌은 쉥겐조약 제54조의 목적에 따라 강제되었다고 보아 더 이상의 소추는 금지된다고 판단하였다. 국내형사법 체제에서 형사법을 집행하는 데 일정한 역할을 할 것을 요구받고 있는 기관의 결정에 의하여 형사절차가 중단되었고 개인이 검찰에 의하여 확정된 금액을 납부하는 등 그들이 행한 범죄에 대한 처벌을 위한 조건을 이행하였으므로 쉥겐조약 제54조가 정한 요건이 충족된 것으로 본 것이다.[35]

위 사건의 재판과정에서 독일, 벨기에, 프랑스는 제54조의 용어, 체제 그리고 제55조와 제58조와의 관계, 체약당사국의 의도와 동일한 목적을 가진 다른 국제적 규범 등에 비추어 제54조는 법원이 개입되지 않았을 경우에는 적용되지 않아야 한다며 반대의견을 제시하였다. 그러나 유럽사법재판소는 일사부재리 원칙은 법원의 승인이 있었는가 여부 등 절차나 형식적인 사항에서 독립하여 효력을 갖는 것이며, 쉥겐 조약 제54조

---

34) CISA Article 54. A person whose trial has been finally disposed of in one Contracting Party may not be prosecuted in another Contracting Party for the same acts provided that, if a penalty has been imposed, it has been enforced, is actually in the process of being enforced or can no longer be enforced under the laws of the sentencing Contracting Party.

35) John A.E. Vervaele, 전게 논문, 113면.

에 명시적으로 반대로 해석될 수 있는 표현이 없으므로 위 사건에서 있었던 검찰에 의한 절차 종결은 일사부재리 원칙을 적용하기에 충분한 것으로 간주되어야 한다고 판시하였다.[36)

벨기에 정부는 위와 같은 일사부재리 원칙의 범위확대가 피해자의 권리에 불리한 영향을 미칠 가능성이 있다고 주장하였다. 그러나 민사소송을 제기하는 피해자의 권리가 일사부재리 원칙의 적용에 의하여 배제되지 않는다는 점을 강조한 유럽사법재판소 변호사의 견해에 따라 유럽사법재판소는 벨기에의 주장 역시 받아들이지 않았다.[37)

(ii) 사법체제에 대한 상호신뢰와 쉥겐조약 제54조의 실질적 유효성

위와 같은 결정은 어떤 국가에서 형사사건이 사법적 결정 없이 종결되었다 하더라도 그것이 형사사법 절차를 담당하고 있는 검찰의 결정에 의한 것이라면 자신의 국가에는 유사한 절차에 없어 사법적 관여가 요구되고 있다 하더라도 이를 근거로 일사부재리 원칙의 적용을 거부할 수 없음을 유럽사법재판소가 선언하였음을 뜻한다.

유럽사법재판소는 이러한 결론의 근거의 하나로 쉥겐조약을 포함한 관련 조항 어떤 곳에서도 쉥겐조약 제54조를 적용하기 위한 요건으로 체약당사국인 선행기소국과 후행기소국들의 형사법의 조화 혹은 최소한의 유사성을 요구하고 있지 않다는 점을 들고 있다. 유럽사법재판소는 체약당사국들이 사법시스템에 대한 상호신뢰를 가지고 있는 상황이라면 다른 당사국에서 유효하게 적용되는 형사법에 대하여 승인한다는 필연적 전제가 존재한다고 본다. 유럽사법재판소는 위와 같은 방식으로 쉥겐조약을 해석하는 것이 인간의 자유로운 이동이 보장되고 자유, 안전, 정의의 지역으로 유럽연합을 발전시키고 유지시키려는 목적을 가진 쉥겐조

---

36) John A.E. Vervaele, 전게 논문, 113면.
37) John A.E. Vervaele, 전게 논문, 113면.

약 제54조의 의도와 목적에 부합하는 것이며 위 조항의 실질적 유효성을
위하여도 바람직한 것이라고 판단한 것이다.[38]

(iii) 종전 의도의 배제

위에서 본 유럽사법재판소의 결정에서 특히 흥미로운 것은 쉥겐체체
를 출범시킬 당시 협약 작성에 참석한 당사국의 의사를 결정적인 요소로
고려하지 않았다는 점이다.

쉥겐 조약 성안 과정에서 네덜란드는 자국 형법 제68조 제3항의 경우
와 동일하게 법정 외의 절차종결 결정을 쉥겐협정 제54조의 내용에 포함
시키자고 제안한 바 있으나 거부되었다. 따라서 위 조약이 성안될 당시
법정 외의 결정을 일사부재리의 효력 범위에서 제외하려는 명백한 의도
가 체약당사국들 사이에 존재하였다. 그러나 유럽사법재판소는 그들이
구축한 자유, 안전, 정의의 공동지역은 형사사법시스템에 대한 상호간의
신뢰에 기반한 것으로 일사부재리 원칙의 효력 인정여부를 결정함에 있
어 약정 체결 당시의 체약당사국의 의도를 중시하는 것은 결국 쉥겐 통
합이전으로 소급하는 것을 의미하는 것으로 타당하지 않다고 판단하였
다. EU에서의 쉥겐 통합은 쉥겐 조항들의 의미와 효력에도 변화를 가져
온다고 보았으며 결국 유럽사법재판소는 쉥겐 조약 체결당시 존재하였
던 체약당사국의 의도를 배제하는 결정을 내린 것이다.[39]

다. 전후 사건의 동일성이 문제된 사건(Van Esboeck 사건)

각국에서 적용되는 일사부재리 원칙의 규범적 다양성이 분쟁화된 사

---

38) Nadine Thwaites, 전게 논문, 258면.
39) 통합에 의한 질적 변화를 EC에서의 시장 통합과정과 유사하다고 보면서 시장
시민들을 위한 권리와 구제조치가 Union 구성원의 권리와 구제조치로 변경되는
것이라는 주장은 John A.E. Vervaele, 전게 논문, 113면.

례로 대표적인 것이 Van Esboeck 사건이다. 위 사건에서 유럽사법재판소는 쉥겐 조약 54조[40]의 해석상 무엇을 기준으로 동일성 여부를 인정할 것인가에 대해 판단하였다.

위 사건은 벨기에 법에 위반하여 벨기에에서 노르웨이로 일정분량의 마약을 수출하는 것과 벨기에에서 노르웨이로 같은 분량의 마약을 수입하여 노르웨이법을 위반한 것의 동일성 여부가 문제된 사안이다. 유럽사법재판소는 수출과 수입행위는 쉥겐 조약 제54조가 규정한 동일한 행위에 해당한다며 중요성을 가지는 것은 실질적 행위의 동일성이라고 판시하였다.[41][42] 유럽사법재판소는 위 조항의 적용 목적에 비추어 존재하는 일련의 사실들의 조합인 실질적 행위의 동일성이 중요하며 그에 대하여 부여된 법적 평가는 고려되지 않는 것으로 선언한 것이다.[43]

라. 기타 결정들

Norma Kraaijenbrink 사건(Case C-367/05)[44]도 행위의 동일성이 문제된 사건이었다. 위 사건에서도 쉥겐협정의 제54조의 적용에 전제가 되는 것은 행위의 실질적 동일성, 즉 상호 불가분적으로 연관된 일련의 사실

---

40) CISA Article 54. A person whose trial has been finally disposed of in one Contracting Party may not be prosecuted in another Contracting Party **for the same acts** provided that, if a penalty has been imposed, it has been enforced, is actually in the process of being enforced or can no longer be enforced under the laws of the sentencing Contracting Party.

41) C-436/04, criminal proceedings against L.H. Van Esbroeck, Judgment of the Court of 09-03-2006.

42) Bert Swart, 전게논문, 261면.

43) C-436/04, criminal proceedings against L.H. Van Esbroeck, Judgment of the Court of 09-03-2006 결론 부분 설시 내용 참조.

44) Judgment of the Court of Justice of 18 July 2007 in Case C-367/05, Norma Kraaijenbrink.

들이며 법적인 분류나 보호하고자 하는 법적인 이해관계는 중요하지 않
다고 재차 선언하였다. 마약 거래로 인한 최초의 유죄판결이 있었고 그와
같이 거래된 마약이 교환된 경우 최초의 마약거래와 이후의 양도 행위가
일정한 의도로 연결되어 있다는 사실만으로는 양 행위를 위 협정이 규정
하는 동일한 행위의 범주에 속하는 것으로 볼 수는 없다고 판시하였다.

Klaus Bourquain 사건[45])은 쉥겐 협정의 대상이 되는 이전 절차의 요
건과 관련된 것이다. 유럽사법재판소는 쉥겐협정 제54조는 당사자가 반
드시 쉥겐 협정 대상국의 영토 내에서 심리 받았음을 요구하지 않으므로
체약당사국의 법령에 따라 이루어진 불출석 재판에도 위 조항이 적용되
는 것으로 보았다.[46])

경찰결정의 차단효를 배제한 것으로는 Vladimir Transký 사건[47])이 있
다. 위 사건에서 Vladimir Transký는 두 명의 폴란드인과 함께 강도상해
혐의를 받고 있었던 상황이었으나 폴란드인들만 2000년 10월 5일 오스트
리아 비엔나에서 기소되고 2000년 11월 18일 오스트리아 경찰은 혐의부
족을 이유로 그에 대한 조사를 중단하였다. 그러나 2003년 오스트리아는
유럽형사사법 공조협정에 기하여 국적국인 슬로바키아에 위 사건에 대한
형사절차 진행을 요청하였으며, 슬로바키아는 오스트리아 경찰의 결정이
쉥겐협정 제54조의 일사부재리 원칙의 요건에 해당하는가에 대하여 유럽
사법재판소에 질의하였다. 유럽사법재판소는 경찰이 오스트리아 형사소
송법 제215조 제4항[48])에 근거하여 형사절차를 중단하겠다고 결정한 것은

---

45) Case C-297/07 Criminal proceedings against Klaus Bourquain, Judgment of the
   Court of 11-12-2008.
46) http://eur-lex.europa.eu/LexUriServ/LexUriServ.do?uri=CELEX:62007J0297:EN:NOT (2010.
   6. 20. 방문) 참조
47) Case C-491/07 Criminal proceedings against Vladimir Transký, Judgment of the
   Court of 22-12-2008.
48) 오스트리아 형사소송법 제215조 제1항과 제4항
   1. The Public Prosecutor shall suspend the criminal proceedings:
     (a) if there is no doubt that the act in respect of which criminal proceedings

국내적으로 최종적인 기소의 중단을 가져오는 것은 아니므로 쉥겐 협정 제54조가 규정한 최종적인 결정에 해당할 수 없다고 판단하였다.[49]

5. 쉥겐 체제와 관련된 독일에서의 논의

독일 국내에서도 쉥겐조약에 규정되어 있는 일사부재리 원칙의 적용 요건인 동일성의 판단은 '행위'를 기준으로 하여 이루어지고 있다. 이는 독일판결에 적용되는 일사부재리 원칙의 요건과 동일한 방식을 적용한 것으로 독일이 쉥겐 체제를 비준할 때 있었던 선언에도 명백히 표현되어 있었다고 한다.[50]

일사부재리의 효과를 발생시키는 외국판결에 대하여 요구되는 추상적 기준은 정립된바 없다. 따라서 외국의 무죄판결이 무고함의 증명에 의한 것인지 혹은 증거의 부족에 의한 것인지 여부는 일사부재리 효력의 적용여부와 무관하다. 유죄판결에서 부과된 제재의 유형이 자유형인가 아니면 재산형인가 여부도 문제되지 않는다.[51]

일사부재리 원칙이 적용되는 경우 외국 확정판결의 존재는 독일 국내에서의 재판뿐만 아니라 수사의 개시 자체를 막는 것으로 이해되고 있

---

were instituted did not occur;

(b) if that act is not a crime and there is no reason to investigate the case ···

4. The suspension of the proceedings under paragraph 1 can also be ordered by the police, if no charge has been brought. ···

49) http://eur-lex.europa.eu/LexUriServ/LexUriServ.do?uri=CELEX:62007J0297:EN:NOT (2010. 6. 20. 방문) 참조.

50) BGBL. 1994 II 631. Wolfgang SCHOMBURG, "GERMANY CONCURRENT NATIONAL AND INTERNATIONAL CRIMINAL JURISDICTION AND THE PRINCIPLE "NE BIS IN IDEM"", International Review of Penal Law (Vol. 73)(2002), 955면.

51) Wolfgang SCHOMBURG, 전게논문, 955면.

다. 다만 일사부재리 원칙에 해당하는가 여부에 대한 사실적, 법적 의문에 대한 조사는 예외로 인정된다. 외국의 유죄판결은 그 형이 집행되거나 현재 집행되고 있으면 족하며 집행유예의 경우 그 유죄판결은 현재 집행되고 있는 것으로 간주된다.[52]

쉥겐 체제 하에서는 일사부재리 원칙이 국제적으로 적용됨에도 불구하고 절차남용을 방지할 체제가 존재하지 않는 까닭에 한 나라에서의 형사절차가 다른 나라에서의 형사절차진행을 방해하기 위하여 행하여진 경우와 같은 면책적 소송의 문제점을 지적하는 견해가 있다.[53]

유럽사법재판소의 Hüseyin Gözütok and Klaus Brügge 사건 판결 이전에는 독일 연방대법원은 쉥겐협정이 규정한 일사부재리의 효력을 발생시키는 외국의 결정은 오로지 기판력이 있는 법원의 결정일 것을 요한다고 판시한 바 있다.[54] 그러나 유럽사법재판소의 위 판결 이후 검사의 결정이라도 쉥겐협정 제54조 소정의 차단효를 갖는 것으로 변화할 수밖에 없게 되었다고 한다.[55][56]

---

52) Wolfgang SCHOMBURG, 전게논문, 956면.
53) Wolfgang SCHOMBURG, 전게논문, 956면.
54) transactie 판결(BGH NStZ 1998, 149.) 및 Lacourt 판결(BGH StV 1999, 478.).
55) 이에 관한 상세하고도 비판적은 논의로는 S. Stein, Zum europaischen ne bis in dem nach Art. 54 des SDU, 2004; Radtke/Busch EuGRZ 2000, 421. 독일연방대법원이 2003. 8. 26. 선고한 판결(BGH JZ 2004, 737.) 등에서 검사결정이 국내법적 효력을 확장하고 있는 상황에 대한 논의는 한스 하이너 퀴네, "독일 검찰의 지위 -EU 국가들과의 비교법적 관점에서의 분석-", 형사법의 신동향, 통권 제17호 (2008 12), 181면.
56) 유럽체포영장 제도에서도 일사부재리 원칙의 확대 움직임은 나타난다. 유럽체포영장 제도에서의 일사부재리 원칙의 의무적 거절의 근거가 되는 최종판결과 선택적 거절의 근거가 되는 결정 등과 관련하여 이러한 판결 등이 체약당사국 내에서 있었던 경우라면 다른 모든 국가들은 그 결정을 따라야 한다. 따라서 피요청국은 이전의 판결이 영장발부국인가 집행국인가 혹은 제3의 국가인가 여부에 관계없이 모든 이전의 판결들을 동일하게 평가하여야 하는 것이다. 결국 실제적인 측면에서 상호신뢰의 원칙에 입각하여 있던 종전의 유럽범죄인인조조약(the extradition Convention of the Council of Europe)의 경우보다 일사부재리 원칙에

6. 시사점

유럽에서 자유, 안전, 정의의 공동지역을 구축하려는 노력은 형사문제의 협력 내지 상호 승인체제의 발전과 함께 전개되어 왔다. 그 결과 이제 쉥겐 지역에 위치하는 어느 하나의 체약당사국에서의 사법적 결정은 전체 쉥겐 지역에서 법적 효력을 가지게 되었다. 형사협력 분야에 있어서도 전통적 범죄인인도 절차를 대체한 유럽체포영장제도 도입으로 보다 신속한 피의자 인도가 가능함과 동시에 보다 강화된 일사부재리 원칙이 초국가적으로 적용되고 있다.[57]

이처럼 유럽 형사사법체제의 핵심적 기능들이 초국가적으로 기능하게 된 것은 체약당사국들이 주권에 관한 고전적 견해를 넘어서 사법적 공통영역에 있어서는 새로운 공유된 주권(shared sovereignty)의 개념을 받아들이게 된 결과이다. 이러한 체제에서 보장되는 국제적 인권은 그러한 공통 사법영역의 실질적인 부분이다.[58] 이는 일사부재리 원칙의 국제적 적용을 인정하는 유럽의 통합과정이 이중주권 원칙에 기반하여 다른 주에서

기초한 유럽체포영장체제(European Arrest Warrant regime)가 인도거절에 있어 더욱 용이한 상황이라고 한다. John A.E. Vervaele, 전게 논문, 116면 참조. 관련 조항은 다음과 같다.

Art. 30 ne bis in idem

1. The executing judicial authority shall refuse to execute a European arrest warrant, if a judicial authority in the executing Member State has passed final judgement upon the person claimed in respect of the offence or offences for which the European arrest warrant has been issued.

2. The execution of a European arrest warrant may also be refused if the judicial authorities of the executing Member State have decided either not to institute or to terminate proceedings in respect of the same offence or offences.

57) John A.E. Vervaele, 전게 논문, 118면.
58) John A.E. Vervaele, 전게 논문, 118면.

의 새로운 기소를 허용하는 미국과 매우 다르게 전개되고 있음을 의미한
다.59) 미국에서는 재판권이 중첩된 상황이 발생한 경우 하나의 행위로 각
각의 재판권이 존재하는 지역의 법을 모두 위반하여 두개의 주권에 대한
평화와 존엄성을 깨뜨렸다고 본다. 따라서 미국에서는 서로 다른 보호할
가치가 있는 두개의 서로 다른 범죄를 저지른 것으로 간주되는 것이다.
이와 달리 유럽의 경우에는 단일한 자유, 안전, 정의의 공동지역에서의
통합된 법질서를 지향한다.60) 유럽사법기구에 의하여 발전되는 법의 지
배(Rule of Law)의 공통적 기준이 국가들 사이의 상호 신뢰와 EU 시민들
사이의 상호신뢰, EU형사법 정책 등을 밑받침하고 있는 것이다.61)

일사부재리 원칙의 초국가적 적용은 이들 국가들 사이에 일정범위의
공통적 기준이 형성되어 있다는 것이 전제된 것으로 여기에는 유럽사법
재판소가 큰 역할을 담당하였다. 유럽사법재판소는 유럽공동체 법질서의
원칙들에 대한 해석을 통하여 적용될 법적 원칙들을 정의하고 그 적용범
위와 적용 여부를 결정하는 권한을 가지고 있다. 실제 예비적 판정 사건
의 판결에서 나타나듯 유럽사법재판소는 자유, 안전, 정의의 공통영역에
있어서 동등한 보호를 지향하는 인권의 초국가적 적용을 위한 초석을 놓
았으며 앞으로도 이러한 역할을 수행할 준비가 되어 있다는 것을 보여
주고 있다는 평가이다.62)

어느 한 국가가 다른 나라에서의 기소를 막기 위하여 행하는 면책적
형사절차 등 제도의 남용을 막을 장치가 존재하지 않는다는 점이 쉥겐 체
제의 한계로 지적되고 있다.63) 최초의 절차가 어떤 인물을 그의 형사책임
으로부터 보호해 주기 위하여 행하여진 경우에도 일사부재리 원칙은 완전
히 적용되어야 하는가의 문제와 일사부재리 원칙은 어떠한 조건하에 배제

---

59) John A.E. Vervaele, 전게 논문, 114면.
60) John A.E. Vervaele, 전게 논문, 114면.
61) John A.E. Vervaele, 전게 논문, 118면.
62) John A.E. Vervaele, 전게 논문, 106면.
63) Wolfgang SCHOMBURG, 전게 논문. 956면.

될 수 있으며 누가 그러한 결정을 내릴 것인가 등의 쉽지 않은 문제로 인식되고 있다.[64]

이처럼 조약법에 기초하여 보편적으로 일사부재리 원칙이 인정되는 쉥겐체제 하에서도 일사부재리 원칙을 초국가적 원칙으로 형성하고 내용을 부여하는 것은 해결이 용이하지 않은 과제이다. 특히 어떠한 관할에서 기소하는 것이 보다 바람직한 것인가는 통합된 유럽에서도 매우 어려운 문제로 받아들여지고 있다.[65] 재판권들 사이의 합리적 계층구조나 우선성의 기준이 존재하지 않는 상황에서 상충되는 재판권들이 경합할 경우 그 우선성 문제를 해결하고 '자의적 법정지 선택'의 문제에도 적절히 대응할 수 있는 신뢰성 있는 규칙은 아직까지 존재하지 않는다.[66]

---

64) John A.E. Vervaele, 전게 논문, 114면.

65) Freiburg Proposal on Concurrent Jurisdictions and the Prohibition on Multiple Prosecutions in the EU(Saarbrücken, 2003); Robert Cryer, Håkan Friman, Darryl Robinson, Elizabeth Wilmshurst, An Introduction to International Criminal Law and Procedure. Cambridge : Cambridge University Press(2007), 68면. 사이버공간에서 재판권의 적극적·소극적 경합에 관한 논의는 Susan W. Brenner & Bert-Jaap Koops, "Approaches to Cybercrime Jurisdiction", Journal of High Technology Law(2004), 40면 이하.

66) 재판권의 우선성 문제의 해결에 대하여 'first come first served' solution에 대한 언급은 Robert Cryer, Håkan Friman, Darryl Robinson, Elizabeth Wilmshurst, 전게서, 68면.

제2절 국제협력 체제와 일사부재리 원칙

1. 국가간 형사협력체제와 일사부재리 원칙

초국경범죄의 증가, 범죄에 대한 초국가적 대처의 필요성, 보편적 관할의 확장, 국제형사재판소의 설립 등 국제형사법제의 발전, 외국수형자 인권의 고려 등 다양한 요인으로 인하여 형사사건에 관한 국제협력시스템은 매우 빠른 속도로 발전하고 있다. 이러한 협력체제는 협력당사국 사이의 관계를 규율하는 조약법에 기반하여 존재하는 경우가 대부분이며 그 내용 또한 유엔모범조약 등을 기초로 하거나 국제사회에서 보편적으로 받아들여지고 있는 내용을 수용하는 형태로 입법되고 있다.

형사협력체제에서 적용되는 일사부재리 원칙은 지금까지 논해 왔던 일사부재리 원칙과는 다소 상이한 특성을 갖고 있다. 앞서 논한 일사부재리 원칙들은 외국 판결이 있을 경우 자국에서의 거듭된 재판을 인정할 것인가의 문제인 반면 형사협력절차에서의 일사부재리 원칙은 자국법원의 판결이 있을 경우 외국의 형사협력요청에 대하여 외국법원에서의 거듭된 처벌이 가능하다는 이유로 이를 거부할 수 있는가의 문제이거나 스스로 자국의 형사재판권 행사 가능성을 포기하는 조건으로 수형자를 국내로 이송할 것인가의 문제이기 때문이다.

범죄인인도 관련 협약들 대부분에서는 일사부재리 원칙이 인도거절 사유로 규정되어 있는 등 범죄인인도법의 영역에서는 일사부재리 원칙이 국제관습법으로 성립되어 있다고 주장되기도 한다.67) 국제수형자이송에 있어서도 수형자이송에 관한 유엔모델 조약은 일사부재리 원칙을 언급하고 있으며 우리나라와 일본의 경우 외국수형자의 본국이송은 일사부재리 원칙의 제한 하에 실시되고 있다.

2. 범죄인인도와 일사부재리 원칙

가. 범죄인인도 제도

범죄인인도(extradition)란 한 나라의 형법, 기타 형사관계법을 위반한 범죄인이 다른 나라에 있는 경우 범죄인의 현재지 국가가 범죄지 국가의 청구에 따라 그 범죄인을 청구국에 인도하는 것을 말한다.[68] 이러한 제도는 관련된 개인의 자유에 대한 심각한 침해일 수 있으나 범죄에 대한 대응과 범죄를 저지르고 도피한 자의 도피처를 없애기 위한 목적에서 정당화된다.[69]

범죄인인도는 형사사건에 관한 증거수집을 주목적으로 하는 협의의 형사사법공조, 형사절차 자체를 외국으로 이관하는 형사절차이관, 외국으로부터 수형자를 이송 받아 외국에서 선고된 형을 대신 집행하는 수형자이송 등과는 구분되는 제도이다. 원칙적으로 국가간의 조약에 의하여 행하여지며 우리나라도 여러 국가들과 범죄인인도 조약을 체결하고 범죄인인도법도 제정, 시행하고 있다.

범죄인인도를 위해서는 쌍방가벌성의 원칙(principle of double criminality), 특정성의 원칙(principle of speciality) 등의 요건이 충족되어야 하며 범죄인인도가 가능한(extraditable) 범죄여야 한다. 범죄인인도 청구 요청을 받은 국가는 다음과 같이 일사부재리 원칙을 근거로 인도요청을 거절할 수 있다.[70]

---

67) GERARD CONWAY, "Ne Bis in Idem in International Law", International Criminal Law Review(2003), 238면 참조.

68) 법무부, 『범죄인인도실무』, 서울 : 법무부, 2008, 3면.

69) Robert Cryer, Håkan Friman, Darryl Robinson, Elizabeth Wilmshurst, 전게서, 79면.

나. 범죄인인도에 있어서의 일사부재리 원칙

범죄인인도의 거절 사유로서의 일사부재리 원칙은 형사재판권의 국제적 경합을 전제로 한 대표적인 사례이다. 지금까지 고찰한 일사부재리 원칙은 이미 어떠한 범죄로 처벌받은 사람에 대하여 경합하는 형사재판권을 갖는 국가가 다시 처벌할 수 있는가 여부에 관한 것으로 거듭 처벌을 행하려는 국가에 대한 일사부재리 원칙의 적용문제였다. 그런데 범죄인인도에서 문제되는 일사부재리 원칙은 이미 자신의 재판권을 행사한 국가가 경합하는 재판권을 가지는 국가로부터 자국 내에 존재하는 범죄인의 인도를 요청받은 경우 자국에서 이미 확정판결이 있었다는 이유로 범죄인인도 요청을 거절할 수 있는가의 문제이다.

범죄인인도를 요청받은 피청구국 확정판결의 존재는 일반적으로 절대적 인도거절사유가 된다. 피요청국 확정판결이 있었을 경우 범죄인인도 요청을 받아들이기 위해서는 이미 자국 형벌권은 행사되어 소멸하였음에도 외국에서의 형사처벌을 위하여 범죄인에 대한 강제처분을 행하여야 하는 문제가 발생한다. 이 경우 지금까지 살핀 일사부재리 원칙의 제약사유인 주권 제약 문제는 전혀 발생하지 않으며 오히려 피의자에 대한 인권문제만이 남게 됨으로써 범죄인인도법에서의 일사부재리 원칙이 국제사회에서 보다 보편적으로 받아들여지게 된 것으로 생각된다.

유엔 범죄인인도에 관한 모델규정 제8조는 피청구국에서의 최종판결의 존재를 범죄인인도의 제한사유로 규정[71]하고 있으며 1957. 12. 13. 체결된 유럽범죄인인도조약(1960. 4. 8. 발효)도 동일한 내용을 규정하고

---

70) 기타 범죄인인도의 종류, 요건 등 상세한 것은 Robert Cryer, Håkan Friman, Darryl Robinson, Elizabeth Wilmshurst, 전게서, 79면 이하 참조.
71) Model Law on Extradition(2004) Section 8: Ne bis in idem.
   Extradition may be refused, if there has been a final judgement rendered and enforced against the person sought in [country adopting the law] [or in a third State] in respect of the offence for which extradition is requested1.

있다. 베네룩스 범죄인인도 및 형사법공조조약(1962. 6. 27. 1967. 12. 11.
발효) 제8조도 유럽범죄인인도 조약과 동일한 규정을 가지고 있다. 나아
가 많은 범죄인인도조약들에서는 자국 법원 뿐 아니라 제3국 판결의 존
재를 임의적 인도거절사유로 규정하고 있다. 유럽체포영장의 경우 현재
진행 중인 형사절차의 존재가 인도거절 사유에 포함된다.[72]

외국판결에 대하여 미연방헌법 수정 제5조의 일사부재리 원칙이 적용
되지 않는 미국에서도 조약의 효력에 따라 범죄인인도에서의 일사부재
리효력은 인정되는 것으로 보고 있다.[73]

독일형사소송법 제450조a 제1항은 '유죄판결을 받은 자가 형집행 목
적의 인도절차 중에 겪은 외국에서의 자유박탈도 집행할 자유형에 산입
하여야 한다. 유죄판결을 받은 자가 동시에 형사소추의 목적으로 인도된
경우에도 동일하다.'라고 규정하여 범죄인인도에 따른 산입을 규정하고
있다. 외국에서의 구금기간이 독일당국에 의한 국제적 수배의 결과에 기
인하여 행하여진 경우라면 외국에서의 구금은 그것이 추방이든 범죄인
인도이든 산입되어야 하는 것으로 해석된다.[74]

실무적인 측면에서 보편적 관할을 규정하는 조약의 범죄인인도 또는
기소(aut dedere, aut judicare) 체제가 국제적 일사부재리 원칙에 부합한
다는 주장이 있다.[75] 위 체제가 부과하는 의무의 핵심적 내용에 의하면
체약당사국은 범죄인인도 또는 기소의무 중 한가지만을 이행하면 족하
다는 것이므로 타당한 견해로 생각된다.

---

72) John A.E. Vervaele, 전게 논문, 117면.
73) 특히 조약법이 일사부재리 원칙을 동일한 사실에 기하여 규정하고 있는지 아니
    면 동일한 범죄로 기준으로 규정하고 있는가의 따른 적용상의 차이점에 대하여
    는 M. Cherif Bassiouni, "Law and Practice of United States", International
    Criminal Law volume II.,: Leiden : Martinus Niihoff Publishers(2008), 329면.
74) Dr. Bernad, Münchener Kommentar zum Strafgesetzbuch. München : Verlag C.
    H. Beck(2003), 1695면 참조.
75) GERARD CONWAY, "Ne Bis in Idem in International Law", InternationalCriminal
    Law Review(2003), 234면.

다. 우리나라의 범죄인인도법

우리나라는 1988. 8. 5. 법률 제4015호로 범죄인인도법을 제정하여 2007. 12. 21. 법률 제8730호로 개정된 범죄인인도법이 시행중이다.

범죄인인도법은 범죄인인도의 요건, 절차, 관할 등을 규정하고 있다. 범죄인인도 사건은 서울고등법원과 서울고등검찰청의 전속관할이다.[76] 범죄인인도에 있어서는 인도조약이 범죄인인도법에 우선하여 적용되며[77] 인도조약이 체결되어 있지 아니한 경우에도 상호주의 원칙에 따라 인도가 가능하다.[78] 범죄인이 대한민국 영역 안에 있을 경우 우리나라는 청구국의 인도청구에 의하여 소추, 재판 또는 형의 집행을 위하여 청구국에 범죄인을 인도할 수 있으며[79] 범죄인인도에 관하여 일반적으로 요구되는 쌍방가벌성의 요건[80]이 규정되어 있다.

우리 범죄인인도법도 일사부재리원칙과 관련하여 '인도범죄에 관하여 대한민국법원에서 재판 계속 중이거나 재판이 확정된 경우'를 절대적 인도거절사유로 규정하고 있다. 범죄인인도의 경우에는 확정판결이 있는 경우 뿐 아니라 재판이 계속 중인 경우로 원칙의 적용이 확대되어 있

---

76) 범죄인인도법 제3조 (범죄인인도사건의 전속관할) 이 법에 규정된 범죄인의 인도 심사 및 그 청구와 관련된 사건은 서울고등법원과 서울고등검찰청의 전속관할로 한다.

77) 범죄인인도법 제3조의2 (인도조약과의 관계) 범죄인인도에 관하여 인도조약에 이 법과 다른 규정이 있는 경우에는 그 규정에 따른다.

78) 범죄인인도법 제4조 (상호주의) 인도조약이 체결되어 있지 아니한 경우에도 범죄인의 인도를 청구하는 국가가 동종의 또는 유사한 인도범죄에 대한 대한민국의 범죄인인도청구에 응한다는 보증이 있는 경우에는 이 법을 적용한다.

79) 범죄인인도법 제5조 (인도에 관한 원칙) 대한민국 영역안에 있는 범죄인은 이 법이 정하는 바에 따라 청구국의 인도청구에 의하여 소추, 재판 또는 형의 집행을 위하여 청구국에 인도할 수 있다.

80) 범죄인인도법 제6조 (인도범죄) 대한민국과 청구국의 법률에 의하여 인도범죄가 사형·무기·장기 1년 이상의 징역 또는 금고에 해당하는 경우에 한하여 범죄인을 인도할 수 있다.

다.[81] '범죄인이 인도범죄에 관하여 제3국에서 재판을 받고 처벌되었거나 처벌받지 아니하기로 확정된 경우'는 임의적 인도거절 사유이다.[82][83] 범죄인인도 사건의 경우에는 제3국에서의 판결 및 집행을 이유로 일사부재리효력을 재량적으로 적용할 수 있게 한 것이다.

대법원은 범죄인인도를 위하여 외국에서 구금된 기간을 국내에 송환되어 선고되는 본형에 산입하지 않더라도 위법이 아니라는 입장이다.[84]

---

81) 범죄인인도법에서 적용범위가 확대되고 있는 일반적 상황에 대하여는 M. Cherif Bassiouni, "Law and Practice of United States", International Criminal Law volume II: Leiden : Martinus Niihoff Publishers(2008), 364면 참조.

82) 범죄인인도법 제7조 (절대적 인도거절사유) 다음 각 호의 어느 하나에 해당하는 경우에는 범죄인을 인도하여서는 아니된다.
  1. 대한민국 또는 청구국의 법률에 의하여 인도범죄에 관한 공소시효 또는 형의 시효가 완성된 경우
  2. 인도범죄에 관하여 대한민국 법원에서 재판계속중이거나 재판이 확정된 경우
  3. 범죄인이 인도범죄를 행하였다고 의심할만한 상당한 이유가 없는 경우. 다만, 인도범죄에 관하여 청구국에서 유죄의 재판이 있는 때에는 그러하지 아니하다.
  4. 범죄인이 인종·종교·국적·성별·정치적 신념 또는 특정 사회단체에 속함 등을 이유로 처벌되거나 그 밖의 불이익한 처분을 받을 염려가 있다고 인정되는 경우
  범죄인인도법 제9조 (임의적 인도거절사유) 다음 각 호의 어느 하나에 해당하는 경우에는 범죄인을 인도하지 아니할 수 있다.
  1. 범죄인이 대한민국 국민인 경우
  2. 인도범죄의 전부 또는 일부가 대한민국 영역안에서 행하여진 경우
  3. 범죄인이 인도범죄 외의 범죄에 관하여 대한민국 법원에 재판이 계속중인 경우 또는 형의 선고를 받고 그 집행을 종료하지 아니하거나 면제받지 아니한 경우
  4. 범죄인이 인도범죄에 관하여 제3국(청구국이 아닌 외국을 말한다. 이하 같다)에서 재판을 받고 처벌되었거나 처벌받지 아니하기로 확정된 경우
  5. 인도범죄의 성격과 범죄인이 처한 환경 등에 비추어 범죄인을 인도함이 비인도적이라고 인정되는 경우

83) 이러한 차이를 두는 것이 타당하지 않다는 견해는 김성규 전게논문, 179면.

84) 미결구금은 공소의 목적을 달성하기 위하여 어쩔 수 없이 피고인 또는 피의자를 구금하는 강제처분이어서 형의 집행은 아니지만, 자유를 박탈하는 점이 자유형

3. 수형자이송과 일사부재리 원칙

가. 수형자 이송제도

수형자 이송제도는 조약, 협정 등의 국가간의 결정에 의해 외국인 수형자를 유죄판결을 받은 국가(재판국)으로부터 그 자의 본국(집행국)으로 이송해서 자유형의 집행을 마무리하는 제도이다.[85]

외국교도소에서 복역할 경우 식사, 언어, 종교, 면회, 변호인접견 등 상이한 문화와 생활습관으로 수형생활에 애로가 있을 수 있다. 또한 자국민과 비교할 때 동등하게 취급받기 어려운 문제가 발생한다는 점에서 수형자 이송의 필요성이 인정된다.[86] 미국에서도 수형자이송제도의 제1차적 목적은 형을 집행당하는 자의 지위를 개선하여 인권을 보장함에 있는 것으로 보고 있다.[87]

외국에서 수형 중인 자국민을 본국에서 수형하도록 하는 것은 수형자의 갱생과 사회복귀를 촉진시키고 '자국민 보호'라는 효과도 기대할 수 있다.

과 유사하기 때문에 형법 제57조는 인권보호의 관점에서 미결구금일수의 전부 또는 일부를 본형에 산입한다고 규정하고 있는데(대법원 2003. 2. 11. 선고 2002도6606 판결 참조), 피고인이 미결구금일수로서 본형에의 산입을 요구하는 기간은 공소의 목적을 달성하기 위하여 어쩔 수 없이 이루어진 강제처분의 기간이 아니라 피고인이 범행 후 미국으로 도주하였다가 대한민국정부와 미합중국정부 간의 범죄인인도조약에 따라 체포된 후 인도절차를 밟기 위한 기간에 불과하여 본형에 산입될 미결구금일수에 해당한다고 볼 수 없을 뿐 아니라, 원심이 피고인에 대한 미결구금일수를 일부라도 본형에 산입한 이상 상고이유에서 지적하는 바와 같이 미결구금일수의 산입에 관한 법리를 오해하여 판결에 영향을 미친 위법이 없다(대법원 2009.5.28. 선고 2009도1446 판결).

85) 안권섭, "일본의 국제수형자 이송제도", 해외연수검사논문집(2005), 166면.
86) 안권섭, 전게 논문, 166면.
87) Michael Plachta, "HUMAN RIGHTS ASPECTS OF THE PRISONER TRANSFER IN A COMPARATIVE PERSPECTIVE", Louisiana Law Review(1993), 1043면.

또한 자국의 국민들이 외국에서 수형생활을 할 경우에 법집행과정에서 발생할 수 있는 외교적인 긴장을 완화하는 부수적인 효과도 존재한다.[88]

수형자이송제도에서 일사부재리 원칙을 적용하는 것은 외국에서 범죄를 저지르고 외국에서 수형생활을 한 수형자를 국내로 이송하여 다시 동일범죄에 대해 처벌한다면 수형자의 인권은 보호받기 힘들다는 이유 때문이다.[89] 수형자 이송제도에 있어서 일사부재리 원칙은 수형자이송 체제의 본질적인 조건으로 인식되고 있다.[90]

나. 수형자이송에 관한 유엔모델조약 등

수형자이송에 관한 유엔모델조약[91] 서문은 수형자의 원활한 사회복귀를 위하여 형사범으로 자유형을 선고받은 외국인 수형자를 본국으로 이송함으로써 본국에서 복역할 수 있는 기회를 제공하여 성공적 사회복귀을 촉진함을 선언하고 있으며[92] '보편적 원칙에 명시된 바와 같이 인권 존중이 보장되어야 한다는 점에 유념'할 것을 명시하고 있다. 모델 조약 제13조는 "선고국에서 부과된 형 집행을 위해 이송되는 수형자는 당

---

88) 국제수형자이송제도는 국가의 형사적·공익적 목적의 달성을 우선시하는 범죄인 인도제도 또는 국제형사사법공조제도와는 달리 수형자 본인의 개인적인 혜택이 공공적 혜택의 요소를 훨씬 능가하는 특이한 인도주의적 제도이다. 법무부, 『국제수형자이송실무』, 서울 : 법무부, 2008, 3면.

89) 유복근, 국가간 수형자 이송제도에 관한 연구, 고려대학교 박사학위 논문, 2006년, 46면.

90) 수형자이송에 관한 일반적인 내용 및 수형자 이송 제도 관련 일사부재리 원칙이 인정된 조약 등에 대하여 상세한 것은 Michael Plachta, 전게논문, 1082면 이하 참조.

91) 1985. 11. 29. 총회 채택, 결의 40/32.

92) 위 모델 조약 제1조 역시 "수형자의 사회복귀는 외국에서 유죄판결을 받은 수형자를 가능한 한 신속하게 국적국 또는 거주국으로 이송하여 그 곳에서 복역할 수 있도록 함으로써 촉진된다. 이와 관련하여 각국은 최대한의 협력을 제공한다" 라고 규정하고 있다.

해 형 집행대상이 된 동일한 행위에 대해 집행국에서 다시 재판받지 않을 수 있다."고 규정하여 국제적 일사부재리 원칙에 대하여 규정하고 있다.[93] 위 조항에 규정된 일사부재리 원칙은 국제 수형자이송의 가장 중요한 효과로 평가받고 있다.[94]

　수형자이송 관련 대표적 협약으로 유럽평의회이송협약이 있다.[95] 당초 유럽이사회에 의해 체결된 위 협약은 유럽지역만이 아닌 국제적 개방성을 가진 형태로 운영되도록 하기 위해 조약 명에 유럽이라는 명칭을 넣지 않은 채 시행되었으며 실제 유럽이사회 구성국이 아닌 캐나다와 미국, 영국 등이 비준에 참가하였다. 이는 영미법계 국가들이 유럽에서 성안된 형사에 관한 일련의 협약들에 대하여 법제도상의 차이를 들어 당사국으로 가입하지 않는 태도를 취해 왔었다는 점에 비추어 주목할 만한 결과이다. 위 조약은 법체계가 상이한 국가들에 의해서도 광범위한 협력을 얻음으로써 세계적 규모로 체약국을 넓혀 사실상 세계조약의 역할을 하고 있는 것으로 생각된다.[96]

---

93) 제13조의 영문표현은 다음과 같다. "The person transferred for the enforcement of a sentence passed in the sentencing State may not be tried again in the administrating State for the same act upon which the sentence to be executed is based."
94) Mohanmed Abdul-Azia, "International Perspective on Transfer of Prisoner and Execution of Foreign Penal Judgement", International Criminal Law volume II : Leiden : Martinus Niihoff Publishers(2008), 534면 참조.
95) 정식명칭은 '형을 선고받은 자의 이송에 관한 조약'(Convention of the Council of Europe on the Transfer of Prisoners)이다. 이후 유럽평의회이송협약으로 약칭한다. 상세한 것은 김학성, "국제수형자 이송제도의 이론과 실제 – 유럽평의회 국제수형자 이송협약을 중심으로 –", 한국형사법학의 신전개, 志松 이재상 교수 정년 기념논문집(2008), 710면 이하 참조.
96) 한국형사정책연구원,『형사판결집행에서의 국제공조방안』, 서울 : 한국형사정책연구원, 2000, 23면. 우리나라도 2005년 위 협약에 가입하였다. 2007.12.31.현재 위 협약가입국은 모두 63개국이며 17개국이 비유럽국가이다. 법무부,『국제수형자이송실무』, 서울 : 법무부, 2008, 6면 참조.

그러나 '수형자이송협약' 등 관련 다자협약이나 양자간 수형자이송협약들은 모두 일사부재리 원칙이 적용될 수 있는 실체적 요건에 대해 직접적으로 규정하지는 않으며 일사부재리 원칙의 구체적 적용문제는 각 국 국내법에 위임하고 있다고 한다.[97][98]

다. 외국의 수형자이송제도와 일사부재리 원칙

(1) 일본

일본은 수형자이송과 관련하여 특정국가와 양자조약을 맺기보다는 국제수형자이송조약의 표본 조약이라고 할 수 있는 유럽평의회이송협약에 가입하였다. 위 조약이 일본에 대하여 2003년 6월 1일부터 발효됨에 따라 이를 실시하기 위한 일본 국내법인 국제수형자이송법(國際受刑者移送法)을 공포하여 국제수형자이송제도의 기본 체계를 갖추었다.[99]

---

97) 유복근, 전게논문, 47면.
98) 아래 제8조에서 규정한 것은 판결선고국 자체에 대한 일사부재리라는 점에서 이송을 받은 국가에 대하여 인정되는 일사부재리 효력과는 차이가 있다. 위 협약에서는 집행국에 대한 일사부재리 효력 조항이 발견되지 않는다.
  수형자이송협약 제8조 선고국에 대한 이송의 효과
  1. 집행국의 당국에 의한 수형자 신병의 인수는 선고국에서의 형의 집행을 정지시키는 효과가 있다.
  2. 집행국이 형의 집행이 완료되었다고 간주하는 경우에 선고국은 더 이상 그 형을 집행하지 못한다.
  제9조 집행국에 대한 이송의 효과
  1. 집행국의 권한있는 당국은 다음 각목의 절차중 어느 하나의 절차를 취한다.
    가. 제10조에서 정하는 조건에 따라 즉시 또는 법원의 명령이나 행정적 명령을 통하여 형의 집행을 계속한다.
    나. 제11조에서 정하는 조건에 따라 사법적 또는 행정적 절차를 통하여 형을 집행국의 결정으로 전환하며, 이로써 선고국에서 부과된 형사제재는 동일한 범죄에 대하여 집행국의 법에 규정된 형사제재로 대체된다.
99) 안권섭, 전게 논문, 167면.

일본은 수형자이송과 관련한 일사부재리 원칙 적용을 위해 일본 국제 수형자이송법 제41조에 일본형법 제5조 단서에 대한 특칙[100]을 두고 있다. 그 내용은 일본 국내로의 수입이송명령에 따라 재판국으로부터 인도를 받은 일본국민 등에 대해 인도 후 공소가 제기된 수입이송범죄에 관련된 사건으로 형을 선고할 때는 일본 형법 제5조 단서의 규정에도 불구하고 그 형의 집행을 면제한다는 것이다.[101]

수입이송실시 시점에는 당해 범죄에 대한 소추 필요성이 없다고 생각되었지만 이후의 사정 변경에 따라 소추 필요성이 인정되는 경우를 고려하되 그 경우에도 일본의 공권력에 의해 동일사실에 대한 이중의 구금을 행하는 것을 회피하기 위한 것이라고 한다.[102]

일본은 수형자이송의 절차와 관련하여 외국법원 판결 효력을 국내효력과 동일시하는 의제규정을 두고 있지 않으며 국내이송의 경우 최종적으로 법원의 심사를 받도록 하는 등 법원의 심사과정을 개입시켜 효력을 부여하려 한 것으로 보인다.[103]

일본에서는 법무대신이 당해 이송을 실시하는 것의 상당성에 대해 판단하게 되어 있는데, 일반적으로 잔형기, 집행국과의 관련성, 사회복귀 가능성 등이 고려된다. 특히 국내로의 수입이송범죄에 대해 별도의 처벌 필요성이 있는가에 대하여도 판단한다. 이는 일본의 국제수형자이송법 제41조에 따라 수입이송을 실시하여 재판국으로부터 수형자의 신병인도를 받은 경우 수입이송범죄에 대해 집행국인 일본이 공소를 제기해도 형의 집행은 면제되기 때문이다. 따라서 재판국의 형이 지나치게 가벼워

---

100) 안권섭, 전게 논문, 213면.
101) 刑法第五條 ただし書の特則 第四十一條　第十三條の命令により裁判國から引渡しを受けた日本國民等を、その引渡し後に公訴が提起された受入移送犯罪に係る事件について刑に處するときは, 刑法第五條 ただし書の規定にかかわらず、その刑の執行を免除するものとする。
102) 안권섭, 전게 논문, 167면.
103) 안권섭, 전게 논문, 229면.

별도의 처벌필요성이 있다고 인정될 경우 수입이송을 실시함이 상당하지 않다고 판단할 수 있다.[104]

(2) 미국

미국이 최초로 체결한 수형자이송조약인 미국 - 멕시코간 수형자이송조약은 "이 조약에 따라 판결의 집행을 위해 이송된 수형자는 접수국에서 집행될 형이 선고된 동일한 범죄에 대해 억류, 재판 및 선고를 받아서는 안된다. 본 조항의 목적을 위해 접수국은 동 국의 법에 의해 선고가 자신의 법원에서 이루어졌다면 기소가 금지되었을 행위에 대해 기소할 수 없다"라는 내용으로 일사부재리 원칙 조항을 규정하고 있다.[105] 위 조약체결 이후부터 위 조항은 미국이 체결하는 모든 수형자이송조약에 명문화되게 되었다고 한다. 위 내용은 1983년 채택된 '수형자이송협약' 및 '미주국가간 수형자이송협약'에서도 명문화되었으나 체약당사국들에게 외국에서 내려진 형사판결의 기판력을 인정할 것을 의무화하지는 않았다고 한다.[106]

라. 국외수형자이송법의 일사부재리 원칙 조항

우리나라는 2003. 12. 31. 국제수형자이송법(법률 제7033호)을 제정하였으며 위 법은 2009. 3. 25 법률 제9521호로 일부 개정되어 시행되고 있다.

위 법은 자유형 집행자의 국내외 이송에 대한 절차와 이송의 요건으로 쌍방가벌성 등을 규정하고 있다.[107] 특히 위 법은 국내로 이송된 수형

---

104) 안권섭, 전게 논문, 199면.
105) 유복근, "국가간 수형자 이송제도에 관한 연구", 고려대학교 박사학위 논문 (2006), 44면.
106) 유복근, 전게 논문, 45면.
107) 국제수형자이송법 제11조 (국내이송의 요건)
　①　국내이송은 다음 각호의 요건이 갖추어진 때에 한하여 실시할 수 있다.

자에 대하여 외국에서 선고된 자유형을 집행함에 있어 외국법원의 판결
은 대한민국 법률에 의한 대한민국 법원의 판결과 동일한 효력이 있는
것으로 규정하여 외국판결의 국내적 효력을 명시적으로 인정하고 있
다.108) 위 조항에 의하여 국내이송수형자를 대한민국의 교도소에 수용할
수 있는 법적 근거인 외국법원 판결의 효력이 인정되는 것이다. 그러나
외국법원의 판결이 모든 면에서 대한민국 법원의 판결과 동일한 효력을
갖는 것은 아니며 위 조항이 규정한 바와 같이 '국내에서 집행함에 있어'
라는 제한이 있다. 따라서 국내이송을 실시하여 외국재판의 집행공조를
하는 한도에서만 대한민국 법원의 판결과 동일한 효력이 있으며 대한민
국 법원에 의하여 판결이 선고된 것은 아니므로 전과, 누범, 집행유예의
결격·실효 등에 대하여는 아무런 효력이 없다.109)

국제적 일사부재리 원칙과 관련하여 동법 제18조는 외국에서 선고된
자유형을 집행중인 때와 그 자유형의 집행을 종료하거나 집행하지 아니
하기로 한 때에는 동일한 범죄사실에 대한 공소를 제기할 수 없도록 규
정하고 있다. 위 조항은 일사부재리 원칙을 외국판결에까지 확대함으로
써 형법 제7조의 특칙을 형성하고 있다.110) 따라서 위 조항에 위반하여
공소가 제기된 경우에는 형사소송법 제327조 제2호에 의하여 공소기각

---

1. 외국에서 자유형이 선고·확정된 범죄사실이 대한민국의 법률에 의하여
   범죄를 구성할 것. 이 경우 수 개의 범죄사실중 한 개의 범죄사실이 대한
   민국의 법률에 의하여 범죄를 구성하는 경우를 포함한다.
2. 외국에서 선고된 자유형의 판결이 확정될 것
3. 국내이송대상수형자가 국내이송에 동의할 것

108) 국제수형자이송법 제15조 (외국법원 판결의 효력) 국내이송에 의하여 국내이송
   대상수형자에게 선고된 자유형을 국내에서 집행함에 있어서 그 외국법원의 판
   결은 대한민국 법률에 의한 대한민국 법원의 판결과 동일한 효력이 있는 것으
   로 본다.

109) 법무부, 『국제수형자이송실무』, 서울 : 법무부, 2008. 58면.

110) 국제수형자이송법 제18조 (공소제기의 제한) 국내이송수형자에 대하여 외국에서
   선고된 자유형을 집행중인 때와 그 자유형의 집행을 종료하거나 집행을 하지 아
   니하기로 확정된 때에는 동일한 범죄사실에 대하여 공소를 제기할 수 없다.

판결의 대상이 될 것이다.

수형자이송제도에 있어서 위와 같은 일사부재리 효력을 인정하는 것은 수형자의 인권을 보장한다는 수형자이송제도의 취지에 따른 것이다. 외국에서 범죄를 저지르고 외국에서 수형생활을 한 수형자를 국내로 이송하여 다시 동일범죄에 대해 처벌한다면 수형자의 인권은 보호받기 힘들다[111]는 인도주의적 고려에 기반한 것이다.

그러나 위와 같은 이념을 고려하더라도 외국에서 지나치게 가벼운 형을 선고받은 범죄자를 무조건적으로 국내로 이송하여 집행함으로써 수형자이송법 제7조에 의하여 처벌할 수 없다면 경우에 따라서는 매우 불합리한 결과를 초래할 수 있다.[112]

따라서 일본에서 법무대신이 별도의 처벌필요성을 고려하여 수입이송의 상당성 여부를 검토하는 것처럼 우리의 경우에도 인도요청 심사과정에서 외국판결의 실체적 정당성 및 외국판결 양형의 적절성에 대한 심사가 필요할 것이다. 위와 같은 심사를 거쳐 국내에서의 거듭 처벌 필요성이 없어 거듭된 형벌권의 발동이 필요하지 않은 경우에만 국내로의 수형자이송을 실시하여야 할 것이다.

4. 조약법과 일사부재리 원칙

조약법에 의하여 확대 적용되는 일사부재리 원칙의 다양한 모습들에 대하여 살펴보았다.

---

111) 유복근, 전게논문, 46면.
112) 실제 우리나라의 재판에서도 외국인에 대하여는 온정주의적 경향이 없지 않다. 일정한 정도 이상의 범죄를 저지른 외국인 범죄자는 국외로 강제퇴거 되므로 (출입국관리법 제46조 제1항 제11호 등 참조) 실무상 재판과 수용과정에서의 비용 문제 등도 함께 고려하여 집행유예 등을 선고하고 외국으로 추방하는 경우도 적지 않은 것으로 보인다.

쉥겐조약에 의하여 적용되는 국제적 일사부재리 원칙은 쉥겐 지역 내에서 일사부재리 원칙을 거의 완전한 형태로 구현하는 대표적인 조약으로 생각된다. 쉥겐 조약은 일사부재리 원칙의 국제적 적용 여부가 법이론적으로 불가능한 영역에 존재하는 것이 아니며 국가간 동질성이 존재하고 사법체제에 대한 상호신뢰가 확보되어 있는 경우 상호성에 기반한 조약법을 매개로 하여 현실적으로 실현될 수 있음을 잘 보여주고 있다.

그러나 쉥겐 체제에서 제시된 조건과 한계점에도 주목할 필요가 있다. 유럽은 다른 어떤 지역보다 문화적, 사회적 공통점을 보유하고 있으며 대체적으로 신뢰할만한 사법체제를 갖춘 국가들로 구성되어 있어 유럽의 상황을 다른 국가들과의 관계에도 일반화 시키는 것은 용이하지 않다. 특히 위와 같은 국제적 규범의 형성과 적용과정에서 범국가적 사법기구인 유럽사법재판소가 존재한다는 사실은 매우 중요한 의미를 갖는다. 유럽국가들 사이에서도 국제적으로 적용되는 일사부재리 원칙의 요건과 효력 등에 대하여 논란이 되고 있으나 이러한 법적 논쟁은 유럽사법재판소가 초국가적 사법기구의 역할을 수행함으로써 적절히 해소되고 있는 것이다.

쉥겐체제의 한계로서 어느 한 국가가 다른 국가에서의 기소를 막기 위한 면책적 형사절차를 진행할 경우 이러한 제도의 남용을 막을 장치가 존재하지 않는다는 점이 지적되고 있다.[113] 또한 국가들 사이에 특정 사건에 대한 재판권을 행사할 규칙이 존재하지 않아 '자의적 법정지 선택'에 따른 국가간 갈등 소지도 여전히 존재하는 것으로 보인다.

이러한 쉥겐체제의 조건과 한계는 외국판결에 대한 일사부재리 효력 부여를 결정하는데 신중히 고려되어야 할 요소들이다.

국제형사협력 체제에서는 비교적 광범위한 형태로 일사부재리 원칙이 받아들여지고 있다. 그러나 이러한 형사협력분야에서 형사협력 거절

---

113) Wolfgang SCHOMBURG, 전게논문, 956면.

의 근거로 적용되거나 수형자이송의 전제가 되는 일사부재리 원칙들이 일반적으로 존재함을 이유로 자국의 재판권을 포기하는 형태의 일사부재리 원칙까지 일반적으로 승인되어야 한다는 추론은 타당하지 않은 것으로 생각된다. 형사협력분야에서 적용되는 일사부재리 원칙은 범죄인인도의 경우와 같이 자국의 형벌권을 이미 행사한 경우이거나 수형자이송을 거부함으로써 자국의 형벌권 행사 가능성을 계속하여 유지할 것인가에 대한 자국 스스로의 판단이 가능한 경우이기 때문이다.

조약법에 의하여 확대되고 있는 일사부재리 원칙은 아직까지 많은 한계를 가지고 있는 것이 사실이다. 그러나 일사부재원칙의 전면적 적용이 어려운 국제관계를 고려할 때 조약법은 인권보장에 기여하는 위 원칙의 적용범위를 확대하는 중요한 매개체 역할을 해 오고 있으며 일사부재리 원칙의 국제적 적용에 있어서 조약법의 중요성은 더욱 강화되어 갈 것으로 생각된다.

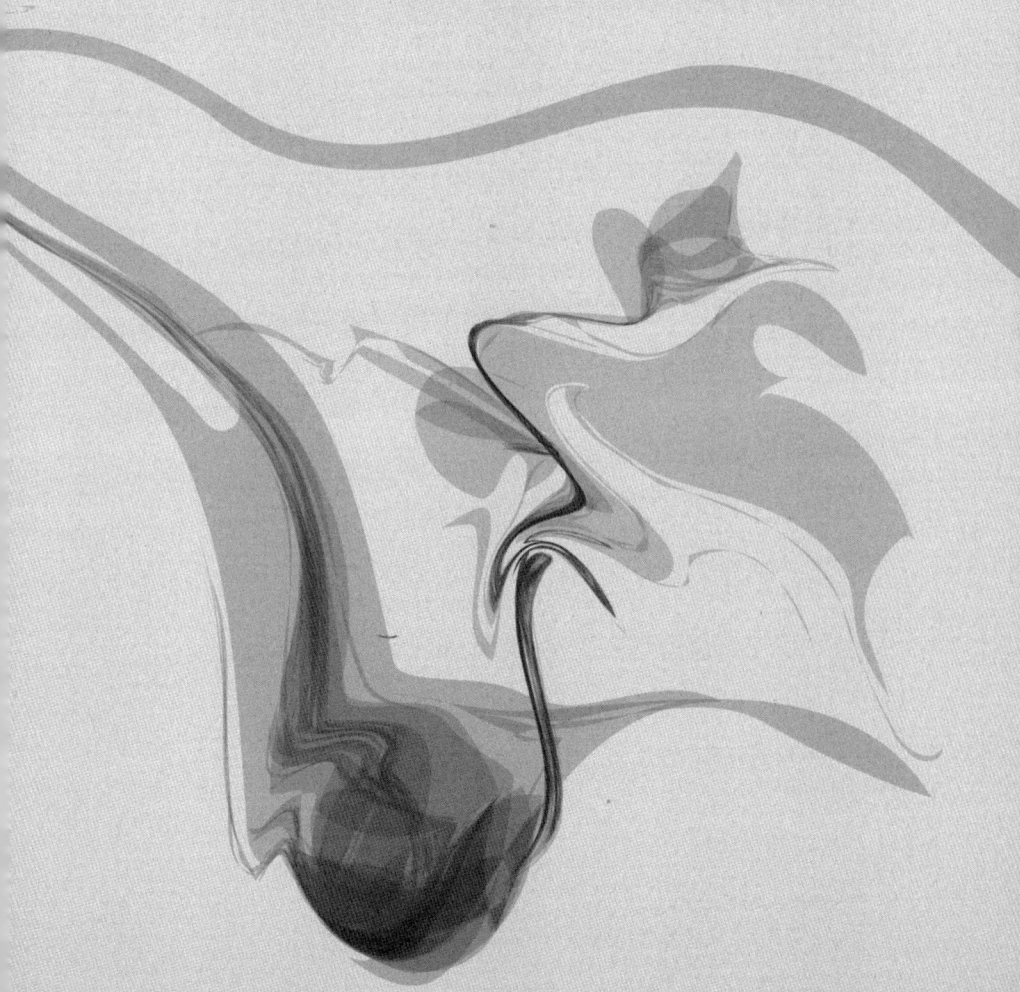

제 6 장

우리 법제에 대한 비판적 고찰

제1절 관련 판례 및 검찰 결정례

1. 형법 제7조의 동일성이 부정된 사례

가. 사실관계

피고인은 2003. 4. 30. 21:00경 밀항 브로커에게 40만엔을 지급하고 유효한 여권없이 부산 수영구 광안동 소재 항구에서 화물선에 승선한 후 2003. 5. 1. 20:00경 일본 시즈오까항에 도착하여 대한민국 외의 지역으로 밀항하였다.

피고인은 일본 법원에서 2003년 4월경부터 2004년 1월 30일경까지 일본에서 불법체류한 혐의로 기소되어 과거 2회의 불법체류 경력이 있다는 이유 등으로 징역 1년 2월을 선고받았다. 이후 일본에서 형의 집행이 모두 종료된 후 국내로 추방되었으며 피고인은 2003년 일본으로 밀항하였다는 이유로 국내법원에 재차 기소되었다.

나. 1심 법원의 판단[1]

1심 법원은 피고인이 이 사건 범행으로 일본에서 기소되어 징역 1년 2월을 선고받고 그 형의 집행이 종료된 후 대한민국으로 추방된 사실을 인정하고 외국에서의 형의 집행으로써 대한민국의 형벌목적도 어느 정

---

1) 인천지방법원 2005. 8. 16. 선고 2005고단3065 판결(밀항단속법위반 사건).

도 달성되었다고 보이는 점, 피고인도 자신의 잘못을 뉘우치면서 재범하지 않을 것을 굳게 다짐하는 점 등을 참작하여 형법 제7조에 의하여 피고인에 대하여 형을 면제하는 판결을 선고하였다.

다. 2심 법원의 판단[2]

검찰은 위 1심 법원의 판단에 대하여 피고인이 일본에서 처벌받은 범죄사실과 이 사건 공소사실은 구성요건이 전혀 다른 별개의 범죄임에도 외국에서 동일한 범죄로 처벌받았으므로 형법 제7조에 의하여 형을 면제한 원심은 법리를 오해한 위법이 있다는 이유로 항소하였다.

항소심 법원은 "피고인은 2004. 7. 16. 일본국 도쿄고등재판소에서 '2003. 4.경부터 2004. 1. 30.까지 유효한 여권 또는 승원 수첩을 소지하지 아니하고 일본에 불법 체류하였다'는 공소사실로 인하여 출입국관리및난민안정법위반죄로 징역 1년 2월을 선고받고, 2005. 5. 10. 가석방된 사실을 인정할 수 있는바, 이 사건 공소사실은 피고인이 2003. 4. 30. 21:00경 유효한 증명없이 부산 소재 이름불상의 항구에서 대한민국외의 지역으로 밀항하였다는 것으로서 피고인이 일본국에서 처벌받은 범죄사실과는 범죄사실의 일시, 장소 및 구성요건이 상이하여 동일한 범죄사실로 볼 수 없어 피고인이 이 사건 공소사실에 대하여 외국에서 형의 전부 또는 일부의 집행을 받았다고 할 수 없다"고 판단하여 형면제를 선고한 원심판결을 파기하고 피고인에 대하여 징역 10월에 집행유예 2년을 선고하였다.

---

2) 인천지방법원 2005. 8. 16. 선고 2005노1912 판결(밀항단속법위반 사건). 위 판결은 상고됨이 없이 그대로 확정되었다.

2. 국제조약 적용 주장이 기각된 사례[3]

가. 사실관계

국내에서 원단가게를 운영하던 우리 국적자인 피고인 A, B는 중국에서 옷가게를 경영하는 우리 국민인 피해자 甲에 대하여 약6천만원 상당의 채권을 가지고 있었으나 이를 받지 못하고 있던 상황이었다. 이후 甲이 자신의 채무를 변제하지 않음은 물론 자신들을 만나는 것 자체를 피하자 피고인 A, B는 현지 폭력배를 동원하여 돈을 받아내기로 마음먹었다. 이들은 중국 현지 사정에 밝은 피고인 C에게 조직폭력배를 동원하여 피해자로부터 돈을 받게 해주면 많은 사례를 하겠다고 제의하고 C는 이를 승낙한다. 피고인 C는 중국 현지 폭력배와 조선족 폭력배를 고용하면서 피해자의 집 주소, 가게 전화번호, 핸드폰 번호를 알려주고 피해자로부터 받은 돈의 절반을 줄 것을 약속하며 수단과 방법을 가리지 말고 돈을 받아내라고 지시한다.

이들은 甲과 함께 원단가게를 운영하고 있는 甲의 아들 乙을 납치하여 甲으로부터 돈을 받아내기로 계획하였다. 2000. 11. 경 피고인들과 고용된 조직폭력배들은 원단가게를 하고 있는 乙에게 마치 원단을 구매할 것처럼 가장하여 접근한 후 피해자를 폭력으로 제압하고 칼로 위협하여 납치하였다.

이들은 반항하는 乙을 테이프로 결박하고 미리 준비한 마취약을 수건에 묻혀 피해자의 입을 막아 기절시킨 후 중국 심양 소재 민박집으로 끌고 가 감금하였다. 위와 같이 乙을 감금한 상태에서 乙의 휴대폰으로 乙의 아버지인 甲에게 乙을 풀어주는 대가로 인민폐 100만위안을 요구하

---

3) 서울지방법원 2002. 1. 29. 선고 2001고합1050, 1228(병합) 판결(인질강도미수 사건).

였다. 그러나 피해자에 대한 납치 신고를 받은 한국 경찰과 공조수사에
참가한 중국 공안당국에 의해 범행이 발각되어 그 뜻을 이루지 못하고
미수에 그쳤다.

이들은 이후 중국에서 실형을 선고받고 그 형의 집행을 마친 후[4] 국
내로 추방되었으며 국내법원에서 재차 기소되었다.

나. 변호인의 주장

위 사건에서 C의 변호인은 우리나라가 가입한 국제조약인 시민적정
치적권리에관한국제규약 제14조 제7항은 "어느 누구도 각국의 법률 및
형사절차에 따라 이미 확정적으로 유죄 또는 무죄선고를 받은 행위에 관
하여는 다시 재판 또는 처벌을 받지 아니한다"라고 규정하고 있고 C가
이미 중국에서 실형을 선고받아 그 형의 집행을 마쳤으므로 위 협약에
따라 국내에서 C를 다시 처벌할 수 없음에도 이에 위반하여 피고인을
기소한 행위는 공소권 남용에 해당한다고 주장하였다.

다. 법원의 판단

법원은 1966. 12. 16. 국제연합총회에서 채택되어 1976. 3. 23. 발효된
다자간 조약인 시민적및정치적권리에관한국제규약에 우리나라가 국회동
의 절차를 거쳐 1990. 4. 10. 위 규약에 가입함으로써(조약 제1007호) 같
은 해 7. 10.부터 우리나라에 대하여 발효된 사실, 우리나라가 위 규약
가입시 위 14조 7항에 대하여는 이를 유보하였다가 1993. 1. 21. 위 유보
를 철회한 사실(조약 제1122호) 등을 먼저 인정한 후 다음과 같은 판시
이유로 변호인의 주장을 받아들이지 않았다.

---

4) 중국에서의 수감기간은 기록 폐기로 확인할 수 없었다.

"위 B규약 제14조 제7항은 헌법 제6조 제1항에 따라 일응 '국내법과 같은' 효력을 가진다고 보인다. 그런데 위 규정의 영문 원본에는 "No one shall be liable to be tried or punished again for an offence for which he has already been finally convicted or acquitted in accordance with the law and penal procedure of each country."로 되어 있는바, 위 규정 제정 당시의 국제연합 총회에서 '한 국가가 다른 나라에서 이미 동일한 범죄에 대하여 판결받은 사람을 그 나라의 법률에 의하여 재판하는 것은 자유(a State would be free to try, in accordance with its laws, persons aiready sentenced for the same offence by the courts of another country)'라는 점이 지적되었던 점(1959. 12. 3.자 국제연합 총회문서 A/4299 제60항 참조)에 비추어 보거나 위 문구의 문리해석상 위 규정에서의 'each country'에는 재판국 외의 '타국'도 포함된다고 해석할 여지가 없을 뿐만 아니라(우리 정부는 위와 같은 이유에서 1993. 1. 21. 위 규정에 대한 유보를 철회하였다), 위 B규약 가입 이전부터 우리 형법 제7조에 "범죄에 의하여 외국에서 형의 전부 또는 일부의 집행을 받은 자에 대하여는 형을 감경 또는 면제할 수 있다"라고 규정되어 있었는데, 위 B규약 가입 이후 1995. 12. 29. 법률 제5057호로 형법을 개정한 이후에도 위 조항을 개정하지 아니하고 종전대로 유지하고 있는 점에 비추어 보아도 우리나라가 위 B규약에 가입함으로써 '외국에서의 법률 및 형사절차에 따라 이미 확정적으로 유죄 또는 무죄선고를 받은 행위'에 대하여까지 일사부재리 또는 이중처벌 금지의 효력을 부여할 의사가 있었던 것으로 볼 수는 없다. 따라서, 위 B규약 제14조 제7항은 '외국에서의 법률 및 형사절차에 따라 이미 확정적으로 유죄 또는 무죄선고를 받은 행위'에 대하여까지 직접 적용되지는 않는다고 할 것이므로, 피고인이 중국에서 재판을 받고 실형을 선고받아 그 형의 집행을 종료한 범죄에 대하여 우리 법원이 다시 재판하여 처벌하는 것이 위 B규약 제14조 제7항에 위배된다고 볼 수 없고, 위 범죄에 대하여 공소를 제기한 검사의 행위가 공소권남용에 해당한다고 볼 수도 없다. 따라서 위 주장은 이유 없다."

결국 피고인 A에 대하여는 징역 3년의 실형이, 피고인 B, C는 각 징역 2년에 집행유예 3년이 선고되었으며, 피고인 C에 대하여는 국내에서의 구금일수인 87일만이 위 형에 산입되었다.5) 한편 C에 대한 양형 과정에서는 형법 제7조의 법률상 감경 조항이 적용되었다.

---

5) 위 판결은 항소됨이 없이 항소기간 도과로 확정되었다.

3. 외국판결을 이유로 기소유예처분된 사례[6)

가. 사실관계

A는 2000. 8. 부산항에서 화물선을 타고 일본으로 도항하여 일본에서 불법체류하던 중 2000. 10. 18. 후쿠이시 소재 상점에서 과도를 이용하여 현금 2만3천엔을 강취하고 일본인 점원으로 하여금 약2주간 치료를 요하는 상처를 입게 하였다.

A는 일본에서 검거되어 일본 법원에서 강도치상, 총포도검류소지등단속법위반, 출입국관리및난민인정법위반죄 등으로 기소되어 나고야 지방법원에서 징역 7년을 선고받았다. 피고인은 위 판결에 대한 항소, 상고하였으나 2001. 12. 18. 일본 최고재판소에 의한 상고기각결정이 내려짐으로써 징역 7년 형이 확정되어 일본에서 7년 형기를 모두 마치고 국내로 추방된 후 다시 형사 입건되었다.

나. 검찰의 결정

당시 A에 대하여 문제가 된 죄명은 일본으로 밀항한 밀항단속법위반죄와 일본에서의 강도치상죄였다.

검찰은 피의자의 밀항단속법 위반 혐의에 대하여는 공소시효 완료를 이유로 한 공소권 없음 결정을 하는 한편 A의 강도치상 혐의에 대하여는 피의자가 동종전과가 없고 일본에서 7년 이상의 기간 동안 구금되었던 점 등을 고려하여 기소유예 처분을 하였다.

---

6) 인천지검 2009년 형제85042호 사건.

4. 헌법소원이 각하된 사례

가. 사실관계

1990년부터 인도네시아에 정착하여 생활하던 피고인은 2002년 6월경 인도네시아에 거주하는 다른 한국인 2명과 현지인 1명 등과 함께 국내에 거주하는 고철수집상 2명을 인도네시아로 유인한 후 금품을 강취할 것을 모의하였다. 이후 피고인 등은 피해자들을 인도네시아로 끌어들인 후 금원을 강취할 목적으로 감금 및 가혹행위를 자행하고 그 과정에서 피해자를 사망에 이르게 하였다.

피고인은 인도네시아에서 위 범죄사실로 기소되어 징역 3년 6월을 선고받고 약 3년을 복역한 뒤 출소하였다. 이후 피고인은 국내에서 동일한 범죄사실로 또다시 기소되어 2006. 7. 25. 부산지방법원에서 강도치상 등 죄로 징역 6년을 선고받았다.[7] 이들은 위 판결에 불복하여 부산고등법원에 항소한 결과 형법 제7조의 법률상 감경을 받아 징역 3년을 선고받았으며[8] 재차 대법원에 상고하였으나 2007. 2. 8. 상고가 기각되어 위 판결이 확정되었다.[9]

나. 위헌심판 청구 요지

피고인은 동일한 사건으로 외국에서 이미 처벌받았음에도 불구하고 우리 법원이 다시 징역 3년을 선고한 것은 기본권을 침해하여 위헌이라고 주장하면서 2007. 1. 12. 헌법소원심판을 청구하였다.

---

7) 부산지방법원 2006. 7. 25. 선고 2006고합192 판결.
8) 부산고등법원 2006. 12. 7. 선고 2006노467 판결 .
9) 대법원 2007. 2. 8. 선고 2006도9184 판결.

청구인의 주장요지는 동일한 사건으로 인도네시아에서 3년 6월의 징역형을 선고받고 다시 국내에서 3년의 징역형을 선고받은 결과 총 6년 6월의 형을 집행당하고 있는데 이는 주범들이 인도네시아에서 6년의 형을 선고받은 점에 비추어 불공평하다는 것과 법원이 '외국판결은 우리나라에서 기판력이 없어 일사부재리의 원칙이 적용될 수 없다'는 이유로 거듭 형을 선고할 경우 외국에서 형사판결을 받고 국내에 귀국하는 자는 귀국하지 않는 자에 비하여 불공평한 결과가 초래될 수 있다는 점 등이다.

다. 헌법재판소 결정요지[10]

헌법재판소는 위헌으로 결정된 법령을 법원이 적용함으로써 국민의 기본권을 침해한 경우를 제외하고는 법원의 재판은 헌법소원심판의 대상으로 삼을 수 없는데 심판대상판결은 헌법소원심판의 대상이 되는 예외적인 재판에 해당되지 아니한다며 심판청구를 부적법 각하하였다.

이에 대하여 형법 제7조에 대하여 헌법불합치 결정을 하여야 한다는 재판관 조대현, 김종대, 민형기의 반대의견이 있었다.

5. 미결구금 관련 상고가 기각된 사례

가. 사실관계

A는 2004. 5.경 관계당국에서 발행한 정당한 여권·선원수첩 기타 출국에 필요한 유효한 증명 없이 부산 중구 중앙동 부산항에서 한국선적 외항선의 콘테이너에 몰래 승선하여 다음 날 01:00경 일본의 항구로 도

---

10) 헌법재판소 2008. 11. 27. 자 2007헌마49 결정(전원재판부사건).

항하는 방법으로 밀항하였다. 그러나 그는 일본 당국에 적발되어 밀입국 후 불법체류 혐의로 일본에서 구금되었다가 국내로 추방되었다. 국내에서는 필로폰 투약 혐의와 일본으로의 밀항 혐의가 함께 인정되어 구속 기소되었다.

나. 하급심 법원의 판단

1심 법원은 공소사실을 모두 유죄로 인정하면서도 밀항단속법위반죄와 관련하여 일본에서의 구금사실을 고려하여 형을 정할 필요성이 있음을 '형량의 결정' 항목에 적시하였다. 그리고 밀항단속법위반죄와 마약류관리에관한법률위반(향정)죄를 적용하여 징역 1년 2월을 선고하였다.[11]

위 판결에 대하여 피고인은 양형부당으로 항소하였다. 항소심 법원은 마약류관리에관한법률위반(향정)죄에 대한 공소장 변경을 받아들여 원심판결을 직권으로 파기한 후 위 사안에 대하여 다시 판단하면서 원심과 동일한 형을 선고하였다. 그러나 '양형의 이유' 부분에 일본에서의 구금사실에 대하여는 전혀 언급하지 않은 채 원심과 동일하게 징역 1년 2월을 선고하였다.[12] 피고인은 이에 불복하여 재차 대법원에 상고하였다.

다. 대법원의 판단

대법원은 다음과 같은 이유로 피고인의 상고를 기각하였다.

"형법 제7조에서 외국에서 형의 전부 또는 일부를 받은 자에 대하여 법원의 재량으로 형을 감경 또는 면제할 수 있다고 하여 외국에서 형의 집행을 받은 사실을 형의 임의적 감면 사유로 규정하고 있는 취지에 비추어보면 외국에서 판결

---

11) 서울중앙지방법원 2006. 3. 29. 선고 2005고단6439 판결.
12) 서울중앙지방법원 2006. 6. 22. 선고 2006노980 판결.

을 선고받기 전에 구금되어 있었던 사실은 양형의 참작사유로 될 수 있을 뿐인데, 징역 10년 미만의 형이 선고된 사건에서 형의 양정이 부당하다는 사유는 적법한 상고이유가 아니다. 그리고 피고인의 상고 후의 구금일수의 전부를 본형에 산입하여 달라는 주장 또한 적법한 상고이유가 아니다. 그러므로 상고를 기각하고 …"

위 대법원은 판결은 형법 제7조와 관련하여 외국에서 판결을 선고받기 전의 미결구금 사실은 양형참작사유에 불과하고 이와 관련하여 하급심에서 형법 제7조를 적용하지 않았다 하더라도 징역 10년 미만이 선고된 사건에 양형부당을 다투어 상고하는 것을 부적법하다고 본 것이다.[13)

6. 밀항 방조 범죄사실의 동일성을 부정한 사례

대법원은 2008. 10. 9. 선고 2008도5833 밀항단속법위반 등 사건에서

"피고인에 대한 이 사건 범죄사실이 피고인이 일본에서 형을 선고받은 범죄사실과 전부 또는 일부가 동일하다고 하더라도, 형법 제7조의 규정취지는 외국에서 형의 전부 또는 일부를 받은 자에 대하여 법원의 재량으로 형을 감경 또는 면제할 수 있다는 것으로서 외국에서 형의 집행을 받은 자에 대하여 다시 형을 선고하면서 이를 면제 또는 감경하지 아니한 것을 위법하다고 할 수 없으므로(대법원 1979. 4. 10. 선고 78도831 판결, 대법원 1988. 1. 19. 선고 87도2287 판결 등 참조), 원심이 피고인에게 형을 선고하면서 이를 면제 또는 감경하지 아니하였다고 하여 거기에 상고이유의 주장과 같은 법리오해 등의 위법이 있다고 할 수 없다" 라고 판시하여,

형법 제7조가 형의 임의적 감경사유에 불과하다는 기존 판례의 입장을 재확인하였고,

"피고인이 이 사건 밀항단속법위반의 범행에 대하여 이미 처벌받았다는 상고

---

13) 대법원 2006. 10. 13. 선고 2006도4816 판결(밀항단속법위반 등 사건).

이유의 주장은 상고심에 이르러 처음 하는 것일 뿐만 아니라, 기록에 의하면 피고인이 벌금 300만 원의 약식명령을 받고 이미 확정된 울산지방법원 2006고약23448호 밀항단속법위반 사건의 범죄사실은 피고인 자신이 2004년 12월 말경 일본으로 밀항하였다는 것으로서 다른 사람에 대한 밀항을 방조하였다는 취지의 이 사건 밀항단속법위반 사건과는 그 범죄사실이 다르다 할 것이므로, 위 주장은 받아들일 수 없다" 라고 판시하여,

피고인 자신의 밀항범죄와 피고인이 다른 사람의 밀항을 방조하였다는 범죄사실이 동일하지 않다는 이유로 형법 제7조의 적용을 배척하였다.

7. 형 일부 집행에 형법 제7조를 적용 사례

가. 사실관계

피고인은 1997. 2. 4. 19:00경부터 같은 날 23:00경까지 사이에 피지국 라토카 나비티거리 소재 레스토랑에서 동거녀인 피해자가 업무를 소홀히 한다는 이유로 다투던 중 플라스틱 물병으로 피해자의 머리를 때리고 주먹과 발로 얼굴 등 전신을 수회 때렸다. 피해자는 같은 달 5. 00:05경 위 피지국 라토카 병원에서 치료 중 폭행으로 인한 뇌기관파손 등으로 사망하였다.

나. 외국에서의 처벌

피고인은 폭행치사 혐의로 1998. 6. 2. 피지 고등법원에서 징역 6년을 선고받고 1999. 2. 26. 상고심에서 상고기각 판결을 선고받았다. 이후 피고인은 피지 슈바교도소에서 형의 집행을 받던 중 2000. 6. 8. 가석방(형기종료 예정일 2002. 6. 2.)되었다.

다. 우리 법원의 판단

법원은 피지에서의 동일한 범죄사실에 대한 재판에서 동일한 범죄사실로 형의 일부를 집행받았다는 이유로 형법 제7조를 적용하여 형을 법률상 감경하였다. 그리고 피고인은 2회의 벌금형 전과 이외에 별다른 전과가 없는 점, 이 사건 범행으로 인하여 피지의 슈바교도소에서 3년 5개월간의 수감생활을 하다가 가석방된 점, 부양하여야 할 가족이 있고, 그 잘못을 깊이 뉘우치고 있는 점 등 관련 정상을 참작하여 형법 제62조 제1항에 의하여 징역 2년에 집행유예 3년의 판결을 선고하였다.[14]

8. 집행유예 판결에 대한 감경을 부정한 사례[15]

피고인은 태국 법원에서 징역 1년에 집행유예 2년, 벌금 8,000바트(Baht)의 형을 선고받은 후 동일한 범죄사실로 국내에서 다시 재판을 받게 되었는데 위 사건의 하급심은 위 집행유예 판결에도 불구하고 피고인에 대한 형을 면제 또는 감경하지 않았다.

이에 대하여 대법원은 형법 제7조의 규정취지는 외국에서 형의 전부 또는 일부를 받은 자에 대하여 법원의 재량으로 형을 감경 또는 면제할 수 있다는 것이므로 외국에서 형의 집행유예 등을 선고받은 자에 대하여 다시 형을 선고하면서 이를 면제 또는 감경하지 아니한 것을 위법하다고 할 수 없다고 판시하였다.

---

14) 서울지방법원 2000. 7. 20. 선고 2000고합616 판결(폭행치사 사건).
15) 대법원 2004. 2. 12. 선고 2003도7960 판결(폭력행위등처벌에관한법률위반 사건).

9. 형법 제7조와 작량감경이 함께 적용된 사례

외국에서 형을 집행받은 사실이 거듭감경사유로 작용한 경우가 있다. 서울지방법원 2002. 1. 29. 선고 2001고합1050, 1228(병합)(인질강도미수 사건)에서 법원은 외국에서 형의 일부의 집행을 받았다는 이유로 형법 제7조에 기한 법률상 감경을 먼저 실시하였다. 그리고 피고인이 자신의 잘못을 깊이 뉘우치고 있는 점 이외에 이 사건 범행으로 일본에서 재판 을 받고 장기간 복역한 점을 재차 작량감경 사유로 고려한 후 작량감경 을 행한바 있다.

제2절 국제적 일사부재리 원칙 관련 국내 논의

1. 일사부재리 원칙과 관련된 우리 법규

앞서 살핀 바와 같이 우리나라는 일사부재리 원칙의 국제적 적용과 관련하여 논의될 수 있는 다양한 법 조항들을 가지고 있다.

먼저 헌법 제13조 제1항 후문은 "모든 국민은 … 동일한 범죄에 대하여 거듭 처벌받지 아니한다"라는 내용으로 일사부재리 원칙(ne bis in idem)을 선언하고 있다. 문언상으로는 적용대상을 국내판결로 한정하지 않아 외국판결도 그 대상으로 해석될 여지를 남겨두고 있다.

범죄에 의하여 외국에서 형의 전부 또는 일부의 집행을 받은 자에 대하여는 형을 감경 또는 면제할 수 있을 규정한 형법 제7조[16]는 외국에서 형사판결과 집행이 있었을 경우에 대한 원칙 규정으로서의 성격을 갖고 있다. 앞서 본 바와 같이 위 조항에 대하여 대법원은 임의적인 감경사유만의 의미를 갖는다고 보아 위 조항을 적용하여 감경을 행하지 않더라도 위법하지는 않다는 입장이다.[17]

국제범죄와 관련된 특수한 규정으로 국제형사재판소에서 판결한 범죄와 동일한 범죄에 대한 면소를 규정한 국제형사재판소 관할 범죄의 처벌 등에 관한 법률 제7조[18]가 존재한다. 이는 국제범죄를 처벌하기 위하

---

16) 형법 제7조 (외국에서 받은 형의 집행) 범죄에 의하여 외국에서 형의 전부 또는 일부의 집행을 받은 자에 대하여는 형을 감경 또는 면제할 수 있다.

17) 대법원 2006. 10. 13. 선고 2006도4816 판결(밀항단속법위반 등 사건) 등 참조

18) 국제형사재판소 관할 범죄의 처벌 등에 관한 법률 제7조 (면소의 판결) 집단살해죄등의 피고사건에 관하여 이미 국제형사재판소에서 유죄 또는 무죄의 확정판결

여 설립된 상설법원인 국제형사재판소와의 관계를 규정한 것으로 국제 범죄에 대하여 적용되는 특수한 성격을 갖는다.

기소편의주의를 규정한 형사소송법 제247조를 일사부재리 원칙을 실질적으로 구현할 수 있는 조항으로 논하는 견해를 아직까지는 찾아보기 어렵다. 그러나 앞서 본 바와 같이 실무상 외국형사판결이 존재할 경우 불기소처분의 근거조항으로 활용되고 있다.[19] 외국판결이 존재할 경우 일정한 요소들을 고려하여 불기소처분할 수 있음을 규정한 독일입법례 등에 비추어 우리의 기소편의주의 조항도 일사부재리 원칙의 국제적 적용에 관한 조항으로 분류하여 논의할 수 있을 것이다.

국제형사협력 체제와 관련하여서는 범죄인인도법 중 우리나라 판결의 존재를 절대적 인도거절 사유로 규정한 제7조,[20] 외국 판결의 존재를 상대적 인도거절 사유로 규정한 제9조[21] 등이 있다. 이들은 국내 재판권

이 있은 때에는 판결로써 면소의 선고를 하여야 한다.

19) 인천지검 2009년 형제85042호 사건.

20) 범죄인인도법 제7조 (절대적 인도거절사유) 다음 각 호의 어느 하나에 해당하는 경우에는 범죄인을 인도하여서는 아니된다.

　1. 대한민국 또는 청구국의 법률에 의하여 인도범죄에 관한 공소시효 또는 형의 시효가 완성된 경우

　2. 인도범죄에 관하여 대한민국 법원에서 재판계속중이거나 재판이 확정된 경우

　3. 범죄인이 인도범죄를 행하였다고 의심할만한 상당한 이유가 없는 경우. 다만, 인도범죄에 관하여 청구국에서 유죄의 재판이 있는 때에는 그러하지 아니하다.

　4. 범죄인이 인종·종교·국적·성별·정치적 신념 또는 특정 사회단체에 속함 등을 이유로 처벌되거나 그 밖의 불이익한 처분을 받을 염려가 있다고 인정되는 경우

21) 범죄인인도법 제9조 (임의적 인도거절사유) 다음 각 호의 어느 하나에 해당하는 경우에는 범죄인을 인도하지 아니할 수 있다.

　1. 범죄인이 대한민국 국민인 경우

　2. 인도범죄의 전부 또는 일부가 대한민국 영역안에서 행하여진 경우

　3. 범죄인이 인도범죄외의 범죄에 관하여 대한민국 법원에 재판이 계속중인 경우 또는 형의 선고를 받고 그 집행을 종료하지 아니하거나 면제받지 아니한 경우

　4. 범죄인이 인도범죄에 관하여 제3국(청구국이 아닌 외국을 말한다. 이하 같다)

을 제약하는 조항은 아니나 거듭된 재판권의 행사를 목적으로 범죄인인
도 등을 요청하는 외국에 대하여 협력을 거부하는 근거로 작용한다. 우
리 영토 내에 존재하는 사람이 경합하는 다른 재판권이 행사하는 형벌권
의 작용에 의하여 이중처벌을 받을 위험성으로부터 보호하는 역할을 하
는 것이다. 우리나라의 확정판결이 있을 경우 일사부재리 원칙을 적용하
여 범죄인인도를 거부하는 것은 재량사항이 아닌 의무적인 것이다. 또한
국외에서 국내로 이송된 수형자에 대한 공소제기 금지를 규정한 국제수
형자이송법 제18조[22])도 존재한다.

이처럼 범죄의 성격, 적용영역 등에 따라 국제적으로 적용되고 있는
일사부재리 원칙은 복잡하고 다차원적이다. 이는 국제적으로 적용되는
일사부재리 원칙의 인정여부는 다양한 요소들에 의하여 결정되는 법정
책적 영역에 존재하는 것으로 인권보호의 가치와 이에 대응하는 주권적
이해, 외국판결의 신뢰 가능성, 법정지 선택 또는 회피목적 형사절차의
존재가능성, 조약법에 의한 자발적 구속 여부 등 다양한 요소들을 고려
한 각국의 주권적 결단에 맡겨져 있기 때문일 것이다.

아래에서는 일사부재리원칙 규범과 관련된 국내에서의 논의와 몇가
지 문제점에 대하여 살펴보자.

2. 일사부재리 원칙 적용 확대 주장

앞서 고찰한 바와 같이 헌법 제13조 제1항과 형법 제7조의 해석과 관

에서 재판을 받고 처벌되었거나 처벌받지 아니하기로 확정된 경우
  5. 인도범죄의 성격과 범죄인이 처한 환경 등에 비추어 범죄인을 인도함이 비인
    도적이라고 인정되는 경우
22) 국제수형자이송법 제18조 (공소제기의 제한) 국내이송수형자에 대하여 외국에서
    선고된 자유형을 집행중인 때와 그 자유형의 집행을 종료하거나 집행을 하지 아
    니하기로 확정된 때에는 동일한 범죄사실에 대하여 공소를 제기할 수 없다.

련하여 일사부재리 원칙은 외국판결에 대하여는 적용되지는 않는 것으로 이해되고 있다.

우리 학계에서는 헌법이 규정하는 일사부재리 원칙은 한 국가 내에서 동일한 범죄에 대하여 재차 형사재판권이 발동되어서는 안 된다는 것을 의미하는 것에 불과한 것으로 보아 외국형사판결이 존재하는 경우 국외범의 거듭처벌 가능성을 배제하지 않고 있다.[23] 대법원 역시 피고인이 동일한 행위에 관하여 외국에서 형사처벌을 과하는 확정판결을 받았다 하더라도 외국판결은 우리나라에서는 기판력이 없으므로 일사부재리의 원칙이 적용될 수 없다고 선언하고 있으며[24] 헌법재판소의 소수의견에서도 외국판결에 대하여는 일사부재리의 효력을 인정할 수 없다는 견해가 표명된 바 있다.[25]

입법론으로는 외국판결의 일부 집행이 있었을 경우 이를 감경 또는 면제할 수 있도록 규정한 형법 제7조는 헌법 제13조 제1항 후단의 이중처벌금지에 반할 소지가 있으므로 국제적 차원에서의 일사부재리의 원칙을 인정하는 전향적인 태도에 따라 형법 제7조를 폐지하자는 주장이 있다.[26] 위 주장은 헌법상의 일사부재리 원칙이 외국판결에도 확대 적용됨을 전제로 형법 제7조를 거듭처벌받지 않을 권리에 대한 제한조항으로 파악한 것으로 생각된다. 그리고 국가의 기본적 질서를 해하는 범죄가 아닌 경우로 국외에서 발생한 범죄라면 일사부재리의 효력을 승인할 수

---

23) 신동운, 『형법총론』, 서울 : 법문사, 2008, 69면; 권오걸, 『형법총론』, 서울 : 형설출판사, 2007, 58면; 김신규, 『형법총론』, 서울 : 청목출판사, 2009, 88면; 배종대, 『형법총론』, 서울 : 홍문사, 2008, 138면; 김성돈, 『형법총론』, 서울 : 성균관대학교 출판부, 2009, 99면; 김성규, "일사부재리의 원칙과 형법 제7조의 의미", 성균관법학 제14권 제1호(2002년), 171면 등 참고.
24) 대법원 1983.10.25. 선고 83도2366 판결 대법원 1988.1.19. 선고 87도2287 판결.
25) 2008. 11. 27. 2007헌마49 전원재판부사건의 재판관 조대현, 재판관 김종대, 재판관 민형기의 반대의견 참조
26) 김성돈, 『형법총론』, 서울 : 성균관대학교 출판부, 2009, 99면; 조상제, 천진호, 류진철, 이진국, 『국제형법』, 서울 : 준커뮤케이션즈, 2011 59면.

있을 것이라는 논의도 있다.[27]

일사부재리 원칙의 전면적 적용 가능성이나 제한된 범주의 범죄에 대하여 일반적으로 일사부재리 원칙을 인정하자는 주장에 대하여는 다음 절에서 상세히 살피기로 한다.

3. 형법 제7조와 이행법률 제7조의 상충 주장

로마규정 이행법률 제7조는 국제형사재판소의 유무죄 판결이 있었던 경우를 면소판결의 대상으로 규정하는 반면 형법 제7조는 외국형사판결이 존재하고 그에 따라 형벌의 집행이 있었던 경우 형의 감경, 면제를 규정하고 있다는 점에서 양 조항이 상충된다는 주장이 있다.[28] 그리고 그 해결책으로 우리나라가 로마규정에 가입한 이상 로마규정을 따르는 것이 타당할 것이므로 형법총칙규정에 우선하여 적용된다는 규정이 필요하다고 한다.[29]

형법 제7조는 외국에서 형의 집행이 있었던 경우 형의 감경 또는 면제를 규정하는 반면 이행법률 제7조는 국제형사재판소의 유무죄의 확정판결이 있었던 경우 면소를 규정하고 있어 양자의 관계에 대하여 의문이 제기될 수 있을 것이다.

그러나 위 두 개의 조항은 상충된다기 보다는 서로 차원을 달리하는 조항으로 이해할 수 있지 않을까 생각된다. 로마규정 이행법률 제7조는 국제형사재판소 판결에 대한 일사부재리 원칙을 선언한 것으로 보아야 하는 반면 형법 제7조는 일사부재리 원칙이 적용되지 않는 영역에서의 양형고려주의를 선언한 것이기 때문이다. 우리 형법 제7조는 구체적 규

---

27) 임동규, "일사부재리 원칙에 대한 연구", 서울대학교 박사논문(1994), 144면.
28) 김현진, "국제형사재판소규정과 그 이행입법에 대한 연구", 청주대학교 박사논문(2005년), 180면.
29) 김현진, 전게서, 270면.

범내용은 상이하나 동일한 적용영역을 가지는 독일 형법 제51조 제3항의 산입주의에 상응하는 조항으로 독일의 경우 외국의 형이나 자유의 박탈에 대한 산입주의는 일사부재리 원칙이 존재하지 않는 영역에 적용되는 것으로 이해되고 있다.30)31)

물론 형법 제7조는 국제적 일사부재리 원칙이 적용되지 않는 경우에 적용되고 것이고 이행법률 제7조는 일사부재리원칙을 선언한 것이므로 형법 제7조를 국제적 일사부재리 원칙을 부정하는 조항으로 넓게 해석할 경우 내면적인 규범의 충돌이 있다고 볼 여지가 없지는 않다. 그러나 일본 형법 제5조가 '외국판결의 효력'이라는 표제 아래 '외국에서 확정재판을 받은 자라도 동일의 행위에 대하여 다시 처벌하는 것을 방해하지 아니한다'라고 규정하고 있는 반면 우리 형법 제7조는 '외국에서 받은 형의 집행'이라는 표제 아래 '범죄에 의하여 외국에서 형의 전부 또는 일부의 집행을 받은 자에 대하여는 형을 감경 또는 면제할 수 있다'라고 규정하여 보다 개방적으로 규정하고 있다.

비록 형법 제7조가 외국판결의 존재에도 불구하고 거듭된 재판을 전제로 규정하고 있는 것은 사실이나, 아무런 법령상의 근거없이 외국판결의 국내적 효력을 인정하기 어렵다는 법이론적 측면을 고려할 때 형법 제7조를 국제적 일사부재리 원칙을 포괄적으로 금지하는 조항으로까지 해석할 필요는 없지 않을까 생각된다. 따라서 이행법률 제7조는 앞서 살핀 바와 같이 차원을 달리하는 조항으로 이해할 수 있으며 그렇지 않다 하더라도 별도의 입법적 조치 없이 이행법률 제7조는 국제형사법 영역에서 일사부재리 원칙이 인정되는 특별법적 성격을 가진 것으로도 볼 수 있을 것이다.

---

30) Wolfgang SCHOMBURG, 전게 논문, 956면.

31) 우리 법상 형법 제7조에 의하여 형이 감면될 수 있을 뿐이라는 견해는 김성규, "형사관할권의 국제적 경합에 있어서 일사부재리의 적용범위", 『형사법연구』 제20권 제1호(2008), 통권 45호, 111면.

4. 원칙의 제한적 적용과 통제규범의 공백

일사부재리 원칙 또는 이중위험 금지는 어느 누구도 동일한 범죄로 거듭 소추되어서는 안 되며 동일한 범죄로 거듭 처벌받아서 안 된다는 것을 그 핵심적 내용으로 하고 있다. 따라서 일사부재리 원칙이 적용되는 경우에는 후속 재판이 완전히 배제되어 피고인의 기본권이 보호될 수 있으나 일단 일사부재리 원칙이 적용되지 않는 것으로 결정된 경우에는 피고인의 인권을 보호할 수 있는 규범내용을 통상적인 일사부재리 원칙으로부터 도출할 수는 없다.

재판권의 경합을 전제로 하지 않고 하나의 형벌권만이 문제되는 국내법의 영역에서는 형벌권이 일단 실질적으로 행사되었다면 일사부재리 원칙에 따라 거듭된 형벌권의 행사는 불가능하다. 바꾸어 말하면 일사부재리 원칙이 적용되지 않는 영역의 경우 당사자에게 실질적 불이익을 준 앞선 형벌권의 행사 자체가 존재하지 않았으므로 현재 행사되는 형벌권을 제한하는 내용의 규범은 불필요하다. 그러나 국제적 일사부재리 원칙은 재판권의 경합으로 인한 두개의 형벌권의 행사와 관련되어 있다. 따라서 일사부재리 원칙이 적용되지 않는 영역에서는 동일한 행위나 범죄를 이유로 이미 다른 국가에서 형벌권을 행사하여 피고인에게 실질적인 불이익을 가하였으므로 이러한 사실을 새로운 형벌권 행사에 있어 어떻게 고려할 것인가의 문제가 논리필연적으로 제기된다.

우리나라에서 위와 같은 문제영역을 규율하는 조항은 형법 제7조이다. 그러나 앞서 본 바와 같이 대법원은 외국에서의 형의 집행을 받은 사실은 임의적 감경사유에 불과한 것으로 보고 있다.[32] 그리고 외국에서의 판결 전 미결구금사실은 양형참작사유에 불과한 것으로 보아 이를 산

---

32) 대법원 2008. 10. 9. 선고 2008도5833 판결(밀항단속법위반 등 사건).

입하지 않더라도 상고이유 자체가 되지 않으며[33] 양형위원회에서 정한 양형규칙에도 형법 제7조를 어떻게 반영하여 양형을 할 것인가에 대하여는 아무런 언급이 없다.[34]

따라서 현재로서는 당사자가 외국에서 장기간 구금을 당하고 국내에서 동일한 범죄사실로 거듭 재판을 받게 되는 경우 피고인은 외국의 사법절차에 따라 집행된 형벌을 우리나라 법집행기관이 은혜적으로 고려해 주기만을 바라는 입장에 처하는 것으로 생각된다.

이처럼 외국판결과 이에 따라 집행된 형벌이 후속 재판에 고려되도록 하는 구속적 통제 규범 부재현상은 당사자의 법적 안정성을 침해할 뿐만 아니라 당사자에게 실질적으로 가혹한 결과를 가져올 수 있다. 또한 뒤에서 상세히 살피는 바와 같이 책임에 상응하는 형벌의 부과라는 책임주의원칙에 위배되는 실질적 이중처벌을 과할 우려도 존재한다.

따라서 형법 제7조의 적용양상에 대한 실증적 분석과 비판적 고찰을 통하여 이러한 구속적 규범의 공백상태를 보완할 수 있는 대체규범의 필요성이 검토되어야 한다.

---

33) 대법원 2006. 10. 13. 선고 2006도4816 판결(밀항단속법위반 등 사건).
34) http://sc.scourt.go.kr/sc/main/Main.work 참조(2010. 7. 1. 방문).

제3절 국제적 일사부재리 원칙의 제한적 적용

1. 국제적 일사부재리 원칙과 인권보호

앞서 본 바와 같이 일사부재리 원칙은 많은 국가의 국내법질서에서 형사법의 일반원칙으로 때로는 헌법적 원칙으로까지 고양되어 있으나[35] 위 원칙은 전통적으로 단일한 국가의 형사법 영역에 한정적으로 적용되는 것으로 이해되고 있다.[36] 우리의 경우에도 앞서 본 바와 같이 국제형사법의 영역과 국제형사협력 분야에서 일사부재리 원칙이 적용되는 것 이외에는 일사부재리 원칙은 외국판결에 대하여 일반적으로 적용되지는 않는 것으로 이해되고 있다.

이러한 제한적 적용의 타당성 여부를 고찰하기 위해서는 국내적으로 적용되는 일사부재리 원칙의 인정근거가 국제적인 영역에 있어 어떤 범위에서 적용될 수 있는 것인가를 먼저 살펴볼 필요가 있을 것이다.

앞서 본 바와 같이 일사부재리 원칙을 인정하는 근거는 다양하게 제시되고 있으나 가장 대표적인 근거는 범죄혐의를 받고 있는 자의 인권보호와 소추기관의 완벽한 사전적 조사 및 사건 준비라는 소추기관에 대한 요청으로 볼 수 있을 것이다.[37]

---

35) John A.E. Vervaele, 전게 논문, 100면. Lorraine Finlay, 전게 논문, 225면 참조.
36) John A.E. Vervaele, 전게 논문, 100면. Robert Cryer, Håkan Friman, Darryl Robinson, Elizabeth Wilmshurst, 전게서, 67면.
37) Robert Cryer, Håkan Friman, Darryl Robinson, Elizabeth Wilmshurst, 전게서, 67면. 상세한 것은 제3장 해당부분 참조.

먼저 인권보호의 필요성은 국제적 차원의 일사부재리 원칙의 근거로
서도 동일하게 타당하다. 막강한 자원과 권력을 가진 국가가 특정인의
범죄혐의에 대해 반복적으로 유죄입증을 시도하는 것은 피의자에게 곤
란함과 경제적 어려움, 고난 등을 가하는 것으로 그를 계속적인 걱정과
불안 속에 두는 것일 뿐 아니라 무고한 사람이 유죄판결을 받을 가능성
을 높이는 것으로 허용되어서는 안 된다.38) 또한 명예롭지 못하고 불안
감을 주는 형사절차에 피고인을 거듭 회부하는 것을 방지하고 피고인에
대한 실질적인 보호라는 목적도 달성하여야 한다.39)

일사부재리 원칙의 두 번째 인정근거라고 할 수 있는 법집행기관에
대한 요청과 관련된 부분은 국제적 차원에서는 적용되기 어려울 것으로
생각된다. 국내법상의 일사부재리 원칙은 제한된 사법자원을 합리적으로
분배하고 법집행기관으로 하여금 소추에 있어서 완벽한 사전적 준비를
위하여 충분하고 열정적인 수사를 하도록 하는 기능을 가지고 있다.40)
그러나 국제적 영역에 적용되는 일사부재리의 원칙에는 두개의 형벌권
과 두개의 사법기관이 관련되어 있다. 거듭된 후속 기소를 원하는 국가
가 선행하는 외국에서의 수사나 기소에 관여하는 것은 구조적으로 불가
능하다. 선행기소를 행하는 국가 역시 한 번의 형벌권 행사로 인하여 자
국에서의 재소금지효력이 발생하는 것만을 고려할 뿐 외국에서의 재소
금지 필요성을 고려한 사법절차를 진행하지는 않는다. 오히려 일사부재
리 원칙이 제한적으로 인정되는 영역에서는 면책적 형사소송 문제가 주
요한 문제점으로 제기되고 있다.41)

---

38) Green v. United States, 355 U.S. 184, 187~188 (1957).
39) Eser Meyer －Kommentar zur Charta der Grundrechte der Europäischen Union
    － 2. Auflage. Baden-Baden : Nomos Verlagsgesellschaft (2006), 7면 참조.
40) Lorraine Finlay, 전게논문, 224면 참조.
41) 고의적인 면책적 소송이 아니라 하더라도 외국인에 대하여는 온정주의적 경향이
    없지 않다. 우리나라의 경우에도 일정한 정도 이상의 중대한 범죄를 저지른 외국
    인 범죄자는 국외로 강제퇴거 되며(출입국관리법 제46조 제1항 제11호 등 참조)

따라서 보다 발전된 미래의 국제사회에 보편적으로 존재하는 법집행 기구를 상정하지 않는다면 일사부재리 원칙을 국제적으로 인정하는 근거는 소추기관과 관련된 제도적 측면이 아닌 인권보호라는 보편적 가치가 국제적 이중위험의 상황에서 어떻게 구현될 것인가의 문제로 귀착될 것이다.

현재 우리의 학설 및 판례는 앞서 본 바와 같이 대부분 외국판결에 대하여 일사부재리의 효력을 인정하지 않는 것이 사실이다. 그러나 국내 학계에서도 외국에서 이미 동일한 범죄로 형사처벌을 받은 자를 다시 우리 형법에 의하여 처벌한다면 이는 가혹한 것이라거나[42] 부당한 이중처벌이라는 견해[43] 등이 제시되고 있다. 또한 앞서 본 바와 같이 외국판결의 일부 집행이 있었을 경우 이를 감경 또는 면제할 수 있도록 규정한 형법 제7조는 헌법 제13조 제1항 후단의 이중처벌금지에 반할 소지가 있으므로 국제적 차원에서의 일사부재리의 원칙을 인정하는 전향적인 태도에 따라 형법 제7조를 폐지하자는 주장[44]과 국가의 기본적 질서를 해하는 범죄가 아닌 경우로 국외에서 발생한 범죄에 대하여는 일사부재리의 효력을 승인할 수 있다는 주장도 존재한다.[45]

이중처벌을 받는 개인의 입장에서 본다면 국내법원에 의한 거듭처벌

상대적으로 가벼운 범죄의 경우에도 당사자가 불법체류자일 경우에는 추방 등의 절차가 예정되어 있는 등 종국적으로 우리 공동체에서 축출되는 점과 수사, 재판, 구금 등에 필요한 비용 등을 고려하여 기소유예 결정 혹은 집행유예 판결이 내려지는 경향이 없지 않다.

42) 권오걸, 전게서, 58면. 형법 제7조의 조항의 성립경과 관련 심의회 회의록 중 엄상섭 법제사법위원회 대리의 발언 해당부분 참조 "法制司法委員長代理(嚴상섭) : … 같은 行爲를 가지고 이미 外國에서 判決을 받아서 刑의 執行을 받은 사람을 또다시 우리나라에서 處罰한다는 것은 苛酷하지 않을까 그래서 이러한 條文이 있는 것입니다." 한국형사정책연구원, 『형사소송법제정자료집』, 서울 : 한국형사정책연구원, 1990, 197면.

43) 김신규, 전게서, 88면.

44) 김성돈, 『형법총론』 서울 : 성균관대학교 출판부, 2009, 99면.

45) 임동규, "일사부재리 원칙에 대한 연구", 서울대학교 박사논문(1994), 144면.

인가 아니면 국내법원과 외국법원에 의한 거듭처벌인가 여부는 아무런 차이가 없으며 똑같이 가혹하고 부당하게 느껴질 것이다. 또한 실제적으로 외국에서 처벌을 받지는 않았다 하더라도 외국에서의 장기간 법정공방을 거쳐 무죄판결을 받은 피고인에 대하여 거듭 국내에서 재판을 하게 되는 경우 역시 당사자에게 심각한 불이익을 야기할 수 있다. 나아가 이러한 이중처벌을 피하기 위하여 국내재판권이 미치는 국내로 들어오지 못하고 처벌을 받은 국가에 계속 머물면서 생활해야 하는 경우와 같이 거듭처벌의 가능성은 당사자의 거주이전의 자유와 법적 안정성을 침해하는 결과를 가져온다. 특히 우리의 경우와 같이 외국에서 형벌집행사실의 반영여부가 법원의 재량사항일 뿐 국내에서 어느 정도 반영될 것인가 여부에 대한 통제규범이 없는 상태에서는 사실상 완전한 형태의 이중처벌 위험성에 노출되어 있다. 경우에 따라서는 거듭된 처벌로 인하여 책임의 한도 내에서 형벌이 부과되어야 한다는 책임주의 원칙[46]을 위배할 우려도 있으며 앞선 형집행으로 인한 자신의 실질적인 불이익이 새로운 재판에 전혀 반영되지 않을 수 있어 당사자의 법적 안정성은 더욱 심대하게 침해된다.

그러나 이러한 인권보호 필요성에도 불구하고 일사부재리 원칙은 전통적으로 단일한 국가의 형사법 영역에 한정적으로 적용되는 것으로 이해되고 있다.[47] 아래에서는 외국판결에 대하여 국내법원의 판결과 동일한 일사부재리 원칙을 인정하는데 어떠한 장애요인이 있는가를 살펴본다.

---

46) 신동운,『형법총론』서울 : 법문사, 2008, 341면. 책임주의와 양형, 형벌 등에 대하여 상세한 것은 이종갑, "형벌이론과 양형", 한양법학(2007). 이종갑, "형법상 책임주의의 재구성", 강동호 교수 화갑기념 논문집(1992) 이종갑, "양형에 있어서의 책임주의", 범주 서영배 박사 화갑기념 논문집(1995) 등 참조.

47) John A.E. Vervaele, 전게 논문, 100면. Robert Cryer, Håkan Friman, Darryl Robinson, Elizabeth Wilmshurst, 전게서, 67면.

2. 적용제한의 불가피성

가. 헌법재판소 소수의견에서 설시된 제한적 적용사유

우리 헌법상 일사부재리 원칙은 헌법 제13조 제1항 후문에 규정되어 있다. 위 문언을 살펴보면 "모든 국민[48]은 … 동일한 범죄에 대하여 거듭 처벌받지 아니한다"라고 규정하고 있어 문언상으로는 국내판결로 그 범위를 제한하고 있지 않다. 따라서 외국판결도 위 헌법조항의 요건에 포섭되는 것으로 해석한다면 외국에서 이미 형을 집행 받았음에도 이에 대한 거듭 처벌을 전제로 형의 임의적 감경 혹은 면제를 규정한 형법 제7조[49]의 위헌문제가 제기될 수 있다.[50]

---

48) 헌법 제13조 제1항이 그 주체를 국민으로 규정한 것에 대하여 헌법상의 일사부재리 원칙은 국민에 대하여만 적용되는 것이 아닌가 하는 의문이 제기될 수 있다. 헌법재판소는 우리 헌법이 규정한 기본권조항들과 관련하여 인간의 권리는 외국인도 주체가 될 수 있다고 판시하여 외국인의 기본권 주체성을 인정하고 있다.(헌법재판소 2001. 11. 29 선고 99헌마494) 그러나 어떤 경우에는 국민과 유사한 지위에 있는 외국인에 대하여만 적용되는 것으로 판시하는 등(헌법재판소 1994. 12. 29. 선고 93헌마 120) 구체적 권리를 기준으로 외국인에 대한 적용여부를 결정하는 것으로 보인다. 일사부재리 원칙에서 도출되는 인권은 자유권적 기본권의 핵심적인 것으로 인간으로서의 권리에 해당하여 외국인에게도 그 적용이 있다고 보아야 할 것으로 생각된다.(성낙인,『헌법학』서울 : 법문사, 2010, 325면 참조) 외국인의 기본권주체성에 대한 설명은 김철수,『헌법학원론』서울 : 박영사, 2007, 382면 이하.

49) 대법원은 위 조항이 임의적 감면조항임을 분명히 하고 있다(대법원 1988.1.19. 선고 87도2287 판결).

50) 또한 헌법 제13조 제1항이 직접 적용되지는 않더라도 일사부재리 원칙은 기본권 특히 신체의 자유를 보장하기 위하여 개인에게 부여된 기본권이다.(헌법재판소 1994. 6. 30. 선고 92헌바38) 따라서 외국판결이 존재함에도 거듭 처벌하는 것은 헌법 제13조 제1항의 근거가 되는 신체의 자유 조항을 침해하는 것으로 해석될 수 있다.

　외국판결을 일사부재리 원칙의 적용대상에서 제외하도록 하는 구체적 근거나 충돌하는 법원리는 무엇이며 그러한 가치들 사이에는 어떠한 형량이 이루어져 정당화될 수 있는가를 살펴보자.

　현재까지 형법 제7조의 위헌성 문제를 정면으로 다룬 헌법재판소 결정례는 존재하지 않으나 앞서 본 재판취소사건[51]의 반대의견에서 헌법 제13조 제1항의 이중처벌금지 규범의 적용대상은 국내판결로 제한되어야 한다는 견해가 제시된 바 있다.[52]

　위 사건의 반대의견은 형법 제7조에 대한 위헌 여부를 두단계로 나누어 고찰하고 있다. 첫 번째는 헌법 제13조 제1항이 존재함에도 불구하고 형법 제7조가 외국판결의 존재와 관계없이 거듭 처벌을 허용하는 것이 합헌인가 여부이고 두 번째는 헌법 제13조 제1항의 이중처벌금지 원칙이 적용되지 않아 거듭 처벌이 허용된다는 전제하에 이를 규율하는 형법 제7조가 신체의 자유 등 기본권 최소제한의 원칙을 충족시키고 있는가 여부이다.

　여기에서는 먼저 외국형사판결의 존재에도 불구하고 거듭 처벌이 허용된다는 부분에 관하여 판시이유로 제시된 부분만을 살펴보면

　　"헌법 제13조 제1항은 모든 국민은 … 동일한 범죄에 대하여 거듭 처벌받지 아니한다고 규정하여 거듭처벌을 금지하는 것은 동일한 범죄행위에 대하여 국가가 형벌권을 거듭 행사하지 못하게 함으로써 국민의 기본권 특히 신체의 자유를 보장하려는 것이나,(헌재 1994. 6. 30. 92헌바38) 대한민국 헌법은 대한민국의 국가기관을 구속하지만, 외국이나 외국의 국가기관을 구속하지 못하므로, 대한민국에서 처벌받은 국민이 외국에서 거듭처벌받는 것을 막지 못하며 형사판결은 국가 형벌권을 행사하는 것인데 외국의 재판이나 형벌에 의하여 대한민국의 형벌권 행사가 제한된다고 볼 수 없다. 현실적으로 국가안보범죄나 외국의 형벌이 경미한 경우와 같이 대한민국의 형벌권을 행사할 필요도 있다. 외국에서 처벌받은 경우에 자국의 처벌을 금지하는 입법례도 많지 않은 점 등을 고려할 때 대한민국 국

---

51) 헌법재판소 2008. 11. 27. 선고 2007헌마49 전원재판부.
52) 재판관 조대현, 재판관 김종대, 재판관 민형기의 반대의견.

민이 동일한 범죄에 대하여 외국에서 처벌받은 경우에 대한민국에서 다시 처벌하는 것이 헌법 제13조 제1항 후문에 의하여 금지된다고 볼 수는 없다. 따라서 형법 제7조는 외국에서 형의 집행을 받은 자에 대하여 거듭처벌할 수 있음을 전제로 하고 있지만, 그것이 헌법 제13조 제1항 후문(기듭처벌금지)에 위반된다고 볼 수는 없다"

라고 설시하며 거듭처벌을 규정한 형법 제7조의 합헌성을 인정하고 있다.

나. 법익 보호의 필요성

형법의 주요 과제 중의 하나는 '법익의 보호'이다. 법익(Rechtsgut)이란 사회 내지 국가에서 평화로운 공존질서를 유지하기 위해 법률을 통해 보호해야 할 가치 또는 이익을 말하며, 입법자가 법익보호를 위해 형법이라는 수단을 사용한다는 것은 법익을 침해하는 행위에 대해 형벌을 부과하겠다는 입법적 결단을 내린 것을 의미한다.[53] 형법각칙의 범죄들이나 특별법상 규정되어 있는 범죄들은 우리 사회가 형벌로서 보호하고자 하는 다양한 법익의 보호를 목적으로 국회에서 정한 법률의 형태로 규정되어 있으며 법률에 규정된 범죄들을 헌법과 법률이 정한 국가형벌권 행사 절차에 의하여 심판하도록 규정한다.[54]

외국판결에 대하여 일사부재리 원칙을 승인한다는 것은 당해 사건에 대한 우리 형사법제가 정한 보호적 기능의 수행을 중단함을 의미한다. 따라서 외국판결이 있음을 이유로 형법과 형사소송법이 정한 국가형벌권의 행사를 중단하고자 하는 경우에는 가장 우선적으로 외국판결에 의하여 우리 형사법제가 추구하는 법익보호라는 목적이 제대로 수행될 수 있음이 전제되어야 할 것이다.

그러나 다음 항에서 보는 바와 같이 세계의 모든 국가들의 사법체제

---

53) 김성돈, 『형법총론』 서울 : 성균관대학교 출판부, 2009, 33면.
54) 오영근, 『형법총론』 서울 : 박영사, 2009, 15면.

에 대해 일률적인 신뢰성을 부여할 수 없을 뿐 아니라 일반적으로 신뢰
성이 있는 사법체제를 가진 국가라 하더라도 자국의 이익에 관계된 사건
에서 합리적이고 공정한 판단을 내릴 것으로 확신할 수 없다. 앞서 본
재판취소 사건 소수 소수의견이 지적하듯 우리나라의 국가적 법익이나
사회적 법익을 침해하는 범죄에 대하여 외국법원이 그 불법성의 내용과
정도를 제대로 판단하고 적절한 형을 선고하며 외국의 법집행기관이 이
를 제대로 집행할 것이라고 성급하게 결론내릴 수는 없다.

실제 제한적 범위에서 국제적 일사부재리 원칙을 인정하는 입법례에
서도 뇌물죄(bribery)와 반역죄(treason) 등 자국의 이익을 침해하는 범죄
들에 대하여는 국제적 일사부재리 원칙을 적용하지 않으며55) 조약법에
의하여 국제적 일사부재리 범위를 확장하는 쉥겐 조약의 경우에도 공무
원 범죄 등에 대하여는 일사부재리 원칙의 적용을 유보할 수 있도록 하
고 있다.56)

동일한 행위에 대하여 외국에서는 우리 형사법이 정한 형보다 훨씬
가벼운 형을 규정하거나 혹은 실질적으로 동일한 불법내용이 규정되어
있지 않은 경우가 있을 수 있다. 실제 우리 형법의 경우에도 우리나라의
공문서를 위조한 경우에는 공문서위조죄로 10년 이하의 징역형에 처하
도록 하면서도 외국의 공문서를 위조한 경우에는 사문서로 취급하여 5년
이하의 징역 또는 1천만원 이하의 벌금형을 그 법정형으로 규정하는 등
자국의 법익에 대한 침해가 있었는가 여부에 따라 적용되는 형량 자체가
상이하다.57)

국외에서 발생한 범죄로서 국가의 기본적 질서를 해하는 범죄가 아닌
경우에 일사부재리의 효력을 승인할 수 있다는 주장이 있다.58) 이러한

---

55) Anthony J. Colangelo, 전게논문, 818면.
56) 쉥겐 조약 제55조 등 참조 Christine Van den Wyngaert and Tom Ongena, 전게논
    문, 713면.
57) 대법원 1998. 4. 10. 선고 98도 164 판결 참조.
58) 임동규, "일사부재리 원칙에 대한 연구", 서울대학교 박사논문(1994), 144면.

주장은 일부 국가에서 일정한 예외를 전제로 하여 국제적 일사부재리 원칙을 적용하는 입장과 유사한 것으로 판단된다. 그러나 공무집행방해죄와 상해죄의 상상적 경합의 경우와 같이 국익을 해치는 범죄와 그렇지 않은 범죄가 동일한 행위에 의하여 이루어지는 경우가 있다. 또한 현대사회에서 사적 영역의 중요성을 고려할 때 국가의 기본적 질서를 해하는 범죄인가 여부를 기준으로 우리 형사법상의 법익 보호기능을 직접 행사할 것인가 여부를 결정하는 것이 타당한 것인가도 의문이다.

현대사회에서 기업이 담당하고 있는 중추적 역할을 고려할 때 국가의 기본적 질서를 해치는 범죄가 아니라는 이유로 우리 형사법이 담당하고 있는 보호적 기능을 포기하는 것은 우리 기업과 국민의 보호에 심각한 문제를 야기할 수 있다. 실제 산업스파이 등이 관계되는 기업비밀유출 사건, 지적재산권 침해사건, 기업임원에 대한 뇌물 교부 사건 등 형식적으로는 개인적 법익을 침해하는 범죄이거나 사적 기업과 관련된 범죄이면서도 국가이익이나 그 존립에까지 영향을 미칠 수 있는 국가적 중요성을 가진 사건들이 발생한다. 우리 기업들의 해외진출이 활발해지고 외국기업 또한 우리나라와 본국을 오가며 기업활동을 벌이는 상황에서 자국기업의 성장을 위한 국가 차원의 지원은 매우 상식적인 것이다. 이러한 상황에서 우리나라에서 활동하는 외국 기업의 범법행위를 당해 외국기업의 본국에서 매우 가볍게 처벌해 버린 경우 우리나라가 이를 전면적으로 수용하여야 하는가는 의문이다.

동일한 범죄에 대한 가치 평가가 국가별로 나뉜 극단적 예가 있다. 국내의 미공군교역처(AAFES) 직원에게 청탁과 함께 15만 달러의 뇌물을 제공하였다는 혐의로 우리나라 법원에서 벌금 200만원을 선고받은 우리나라 국민에 대하여[59] 미국법원은 징역 3년에 추징금 7만달러, 벌금 5,000달

---

59) 수원지방법원 2008. 9. 3. 선고 2008노713 국제상거래에있어서외국공무원에대한 뇌물방지법위반 사건 참조. 벌금형을 선고한 우리 법원은 양형이유에서 국제상거래에있어서외국공무원에대한뇌물방지법에서 외국공무원에 대한 뇌물공여 행

러를 선고한 것이다.

위와 같은 점들을 고려할 때 현재로서는 우리 형사법상의 법익 보호 기능을 외국판결에만 의존할 수 있는 여건은 갖추어 지지 못한 것으로 생각된다.

다. 동질성과 상호성의 부재

위 헌법재판소 결정의 소수의견이 외국판결에 의한 국가형벌권 제약의 불가능성을 언급하는 방식은 다소 의문시된다. 물론 외국판결의 효력 그 자체만으로 우리나라를 구속할 수 없다는 것은 법이론적으로 타당한 주장일 것이다. 그러나 외국판결에 대하여 일사부재리원칙의 효력을 인정할 것인가의 문제는 우리의 헌법 또는 국내법이 외국판결을 국내법원에 대하여 효력이 있는 일사부재리 원칙의 해당 요건으로 받아들일 것인가의 문제이기 때문이다.

앞서 본 바와 같이 형사재판권의 행사를 국가주권의 행사로 여겨 국가들은 역사적으로 외국형사판결을 승인하는 것을 거부하여 왔으나[60] 최근에는 유사한 법제도를 가지고 있으며 문화적 사회적으로 같은 정도의 발전단계에 있는 국가들 간에 외국판결을 승인하는 것을 반대하는 것은 그 근거가 박약하다는 주장이 나타난다.[61] 외국판결에 기한 범죄인인도를 수용하고 있으며 외국에서 선고된 형을 집행하는 등 사실상 외국판결의 효력을 전제로 한 조치들을 취하고 있음에 비추어 외국형사판결의 불승인이라는 도그마는 점점 더 그 근거를 상실해 간다는 주장도 존재한다.[62] 제3장에서 본 바와 같이 외국 형사판결에 대하여 전면적 일사부재

위를 처벌하는 취지는 건전한 국제상거래질서의 확립에 있는 것으로서 형법상의 뇌물죄와는 보호법익을 달리한다고 설시하고 있다.

60) M. Cherif Bassiouni, 전게서, 11면.
61) 森下忠, 新國しい國際刑法, 東京, 信山社(2002), 85면 등 참조.

리 효력을 인정하거나 일정한 조건하에 일사부재리 효력을 인정하는 국가도 있다. 나아가 쉥겐 조약의 경우와 같이 지역적으로 제한은 있으나 조약법을 매개로 일사부재리 원칙을 전면적으로 적용하는 것을 유럽 국가들은 승인하고 있다.

일사부재리 원칙의 인권보장적 기능을 고려할 때 국제사회의 발전에 따라 상호간 사법신뢰가 구축되고 유사한 법제도가 갖추어진다면 문화적, 사회적으로 유사한 발전단계에 있는 국가들 사이에 일사부재리의 효력을 인정할 가능성이 더욱 커져갈 것이며 결국 외국판결에 대한 일사부재리 효력 인정 여부는 입법정책의 영역에 속하는 문제로 탈바꿈할 가능성이 높아갈 것이다.

우리나라의 이익만을 배타적으로 추구하겠다는 이기적 입장은 아니라 하더라도 현재 단계에서는 다른 국가의 사법에 대한 충분한 믿음이나 신뢰를 일반적으로 부여할 수 없다는 사실은 일사부재리 원칙의 국제적 적용을 제한하는 중요한 요인으로 존재한다.[63] 각국의 사법시스템은 국가별로 매우 다양한 발전단계를 거치고 있으며 신뢰성 있는 사법체제를 갖추지 못한 국가가 존재한다는 것은 주지의 사실이다. 따라서 당해 판결을 행한 외국의 사법체제에 대한 정당한 평가 없이 우리의 법익보호 기능의 일정부분을 사실상 전 세계 모든 국가를 대상으로 백지위임하는 것은 타당하지 않을 것이다.

국가적 법익의 영역 뿐 아니라 강도, 살인 등 개인적 법익의 영역에서도 앞서 본 실제사례에서처럼 외국에서의 판결 결과가 우리의 평가기준에 비추어 미흡하여 추가적인 형의 선고가 필요한 경우가 존재한다. 사법시스템 발전 초기단계에 있는 외국 수사기관의 수사능력이 문제되는 경우 등 균질적이지 않은 외국 형사사법 시스템을 고려할 때 우리 형사법이 수행하는 법익보호 기능을 외국판결에 전적으로 의존하는 것은 너

---

62) M. Cherif Bassiouni, 전게서, 11면.
63) John A.E. Vervaele, 전게 논문, 101면.

무나 우려스러운 상황을 가져올 수 있다. 우리나라 사람이 외국에서 심각한 신체 상해를 입었으나 당해 국가의 사법당국이 미온적 처벌을 한 경우 적어도 당해 범죄인이 우리나라의 영토 내에 존재한다면 거듭된 재판을 통하여 우리가 판단하는 적정한 수준의 형벌을 부과하는 것이 국가가 부담하고 있는 자국민 보호기능에 상응하는 조치로 생각된다.

위 헌법재판소 결정 반대의견에서 형법 제7조의 합헌성 근거로 제시된 것 중의 하나는 일사부재리 원칙의 국제적 상호성이 인정되지 않는다는 것이다. 대한민국헌법은 대한민국의 국가기관만을 구속하므로 대한민국에서 처벌받은 국민이 외국에서 거듭 처벌받는 것을 막지 못하여 우리나라 국민이 오히려 불리한 처지에 놓일 수 있음을 고려하고 있다. 이러한 고려는 국제적 일사부재리 원칙 규범의 성격이 국가간 재판권의 경합에서 발생하는 문제이므로 상호성의 원칙을 조건으로 정립되는 것이 바람직하다는 견해로 생각된다. 실제 유럽 국가들 사이에서도 전면적이고 무조건적인 일사부재리 원칙을 인정하지는 않으나 쉥겐 조약 등 상호성이 인정되는 조약법을 매개로 일정한 범위 내에서 일사부재리 원칙을 인정하고 있다. 국가간 적용되는 법원칙과 관련하여 이러한 형태의 상호성의 존부는 원칙의 적용여부를 결정하는 하나의 기준이 될 수 있을 것이다.

라. 남용을 방지할 수 있는 제도의 부재

쉥겐조약에 의하여 국제적 일사부재리 원칙을 인정하고 있는 유럽에서도 다른 나라에서의 기소를 막기 위한 면책적 형사절차를 진행하는 경우에 대한 대책이 존재하지 않는다는 것이 문제점으로 지적된다.[64] 로마규정은 각국의 재판에 부여하는 일사부재리 원칙의 예외로서 이른바 면책적 형사절차의 예외를 규정하고 있다.[65]

---

64) Wolfgang SCHOMBURG, 전게논문, 956면.
65) 로마규정 제20조 제3항.

최초의 절차가 어떤 인물을 그의 형사책임으로부터 보호해 주기 위하여 행하여진 경우까지 일사부재리 원칙이 완전히 적용되어야 하는가 여부 및 어떠한 조건하에 일사부재리 원칙은 배제될 수 있으며 누가 그러한 결정을 할 수 있는가 등은 쉥겐 체제가 적용되는 유럽에서도 어려운 과제로 제시되고 있다.[66]

어떤 사건을 어떠한 국가에서 기소하는 것이 보다 바람직한 것인가라는 재판권의 합리적 배분의 문제는 통합된 유럽에서도 어려운 과제로 받아들여지고 있다.[67] 경합되는 재판권들 사이에 합리적 계층구조나 우선성의 기준이 존재하지 않는 상황에서 법정지의 자의적 선택(forum shopping) 문제에 적절히 대응하는 것은 어려운 과제이다. 현재로서는 이를 합리적으로 해결할 수 있는 신뢰성 있는 재판권 배분 규칙은 존재하지 않는다.[68]

실제로 각국의 법질서나 법문화가 동질적이지 않은 상황에서 범죄인이 어떤 곳에서 처벌받는가 여부는 판결결과에 매우 중요한 영향을 미친다. 그러나 위에서 본 바와 같이 국제적으로 통용되는 재판권의 획정에 관한 규칙이 존재하지 않아 가장 연결성이 높은 국가에서 재판을 받는 것이 아니라 가장 처벌을 경하게 받을 수 있는 국가에서 재판을 받고자 하는 법정지의 자의적 선택이라는 폐해가 발생할 수 있다.

결론적으로 외국사법제도의 동질성과 신뢰성이 보장되지 않으며 일사부재리 원칙의 상호성은 확보되어 있지 않다. 또한 일사부재리 원칙의 남용을 방지할 수 있는 제도의 부존재 등 일사부재리 원칙의 완전한 적용에는 많은 한계점들이 존재하는 상황이다. 따라서 우리 형사법이 우리

---

66) John A.E. Vervaele, 전게 논문, 114면.
67) Freiburg Proposal on Concurrent Jurisdictions and the Prohibition on Multiple Prosecutions in the EU(Saarbrücken, 2003). Robert Cryer, Håkan Friman, Darryl Robinson, Elizabeth Wilmshurst, 전게서, 68면.
68) 관할의 우선성 문제의 해결에 대하여 'first come first served' solution에 대한 언급은 Robert Cryer, Håkan Friman, Darryl Robinson, Elizabeth Wilmshurst, 전게서, 68면.

의 법집행기관에 부여한 법익보호 기능을 외국판결에 모두 맡기는 결과
를 가져오는 전면적 일사부재리 원칙의 시행은 적어도 현재의 상황에서는
우리 형사법의 법익 보호라는 관점에서 타당하지 않은 것으로 여겨진다.

결국 우리 헌법 제13조 제1항에 외국판결이 포함되지 않는다고 해석
한 위 헌법재판소 결정의 소수설 입장은 타당한 것으로 생각되며 형법
제7조는 헌법 제13조 제1항 후단의 이중처벌금지에 반할 소지가 있으므
로 국제적 차원에서의 일사부재리의 원칙을 인정하는 전향적인 태도에
따라 형법 제7조를 폐지하자는 주장[69]이나 국가의 기본적 질서를 해하
는 범죄가 아닌 경우로 국외에서 발생한 범죄에 대하여는 일사부재리의
효력을 승인할 수 있다는 주장[70] 등은 현재의 상황 하에서는 동의하기
어려운 것이다.

3. 대안으로서의 일사부재벌 원칙

우리 형사법이 규정하고 있는 법익 보호의 필요성에 따라 일사부재리
원칙을 전면적으로 인정하기 어렵다면 이에 대한 다른 보완책으로는 어
떠한 것이 존재할 수 있을까.

앞서 살핀 바와 같이 동일한 범죄에 대하여 외국과 국내에서 거듭 처
벌하는 것은 신체의 자유를 근본적으로 침해하는 것이며[71] 거듭처벌의
가능성은 당사자의 법적 안정성에 심대한 침해를 초래한다. 따라서 개인
의 기본권보장을 위하여 국제적 이중처벌은 최대한 제한되어야 하며 국
가형벌권의 행사를 위하여 부득이하게 거듭 처벌을 허용하는 경우에도

---

69) 김성돈,『형법총론』서울 : 성균관대학교 출판부, 2009, 99면.
70) 임동규, "일사부재리 원칙에 대한 연구", 서울대학교 박사논문(1994), 144면.
71) 헌법재판소 2008. 11. 27. 자 2007헌마49 결정(전원재판부 사건)에서 재판관 조
    대현, 재판관 김종대, 재판관 민형기의 반대의견.

그로 인하여 신체의 자유가 침해되는 정도를 최소한도로 제한할 필요가 있다.

실제 외국에서 형사판결을 받고 그 집행을 받은 사람은 이미 동일한 범죄로 실질적인 처벌을 받은 것이다. 따라서 불가피하게 외국법원의 판결을 그대로 승인할 수는 없다 하더라도 동일한 행위로 말미암아 실질적으로 부담한 불이익은 이미 존재하는 사실로서 거듭된 형벌권 행사과정에서 반드시 고려되어야 할 것이다.

이처럼 일사부재리 원칙의 국제적 적용이 제한되는 영역에 있어서 발생하는 인권문제에 대한 제도적 보완책으로 외국에서 판결을 선고받고 집행된 형벌은 새로운 형벌이 부과될 때 반드시 고려되어야 한다는 내용의 일사부재벌(ne bis poena in idem) 원칙이 많은 국가들에 의하여 수용되고 있다.72)

당사자에 대하여 이미 집행된 형벌 등 실질적 불이익을 고려하여 외국형사판결과 이에 따른 형벌이 집행된 경우 기소를 하지 않는 형태의 기소편의주의도 일사부재리 원칙 적용의 한계를 보충하는 제도로 이해되고 있다.

일사부재리 원칙이 적용되지 않는 영역에서 그 보완을 위하여 적용되는 형법 제7조는 당사자가 이미 겪은 실질적 불이익을 재량상 참작할 수 있다는 취지로 규정하고 있으며 법원의 실무 또한 동일한 방식으로 운영되고 있다. 이처럼 일사부재리 원칙이 적용되지 않는 영역에 있어서 이를 보완할 수 있는 구속적 통제규범이 존재하지 않을 경우 거듭된 판결과 처벌은 당사자의 기본권에 대한 침해로 이어질 우려가 있다.

아래에서는 기본권에 대한 실질적 보호라는 관점에 입각하여 형법 제7조의 위헌론을 포함한 다양한 쟁점들을 검토해 보자.

---

72) Josè Luis DE LA CUESTA, 전게 논문, 708면.

제4절 전면적 산입주의 도입 필요성

1. 형법 제7조의 양형고려주의

우리 형법은 형법의 적용범위를 규정한 총칙 제1장 제7조에서 외국에서 형의 전부 또는 일부의 집행을 받은 자에 대하여는 국내에서 선고되는 형을 감경 또는 면제할 수 있다고 규정한다.[73]

위 조항은 전형적인 일사부재리 원칙이 아닌 외국에서 동일한 범죄사실로 처벌을 받았을 경우 국내재판의 양형에 이를 고려할 수 있다는 것으로 일사부재벌(ne bis poena in idem) 원칙[74]의 범주에 해당되는 것이다.

그러나 우리 법은 위 원칙의 적용과 관련하여 형의 감면을 필요적이 아닌 임의적인 것으로 규정하고 있으며 대법원도 형법 제7조가 규정한 형의 감면은 임의적인 것임을 분명히 하고 있다.[75] 이러한 해석에 의하면 외국에서 형을 선고받아 복역을 마쳤음에도 그러한 사실이 국내에서 선고될 형에 전혀 고려되지 않을 수 있음을 의미하는 것으로 법집행기관

---

73) 형법 제7조 (외국에서 받은 형의 집행) 범죄에 의하여 외국에서 형의 전부 또는 일부의 집행을 받은 자에 대하여는 형을 감경 또는 면제할 수 있다.

74) GERARD CONWAY, "NE BIS IN IDEM AND THE INTERNATIONAL CRIMINALTRIBUNALS", Criminal Law Forum(2003), 226면 참조.

75) 대법원 1979. 4. 10. 선고 78도831 판결. "형법 제7조의 규정은 그 취지가 범죄에 대하여 외국에서 형의 전부 또는 일부의 집행을 받은 자에 대하여는 법원의 재량에 의하여 형을 감경 또는 면제할 수 있다는 것으로서 외국에서 형을 받은 자라고 해서 반드시 감경 또는 면제를 하지 않으면 안 된다는 것이 아니니, 이건에 있어서 피고인등이 일본국에서 형의 집행을 받았다고 해서 피고인등에게 형을 선고한 것이 형법 제7조에 위배된다고 할 수 없다."

에 대하여 광범위한 재량권을 부여하고 있다.

이러한 입법형식은 법집행기관의 합리적 결정에 대한 신뢰에 기초한 것으로 생각된다. 그러나 외국에서 판결을 선고받고 구금까지 되었음에도 경우에 따라서는 이를 전혀 산입하지 않을 수 있도록 재량을 허용하는 것이 타당한 것인가 여부는 의문이다. 국내재판의 경우 구금 자체가 가지는 불이익한 성격에 비추어 재판이전의 미결구금 일수를 전부산입하지 않고 일부만 산입하는 것은 위헌이라는 헌법재판소의 결정이 존재한다.

따라서 형법 제7조가 당사자의 신체의 자유는 필요 최소한의 범위에서 제한되어야 한다는 기본권의 최소제한 원칙에 상응하는 입법인가 여부 등에 대한 법이론적 분석과 개선책이 검토될 필요가 있다.

2. 형법 제7조의 규범내용과 적용 방식

가. 형법 제7조의 규범 내용

형법 제7조 문언과 위 조항을 해석하는 대법원 판례의 태도 등을 종합하면 형법 제7조의 규범내용은 다음과 같이 요약될 수 있다.

첫째 형법 제7조는 외국에서 형의 전부 또는 일부의 집행을 받은 자에 대하여 형을 감경 또는 면제할 수 있다고 규정함으로써 외국형사판결에도 불구하고 새로운 재판을 금지하고 있지 않다.

이는 앞서 본 일사부재리 원칙을 규정한 헌법 제13조 제1항의 제한적 해석과 관련된 것이다. 헌법이 규정하고 있는 이중처벌금지의 원칙 내지 일사부재리의 원칙은 한 국가 내에서 동일한 범죄에 대하여 재차 형사재판권이 발동되어서는 안 된다는 것을 의미하는 것에 불과하며 특별한 규정이 없는 한 국내에서의 거듭된 재판이나 처벌은 허용된다.

대법원은 베네주엘라에서 형의 선고를 받고 그 집행을 마친 피고인에게 다시 살인 혐의로 형을 선고한 원심 판결에 대하여 "형법 제7조의 규정취지는 외국에서 형의 전부 또는 일부를 받은 자에 대하여 법원의 재량으로 형을 감경 또는 면제할 수 있다는 것이므로 외국에서 형의 집행을 받은 자에 대하여 형을 선고한 것을 위법하다고 할 수 없다"고 판시하였으며,[76] 앞서 본 재판취소(2008. 11. 27. 2007헌마49 전원재판부) 사건의 반대의견에서도 거듭된 재판을 허용하는 형법 제7조의 합헌성을 인정한 바 있다.

둘째 형법 제7조가 규정한 '형의 감경 또는 면제'는 임의적인 것으로 외국에서 형을 집행받았음에도 불구하고 형법 제7조를 적용하여 형을 감경, 면제하지 않더라도 위법이 아니다.

형법 제7조 적용 여부가 법관의 재량사항임은 대법원 판례에 의하여 거듭 확인되고 있다.[77] 법률상 감경사유 중 임의적 감경의 경우 감경 사유가 존재하더라도 처단형의 하한을 낮추기 위하여 필요한 경우가 아니라면 감경을 하지 않는 것이 실무 관행이다.[78]

셋째 형법 제7조에 의하여 처단형의 범위가 법관의 재량에 따라 임의적으로 감경될 수 있다는 점 이외에 실제 선고형을 결정하는 양형 과정에서 어떠한 법률적 의미를 가지는가 여부는 명확하지 않다.

대법원은 외국에서 판결을 선고받기 전에 구금되어 있었던 사실은 양형참작사유라고 판단하고 있으나 위 판결은 외국에서의 형의 집행이 아

---

76) 대법원 1988. 1. 19. 선고 87도2287 판결. 피고인이 동일한 행위에 관하여 외국에서 형사처벌을 과하는 확정판결을 받았다 하더라도 외국판결은 우리나라에서는 기판력이 없으므로 여기에 일사부재리의 원칙이 적용될 수 없다(대법원 1983. 10. 25. 선고 83도2366 판결).

77) 대법원 1988. 1. 19. 선고 87도2287 판결, 1979. 4. 10. 선고 78도831 판결, 2004. 2. 12. 선고 2003도7960 판결, 2007. 2. 8. 선고 2006도9184 판결, 2008. 10. 9. 선고 2008도5833 판결, 2006. 10. 13. 선고 2006도4816 판결 등.

78) 사법연수원, 『형사판결서 작성 실무』, 서울 : 사법연수원, 2006, 168면.

닌 판결을 선고받기 전의 구금에 대한 것이다.[79] 양형위원회에서 정한 양형규칙에는 형법 제7조에 해당하는 경우인 외국에서의 수형사실을 어떻게 반영하여 양형을 할 것인가에 대하여 언급되어 있지 않다.[80]

대법원은 형법 제7조와 관련된 외국에서의 수형사실을 양형에 관한 것으로 보아 10년 미만이 선고된 사건의 경우에는 상고를 허용하지 않는다. 앞서 본 대법원 2006. 10. 13. 선고 2006도4816 판결에서 외국에서 판결을 선고받기 전에 구금되어 있었던 사실은 양형의 참작사유로 될 수 있을 뿐이고 징역 10년 미만의 형이 선고된 사건에서 위와 같은 사유로 양형을 다투는 상고는 부적법한 것으로 보았다.

결론적으로 형법 제7조의 적용여부는 재량사항이라는 일련의 대법원 판례들과[81] 양형에 대한 상고를 허용하지 않는 대법원의 입장을 종합하면 형법 제7조에 해당되어 형이 감경되어야 한다는 주장을 근거로 한 상고는 받아들여지기 어려운 상황으로 생각된다.

나. 구체적 적용방식

아래는 실제 판결문들에서 나타난 법령의 적용부분 적용례이다.

[적용례 ① 서울지방법원 2000.7.20.선고 2000고합616 폭행치사 사건]

형법 제7조를 적용하여 법률상 감경을 한 후 구체적인 선고형을 결정함에 있어 그 사유를 기재하고 있다.

---

79) 대법원 2006. 10. 13. 선고 2006도4816 판결.
80) http://sc.scourt.go.kr/sc/main/Main.work 참조(2010. 7. 1. 방문).
81) 대법원 1988. 1. 19. 선고 87도2287 판결, 1979. 4. 10. 선고 78도831 판결, 2004. 2. 12. 선고 2003도7960 판결, 2007. 2. 8. 선고 2006도9184 판결, 2008. 10. 9. 선고 2008도5833 판결, 2006. 10. 13. 선고 2006도4816 판결 등.

"1. 범죄사실에 대한 해당법조
　　형법 제262조, 제260조 제1항, 제259조 제1항
1. 법률상 감경
　　형법 제7조 (위 범죄에 의하여 외국에서 받은 형의 일부가 집행된 것으로
　　인한 감경)
1. 미결구금일수의 산입 형법 제57조
1. 집행유예 형법 제62조 제1항 (피고인에게 2회의 벌금형 전과 이외에 별다
　　른 전과가 없는 점, 이 사건 범행으로 인하여 피지의 슈바교도소에서 3년
　　5개월간의 수감생활을 하다가 가석방된 점, 부양하여야 할 가족이 있고,
　　그 잘못을 깊이 뉘우치고 있는 점 등의 정상 참작)"

**[적용례 ② 서울지방법원 동부지원 2002. 2. 8.선고 2002고합1 성폭력범
죄의처벌및피해자보호등에관한법률위반(특수강도강간등) 사건]**

　형법 제7조를 적용하여 법률상 감경을 한 후 동일한 사유를 작량감경
사유에 거듭 포함시키고 있다. 집행유예 사유로도 일본에서의 형집행사
실이 명시되어 있다.

"1. 범죄사실에 대한 해당법조
　　성폭력범죄의처벌및피해자보호등에관한법률 제12조, 제5조 제2항, 형법
　　제334조 제2항, 제333조, 제297조(유기징역형 선택)
1. 법률상 감경
　　가. 형법 제7조, 제55조 제1항 제3호(외국에서 형의 일부의 집행을 받았으므로)
　　나. 형법 제25조 제2항, 제55조 제1항 제3호(미수범 감경)
1. 작량감경
　　형법 제53조, 제55조 제1항 제3호(피고인이 이 사건 범행으로 일본에서 재
　　판을 받고 장기간 복역하였고, 자신의 잘못을 깊이 뉘우치고 있는 점 등
　　참작)
1. 집행유예
　　형법 제62조 제1항(위 작량감경 사유와 같은 정상 참작)"

[적용례 ③-1 부산지방법원 2006. 7. 25. 선고 2006고합192 판결]

아래 적용례③-2의 1심 판결이다. 외국에서의 수형사실에도 불구하고

법률상 감경은 하지 않았고, 외국의 수형사실을 작량감경 사유로 활용한
후 선고형의 양형이유에 기재하였다.

> "1. 범죄사실에 대한 해당법조 및 형의 선택
> 　형법 제338조, 제30조(강도치사의 점, 유기징역형 선택), 제337조, 제30조
> 　(강도상해의 점, 유기징역형 선택), 각 제278조, 제277조 제1항, 제30조(각
> 　특수감금의 점)
> 1. 경합범 가중
> 　형법 제37조 전단, 제38조 제1항 제2호(형이 가장 무거운 강도치사죄에 정
> 　한 형에 경합범 가중)
> 1. 작량감경
> 　형법 제53조, 제55조 제1항 제3호(아래 양형이유에서 보는 정상 참작)
> 1. 미결구금일수의 산입
> 　형법 제57조

양형이유

이 사건 범행은 피고인이 다른 공범들과 공모하여 국내에 있는 피해
자들을 외국으로 유인하여 감금한 후 판시 범죄사실 기재와 같이 피해자
들에게 인간으로서는 상상할 수 없을 정도의 폭력을 행사하여 약 1억
3,550만 원 상당의 금품을 강취하고, 피해자 중 1인은 사망에까지 이르게
한 것으로, 그 범행수법이 매우 잔인하고, 그 결과 또한 매우 중한데다가
피해자들과 합의도 이루어지지 아니하여 피고인에 대한 중형의 선고가
불가피하다.

다만, 피고인은 이미 다른 공범들이 금품을 강취하기 위하여 국내에
있는 피해자들을 외국으로 유인해 놓은 상태에서 범행을 본격적으로 개
시하기 하루 전에 공범들로부터 범행제의를 받고 이를 수락하여 이 사건
범행에 가담하게 된 점, 피고인이 이 사건 범행으로 인도네시아에서 3년
6월의 징역형을 선고받아 이미 약 3년을 복역한 점, 피고인이 범행 도중
인 2002. 6. 27.경 최종적으로 현장을 이탈하여 범행가담을 중단한 점,
이 사건 범행으로 피고인이 얻은 이익이 많지 아니한 점, 그 밖에 피고인

이 이 사건 범행에 가담한 정도 및 역할, 기타 피고인의 연령, 성행, 가정환경, 범행 후의 정황 등 이 사건 기록에 나타난 양형의 기준이 되는 여러 가지 사정을 참작하여, 피고인에 대하여 강도치사죄의 법정형 중 유기징역형을 선택한 다음 경합범 가중을 하고 작량감경을 한 형기의 범위 내에서 주문과 같은 형을 선고하기로 한다."

[적용례③-2 부산고등법원 2006. 12. 7. 선고 2006노467 판결]

위 적용례③-1 판결의 항소심 판결이다. 외국에서의 수형사실을 이유로 형법 제7조를 적용하여 법률상 감경을 하였으나 외국에서의 수형사실을 양형이유에는 기재하지 않았다.

"1. 범죄사실에 대한 해당법조 및 형의 선택
    형법 제338조 후문, 제30조(강도치사의 점), 형법 제337조, 제30조(강도상해의 점), 형법 제278조, 제277조 제1항, 제30조(각 특수감금의 점)
1. 상상적 경합
    형법 제40조, 제50조(강도상해죄나 강도치사죄와 각 특수감금죄 각 상호간, 각 형이 더 무거운 전자의 죄에 정한 형으로 처벌하되, 각 유기징역형 선택)
1. 법률상 감경
    형법 제7조
1. 경합범 가중
    형법 제37조 전단, 제38조 제1항 제2호, 제50조
1. 작량감경
    형법 제53조, 제55조 제1항 제3호(범행 가담 경위, 가담 정도, 개전의 정)
1. 미결구금일수의 산입
    형법 제57조"

3. 헌법재판소 결정례

가. 미결구금일수 일부 산입에 대한 헌법재판소의 위헌결정
(2009. 6. 25. 2007헌바25 전원재판부)

제1심 구금기간을 전부산입하지 않고 일부만 산입할 수 있도록 한 형법 제57조 제1항에 대한 헌법소원 사건에서 헌법재판소는

> '형법 제57조 제1항은 해당 법관으로 하여금 미결구금일수를 형기에 산입하되, 그 산입범위는 재량에 의하여 결정하도록 하고 있는바, 이처럼 미결구금일수 산입범위의 결정을 법관의 자유재량에 맡기는 이유는 피고인이 고의로 부당하게 재판을 지연시키는 것을 막아 형사재판의 효율성을 높이고, 피고인의 남상소를 방지하여 상소심 법원의 업무부담을 줄이는데 있다. 그러나 미결구금을 허용하는 것 자체가 헌법상 무죄추정의 원칙에서 파생되는 불구속수사의 원칙에 대한 예외인데, 형법 제57조 제1항 중 "또는 일부 부분"은 그 미결구금일수 중 일부만을 본형에 산입할 수 있도록 규정하여 그 예외에 대하여 사실상 다시 특례를 설정함으로써, 기본권 중에서도 가장 본질적인 신체의 자유에 대한 침해를 가중하고 있다. 또한, 형법 제57조 제1항 중 "또는 일부" 부분이 상소제기 후 미결구금일수의 일부가 산입되지 않을 수 있도록 하여 피고인의 상소의사를 위축시킴으로써 남상소를 방지하려 하는 것은 입법목적 달성을 위한 적절한 수단이라고 할 수 없고, 남상소를 방지한다는 명목으로 오히려 구속 피고인의 재판청구권이나 상소권의 적정한 행사를 저해한다. 더욱이 구속 피고인이 고의로 재판을 지연하거나 부당한 소송행위를 하였다고 하더라도 이를 이유로 미결구금기간 중 일부를 형기에 산입하지 않는 것은 처벌되지 않는 소송상의 태도에 대하여 형벌적 요소를 도입하여 제재를 가하는 것으로서 적법절차의 원칙 및 무죄추정의 원칙에 반한다.'

고 판시하였다.

위 결정문에서는 미결구금은 신체의 자유를 침해받는 피의자 또는 피고인의 입장에서 보면 실질적으로 자유형의 집행과 다를 바 없다고 보았다. 인권보호 및 공평의 원칙상 형기에 전부 산입되어야 함에도 형법 제

57조 제1항 중 "또는 일부" 부분은 미결구금의 이러한 본질을 충실히 고려하지 못하고 법관으로 하여금 미결구금일수 중 일부를 형기에 산입하지 않을 수 있게 허용하고 있는데 이는 헌법상 무죄추정의 원칙 및 적법절차의 원칙 등을 위배하여 합리성과 정당성 없이 신체의 자유를 지나치게 제한한 것으로 헌법에 위반된다고 판단하였다.

특히 형법 제57조 제1항은 "판결선고 전의 구금일수는 그 전부 또는 일부를 유기징역, 유기금고, 벌금이나 과료에 관한 유치 또는 구류에 산입한다"고 규정하여 미결구금일수의 일부는 반드시 산입하도록 하고 산입의 범위만을 재량에 위임하고 있다. 그러나 헌법재판소는 산입자체를 의무적으로 규정하더라도 산입범위와 관련하여 일부만 산입할 수 있는 재량을 부여하는 것은 헌법에 위반된다고 선언하였다.

나. 형법 제7조 관련 재판취소 사건 반대의견 요지
(2008. 11. 27. 2007헌마49 전원재판부결정)

(1) 사건의 개요

1990년부터 인도네시아에 정착하여 생활하던 청구인은 2002. 6.경 인도네시아에 거주하는 다른 한국인 2명과 현지인 1명 등과 국내에 거주하는 고철수집상 2명을 인도네시아로 유인하여 금품을 강취할 것을 모의한 후 피해자들을 인도네시아로 끌어들인 후 금원을 강취하기 위하여 이들에 대하여 감금 및 가혹행위를 자행하고 그 과정에서 사망에 이르게 하였다.

위 범죄사실을 이유로 이들은 인도네시아에서 기소되어 징역 3년 6월을 선고받고 약 3년을 복역한 뒤 출소하였다. 이들은 이후 국내 수사기관의 수사절차를 거쳐 기소되어 2006. 7. 25. 동일한 범죄사실로 부산지방법원에서 강도치상 등 죄로 징역 6년을 선고받았다.[82] 이들은 위 판결에 불복하여 부산고등법원에 항소한 결과 형법 제7조의 법률상 감경을 받아 징역 3년을 선고받았으며,[83] 재차 대법원에 상고하였으나 2007. 2. 8. 상고가 기각되어 위 판결이 확정되었다.[84]

(2) 심판청구 요지

청구인은 자신이 동일한 사건으로 외국에서 이미 처벌받았음에도 불구하고 우리 법원이 '외국판결은 우리나라에서 기판력이 없어 일사부재리의 원칙이 적용될 수 없다'는 이유로 다시 징역 3년을 선고한 것은 청구인의 기본권을 침해하여 위헌이라고 주장하면서 2007. 1. 12. 헌법소원심판을 청구하였다.

청구인은 자신이 동일한 사건으로 인도네시아에서 3년 6월의 징역형을 선고받고 다시 국내에서 3년의 징역형을 선고받은 결과 총 6년 6월의 형을 집행당하게 되었는데 이는 주범들이 인도네시아에서 6년의 형을 선고받은 점에 비추어 불공평하며, 외국판결은 우리나라에서 기판력이 없어 일사부재리의 원칙이 적용될 수 없다는 대법원 판결에 따르면 외국에서 형사판결을 받고 확정 된 후 국내에 귀국하는 자는 귀국하지 않는 자에 비하여 불공평한 대우를 받는 결과가 초래된다고 주장하였다.

(3) 결정요지

헌법재판소가 위헌으로 결정한 법령을 적용함으로써 국민의 기본권을 침해한 재판을 제외한 법원의 재판은 헌법소원심판의 대상으로 삼을 수 없다는 기존의 헌법재판소 입장을 전제로 심판대상판결이 헌법소원심판의 대상이 되는 예외적인 재판에 해당되지 아니하므로 그 취소를 구

---

82) 부산지방법원 2006. 7. 25. 선고 2006고합192 판결.

83) 부산고등법원 2006. 12. 7. 선고 2006노467 판결.

84) 대법원 2007. 2. 8. 선고 2006도9184 판결.

하는 심판청구는 부적법하다고 보아 청구를 각하였다.

다수의견은 법원의 재판에 대한 심판대상과 관련된 전통적 입장에 따라 심판대상재판이 헌법재판소의 심판범위에 속하지 않는다고 보아 청구를 각하한 것일 뿐 형법 제7조의 위헌성에 대하여는 언급하지 않고 있다.

(4) 반대의견 내용

위 사건에서 재판관 조대현, 김종대, 민형기는 반대의견에서 앞서 본 바와 같이 형법 제7조가 헌법 제13조 제1항에 위반되지 않는다고 보면서도 다음과 같이 기본권 제한 최소한의 원칙을 충족시키지 못한 것으로 헌법불합치결정의 대상이 된다고 보았다.

위 소수의견은 먼저 외국에서의 처벌에도 불구하고 이를 다시 처벌하는 것은 신체의 자유를 침해하는 것으로 보면서 기본권의 최소제한의 원칙을 지켜야 하는 것으로 보았다. 그 판시내용을 보면

> '…· 거듭처벌로 인한 기본권 침해의 최소화의 측면에서 볼 때 신체의 자유는 인간의 존엄과 가치 및 개인의 기본권을 보장하기 위한 기초이므로 최대한 보장되어야 하며 동일한 범죄에 대하여 외국과 국내에서 거듭 처벌하는 것은 신체의 자유를 근본적으로 침해하는 것으로 국가형벌권의 행사를 위하여 부득이하게 거듭처벌을 허용하는 경우에도 그로 인하여 신체의 자유가 침해되는 정도를 최소한도로 줄여야 하는 바, …'

라고 설시하고 있다.

나아가 위 소수의견은 형법 제7조가 선고형의 감면을 보장하는 것이 아니며 감경여부도 법관의 재량에 맡기는 것은 외국에서 집행된 형기 전부를 반드시 공제하게 하는 방법과 비교하여 볼 때 거듭처벌로 인한 인권침해를 최소화하지 못하는 것임이 명백하다고 보았다. 따라서 형법 제7조는 헌법 제37조 제2항의 요구 중 기본권 제한 최소한의 원칙을 충족시키지 못하는 것이라고 판단하였다.

"… 형법 제7조는 거듭처벌로 인한 인권침해를 최소화하기 위하여 외국에서
받은 형벌의 집행을 임의적으로 참작하여 법정형을 감면할 수 있도록 하고 있으
나, 이러한 법정형 감경제도는 법정형의 형기를 2분의 1로 줄일 뿐 선고형의 감면
이나 형기의 감축을 보장하는 것이 아니고, 법정형의 감경 여부도 법관의 재량에
맡기고 있으므로, 거듭처벌로 인한 인권침해의 정도를 최소한도로 줄이기에는 미
흡하다고 할 것이다. 외국에서 집행된 형기를 전부 반드시 공제하게 하는 방법과
비교하여 보면 형법 제7조의 태도가 거듭처벌로 인한 인권침해를 최소화하지 못
하는 것임이 명백하여 형법 제7조는 헌법 제37조 제2항의 요구 중 기본권 제한
최소한의 원칙을 충족시키지 못한다고 할 것이다"

라고 설시하고 있다. 다만 형법 7조의 임의적 법정형감경제도는 불완전
하기는 하나 인권침해의 최소화에 기여하고 있으므로 단순위헌이 아닌
헌법불합치 결정을 하여야 한다고 보았다.[85]

4. 형법 제7조의 입법론적 문제점

가. 법정형 감경 방식의 법이론적·실무적 부당성

형법 제7조의 가장 근본적인 문제점은 동일한 행위에 대한 외국에서
의 판결의 선고와 형벌의 집행이 있었다는 점을 법정형 감경 및 양형고
려사유로 보는 것이다. 이러한 방식에 따라 앞서 본 바와 같이 외국에서
형의 집행을 받았다는 이유로 법정형을 먼저 감경하여 선고 가능한 처단

---

85) "그러나 형법 제7조가 택하고 있는 임의적 법정형 감경제도도 불완전하기는 하
지만 거듭처벌로 인한 인권침해의 최소화에 기여하는 것이므로, 형법 제7조에 대
하여 위헌결정을 하여 그 효력을 상실시키면 외국에서 형의 집행을 받은 자에
대하여 임의적 감면도 할 수 없게 되는 결과로 된다. 형법 제7조는 헌법에 위반
되지만 합헌적인 부분도 포함하고 있고, 그 위헌성을 제거하여 합헌적인 내용으
로 변경하는 일은 입법권에 속하는 사항이라고 보여지므로, 형법 제7조에 대하여
헌법불합치결정을 하고 합헌적인 개선입법을 촉구함이 상당하다고 할 것이다."
재판관 조대현, 재판관 김종대, 재판관 민형기의 반대의견.

형의 범위를 정하고 외국에서 형의 집행을 받은 사실을 실제로 선고되는 형의 양형에 고려할 수 있도록 한다.

"범죄에 의하여 외국에서 형의 전부 또는 일부의 집행을 받은 자에 대하여는 **형을 감경 또는 면제할 수 있다**"라고 규정한 형법 제7조는 형의 집행을 감경, 면제하도록 규정한 일본형법과 근본적 차이점을 가지고 있다.[86]

형의 집행의 감경을 규정한 일본에서는 감경 또는 면제는 형 그 자체에 대해 행해지는 것은 아니고 그 집행에 대해 행해진다. 따라서 판결에 형명, 형기 또는 금액은 나타나야 하며 형의 집행의 감경 및 면제는 재판에서 선고되어야 한다.[87] 집행의 감경이란 자유형에 있어서는 선고되는 형기의 집행기간, 재산형에 있어서는 선고되는 벌금액 등 징수하여야 하는 금액을 감하여 주는 것을 말하며 선고되는 형 자체가 변경되는 것은 아니므로 형의 시효는 선고된 바에 따라 정해진다.[88]

이와 달리 우리는 형 자체를 감경, 면제될 수 있도록 하고 있어 매우 불합리한 결과를 초래할 수 있다. 먼저 외국에서 형의 집행을 받은 것이 형의 법률상 감면 사유가 될 수 있는가에 대한 검토가 필요하다.

어떤 범죄에 대한 법정형은 당해 국가가 일반적으로 정하여 둔 불법

---

86) 일본 형법 제5조(외국판결의 효력) 외국에서 확정재판을 받은 자라도 동일한 행위에 대하여 다시 처벌하는 것을 방해하지 아니한다. 다만, 범인이 이미 외국에서 선고된 형의 전부 또는 일부의 집행을 받은 때에는 형의 집행을 감경하거나 면제한다.

第五條 (外國判決の效力) 外國において確定裁判を受けた者であっても、同一の行爲について更に處罰することを妨げない。ただし、犯人が旣に外國において言い渡された刑の全部又は一部の執行を受けたときは、刑の執行を減輕し、又は免除する。

87) 最大判昭29·12·23集 8卷 13号 2288項 또한 무기형에 관한 형의 집행의 감경을 선고하는 방법에 대하여는 最大判昭30·2·24集 9卷 2号 374項 大塚 仁, 佐藤 文哉, 河上 和雄, 古田 佑紀, 전게서, 101면.

88) 大塚 仁, 佐藤 文哉, 河上 和雄, 古田 佑紀, 전게서, 101면.

의 정도에 상응하는 것으로 처단형을 정하기 위하여 이를 감경하는 것 역시 이러한 법정형을 일반적으로 하향시킬만한 사유들이 존재하는 경우에 한한다.

우리 형법상의 감경사유들을 보면 총칙 상으로는 과잉방위(제21조 제2항), 과잉긴급피난(제22조 제3항), 장애미수(제25조 제2항), 방조범(제32조 제2항), 자수(제52조 제1항) 등이 있고, 각칙상으로는 무고죄의 자백, 자수(제157조), 위증죄의 자백, 자수(제153조) 등이 있다.

형법 제7조가 적용될 수 있는 상황은 재판권이 국제적으로 경합하는 상황에서 외국에서 먼저 검거되어 처벌받았다는 범행 후에 발생한 비자발적 사실일 뿐이다. 피고인과 관련된 범죄당시 상황에 대한 것도 아니고 범죄 후에 나타난 범인의 행동과 같은 자발적인 것도 아니다. 따라서 피고인의 불법이나 책임에 직접적인 영향을 미칠 수 있는 요소들을 찾아보기 어렵다. 이처럼 외국에서 형을 이미 집행 받았다는 사실은 다른 형법상의 감경사유들과는 본질적으로 상이한 것으로 이를 법률상 감경사유로 규정하는 것은 의문이다.

실무상으로도 이러한 방식의 입법은 매우 불합리한 결과를 가져올 수 있다. 예를 들면 2명이 공모하여 외국에서 강도상해죄를 저지른 경우를 상정해 보자. 현지에서 검거된 공범 중 1인은 외국수사기관의 허술한 수사로 단순 폭행죄로 벌금형을 선고받았으나 국내에서의 추가 수사로 이들의 강도상해 범행의 전모가 드러나기에 이르렀다. 이 경우 외국법원에 의하여 처벌받은 사실이 없는 사람은 법정형이 징역 7년 이상으로 1회의 작량감경을 받더라도 집행유예가 불가능하다.[89] 그러나 동일한 범죄사

---

89) 제62조 (집행유예의 요건)
　　① 3년 이하의 징역 또는 금고의 형을 선고할 경우에 제51조의 사항을 참작하여 그 정상에 참작할 만한 사유가 있는 때에는 1년 이상 5년 이하의 기간 형의 집행을 유예할 수 있다. 다만, 금고 이상의 형을 선고한 판결이 확정된 때부터 그 집행을 종료하거나 면제된 후 3년까지의 기간에 범한 죄에 대하여 형을 선고하는 경우에는 그러하지 아니하다.

실로 외국에서 벌금형을 선고받은 자는 형법 제7조에 의한 법률상 감경이 가능하고 거듭 감경할 경우 집행유예판결이 가능하다. 외국에서 판결을 받은 사람과 국내에서만 처음부터 재판을 받은 사람 사이에 처단형의 하한에 차등을 둘 합리적 이유는 존재하지 않는 것으로 생각된다.

특히 형의 시효는 선고되는 형을 기준[90]으로 정하여 지므로 형법 제7조를 적용하여 국내에서 선고되는 형 자체를 감경하는 것은 실질적인 차이를 발생시킨다.

선고된 형 자체가 다른 사건의 법률요건이 되는 경우에도 곤란한 문제가 야기될 수 있다. 예를 들면 개정 전 특정 범죄자에 대한 위치추적 전자장치 부착 등에 관한 법률[91] 제5조는 성폭력범죄로 2회 이상 징역형의 실형을 선고 받고 그 형기 합계가 3년 이상인 자의 5년 이내 재범을 요건으로 하고 있다.[92] 외국에서 집행된 형을 고려하여 선고되는 형 자체를 감경하여 줌으로써 위 요건에 당연히 해당되어야 하는 경우도 해당되지 않게 되는 불합리를 초래할 수 있다.

이러한 불합리는 형의 집행단계에서 고려되어야 할 외국에서의 수형사실을 형의 감경요건으로 규정함으로써 발생한 것이다. 따라서 외국에서의 수형여부와 관계없이 범죄자의 행위를 평가하여 이에 상응하는 형량을 정함으로써 우리 법질서가 평가하는 행위의 불법성을 명확히 한 후 외국에서 수형한 기간을 공제하여 주는 것이 타당할 것이다. 이러한 불합리는 섭외형사사건의 증가로 인하여 실제로 발생할 가능성이 적지 않

---

90) 형법 제78조 참조.
91) 법률 제9654호(2009. 8. 9. 시행).
92) 제5조 (전자장치 부착명령의 청구)
　　① 검사는 다음 각 호의 어느 하나에 해당하고, 성폭력범죄를 다시 범할 위험성이 있다고 인정되는 자에 대하여 전자장치를 부착하도록 하는 명령(이하 "부착명령"이라 한다)을 법원에 청구할 수 있다.
　　　1. 성폭력범죄로 2회 이상 징역형의 실형을 선고받아 그 형기의 합계가 3년 이상인 자가 그 집행을 종료한 후 또는 집행이 면제된 후 5년 이내에 성폭력범죄를 저지른 때

은 것으로 수정될 필요가 있다고 생각된다.

나. 책임주의 위배 및 실질적 이중처벌 가능성

책임은 형벌의 정당성을 부여하기 위한 토대가 되는 것으로 책임이 인정될 때 그리고 책임의 한도 내에서 형벌을 부과해야 한다는 원칙이 책임주의이다.[93] 형벌은 책임을 전제로 하고(형벌근거책임), 형벌의 양은 책임의 정도를 넘을 수 없다는 것(형벌제한책임)은 반드시 준수되어야 하는 형사법의 대원칙이다.[94] 책임주의는 헌법적 지위를 갖는 것으로 헌법상의 법치주의 원칙(헌법 제1조, 제10조, 제11조, 제12조, 제13조 등)에서 도출된다.[95]

외국에서 동일한 행위에 대하여 형벌이 집행되었음에도 이를 재량적으로 양형에 고려하도록 한 형법 제7조는 책임주의에 반하는 결과를 초래할 가능성이 농후하다.

책임의 한도 내에서 형벌을 부과해야 한다는 책임주의 원칙에 비추어 외국에서 받은 형벌은 국내에서도 형벌로 평가되어야 하며 외국에서의 형벌이라는 이유로 이를 우리 법체제에서의 형벌과 달리 취급하여야 할 특별한 이유는 없는 것으로 생각된다. 외국 법원에 대한 사법신뢰의 부재 등을 이유로 불가피하게 외국판결에 대하여 일사부재리 효력은 인정하지 못한다 하더라도 국내에서 책임에 상응한 형벌을 산정하여 부과할 경우 동일한 범죄사실로 인하여 이미 집행된 형벌은 형벌로 인식하고 고려하는 것이 타당할 것이다. 그러나 우리 형법 제7조는 외국에서 형벌이 집행되었다는 점을 기히 집행된 형벌로서 고려하는 것이 아니라 형벌을 정하는 하나의 양형요소로 삼고 있다.

---

93) 신동운, 『형법총론』, 서울 : 법문사, 2008, 341면.
94) 김성돈, 『형법총론』, 서울 : 성균관대학교 출판부, 2009, 46면.
95) 박상기, 『형법총론』, 서울 : 박영사, 2009, 216면.

외국에서 형벌이 집행되어 판결을 선고받았다는 우연성이 많이 내포된 사실을 책임에 상응한 형벌을 결정하는 근거로 삼는 것은 그 자체로 이론적 문제점을 가진 것으로 생각된다. 이미 집행된 형벌을 다른 여러 경합하는 양형요소들과 함께 양형인자로만 고려함으로써 이미 집행된 형벌이 과소 반영되거나 아예 반영되지 않을 수 있다는 실무상 문제점이 존재한다.96)

이처럼 실제 집행된 형벌을 다시 형벌을 산정하는 근거로 환입하여 다른 요소들과 함께 재산정하는 방식의 제도운영은 마치 구속 피의자에 대하여 판결을 선고하면서 책임에 상응한 형을 먼저 산정한 후 미결구금 일수를 산입하는 것이 아니라 미결구금기간을 산입하지 않기로 하고 이미 구금되었던 기간을 고려하여 형을 산정하는 것에 비유될 수 있다. 이러한 방식으로 제도가 운영될 경우 기존 집행되었던 형기가 다른 양형요소와 함께 일괄적으로 고려되어 부분적으로만 반영되는 형태로 양형이 이루어져 합산된 형기가 책임의 범위를 초과하는 과잉처벌로 이어질 수 있는 것이다. 이러한 결과는 거듭된 처벌을 금지하는 헌법 제13조 제1항에 실질적으로 저촉되는 것으로 생각된다.

다. 재량적 일부산입의 문제점

앞서 본 바와 같이 전부산입주의는 독일, 오스트리아 등 적지 않은 국가들에 의하여 채택되고 있다. 이러한 형태의 산입주의는 법이론적인 측면에서 두개의 연속되는 제재의 경우 자연적 정의의 일반적 요구에 비추어 이전의 판결에 부과된 어떠한 제재도 이후 판결의 제재를 결정하는데

---

96) 이러한 위험성은 앞서 본 부산지방법원 2006고합192 사건의 1심은 형법 제7조를 적용함이 없이 외국에서 판결이 선고된 동일한 범죄사실에 대하여 징역 6년을 선고하였다가 항소심에서는 징역 3년을 선고하는 형태의 양형에서 일부 드러나고 있다.

고려되어야 한다는데 기초한 것이다.[97)]

비록 국가의 주권적 이해, 외국판결에 대한 신뢰성 여부 등 다양한 이유로 특정한 범죄에 대한 형벌권을 완전히 배제하는 국제적 일사부재리 원칙의 전면적 인정은 어렵다 하더라도 동일한 행위로 이미 집행된 형벌에 대한 전부 산입을 인정하지 않을 이유는 쉽게 발견되지 않는다.

앞서 본 재판취소 사건의 경우처럼 동일한 범죄로 외국에서 이미 3년을 복역한 피의자에 대하여 형을 산정하는 경우를 가정해 보자. 만일 우리 법원에서 당해 범죄사실을 평가하여 범죄자가 징역 6년을 선고받는 것이 타당하다고 판단되어 징역 6년을 선고할 경우 선고되는 6년 형에 외국에서 이미 집행 받은 3년의 기간을 전부 공제하여 주지 않을 이유는 존재하지 않는 것으로 생각된다. 물론 현행 형법 제7조에 의하더라도 양형상 이를 고려하여 실질적으로는 유사한 결과를 도출할 수 있다고 주장할 수 있을 것이다. 그러나 앞서 본 바와 같이 대법원은 형법 제7조를 재량에 의한 임의적 감면 규정으로 보는 한편 10년 미만 선고사건에서는 양형부당 상고가 인정되지 않는다. 이는 외국에서 집행된 형을 전부 산입받는 것을 당사자에게 부여된 권리로 인정하여 그 침해에 대한 구제가 가능하도록 한 것이 아니라 은혜적인 조치로 만들고 있는 것이다. 실제 형법 제7조가 적용되어도 형기의 하한만이 감경될 뿐 선고형의 감경은 보장되지 않으며 이러한 감경여부는 법관의 재량에 맡겨져 있는 것으로 실무가 운영되고 있기 때문이다.

형법 제57조 제1항에 대한 위헌결정은 형법 제7조의 해석과 운영에 중요한 기준점을 제시하고 있다. 앞서 본 바와 같이 위 헌법재판소 결정에서는 동일한 범죄에 대한 미결구금은 신체의 자유를 침해받는 피의자 또는 피고인의 입장에서 보면 실질적으로 자유형의 집행과 다를 바 없으므로 인권보호 및 공평의 원칙상 형기에 전부 산입되어야 하며 이에 대

---

97) John A.E. Vervaele, 전게 논문, 106면.

한 법관의 재량을 허용하는 것은 타당하지 않다고 판시하였다.[98] 대법원 역시 헌법재판소의 위 결정 이후 2010. 4. 16. 2010모179결정, 2010. 4. 23. 2009모1498 재판의집행에관한이의결정에대한재항고 사건 결정 등에서 미결구금일수는 전부산입되어야 함을 선언하였다.[99] 이러한 헌법재판소의 결정과 대법원의 판결에 비추어 볼 때 헌법 제7조는 위헌가능성이 적지 않은 것으로 생각되며 위 조항에 기초한 실무의 재량적 운영방식 역시 위법한 것으로 인정될 가능성이 농후해 보인다.

위 헌법재판소 결정 등은 하나의 범죄의 처벌을 위하여 구금되었던 기간은 최종적으로 결정된 형량에서 무조건으로 공제되어야 한다는 원칙을 전제로 한 것으로 생각된다. 이러한 헌법재판소 결정의 취지를 존중하고 헌법이 보장하는 인권보호를 위하여 검찰은 수형자이송법에 따라 국내로 이송된 수형자에 대한 판결을 집행함에 있어서도 유사한 조치를 취한 바 있다. 외국에서 판결선고전 구금일수 중 일부만을 형기에 산입하는 내용의 유죄판결을 받고 국내로 이송된 수형자에 대하여도 외국에서 불산입된 판결선고전 구금일수를 확인한 다음 이에 해당하는 기간만큼 새로이 형집행 정정지휘를 하도록 실무를 운영하고 있다.[100]

이처럼 당해 범죄로 인하여 발생한 구금은 그것이 외국에서의 형의 집행의 형식으로 인한 것인지 아니면 자국의 재판과정에서 발생한 것인지 여부에 관계없이 모두 당해 범죄로 인한 구금으로 보는 것이 타당할 것이며 이러한 기간은 새로이 선고될 형이 산정된 후 전면적으로 반영되어야 한다. 법관에 대하여 이미 합리적인 범위의 양형결정권이 부여되어 있는 상황에서 외국에서 집행된 형이나 미결구금일수의 산입범위를 재량으로 결정하도록 허용할 합리적인 이유는 존재하지 않으며 이러한 점

---

98) 위 미결구금일수 일부 산입에 대한 헌법재판소의 위헌결정(2009. 6. 25. 2007헌바25 전원재판부).

99) 위 결정으로 종전의 대법원 2007. 8. 10.자 2007모522결정은 폐기되었다.

100) 국내이송 수형자에 대한 미결구금일수 재산정 지시 대검찰청 공판송무과-15006 (2009. 10. 08.)

에서 과도한 재량을 부여하고 있는 형법 제7조의 양형고려주의는 재검토
되어야 한다.

라. 기본권 최소제한 원칙의 준수 필요성

일사부재리 원칙의 국제적 적용이 불가능하여 새로운 기소가 허용되
는 경우에도 실질적 일사부재리 효과를 가지는 산입주의는 보장되어야
하며[101) 일사부재리 원칙은 개인에 대하여 부여되는 권리로서의 성격을
가지고 있음을 상기할 필요가 있다.

앞서 본 재판취소 사건에서는 재판에 대한 헌법소원이라는 헌법재판
소 판단권한의 한계로 모든 헌법재판관들이 형법 제7조의 위헌 여부에
대한 의견을 표명하지는 않았다. 그러나 3명의 재판관은 형법 제7조가
기본권 최소침해 원칙 등에 위반된다는 매우 설득력 있는 의견을 개진하
였다. 소수의견은 헌법 제13조 제1항이 외국판결에 직접 적용될 수는 없
으나 헌법 제13조 제1항의 근거가 되는 신체의 자유는 여전히 보호될 가
치가 있으며 동일한 범죄에 대하여 외국과 국내에서 거듭 처벌받는 것은
신체의 자유를 근본적으로 침해하는 것이라고 전제한다. 그리고 신체의
자유는 인간의 존엄과 가치 및 개인의 기본권을 보장하기 위한 기초이므
로 최대한 보장되어야 하나 외국에서 집행된 형기를 전부 반드시 공제하
게 하는 방법과 비교할 때 형법 제7조의 태도는 거듭처벌로 인한 인권침
해를 최소화하지 못하는 것임이 명백하여 헌법 제37조 제2항의 기본권
제한 최소한의 원칙을 충족시키지 못한다고 본 것이다.[102)

소수의견에서 개진된 이러한 견해는 기본권 제한의 최소성, 합리성이
라는 측면과 앞서 본 미결구금일수에 관한 헌법재판소 결정 등에 비추어

---

101) José Luis DE LA CUESTA, 전게 논문, 736면.
102) 2008. 11. 27. 2007헌마49 전원재판부사건 재판관 조대현, 재판관 김종대, 재판
　　관 민형기의 반대의견.

볼 때 매우 타당한 것으로 생각된다.

전부산입주의의 타당성은 당사자에 대한 법적 안정성의 측면에서도 존재한다. 일사부재리 원칙을 인정하는 다양한 이유에 개인적 자유, 인권의 보장 등과 함께 법적 명확성, 사법에 있어서의 안전 등도 포함되어 있음을 상기할 필요가 있다.103) 외국에서 형사판결을 받고 이를 집행 받은 당사자의 입장에서는 국내에서 거듭 재판을 받게 될 경우 적어도 자신이 외국에서 수형 생활한 기간만큼은 그대로 인정하여 줄 것을 합리적으로 기대할 수 있다. 그러나 현행 형법 제7조는 이러한 외국 수형생활의 반영 여부를 법관의 재량에 맡김으로써 법의 목적인 법적 안정성의 요청을 외면하고 있는 것이다.

이상과 같은 점들을 고려할 때 형법 제7조가 취하고 있는 양형고려주의는 외국에서 집행된 형을 국내에서 선고된 형의 집행에 그대로 산입하여 주는 전부산입주의 형태로 개정될 필요가 있다고 생각된다.104)

---

103) Josè Luis DE LA CUESTA, 전게 논문, 710면. 위 원칙의 인정근거에 대한 영국에서의 논의는 David S. Rudstein, "RETRYING THE ACQUITTED IN ENGLAND PART II: THE EXCEPTION TO THE RULE AGAINST DOUBLE JEOPARDY FOR "TAINTED ACQUITTALS"", San Diego International Law Journal(2008), 240면 이하 참조.

104) 형법 제7조에 대하여 필요적 산입을 입법론으로 제시하는 견해는 김종원(편집대표), 『주석 형법총칙(상)』, 한국사법행정학회, 2001, 82면. 국제적 차원의 일사부재리, 즉 외국관결의 소극적 효력과 관련하여 형벌권행사라고 하는 국가적 이익과 이중으로 처벌받지 않을 개인의 권리라고 하는 인권적 측면이 대립되는데 이러한 이익의 충돌에 대하여 우리나라 입법례는 대체로 전자에 더 큰 비중을 두고 있는 바, 형벌권의 행사가 개인의 구체적인 이해관계와는 분리되어 기능하게 될 위험은 공법적인 조직형태로서의 국가관료주의의 귀결로서 개인의 인권에 대한 재고가 필요하고 국제적으로 형사사법고권의 기능적 제한 및 분담이 필요하다는 견해는 김성규, "일사부재리의 원칙과 형법 제7조의 의미", 성균관법학 제14권 제1호(2002년), 179면.

5. 전면적 산입의무 인정 가능성

가. 형법 제7조의 운영방식에 대한 비판

형법 제7조와 관련된 법이론적, 실무적 문제점과 위 조항의 위헌가능성 등에 대하여 살펴보았다. 이제 위와 같은 문제점이 있는 형법 제7조의 양형고려주의가 해석론 차원에서 지금과 같은 형태로 유지될 수 있는가 여부에 대한 검토가 필요하다.

앞서 본 바와 같이 현재 실무에서 운용되고 있는 형법 제7조의 규범 내용의 핵심은 형법 제7조가 정한 '형의 감경 또는 면제'는 임의적인 것인만큼 외국에서 형을 집행 받았음에도 불구하고 형법 제7조를 적용하여 형을 감경, 면제하지 않더라도 위법이 아니라는 것으로[105] 처단형의 변경여부를 재량사항으로 보고 있다.

처단형의 범위 내에서 구체적인 선고형을 결정하는 과정 역시 다소 불분명한 점은 있으나 외국에서의 형의 집행 사실을 양형참작사유에 불과한 것으로 파악하는 것으로 보인다.[106] 결론적으로 대법원은 형법 제7조의 적용문제를 일반 양형에 관한 것으로 보아 10년 미만이 선고된 사건의 경우에는 상고를 허용하지 않고 있다.[107]

이러한 실무상의 운용형태는 재판을 받는 당사자의 입장에서는 매우

---

105) 대법원 1988. 1. 19. 선고 87도2287 판결, 1979. 4. 10. 선고 78도831 판결, 2004. 2. 12. 선고 2003도7960 판결, 2007. 2. 8. 선고 2006도9184 판결, 2008. 10. 9. 선고 2008도5833 판결, 2006. 10. 13. 선고 2006도4816 판결 등.
106) 대법원 2006. 10. 13. 선고 2006도4816 판결.
107) 형사소송법 제383조 (상고이유) 다음 사유가 있을 경우에는 원심판결에 대한 상고이유로 할 수 있다.
　　4. 사형, 무기 또는 10년이상의 징역이나 금고가 선고된 사건에 있어서 중대한 사실의 오인이 있어 판결에 영향을 미친 때 또는 형의 양정이 심히 부당하다고 인정할 현저한 사유가 있는 때

불만족스럽고 불합리한 것으로 비쳐질 수 있다. 실무상 형법 제7조에 해당하는 사유가 있음에도 그 적용여부가 재량이라는 확고한 대법원 판례의 입장과 법률상 감경 사유가 존재할지라도 그것이 임의적 감경인 경우에는 처단형의 하한을 낮추기 위하여 필요한 경우가 아니라면 굳이 감경을 하지 않는 실무 관행108) 등이 결합하여 재판을 받는 당사자는 자신의 외국에서의 수형생활이 새로운 재판에 실제 고려된 것인지 여부조차 알 수 없는 경우가 있다.

앞서 본[적용례③-1 1심 판결]에서는 형법 제7조를 적용함이 없이 외국에서의 수형사실은 다른 일반적 양형요소들과 함께 일반작량감경 사유로 고려하여 판결을 선고하고 있다. 한편[적용례③-2 2심판결]은 형법 제7조를 적용하여 처단형을 감경하기는 하였으나 구체적으로 어떠한 양형인자를 어떻게 고려하여 선고형을 결정한 것인가에 대하여는 침묵하고 있다.

또한 형법 제7조는 법률이 정한 임의적 감경사유일 뿐 아니라 실질적으로 동일한 행위에 대하여 이미 형벌이 집행된 중요한 사항임에도 양형위원회에서 정한 양형규칙에는 형법 제7조를 어떻게 반영하여 양형을 할 것인가에 대하여는 아무런 언급이 없다.109)

이러한 규범상황은 형법 제7조의 적용여부와 형량에의 고려 여부에 대한 법원의 광범위한 재량을 인정하는 것일 뿐 아니라 형법 제7조의 적

---

108) 사법연수원, 『형사판결서 작성 실무』, 서울 : 사법연수원, 2006, 168면.

109) http://sc.scourt.go.kr/sc/main/Main.work 참조(2010. 7. 1. 방문). 실제 양형위원회 논의 과정에서 임의적 감경사유를 어떻게 양형요소화할 것인가에 대한 논의가 진행되었다. 그러나, 임의적 감경 사유를 의무적 양형요소로 규정하여 판결에 대한 양형상 제약을 가하는 것을 법률상, 실무상 이유를 들어 반대하는 목소리가 적지 않았고 결국 양형기준의 양형인자표에 포함된 법률상 임의적 감경사유에 대하여 법관이 법률적 감경을 하지 않기로 하는 경우에는 작량감경 사유로 고려한다는 것으로 명시되었다. 상세한 것은 양형위원회 제11차 정기회의 회의록(2008. 10. 10.), 양형위원회 제12차 정기회의 회의록(2008. 11. 11.), 양형위원회 소위원회 제3차 회의 회의록(2008. 11. 5.) 등 참조.

용과 그 효력에 관한 문제를 양형 문제화하여 위 조항의 해석을 둘러싼
다양한 쟁점들에 대한 상고심에서의 심리 자체를 차단하는 것으로 생각
된다.

나. 외국에서 집행된 형벌의 의무적 반영 여부

형법 제7조가 규정한 '형의 감경 또는 면제'는 임의적인 것으로 외국
에서 형을 집행 받았음에도 형법 제7조를 적용하여 형을 감경, 면제하지
않더라도 위법이 아니라는 것이 대법원의 확고한 판례이다.[110]

위와 같은 판례의 태도가 정확히 무엇을 의미하는 것인가는 조금 더
고찰할 필요가 있다. 법률상 감경의 경우 그것이 임의적 감경인 경우에
는 그 사유가 있더라도 처단형의 하한을 낮추기 위하여 필요한 경우가
아니라면 굳이 감경을 하지 않는 것이 실무 관행[111]이다. 그런데 대법원
판례가 형법 제7조를 적용하여 형을 감경, 면제하지 않더라도 위법이 아
니라고 선언한 의미가 처단형의 감경 필요성이 없어 형을 감경, 면제하
지 않는 경우 형법 제7조가 필요적 감경의 대상이 아니라는 점에서 위법
이 아니라는 것인지 아니면 형법 제7조가 규정한 사유는 양형고려사유에
불과한 것으로 형법 제7조가 규정한 외국판결의 집행사실을 형의 양정에
고려할 것인가 여부 자체가 재량 사항이라는 것인지 불분명하다.

대법원이 아무런 조건을 부과함이 없이 일반론적으로 형법 제7조를
적용하여 감경, 면제하지 않음은 위법이 아니라고 선언하는 것에 비추어
외국에서의 형벌의 집행 사실을 자유로운 양형요소로 파악하는 입장에
보다 가까운 것으로 생각된다.

---

110) 대법원 1988. 1. 19. 선고 87도2287 판결, 1979. 4. 10. 선고 78도831 판결,
    2004. 2. 12. 선고 2003도7960 판결, 2007. 2. 8. 선고 2006도9184 판결, 2008.
    10. 9. 선고 2008도5833 판결, 2006. 10. 13. 선고 2006도4816 판결 등.
111) 사법연수원,『형사판결서 작성 실무』, 서울 : 사법연수원, 2006, 168면.

형법 제7조의 문언은 외국에서의 형의 집행이 있었던 경우 형을 임의적으로 감경 또는 면제할 수 있다고 규정하고 있을 뿐 어떠한 상황에서 이러한 감경 또는 면제가 일어나는 것인지에 대하여는 전혀 규정하지 않고 있다. 또한 형법 제7조가 외국에서의 형의 집행을 임의적 감경사유로 규정한 것에 비추어 최소한 양형요소로 볼 수 있는 것은 사실이나 구체적으로 어떤 방식으로 양형에 고려되어야 하는 것인가에 대하여는 역시 아무런 규정이 없다. 이와 같은 형법 제7조의 개방적 구조로 인하여 법원은 형법 제7조가 적용될 수 있는 요건이 구비되어 있음에도 형법 제7조의 적용여부를 포함하여 외국에서의 형의 집행사실을 양형요소로 고려할 것인가 여부, 이를 양형요소로 고려하는 경우 어느 정도 형에 참작할 것인가 여부 등에 대한 완전한 재량권을 행사하고 있는 것으로 보인다. 앞서 본 바와 같이 형법 제7조는 문언 자체로도 위헌성이 농후한 조항일 뿐 아니라 법원에 의해 해석, 적용되어 실제적으로 존재하는 형법 제7조의 규범 내용으로 말미암아 동조항의 위헌성은 더욱 강화되고 있는 것으로 생각된다.

뒤에서 보는 바와 같이 형법 제7조가 개정되는 것이 타당할 것이나 개정이 이루어지기 전까지는 해석의 방법으로 위 조항이 합헌적으로 운영되도록 함으로써 당사자의 인권이 실질적으로 보장될 수 있어야 한다.

위 헌법재판소 결정 등에서 명시하고 있는 신체의 자유에 관한 조항 및 기본권 최소제한의 원칙, 형법상 책임주의, 일사부재리 원칙 및 일사부재벌 원칙 등을 고려할 때 형법 제7조는 임의적 감경 조항의 형태로 규정되어 있음에도 불구하고 외국에서 실질적으로 받은 형벌은 단순한 양형참작사유가 아닌 최종적으로 선고될 형에서 공제되어야 하는 것으로 해석되어야 할 것이다.

동일한 범죄로 인한 거듭 처벌을 금지하는 헌법 제13조 제1항, 기본권 최소제한의 원칙을 규정한 헌법 제37조 제2항 등과 미결일수구금에 관한 헌법재판소 결정 등으로부터 '동일한 범죄로 인하여 받은 형사상 불

이익은 새로이 선고되는 형에 의무적으로 산입된다'는 내용의 원리규범
이 도출될 수 있으며 이는 법관에게 적용되어야 할 구속력 있는 규범으
로 존재한다고 보아야 할 것이다.112) 따라서 외국에서 선고되어 집행된
형이 전면적으로 반영되지 않고 이를 다른 양형요소와 결합하여 평가하
거나 혹은 이를 전혀 고려하지 않을 경우 양형 부당 항소사유가 됨은 물
론 법령위반의 항소 및 상고이유가 된다고 보아야 할 것이다.113)

6. 형법 제7조 개정논의와 개정방향

가. 형법 제7조 폐지설

형법 제7조는 헌법 제13조 제1항 후단의 이중처벌금지에 반할 소지가
있으며 국제적 차원에서의 일사부재리의 원칙을 인정하는 전향적인 태
도에 따라 형법 제7조를 폐지하자는 주장이 있다.114)

---

112) 원리규범에 대하여 상세한 것은 강정완, "R. Dworkin의 法原理와 權利의 理論
에 關한 硏究", 서울대학교 석사논문(1985). 장영민, "법 발견 방법론에 관한 연
구". 서울대학교 박사논문(1990). 법원리 법규범의 특질과 대법원 판결과 헌법재
판소 결정 등에서 나타나는 법원리주의에 대한 다양한 논의는 김도균, "법적 이
익형량의 구조와 정당화 문제", 서울대학교 법학 제48권 제2호(2007), 참조.
113) 형사소송법 제361조의5 (항소이유) 다음 사유가 있을 경우에는 원심판결에 대
한 항소이유로 할 수 있다.
1. 판결에 영향을 미친 헌법·법률·명령 또는 규칙의 위반이 있는 때
15. 형의 양정이 부당하다고 인정할 사유가 있는 때
제383조 (상고이유) 다음 사유가 있을 경우에는 원심판결에 대한 상고이유
로 할 수 있다.
1. 판결에 영향을 미친 헌법·법률·명령 또는 규칙의 위반이 있을 때
4. 사형, 무기 또는 10년이상의 징역이나 금고가 선고된 사건에 있어서 중대한
사실의 오인이 있어 판결에 영향을 미친 때 또는 형의 양정이 심히 부당하다
고 인정할 현저한 사유가 있는 때

위 주장은 먼저 헌법 제13조 제1항 후문이 외국판결에 대하여 적용되는 것을 전제로 한 것으로 생각된다. 그러나 앞서 상세히 살핀 바와 같이 외국판결에 대하여 일사부재리 원칙을 전면적으로 도입하는 것은 우리 형법의 법익보호적 기능에 문제가 발생할 수 있다는 점에서 현재로서는 받아들이기 어려운 것으로 생각된다.

앞서 본 바와 같이 재판취소 사건의 반대의견[115]이나 대법원 판결[116] 모두 외국판결에 대한 일사부재리 내지 기판력을 부인하고 있다. 특별한 입법이 존재하지 않을 경우 외국의 형사판결이 우리 법원을 구속할 수 없고[117] 헌법 제13조 제1항이 외국판결에 적용되지 않는 것으로 해석되고 있으므로 외국판결에 일정한 효력을 부여하기 위해서는 형법 제7조의 폐지가 아닌 개정이 필요한 상황으로 생각된다.

나. 형의 필요적 감면으로의 개정 주장

형법 제7조가 외국에서 형의 집행을 받은 사실을 형의 임의적 감면사유로 한 것은 외국법과 한국법과의 차이, 외국법원과 한국법원의 양형면에서의 차이 등을 고려한 것이나 피고인의 이익이라는 관점에서 형의 필요적 감면사유로 규정하는 것이 입법론상 타당하다는 주장이다.[118]

---

114) 김성돈,『형법총론』서울 : 성균관대학교 출판부, 2009, 99면; 조상제, 천진호, 류진철, 이진국,『국제형법』, 서울 : 준커뮤케이션즈, 2011, 59면
115) 헌법재판소 2008. 11. 27. 자 2007헌마49 결정(전원재판부 사건).
116) 대법원 1988.1.19. 선고 87도2287 판결. 피고인이 동일한 행위에 관하여 외국에서 형사처벌을 과하는 확정판결을 받았다 하더라도 외국판결은 우리나라에서는 기판력이 없으므로 여기에 일사부재리의 원칙이 적용될 수 없다(대법원 1983. 10. 25. 선고 83도2366 판결). 형법 제7조 규정의 취지에 비추어 외국판결에 의하여 몰수추징의 선고가 있었던 경우라도 관세법 제198조의 몰수할 수 없는 때에 해당한다 할 것이므로 그 물품의 범칙 당시의 국내도매가격에 상당한 금액을 피고인으로부터 추징하여야 마땅하다. 대법원 1977. 5. 24. 선고 77도629 판결.
117) 신동운,『형법총론』서울 : 법문사, 2008, 69면.

외국에서 판결을 선고받고 형을 집행까지 받은 경우 양형상의 고려는 필요적인 것이어야 한다는 위 주장의 기본적인 취지에는 공감할 수 있다. 그러나 '형의 집행'이 아닌 '刑' 자체를 감면하여 주는 것에는 앞서 본 바와 같이 여러 가지 문제점이 존재한다. 또한 외국에서 집행된 형의 경중을 고려함이 없이 일률적으로 필요적 법률상 감경을 허용하는 것도 국내에서 재판을 받는 자에 비하여 불공정한 우대의 결과를 가져올 수 있다는 점에서 형의 감경방식을 취하는 것은 타당하지 않은 것으로 생각된다.

다. 전면적 산입주의로의 개정방안

앞서 본 바와 같이 외국에서 판결을 선고받고 일정한 형벌의 집행이 있었던 경우 '刑'을 감경하는 것이 아닌 우리 법질서에서 평가하는 적정한 형을 선고한 후 형의 집행 단계에서 이를 필요적으로 전부 산입하는 것이 타당할 것이다. 이러한 입장은 형법 제7조 폐지설에서 주장하는 세계주의적 입장과 형의 필요적 감면으로의 개정 주장에서 나타난 전면적 재량 배제를 모두 반영하는 것이며 형 자체를 감면함으로써 발생하는 문제점도 막을 수 있다는 장점이 있다.

그렇다면 외국에서 형의 집행을 받은 경우 그 집행을 받은 부분에 대한 필요적 산입을 어떤 방식으로 우리 법에 규정할 것인가의 문제가 남는다.

앞서 본 바와 같이 일사부재리 원칙이 각국 실정법에 규정되어 있는 경우에도 형법에 규정하는 방식,[119] 형사소송법에 규정하는 방식,[120] 헌

---

118) 김종원(편집대표), 『주석 형법총칙(상)』, 한국사법행정학회, 2001, 82면.
119) 브라질, 인도네시아, 네덜란드, 러시아, 슬로베니아 등.
120) 알제리, 오스트리아, 벨기에, 프랑스, 독일, 그리스, 헝가리, 기니 인도네시아, 이태리, 중국, 폴란드, 루마니아, 스페인, 터키 등.

법적 보장을 취하는 방식 등 다양하다.121) 그러나 외국에서 형의 집행을
받은 경우 재판 자체를 배제하는 것이 아니라 선고되는 형에 이를 산입
하는 것은 전형적인 일사부재리 원칙이 아닌 일사부재벌(ne bis poena in
idem) 원칙이 적용된 것이므로 실체법인 형법에 규정하는 것이 보다 타
당할 것이다.

전면적 산입주의를 도입하는 방안으로는 형법 제7조를 개정하는 방안과
형법 제57조를 개정하는 방안 두 가지가 있을 수 있을 것으로 생각된다.

제1안 : 형법 제7조 개정방안

현행 형법 제7조를 개정하여 제1항과 제2항으로 나누고 제1항에서는
일본의 경우와 같이 외국에서의 확정판결이 있더라도 국내에서 재차 재
판하여 처벌할 수 있다는 내용을 명시한다. 그리고 제2항에서는 '판결선
고되는 사건과 동일한 범죄사실'로 '외국에서 받은 형이 집행된 경우' 이
를 새로운 선고형에 산입됨을 규정하고 외국에서의 미결구금일수도 함
께 산입될 수 있도록 기타의 자유박탈도 산입됨을 단서에서 규정한다.

제1안	종전	개정 후
형법 제7조 개정안	제7조(외국에서 받은 형의 집행) 범죄에 의하여 외국에서 형의 전부 또는 일부의 집행을 받은 자에 대하여는 형을 감경 또는 면제할 수 있다.	제7조(외국에서 받은 형의 산입) ① 범죄로 인하여 외국에서 확정판결을 받은 자의 범죄 행위에 대하여는 외국의 확정판결에도 불구하고 법률에 다른 규정이 없는 한 다시 재판하여 처벌할 수 있다. ② 제2항 판결 선고되는 사건과 동일한 범죄사실로 국외에서 받은 형이 집행된 경우 이를 새로운 선고형에 산입한다. 국외에서 동일한 범죄사실을 이유로 겪은 기타의 자유박탈 역시 동일하게 산입한다.

---

121) 우리나라를 비롯한 일본, 독일, 러시아, 슬로베니아 등이 이에 해당한다. Josè
    Luis DE LA CUESTA, 전게논문, 709면.

제2안 : 형법 제57조 개정안

전부산입주의를 미결구금일수의 산입을 규정한 형법 제57조에 함께 규정하는 방안을 생각할 수 있다.

외국형사판결이 집행된 경우 집행된 형의 전부를 새로이 선고되는 형에 산입하는 것은 미결구금 산입하는 방식과 유사하므로 판결선고 시 요구되는 기타 산입에 함께 규정하는 것이다. 형법 제57조에 산입주의를 규정한다면 형법 제7조는 폐지하고 기존의 형법 제57조(판결전구금일수의 통산)와 통합하여 조문의 표제를 '제57조(형의 산입)'으로 바꾼다. 그리고 제3항을 신설하여 '판결선고되는 사건과 동일한 범죄사실'로 '외국에서 받은 형이 집행된 경우' 이를 새로운 선고형에 산입됨을 규정하고 외국에서의 미결구금일수도 함께 산입될 수 있도록 기타의 자유박탈도 산입됨을 단서에서 규정한다.

제2안	종전	개정 후
형법 제7조 개정안	제7조(외국에서 받은 형의 집행) 범죄에 의하여 외국에서 형의 전부 또는 일부의 집행을 받은 자에 대하여는 형을 감경 또는 면제할 수 있다.	폐지
형법 제57조 개정안	형법 제57조 (판결선고전 구금일수의 통산) ① 판결선고전의 구금일수는 그 전부 또는 일부를 유기징역, 유기금고, 벌금이나 과료에 관한 유치 또는 구류에 산입한다 ② 전항의 경우에는 구금일수의 1일은 징역, 금고, 벌금이나 과료에 관한 유치 또는 구류의 기간의 1일로 계산한다.	형법 제57조(형의 산입) ① 판결선고전의 구금일수는 그 전부 또는 일부를 유기징역, 유기금고, 벌금이나 과료에 관한 유치 또는 구류에 산입한다. ② 전항의 경우에는 구금일수의 1일은 징역, 금고, 벌금이나 과료에 관한 유치 또는 구류의 기간의 1일로 계산한다. ③ 판결 선고되는 사건과 동일한 범죄사실로 국외에서 받은 형이 집행된 경우 이를 새로운 선고형에 산입한다. 국외에서 동일한 범죄사실을 이유로 겪은 기타의 자유박탈 역시 동일하게 산입한다.

제1안과 제2안의 내용은 기본적으로 동일하며 가장 큰 차이점은 기존의 형법 제7조를 그대로 살리면서 여기에 전면적 산입주의 내용을 추가할 것인가 아니면 형법 제7조를 폐지하고 미결구금일수 산입에 관한 형법 제57조를 개정하는 방식을 취할 것인가의 문제이다.

전부산입주의를 규정한 독일은 형의 선고 시 산입되는 각종 사례에 묶어 규정하고 있으며,122) 탄력적 산입주의를 취하는 일본은 총칙 부분에 규정하고 있다.123)

형의 선고 시 산입되는 내용을 함께 규정하는 제2안이 논리적이며 판결의 실제 선고 방식을 반영하는 면이 있다. 또한 형법 제7조가 위치한 제1편 제1장은 '형법의 적용범위'에 관한 부분으로 내용적 관련성이 다소 떨어진다는 비판이 있을 수 있을 것이다. 제2안의 경우 형법 제7조의 독자성이 다소 몰각되는 측면이 존재하며 제1안은 형법 제7조의 독자성과 독립적 규범영역을 확보하기에 용이하다.

형법 제7조에 규정하고자 하는 산입주의는 일사부재리 원칙 자체는 아니나 그 공백을 보충하는 일사부재벌 원칙을 구현하는 것이다. 또한 재판권의 경합이라는 특별한 상황에서 적용되는 것으로 형법이 규정하고 있는 다른 유형의 산입과 성격을 달리하는 측면이 있어 반드시 미결구금일수 산입과 함께 규정할 필요도 없는 것으로 생각된다.

재판권이 국제적으로 경합된 상황에서 외국판결이 집행된 경우라는 문제 상황을 분명히 하고 이에 대응하여 국제적 일사부재리 원칙 내지 일사부재벌 원칙을 적용하고 있다는 점을 명확히 한다는 취지에서 제1안이 보다 타당할 것으로 생각된다.

---

122) 독일 형법 제51조 참조.

123) 동일한 내용을 규율하는 일본 형법의 경우 제5조에 위 조항이 위치하여 있으나, 일본 형법 제5조를 포함하고 있는 제1장의 명칭은 우리와 달리 '통칙'으로 되어 있다. 일본 형법 제5조 참조.

제5절 소추재량과 국제적 일사부재리 원칙

1. 소추재량을 통한 이중처벌금지의 실질적 구현

지금까지 공소가 제기된 경우를 전제로 하여 일사부재리의 원칙과 일사부재벌의 원칙이 구현되는 양상들을 살펴보았다.

일사부재리 원칙이 국제적으로 적용되는 영역의 경우 검사는 공소권 없음의 불기소 처분을 하여 사건을 조기에 종결하여야 할 것이다. 공소를 제기하더라도 로마규정 이행법률 제7조의 적용을 받는 경우라면 면소판결의 대상이 되며 수형자이송법 제18조의 경우라면 형사소송법 제327조 제2호가 정한 공소기각 판결의 대상이 된다.

국제적 일사부재리 원칙은 적용되지 않으나 일사부재벌 원칙이 구현되어야 하는 경우 법원은 앞서 살핀 바와 같이 형법 제7조에 따른 재판을 하게 될 것이다.124) 이처럼 일사부재벌 원칙과 관련된 형법 제7조가 검사의 소추재량행사에 있어 어떠한 기능을 할 수 있는가의 문제는 일사부재리원칙의 실질적 구현이라는 점에서 매우 중요한 의미를 갖는다.

외국에서의 판결과 형벌의 집행 사실이 존재한다면 검사는 일사부재벌 원칙에 입각하여 공소제기의 필요성 여부를 판단하여야 한다. 피의자가 저지른 범죄사실의 중대성, 관련된 법익보호의 필요성 등과 함께 외국에서 선고되어 집행된 형벌의 종류와 내용 등을 종합적으로 판단하여 새로운 형벌 부과가 불필요하다면 검사는 당해 사건에 대한 공소를 제기

---

124) 형법 제7조의 법이론적, 실무적용상의 문제점과 위 조항이 전면적 산입주의형태로 개정되어야 함은 앞서 본 바와 같다.

함이 없이 사건을 조기에 종결시켜야 한다. 이는 일사부재리원칙이 지향하는 인권보장의 이념에 부합할 뿐만 아니라 소송경제의 입장에서도 바람직한 것이다.

검사의 기소 여부 결정은 자유재량의 범위 내에서 이루어지는 것이 아니다. 앞서 형법 제7조의 의미와 해석론에서 살핀 바와 같이 헌법상의 기본권 조항들과 피고인의 실질적 불이익을 방지할 필요성, 헌법재판소 결정 등에 따라 기소의 실질적 필요성이 없을 경우에는 불기소처분으로 조기에 사건을 종결시킬 의무가 존재한다.

기소단계에서의 검사의 불기소처분이 있었던 경우 일사부재리 원칙이 적용된 것과 동일하게 완전한 불처벌의 효과를 가져올 수 있다.[125] 이는 두개의 형벌권이 경합하는 상황에서 특이하게 나타나는 현상으로 기소단계 평가와 일사부재리 원칙의 실질적 구현을 위한 소추기관 역할의 중요성을 나타내는 것이다. 일사부재벌 원칙에 입각하여 당사자가 외국에서 겪은 실질적 불이익을 범죄의 중대성과 처벌가치 등에 대비하여 실질적으로 판단하고 추가적인 처벌이 불필요한 경우에는 불기소처분으로 절차를 종결시킴으로써 후속적 기소의 금지는 실질적으로 달성된다.[126]

2. 외국 입법례와 국제회의 동향

독일 형사소송법 제153조c 제2항은 형사재판권의 국제적·수평적 경합 상황에 대하여 '외국에서 그 범죄행위로 인한 피의자에 대한 형이 이미 집행되었고, 그 외국의 형을 산입하여 볼 때 국내에서 예상하고 있는

---

125) 앞서 본 독일법에서의 산입주의 규정과 독일형소법 제153조c 제3호를 함께 활용할 경우 국제적 일사부재리 원칙의 적용이 가능하다는 견해는 森下忠, 國際刑法の基本問題. 東京, 成文堂(1996), 93면 참조.
126) Josè Luis DE LA CUESTA, 전게 논문, 724면.

형이 중요하지 않거나 또는 피의자가 그 행위에 관하여 외국에서 무죄의
확정판결을 받은 경우' 검사의 소추재량을 인정하고 있다.127) 수평적 영
역에서의 독일 형사소송법 제153c조와 나란히 국제형사법 영역에 존재
하는 수직적 경합의 경우에 대하여도 독일형사소송법 제153f조를 새로이
도입하여 소추재량을 인정하고 있다.128)

　오스트리아 역시 외국판결에 의한 구금을 산입하여 본 결과 국내절차
의 진행이 필수적인 것으로 생각되지 않을 경우 기소를 하지 않을 수 있
는 소추재량을 검사에게 인정하고 있다고 한다.129) 매우 광범위한 보편
적 관할 조항을 가지고 있었던 벨기에는 2003년의 법률 개정을 통하여
보편적 관할의 행사와 관련한 절대적 소추재량을 검사에게 부여하여 범죄
지, 피의자의 국적국 등에서 권한 있고 독립적이며 편파적이지 않은 공정
한 법원에 의한 재판이 있을 경우 검사로 하여금 절차의 진행을 거부하도
록 규정하고 있다.130)

　1964년의 제9회 국제형법회의에서는 '형사판결의 국제적 효력'이라는
주제를 취급하면서 형사판결의 국제적 효력에 대한 다양한 논의와 함께
"어떤 나라에서 범하여진 죄에 대해 그 나라에서 형사 소추가 이루어졌을

---

127) 독일 형사소송법 제153조c 제2항 : 외국에서 그 범죄행위로 인한 피의자에 대한
　　 형이 이미 집행되었고, 그 외국의 형을 산입하여 볼 때 국내에서 예상하고 있는
　　 형이 중요하지 않거나 또는 피의자가 그 행위에 관하여 외국에서 무죄의 확정
　　 판결을 받은 경우.
128) 위 조항에 대하여 상세한 것은 KAI AMBOS, "INTERNATIONAL CORE
　　 CRIMES, UNIVERSAL JURISDICTION AND § 153F OF THE GERMAN
　　 CRIMINAL PROCEDURE CODE: A COMMENTARY ON THE DECISIONS
　　 OF THE FEDERAL PROSECUTOR GENERAL AND THE STUTTGART
　　 HIGHER REGIONAL COURT IN THE ABUGHRAIB/RUMSFELD CASE",
　　 Criminal Law Forum (2007), 이진국, "독일 국제형법전의 실효성과 정책적 시사
　　 점", 형사정책연구 제19권 제3호 통권 제75호 (2008) 등 참조. 128) 독일 검찰의
　　 소추재량 활용사례에 대하여 상세한 것은 Salvatore Zappalà, 전게논문 참조.
129) Josè Luis DE LA CUESTA, 전게 논문, 725면.
130) Anthony J. Colangelo, 전게논문, 831면.

때는 다른 나라의 사법기관은 동일한 행위에 대하여 소추하지 않을 권한
을 가지지 않으면 안 된다(기소편의주의)"라고 하는 결의를 한 바 있다.[131]

3. 실무상 활용사례 및 몇가지 쟁점들

가. 기소편의주의 활용례

기소편의주의를 규정한 형사소송법 제247조[132]는 범행의 동기, 피해
자에 대한 관계 등 다양한 양형요소들을 고려하도록 규정하고 있으나 독
일과 같이 외국에서의 형벌의 집행사실을 명시하고 있지는 않다.

그러나 실무상으로 외국에서의 형벌집행이 있었던 경우 기소유예 처
분을 한 사례가 발견된다. 일본에서 강도치상죄 등으로 징역 7년을 선고
받고 형기를 모두 마친 상태에서 국내로 추방된 후 재차 입건된 사안에
대하여 검찰은 일본에서 7년 이상의 기간 동안 구금되었던 점 등을 고려
하여 기소유예 처분을 하였다.[133]

나. 외국의 무죄판결과 소추재량 활용가능성

외국에서 이미 동일한 범죄사실로 무죄의 확정판결을 받았으나 재판권이 경

---

131) 森下忠, 國際刑法の基本問題. 東京, 成文堂(1996), 104면.
132) 형사소송법 제247조 : 검사는 형법 제51조의 사항을 참작하여 공소를 제기하지
아니할 수 있다.
형법 제51조 (양형의 조건) 형을 정함에 있어서는 다음 사항을 참작하여야 한다.
1. 범인의 연령, 성행, 지능과 환경
2. 피해자에 대한 관계
3. 범행의 동기, 수단과 결과
4. 범행후의 정황
133) 인천지검 2009년 형제85042호 사건.

합하는 국내법원에 또다시 고소가 제기되는 경우를 상정할 수 있을 것이다.

무죄판결에 대하여 일사부재리 원칙이 적용되는 이행법률 제7조의 해당영역이 아니라면 무죄판결에 대하여는 일사부재리의 효력을 인정할 수 없을 것이다. 그러나 외국에서 1심, 2심, 3심을 거친 장기간의 재판과 증거조사 등을 통해 무죄의 종국판결이 내려진 경우임에도 당사자의 고소가 있다는 이유로 이러한 절차를 국내에서 무조건적으로 다시 되풀이 하여야 하는가의 문제가 제기될 수 있다.

독일에서는 일사부재리 원칙은 피고인에 대한 실질적인 보호를 목적으로 하는 것으로 명예롭지 못하고 불안감을 주는 형사절차에 피고인을 거듭 회부하는 것을 방지하는 기능을 수행하는 것으로 이해되고 있으며[134] 독일 형사소송법 제153조c 제2항은 외국에서 무죄의 확정판결을 받은 경우에도 검사의 소추재량을 인정하고 있다.[135]

공정하고 합리적인 것으로 인정될 수 있는 외국의 무죄판결이 존재하는 경우라면 당사자의 고소에도 불구하고 관련 당사자들을 재차 직접 조사하는 등 모든 형사절차를 다시 진행할 필요는 없을 것으로 생각된다. 외국판결이 정당한 증거를 기반으로 합리적으로 사실인정을 하였는가 등 합리성 측면에서 외국판결을 판단하여 특별한 문제가 발견되지 않는다면 보다 간이한 방식으로 불기소처분을 할 수 있도록 하는 방안을 검토할 수 있을 것이다.

---

134) Eser Meyer −Kommentar zur Charta der Grundrechte der Europäischen Union − 2. Auflage. Baden-Baden : Nomos Verlagsgesellschaft (2006), 7면 참조.
135) 독일형사소송법 제153조c 제2항 : 외국에서 그 범죄행위로 인한 피의자에 대한 형이 이미 집행되었고, 그 외국의 형을 산입하여 볼 때 국내에서 예상하고 있는 형이 중요하지 않거나 또는 피의자가 그 행위에 관하여 외국에서 무죄의 확정 판결을 받은 경우.

다. 기소유예 제도 활용의 적정성 여부

일사부재리 원칙이 국내적으로 적용되는 경우에는 공소권없음 결정
이 이루어지나 불법의 정도와 외국에서의 형벌의 정도를 평가한 후 이루
어지는 불기소처분에는 앞서 본 바와 같이 기소유예 제도가 활용되고 있
다.[136)]

기소여부 결정을 위해서는 형사소송법 제247조[137)]에 의하여 준용되
는 형법 제51조가 정한 다양한 양형요소들을 고려하여야 하며 외국에서
동일한 범죄사실로 형사판결을 선고받고 그 형을 집행을 받았다는 사실
은 형법 제51조 제4호가 규정하고 있는 범행 후의 정황에 해당한다고 보
아야 할 것이다.[138)]

현행법상 우리법에 직접적 효력을 가질 수 없는 외국판결의 존재를
이유로 공소권없음 처분을 하는 것이 곤란한 것은 사실이다. 그러나 기
소유예 처분의 경우 당사자가 재범을 한 경우 다시 재기하여 거듭된 소
추가 가능하다는 점에서[139)] 일사부재리 원칙의 본질에 부합하는 않는 측
면이 있다. 일정한 조건이 충족되는 외국에서의 무죄판결을 기소 단계에

---

136) 인천지검 2009년 형제85042호 사건.
137) 형사소송법 제247조 : 검사는 형법 제51조의 사항을 참작하여 공소를 제기하지
    아니할 수 있다.
    형법 제51조 (양형의 조건) 형을 정함에 있어서는 다음 사항을 참작하여야 한다.
    1. 범인의 연령, 성행, 지능과 환경
    2. 피해자에 대한 관계
    3. 범행의 동기, 수단과 결과
    4. 범행후의 정황
138) 형법 제51조 제4호는 범죄의 일반적 양형사유를 열거한 것으로 범죄 후의 정황
    에는 '범행에 대한 일반인의 의식, 범행에 대한 반성 여부, 개전의 정, 피해자에
    대한 사과, 원상회복' 등이 해당되는 것으로 논의되고 있다. 오영근,『형법총론』
    서울 : 박영사, 2009, 784면.
139) 사법연수원,『검찰실무Ⅰ』, 서울 : 사법연수원, 2008, 168면.

서 적용되는 일사부재리 원칙의 적용범주에 포함시키려 할 경우 죄의 성립을 전제로 한 기소유예 처분은 활용하기 어렵다.

일사부재벌 원칙을 적용하여 이루어지는 불기소처분은 국외에서의 형집행과 관계없는 경합하는 다른 범죄에 대한 판단과 함께 이루어질 수도 있다. 그러나 실무 관행상 한 사람에 대한 일부 범죄를 기소하는 경우 분리 기소유예 처분은 활용되지 않고 있다는 점도 기소유예 제도의 활용을 실질적으로 곤란하게 하는 장애로 존재한다.140)

라. 세계주의적 재판권에 대한 확대적용 가능성

세계주의적 재판권의 행사 영역에 있어 인정되는 수평적 보충성을 통하여 일사부재리 원칙을 실질적으로 확대하려는 시도가 존재한다.141)

위와 같은 수평적 보충성은 보편적 관할권을 인정하는 관련 조약들의 합리적 해석에 의해 도출될 수 있는 것으로 국제형사법의 목적 등에 비추어 수평적 보충성에 대한 논의의 합리성이 인정된다. 광범위한 보편적 관할권을 가지고 있었던 벨기에가 법률개정을 통하여 그 행사요건을 제한하였으며 독일 역시 검사에게 보편적 관할권과 관련된 광범위한 재량을 부여함으로써 전 미국 법무장관 도날드 럼스펠드와 다른 유력 인사 등에 대한 독일에서의 심리를 거부하였다.142) 이러한 국제추세 및 보편

---

140) 사법연수원, 『검찰실무Ⅰ』, 서울 : 사법연수원, 2008, 176면. 일부 기소유예의 가능여부에 대한 상세한 논의는 신동운, 『신형사소송법』 서울 : 법문사, 2007, 348면 등.

141) 상세한 것은 제4장 해당부분 참조.

142) Anthony J. Colangelo, 전게논문, 832면. 독일국제형법전과 독일형사소송 제153f와 관련된 상세한 논의는 Cedric Ryngaert, "HORIZONTAL COMPLEMENTARITY:THE COMPLEMENTARY JURISDICTION OF BYSTANDER STATES IN THE PROSECUTION OF INTERNATIONAL CRIMES UNDER THE UNIVERSALITY PRINCIPLE", Working Paper No. 44 - March Katholieke Universiteit Leuven(2010); 이진국, "독일 국제형법전의 실효성과 정책적 시사점", 형사정책연구 제19권 제3호

적 관할권의 인정취지 등을 고려할 때 이미 당해 범죄에 대한 재판권을 가진 다른 국가에서 기소가 이루어진 이상 우리나라는 보편적 관할권 행사의무를 부담하지 않는 것으로 보아 이에 대한 조사 및 기소는 의무사항이 아닌 것으로 해석하여야 할 것이다.143)

4. 입법론

앞서 살핀 바와 같이 일반범죄에 대한 일사부재리 원칙 내지 일사부재벌 원칙을 구현하기 위하여 기소유예제도를 활용함에는 이론적, 실무적 어려움이 존재하는 것으로 생각된다.

기소편의주의를 규정한 형사소송법 제247조144)는 독일 형사소송법의

통권 제75호(2008년 가을) 등 참조

143) 독일의 국제형법전과는 달리 우리나라의 국제형사재판소 관할 범죄의 처벌 등에 관한 법률은 제3조 제5항에서 순수한 세계주의를 제한하면서도 수사기관의 업무부담이나 국가간의 정치적, 외교적인 문제는 전혀 고려하지 않고 있으나 이러한 입법방식은 국제범죄의 수사와 결부되어 나타나는 다양한 문제영역(예컨대 수사의 어려움, 국가간의 정치적.외교적 마찰)을 고려할 수 있는 여지를 만들어 두지 않음으로써 오히려 국제형사재판소 관할 범죄의 처벌 등에 관한 법률을 상징적 형법으로 전락시킬 위험도 존재하므로 현행 국제형사재판소 관할 범죄의 처벌 등에 관한 법률에 규정된 국제범죄에 대한 순수한 의미의 세계주의를 규정하되, 형사소송법 제195조(검사는 범죄의 혐의있다고 사료하는 때에는 범인, 범죄사실과 증거를 수사하여야 한다)의 수사강제를 합리적으로 제한할 수 있는 입법을 하는 것이 타당하다는 견해는 이진국, "독일 국제형법전의 실효성과 정책적 시사점", 형사정책연구 제19권 제3호 통권 제75호 (2008), 121면 이하. 보편적 관할권에서 발생하는 문제는 절차법상 예외를 인정하여 해결하는 것이 바람직하되 그러한 절차법상의 예외를 인정하지 않더라도 기소편의주의를 통한 문제점을 해소할 수 있다는 견해는 김성규, "국제형사재판소에 관한 로마 규정(Rome Statute of the International Criminal Court)의 국내적 이행 – 현상과 과제", 동아법학 46호(2010), 416면 참조

144) 형사소송법 제247조 : 검사는 형법 제51조의 사항을 참작하여 공소를 제기하지

경우와 같이 외국에서의 형의 선고와 집행이 있었던 경우 등을 직접적으로 규정하고 있지 않으므로 이러한 사유를 직접적으로 규정하여 일사부재리 원칙이나 일사부재벌 원칙을 적용한 불기소처분을 더욱 활성화하는 것이 바람직할 것이다.

따라서 외국에서 받은 형에 대하여 의무적 산입주의를 취하는 것을 전제로 독일 형사소송법과 유사한 내용의 형사소송법 제247조 제2항과 제3항을 신설하는 방안을 검토할 수 있을 것이다.

[형사소송법 제247조 제2항 : 외국에서 그 범죄행위로 인한 피의자에 대한 형이 이미 집행되었고, 그 외국의 형을 산입하여 볼 때 국내에서 예상하고 있는 형이 중요하지 않거나 또는 피의자가 그 행위에 관하여 외국에서 무죄의 확정판결을 받은 경우 검사는 제반사정을 참작하여 공소를 제기하지 아니할 수 있다.]

우리의 경우 기소강제주의를 취하지 않아 별도의 입법조치가 불필요하다는 주장이 있을 수 있다. 그러나 위와 같은 내용으로 별도로 조문화하여 둘 경우 보다 용이하게 위 제도가 활용될 수 있을 것으로 기대된다. 또한 독일의 경우와 같이 외국에서 무죄판결을 받은 경우 검사에게 기소하지 않는 것에 관한 의무합치적 판단권한을 부여함으로써[145] 불필요한 수사를 제한하는 의미도 가질 수 있을 것이다.[146]

법률의 개정이 있을 경우 검찰사건사무규칙 제69조 제3항 5호를 신설

아니할 수 있다.

형법 제51조 (양형의 조건) 형을 정함에 있어서는 다음 사항을 참작하여야 한다.

1. 범인의 연령, 성행, 지능과 환경
2. 피해자에 대한 관계
3. 범행의 동기, 수단과 결과
4. 범행후의 정황

145) BeckOK StPO § 153c Rn 11.

146) 피의자가 수감생활을 한 외국교도소의 특성과 피의자가 두 개의 절차를 겪어야 한다는 부담 등도 고려하는 탄력성을 갖게 될 것으로 기대된다. Schoreit. Karlsruher Kommentar zur StPO. 6. Auflage(2008) 153c Rn 12 참조.

하여 불기소처분 주문의 하나로 '외국형사판결 있음'을 신설하는 방안도 검토될 수 있을 것이다. 외국의 판결은 기존의 공소권 없음을 이유로 한 불기소 사유에 해당하는 것으로 보기는 어려우며 혐의 없음, 죄안됨, 공소권 없음 등에 해당함을 전제로 한 각하 사유에 해당한다고 보기도 어렵기 때문이다.

제 7 장

전망과 과제

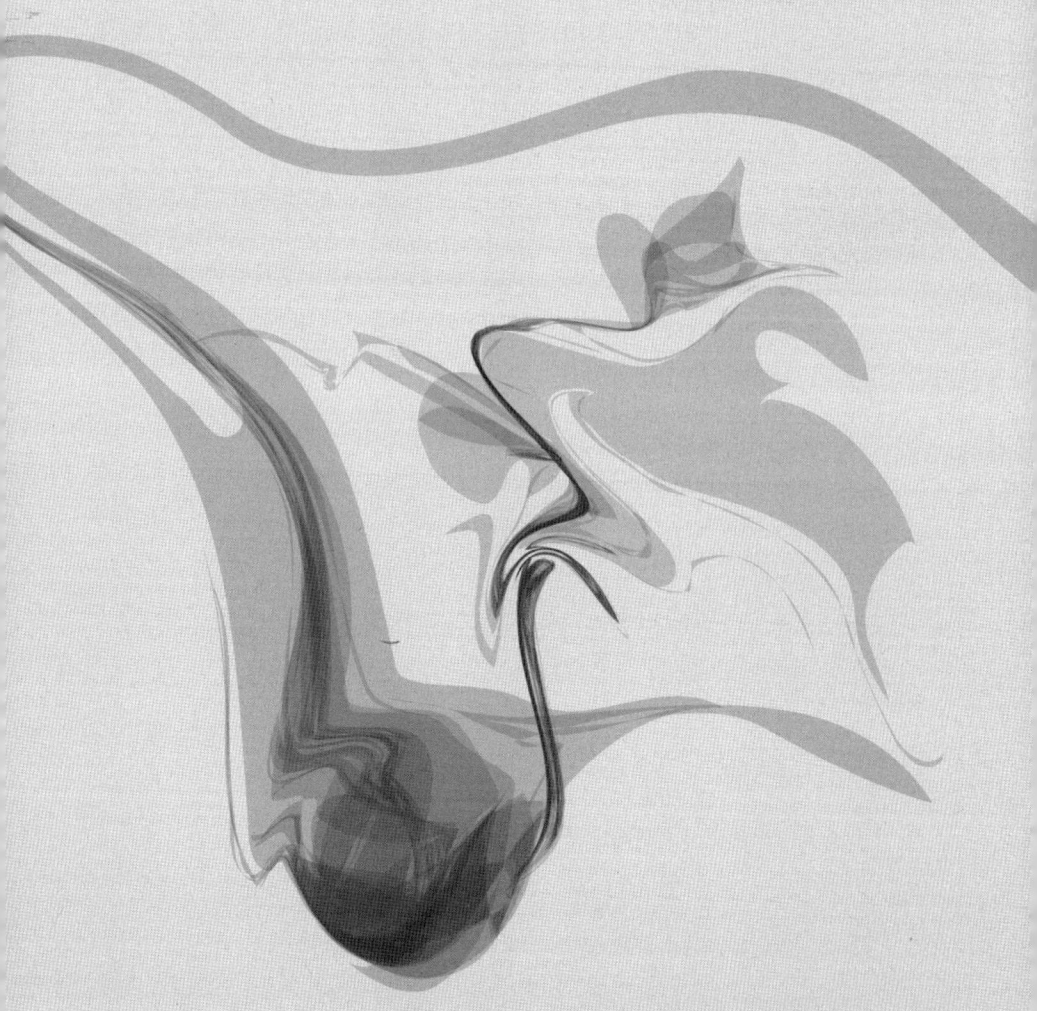

지금까지 국제적 이중위험을 초래하는 형사재판권의 국제적 경합 구조를 고찰한 후 국제적 일사부재리 원칙과 관련된 국내외 입법, 국제조약, 국제형사법의 특수성 등을 고찰하고 국내법제에 대한 비판과 개선점도 제시해 보았다.

일사부재리 원칙(ne bis in idem)은 개인의 인권보호와 공정한 형사사법의 토대가 되는 형사법의 일반원칙이자 국제인권조약에도 화체되어 있는 보편적 권리로서의 성격을 갖고 있다. 우리 헌법 제13조 제1항 후문도 "모든 국민은 … 동일한 범죄에 대하여 거듭 처벌받지 아니한다"라고 규정하여 일사부재리 원칙을 선언하고 있다.

매우 명백한 의미와 가치를 가지는 것으로 보이는 위 원칙이 한 국가의 범위를 벗어나 형사재판권의 국제적 경합이 발생하는 초국가적 영역에 이르면 그 적용이 제한되거나 변형되며 국제적 형사협력에 관한 다양한 제도들과 얽혀서 복잡하게 전개되는 것이 사실이다.

일부 보통법 국가들과 네덜란드 등의 예외를 제외한 대부분의 대륙법계 국가들은 자국의 주권적 이익의 보호, 외국사법체제에 대한 불신, 문화의 이질성, 상호성의 부족 등 다양한 이유로 일사부재리 원칙은 단일한 국가의 형사법 영역에 한정적으로 적용되는 것으로 규정하고 있다. 우리나라도 국제범죄 등 일부 예외적인 경우를 제외하면 원칙적으로 헌법 제13조 제1항과 형법 제7조의 해석, 적용에 있어 동일한 입장을 취하고 있다.

국제적 일사부재리 원칙이 일반적으로 인정되지 않아 발생하는 가장 큰 문제점은 당사자 인권보호에 있어서의 심각한 공백이다. 이중처벌을 받는 개인 입장에서는 국내법원에 의한 거듭처벌인가 아니면 국내법원과 외국법원에 의한 거듭처벌인가 여부에 관계없이 거듭처벌은 똑같이 가혹하고 부당하다.

일사부재리 원칙은 신체의 자유 등 개인의 권리를 보장하기 위하여 헌법상 보장되고 있는 기본권이다. 동일한 범죄를 외국과 국내에서 거듭 처벌하는 것은 신체의 자유를 근본적으로 침해하는 것이며 거듭처벌의 가능성은 당사자의 법적 안정성에 심각한 침해를 가져온다. 따라서 불가 피하게 일사부재리 원칙이 적용되지 않는 국제적 영역에서도 이로 인한 기본권침해를 최소화할 수 있는 제도적 보완책이 함께 강구되어야 한다.

지금까지 외국판결에 대한 일사부재리 원칙에 대한 논의는 일사부재 리 원칙이 외국판결에 적용되는가 여부만을 논하는 것에 머무르고 일사 부재리 원칙에 대한 보완적 성격을 가지고 있는 일사부재벌 원칙의 가치 와 규범내용 등에 대한 본격적 고찰은 제대로 이루어지지 않았던 것으로 보인다. 이러한 이론적 논의의 결핍 상황은 실무에도 그대로 이어져 일 사부재리 원칙은 외국판결에 대하여는 적용되지 않으며, 외국 판결에 기 해 집행받은 형벌은 국내 법집행기관의 재량에 의해 이를 고려해 줄 수 도 있다는 은혜적 형태로 운영되고 있다. 이러한 입법과 법률해석, 실무 운영은 일사부재리 원칙이 보호하고자 하는 기본권을 침해하고 당사자 의 법적 안정성을 훼손하는 것이다.

경합하는 재판권에 기한 이중처벌의 문제에 대한 논의는 국제적 일사 부재리 원칙의 단순한 적용, 부적용의 단계를 넘어 재판권이 경합하는 상황에서의 일사부재리 원칙의 적용 가능성과 그 범위, 국제적으로 논의 되고 있는 국제적 일사부재리 원칙과 각국 입법례에 대한 비교법적 고 찰, 국제적 일사부재리 원칙이 적용되지 않는 영역을 보완하는 일사부재 벌 원칙 등을 모두 포괄함으로써 당사자의 인권보장에 실질적으로 기여 하는 것이어야 한다.

특히 우리의 경우에는 그 동안 도외시 되어 오다시피 했던 일사부재 벌(ne bis poena in idem)원칙의 이념과 가치를 더욱 적극적으로 조망하고 이를 실질적으로 구현할 수 있는 전면적 산입주의를 도입하는 것이 긴요한 과제로 생각된다. 이러한 입법개선은 책임에 상응하는 형벌의 부과라는 책임주의 원칙과 실질적 이중처벌의 우려를 배제하기 위하여 필수적인 것들이다. 아울러 국제적 이중처벌을 최대한 제한하기 위해 노력하고 거듭처벌이 불가피한 경우에도 기본권침해를 최소화할 수 있는 방향으로의 실무관행 개선이 필요한 시점이다.

국제적 일사부재리 원칙은 재판권의 국제적 경합이라는 특수상황에서 발생하는 것이다. 이러한 특수상황은 국제사회의 발전 및 국제교류의 증가, 국제형사법제의 발전 등 다양한 요인들로 인하여 더 이상 예외적이고 특수한 경우가 아닌 빈번히 발생할 수 있는 보편적 상황으로 변화해 나갈 것이다. 이러한 상황 아래에서 재판권의 경합 내지 상이한 재판권 사이의 매우 다양하고 새로운 과제들이 지속적으로 제기될 것으로 전망된다.

이 책에서 논하는 일사부재리 원칙의 국제적 적용 문제는 그러한 다양한 과제들 중 하나에 불과하다.

새로이 발전하고 있는 국제형사법 내지 섭외형사법 관련 영역에 대한 보다 적극적이고 심도 깊은 연구가 진행될 필요성이 커져 가고 있다.

참고문헌

국내문헌

[단행본]

강우예,『형사특별법 정비방안(16) 국제조약의 국내이행 형사특별법: 국제조약
      의 국내이행 입법방안』, 서울 : 한국형사정책연구원, 2008.

권오걸,『형법총론』서울 : 형설출판사, 2007.

김대순,『국제법론』서울 : 삼영사. 1999.

김성돈,『형법총론』서울 : 성균관대학교 출판부, 2009.

김신규,『형법총론』서울 : 청목출판사, 2009.

김영석,『국제형사재판소법강의』서울 : 법문사, 2003.

김영석,『국제형사재판소 관할 범죄의 처벌 등에 관한 법률 해설서』서울 : 법
      무부, 2008.

김종원(편집대표),『주석 형법총칙(상)』, 한국사법행정학회, 2001.

김철수,『헌법학원론』서울 : 박영사, 2007.

김한택,『현대국제법』서울 : 지인북스, 2007.

도중인, 김유근, 김현우,『주요선진국의 형사특별법제 연구: 주요외국의 형법
      개정과 특별형법전과의관계』, 서울 : 한국형사정책연구원, 2008.

박상기,『형법총론』서울 : 박영사, 2009.

박찬운,『국제범죄와 보편적 관할권』서울 : 한울, 2009.

배종대,『형법총론』서울 : 홍문사, 2008.

백기봉,『국제형사증거법』서울 : 박영사, 2008.

성낙인,『헌법학』서울 : 법문사, 2010.

신동운,『판례백선 형법총론』서울 : 경세원, 1998.

신동운,『신형사소송법』서울 : 법문사, 2007.

신동운,『형법총론』서울 : 법문사, 2008.

오영근,『형법총론』서울 : 박영사, 2009.

유기천,『형법학』서울 : 일조각, 1982.

이병조, 이준범,『국제법신강』서울 : 일조각, 2007.

이재상,『신형사소송법』서울 : 박영사, 2007.

이재상,『형법총론』서울 : 박영사

이진국,『주요선진국의 형사특별법제 연구: 스위스 신형법의 주요내용과 정책적 시사점』, 서울 : 한국형사정책연구원, 2008.

이천현, 강석구, 조상제,『국제형법의 체계에 관한 이론적 토대』, 서울 : 한국형사정책연구원, 2007.

조병선,『國際環境刑法 : 國際的 越境環境汚染에 대한 刑法의 國際化』. 서울 : 한국형사정책연구원 1996.

조상제,『형사특별법 정비방안(17) 국제조약의 국내이행 형사특별법: 독일 국제형법전의 입법과정과 내용』, 서울 : 한국형사정책연구원, 2008.

조상제, 천진호, 류진철, 이진국,『국제형법』, 서울 : 준커뮤케이션즈, 2011

차용석·백형구,『주석형사소송법(Ⅰ)』. 서울 : 한국사법행정학회, 1998.

법무부,『국제수형자이송실무』. 서울 : 법무부, 2008.

법무부,『독일형법』. 서울 : 법무부, 2008.

법무부,『독일형사소송법』. 서울 : 법무부, 1998.

법무부,『범죄인인도실무』. 서울 : 법무부, 2008.

법무부,『오스트리아형법』. 서울 : 법무부, 2009.

법무부,『일본의 형사절차법』. 서울 : 법무부, 2001.

법무부,『중국형사법』. 서울 : 법무부, 2008.

법무부,『프랑스형법』. 서울 : 법무부, 2008.

법무부,『프랑스 형사소송법』. 서울 : 법무부, 2005.

법무부,『國際刑事管轄權 : 國際刑事法院 規程』. 서울 : 법무부, 1999.

사법연수원,『검찰실무Ⅰ』, 서울 : 사법연수원, 2008.

사법연수원,『국제형사법』, 서울 : 사법연수원, 2008.

사법연수원,『형사판결서 작성 실무』, 서울 : 사법연수원, 2006.

한국형사정책연구원,『형사소송법제정자료집』. 서울 : 한국형사정책연구원, 1990.

한국형사정책연구원,『國際刑事司法共助에 關한 硏究』. 서울 : 한국형사정책연구원 1993.

한국형사정책연구원,『유엔의 국제조직범죄 규제방안』. 서울 : 한국형사정책연구원 1997.

한국형사정책연구원,『국제형사법원 설립에 관한 연구』. 서울 : 한국형사정책연구원 1999.

한국형사정책연구원, 『형사판결집행에서의 국제공조방안』. 서울 : 한국형사정
　　책연구원 2000.
한국형사정책연구원, 『스위스형법전』. 서울 : 한국형사정책연구원 2009.

[전자책]

김헌진, ICC 규정과 형법, 한국학술정보(2006)

[논문]

강정완, "R. Dworkin의 法原理와 權利의 理論에 關한 硏究", 서울대학교 석
　　사논문(1985)
김도균, "법적 이익형량의 구조와 정당화 문제", 서울대학교 법학 제48권 제2
　　호(2007)
김민서, "韓國에서의 自由權規約 履行 現況에 대한 論考", 법학논정 제30집
　　(2009)
김성규, "속지주의의 적용에 있어서 외국 관련 공범의 범죄지와 가벌성", 비교
　　형사법연구 10권 제2호(2008)
김성규, "일사부재리의 원칙과 형법 제7조의 의미", 성균관법학 제14권 제1호
　　(2002)
김성규, "형법의 장소적 적용범위에 관한 규정의 내용과 한계", 형사법연구 제
　　18호(2002)
김성규, "형사국제법의 국내적 수용의 형상과 국제형법의 과제", 외법논집 제
　　29집(2008)
김성규, "형사관할권의 국제적 경합에 있어서 일사부재리의 적용범위", 형사법
　　연구 제20권 제1호(2008)
김성규, "국제형사재판소에 관한 로마규정(Rome Statute of the International
　　Criminal Court)의 국내적 이행 – 현상과 과제". 동아법학 46호(2010)
김학성, "국제수형자 이송제도의 이론과 실제 – 유럽평의회 국제수형자 이송협
　　약을 중심으로 – ", 한국형사법학의 신전개, 志松 이재상 교수 정년
　　기념논문집(2008)
김학성, "국제수형자 이송제도의 문제점 및 해결방안", 교정연구 제44호(2009)
김헌진, "국제형사재판소규정과 그 이행입법에 대한 연구", 청주대학교 박사논

문(2005)

김헌진, "ICC 규정상의 전쟁범죄에 대한 연구", 법학연구 19집(2005).

류여해, "독일과 한국의 로마규약 이행법률에 대한 비교", 비교형사법연구 제
10권 제1호 통권18호(2008. 7.)

박병도, "국내법원에서 국제범죄의 소추와 처벌", 중앙법학 제8집 제1호(2006)

박병도, "국제범죄에 대한 보편적 관할권", 국제법학회논총 제49권 제2호
(2004)

박찬주, "대통령의 불소추특권에 관한 몇 가지 문제", 법조 633호(2009)

백기봉, "국제형사재판소(ICC)의 형사절차제도상의 한계에 대한 검토 - 현재
계류 중인 사건을 중심으로 - ", 서울국제법연구(2009)

안권섭, "일본의 국제수형자 이송제도", 해외연수검사논문집(2005)

양은룡, "항공기 납치사건에 대한 법적 고찰", 서울지방변호사회 판례연구 제
16집下(2002. 12)

양천수, "뉘른베르크 국제전범재판의 역사적·법적 문제와 그 의미 - 법사학
적·법철학적 논의를 중심으로 - ", 군사 제60호(2006.8.)

유복근, "국가간 수형자 이송제도에 관한 연구", 고려대학교 박사학위 논문
(2006)

이종갑, "형법상 책임주의의 재구성", 강동호 교수 화갑기념 논문집(1992)

이종갑, "양형에 있어서의 책임주의", 범주서영배박사 화갑기념 논문집(1995)

이종갑, "형벌이론과 양형", 한양법학(2007)

이진국, "국제형법상 독자적 귀속모델로서 상급자 책임", 한국형사법학의 신전
개, 志松 이재상 교수 정년 기념논문집(2008)

이진국, "독일 국제형법전의 실효성과 정책적 시사점", 형사정책연구 제19권
제3호 통권 제75호 (2008)

임동규, "일사부재리 원칙에 대한 연구", 서울대학교 박사논문(1994)

장영민, "법 발견 방법론에 관한 연구". 서울대학교 박사논문(1990)

전일수, 노영돈, "해적방지를 위한 국제적 동향과 우리나라 관련 법제의 개선
방향", 해운물류연구 제42호(2004.9.)

井田良 ;이정민 역, "일본의 형사입법에 관한 방법론적 제문제(日本の刑事立
法をめぐる方法論的諸問題)", 형사정책연구 제19권 제4호 통권 제76
호 (2008년 겨울)(국회도서관)

조병선, "우리나라에서의 국제형법의 전망과 과제 - 국제형사규범의 국내법원
을 통한 국내적 이행을 중심으로 - ", 형사법연구 제19권 제4호(2007

겨울 통권 33호)

조인현, "남북한 관계에 있어서 우리 형법의 장소적 적용범위에 관한 연구", 서울대학교 박사학위 논문(2008)

칼 슈미트, 헬무트 그라비치 주해, 김효전 역, "국제법상의 침략전쟁의 범죄와 「죄형법정주의」 원칙", 동아법학 제34호(2004)

하태영, "국제형법(세계주의의 도입여부)", 형사법연구 22호(2004)

한스 하이너 퀴네, "독일 검찰의 지위 - EU 국가들과의 비교법적 관점에서의 분석 -" 형사법의 신동향 통권 제17호(2008 12)

[국내자료]

법제사법위원회, 국제형사재판소 관할범죄의 처벌 등에 관한 법률안 심사 보고서(2007. 11.)

양형위원회 제11차 정기회의 회의록(2008. 10. 10.),

양형위원회 제12차 정기회의 회의록(2008. 11. 11.),

양형위원회 소위원회 제3차 회의 회의록(2008. 11. 5.)

외국문헌

[단행본]

Albin Eser, Susanne Walther, Wiedergumachung im Kriminalrecht/Reparation in Criminal Law. Freiburg : Ed. Iuscrim, Max-Planck-Inst.(1997)

Alexander Zahar, Göran Sluiter, International Criminal Law A Critical Introduction. New York : Oxford University Press(2008)

Ambos, Münchener Kommentar zum StGB, Band 1,1. Auflage(2003)

Antonio Cassese, International Criminal Law. New York : Oxford University Press(2003)

Antonio Cassese, Paola Gaeta, John R.W.D. Jones, The Rome Statute of The International Criminal Court : A Commentary volume I., II New York : Oxford University Press(2002)

Antonio Cassese, The Tokyo Trial and Beyond Reflections of a Peacemonger. Cambridge : Polity Press(1993)

Bert Swart, André Klip, International Criminal Law in the Netherlands. Freiburg : Ed. Iuscrim, Max-Planck-Inst.(1997)

Beth Van Schaack, Ronald C. Slye, International Criminal Law and Its Enforcement. New York : Foundation Press(2007)

Bruce Broomhall, International Justice and The International Criminal Court : Between Sovereignty and the Rule of Law. New York : Oxford University Press(2004)

Cesare P.R. Romano, André Nollkaemper, Jann K. Kleffner, Internationalized Criminal Courts Sierra Leone, East Timor, Kosovo, and Cambodia. New York : Oxford University Press(2004)

Chandra Lekha Sriram, Globalizing Justice for Mass Atrocities. New York : Routledge(2005)

Christine Van den Wyngaert, International Criminal Law A Collection of International and European Instruments. Hague : Martinus Nijhoff Publishers(2005)

David Chuter, War Crimes Confronting Atrocity in the Mordern World. Colrado : Lynne Rienner Publishers, Inc.(2003)

David Luban, Julie R. O'Sullivan, David P. Stewart. INTERNATIONAL AND TRANSNATIONAL CRIMINAL LAW. New York, : Aspen Publishers(2010)

Dr. Bernad, Münchener Kommentar zum Strafgesetzbuch. München : Verlag C. H. Beck(2003)

Eser Meyer - Kommentar zur Charta der Grundrechte der Europäischen Union - 2. Auflage. Baden-Baden : Nomos Verlagsgesellschaft (2006)

E.van Sliedregt, The Criminal Responsibility of Individuals for Violations of International Humanitarian Law. Hague : TMC Asser Press(2003)

Geert-Jan Alexander Knoops, An Introduction to the Law of International Criminal Tribunals A Comparative Study. New York : Transnational Publishers(2003)

Geert-Jan Alexander Knoops, Theory and Practice of International and Internationalized Criminal Proceedings. Hague : Kluwer Law International(2005)

George Ginsburgs, V.N.Kudriavtsev, The Unremberg Trial and International Law. Dordrecht : Martinus Nijhoff Publishers(1990)

Gerd Pfeiffer, Strafprozessordnung Kommentar. Münich : Verlag C. H. Beck(2005)

Gerhard Werle, Principles of International Criminal Law. Cambridge : Cambridge University Press(2005)

Guy Stessens, Money Laundering A New International Law Enforcement Model. Cambridge : Cambridge University Press(2002)

Helmut Satzger, Die Europäisierung des Strafrechts. Köln : Carl Heymanns Verlag KG(2001)

John R.W.D. Jones, Steven Powles, International Criminal Practice. New York : Oxford University Press(2003)

Joseph E. Persico, Uuremberg Infamy On Trial. New York : Penguin Books USA Inc.(1994)

Kai Ambos, Internationales Strafrecht. Münich : Verlag C. H. Beck(2006)

Kai Ambos, Münchener Kommentar zum StGB, Band 1,1. Auflage (2003)

Kelly Dawn Askin, War Crimes Against Women Prosecution in International war Crimes Tribunals. Hague : Martinus Niihoff Publishers(1997)

Knut Dörman, Elements of War Crimes under the Rome Statute of the International Criminal Court Sources and Commentary. Cambridge : Cambridge University Press(2003)

Lori F. Damrosch, The International Court of Justice at a Crossroads. New York : Transnational Publishers(1987)

M. Cherif Bassiouni, International Criminal Law volume I., II., III. Leiden : Martinus Niihoff Publishers(2008)

M. Cherif Bassiouni, Crimes against Humanity in International Criminal Law. Hague : Kluwer Law International(1999)

Mark F. Grady, Francesco Parisi, The Law and Economics of Cybersecurity. Cambridge : Cambridge University Press(2006)

Michael Faure, Günter Heine, Criminal Enforcement of Environmental Law in the European Union. Hague : Kluwer Law International(2005)

Michael Hirst, Jurisdiction and the Ambit of the Criminal Law. New York : Oxford University Press(2003)

Mireille Delmas-Marty and J.R. Spencer, European Criminal Procedures. Cambridge : Cambridge University Press(2002)

Olaoluwa Olusanya, Rethinking International Criminal Law : The Substantive Part. Amsterdam : Europa Law Publishing(2007)

Olympia Bekou, Robert Cryer, The International Criminal Court. Burlington :
    Ashgate Publishing Company(2004)
Peter Papadatos, The Eichmann Trial. New York : Frederick A. Praeger, Publisher(1964)
Pierre Hazan, Justice in a Time of War. Texas : Texas A&M University Press(2004)
P.J. Richardson, Archbold Criminal Pleading, Evidence and Practice 2001.
    London : Sweet &Maxwell Limited(2001)
P. van Dijk, G.J.H. van Hoof, Theory and Practice of the European Convention
    on Human Rights. Boston : Kluwer Law International(1984)
Radtke/Hagemeier, Beck'scher Online-Kommentar Hrsg: Epping/Hillgruber
Robert Cryer, Håkan Friman, Darryl Robinson, Elizabeth Wilmshurst, An
    Introduction to International Criminal Law and Procedure. Cambridge :
    Cambridge University Press(2007)
Ralph Henham, Punishment and Process in International Criminal Trials.
    Burlington : Ashgate Publishing Company(2005)
Roy S. Lee, States' Responses to Issues arising from the ICC Statute :
    Constitutional, Sovereignty, Judicial Cooperation and Criminal Law.
    New York : Transnational Publishers(2005)
Roy S. Lee, The International Criminal Court the Making of the Rome Statute
    Issues, Negotiations, Results. Hague : Kluwer Law International(2002)
Salvatore Zappalà, Human Rights in International Criminal Proceedings. New
    York : Oxford University Press(2005)
Schoreit. Karlsruher Kommentar zur StPO. 6. Auflage(2008)
Siehon Yee, International Crime and Punishment. Maryland : University Press of
    America(2004)
Stephen Macede, Univeral jurisdiction National Courts and the Prosecution of
    Serious Crimes under International Law. Pennsylvania : University of
    Pennsylvaina Press(2004)
Willian A. Schabas, The UN International Criminal Tribunals The former
    Yugoslavia Rwanda and Sierra Leone. Cambridge : Cambridge University
    Press(2006)
Ward N. Ferdinandusse, Direct Application of International Criminal Law in
    National Courts. Hague : TMC Asser Press(2006)
Yale Kamisar, Wayne R. LaFave, Jerold H. Israel, Nancy J. King, Modern

Criminal Procedure. St. Paul West Group(2004)

Yves Beigbeder, International Justice against Impunity Progress and New Challenges. Leiden : Martinus Niihoff Publishers(2005)

森下忠, 國際刑事司法共助の硏究. 東京, 成文堂(1981)

森下忠, 國際刑法の潮流. 東京, 成文堂(1983)

森下忠, 刑事司法の國際化. 東京, 成文堂(1990)

森下忠, 國際刑法入門. 東京, 悠悠社(1993)

森下忠, 國際刑法の基本問題. 東京, 成文堂(1996)

森下忠, 新國しい國際刑法, 東京, 信山社(2002)

森下忠, 刑法適用法の理論, 東京, 成文堂(2005)

森下忠, 國際刑法學の課題. 東京, 成文堂(2006)

山岸 秀, 國際犯罪と國際刑法. 東京, 早稻田出版(2003)

山本草二, 國際刑事法. 東京, 三省堂(1991)

淺田和茂, 刑法總論., 東京, 成文堂(2007)

石丸俊彦, 刑事訴訟の實務(上). 東京 : 新日本法規出版株式會社(2005)

藤永幸治, 河上和雄, 中山善房, 大コンメンタ―ル刑事訴訟法. 第一劵 東京 : 靑林書院(1996)

植松慶太, 極東國際軍事裁判. 東京, 人物往來社(1962)

大塚 仁, 佐藤 文哉, 河上 和雄, 古田 佑紀, 大コンメンタール刑法. 第1卷 靑林書院(2008)

大塚 仁, 川端 博, 刑法<1>新・判例コンメンタール, 東京, 三省堂(1996)

[논문]

Adam Abelson, "THE PROSECUTE/EXTRADITE DILEMMA: CONCURRENT CRIMINAL JURISDICTION AND GLOBAL GOVERNANCE", UC Davis Journal of International Law and Policy, Vol. 16(2010)

ALBIN ESER, "For Universal Jurisdiction:Against Fletcher's Antagonism", The University of Tulsa law review 39 (2004)

Albin Ese, "Symposium: Twenty-Five Years of George P. Fletcher's Rethinking Criminal Law FOR UNIVERSAL JURISDICTION: AGAINST FLETCHER'S ANTAGONISM", Tulsa Law Review(Summer 2004)

Anthony J. Colangelo, "DOUBLE JEOPARDY AND MULTIPLE SOVEREIGNS:

A JURISDICTIONAL THEORY", Washington University Law Review(2009)

Audrey I. Benison, "INTERNATIONAL CRIMINAL TRIBUNALS: IS THERE A SUBSTANTIVE LIMITATION ON THE TREATY POWER?", Stanford Journal of International Law(2001)

Authored by Angelina Tchorbadjiyska, "JOINT CASES C-187/01 AND C-385/01 GÖZÜTOK AND BRÜGGE", Columbia Journal of European Law(Summer, 2004)

Bert Swart, "The European Union and the Schengen Agreement", International Criminal Law volume II. : Leiden : Martinus Niihoff Publishers(2008)

Beth Van Schaack, Ronald C. Slye, "Defining International Criminal Law", Santa Clara Univ. Legal Studies Research Paper No. 07-32(August 2007)

Beth Van Schaack, Ron Slye, "A Concise History of International Criminal Law: Chapter 1 of Understanding International Criminal Law", Santa Clara University School of Law Legal Studies Research Papers Series Working Paper No. 07-42, September 2007(Revised 9/12/08)

Beth Van Schaack, "CRIMEN SINE LEGE: JUDICIAL LAWMAKING AT THE INTERSECTION OF LAW AND MORALS", Georgetown Law Journal (November, 2008)

Bruce Broomhall, "Symposium: Universal Jurisdiction: Myths, Realities, and Prospects Panel Five: Expanding United States Condification of Universal Jurisdiction TOWARDS THE DEVELOPMENT OF AN EFFECTIVE SYSTEM OF UNIVERSAL JURISDICTION FOR CRIMES UNDER INTERNATIONAL LAW", New England Law Review(Winter, 2001)

Cedric Ryngaert, "HORIZONTAL COMPLEMENTARITY:THE COMPLEMENTARY JURISDICTION OF BYSTANDER STATES IN THE PROSECUTION OF INTERNATIONAL CRIMES UNDER THE UNIVERSALITY PRINCIPLE", Working Paper No. 44 - March Katholieke Universiteit Leuven(2010)

Christine Van den Wyngaert and Tom Ongena, "Ne bis in idem Principle, Including the Issue of Amnesty", The Rome Statute of The International Criminal Court : A Commentary volume I., II New York : Oxford University Press(2002)

Christopher Grohman, "RECONSIDERING REGULATION: A HISTORICAL

VIEW OF THE LEGALITY OF INTERNET POKER AND DISCUSSION OF THE INTERNET GAMBLING BAN OF 2006", Journal of Legal Technology Risk Management(2006)

DAVID L. SPEER, "Redefining borders: The challenges of cybercrime", Crime, Law & Social Change(2000)

David S. Rudstein, "RETRYING THE ACQUITTED IN ENGLAND PART II: THE EXCEPTION TO THE RULE AGAINST DOUBLE JEOPARDY FOR "TAINTED ACQUITTALS"". San Diego International Law Journal(2008)

Dionysios SPINELLIS, "THE NE BIS IN IDEM PRINCIPLE IN "GLOBAL" INSTRUMENTS", International Review of Penal Law (Vol. 73)(2002)

Edward M. Wise, "INTERNATIONAL CRIMES AND DOMESTIC CRIMINAL LAW REPORT SUBMITTED BY THE AMERICAN NATIONAL SECTION, AIDP", DePaul Law Review(1989)

Elena A. Baylis, "PARALLEL COURTS IN POST-CONFLICT KOSOVO", Yale Journal of International Law(Winter 2007)

Ethan A. Nadelmann, "Global prohibition regimes: the evolution of norms in international society" International Organization, Vol. 44, No. 4 (Autumn, 1990)

Eva Brems, "Universal Criminal Jurisdiction for Grave Breaches of International Humanitarian Law: The Belgian Legislation", Singapore Journal of International and Comparative Law(2002)

Geoffrey R. Watson, "OFFENDERS ABROAD: THE CASE FOR NATIONALITY-BASED CRIMINAL JURISDICTION", Yale Journal of International Law(Winter, 1992)

George P. Fletcher, "Against Universal Jurisdiciton". The Journal of Criminal Justice(2003)

GERARD CONWAY, "NE BIS IN IDEM AND THE INTERNATIONAL CRIMINAL TRIBUNALS", Criminal Law Forum(2003)

GERARD CONWAY, "Ne Bis in Idem in International Law", International Criminal Law Review(2003)

Georges Abi-Saab, "The Proper Role of Universal Jurisdiction", The Journal of Criminal Justice(2003)

GILLIAN TRIGGS, "Implementation of the Rome Statute for the International

Criminal Court: A Quiet Revolution in Australian Law", Sydney Law Review(2003)

Hans-Jügen BARTSCH, "COUNCIL OF EUROPE NE BIS IN IDEM: THE EUROPEAN PERSPECTIVE." International Review of Penal Law (Vol. 73)(2002)

Ilias Banteka, "THE PRINCIPLE OF MUTUAL RECOGNITION IN EU CRIMINAL LAW", European Law Review(2007)

Irene GARTNER, "AUSTRIA CONCURRENT NATIONAL AND INTERNATIONAL CRIMINAL JURISDICTION AND THE PRINCIPLE "NE BIS IN IDEM", International Review of Penal Law (Vol. 73)(2002)

JAYANT KUMAR, "DETERMINING JURISDICTION IN CYBERSPACE." National Law University Working Paper Series(2006)

Jens Meierhenrich, Keiko Ko, "HOW DO STATES JOIN THE INTERNATIONAL CRIMINAL COURT? The Implementation of the Rome Statute in Japan", Journal of International Criminal Justice(2009)

Joan Fitzpatrick, "Sovereignty, Territoriality, and the Rule of Law," Hastings International and Comparative Law Review 303 (2002)

John A.E. Vervaele, "The transnational ne bis in idem principle in the EU Mutual recognition and equivalent protection of human rights", Utrecht Law Review(Dec. 2005)

John A.E. Vervaele, "European Criminal Law and General Principles of Union Law", College of Europe European Legal Studies, RESEARCH PAPERS IN LAW(2005)

Jon B. Jordan, "UNIVERSAL JURISDICTION IN A DANGEROUS WORLD: A WEAPON FOR ALL NATIONS AGAINST INTERNATIONAL CRIME", Michigan State University-DCL Journal of International Law(Spring, 2000)

Josè Luis DE LA CUESTA, "CONCURRENT NATIONAL AND INTERNATIONAL CRIMINAL JURISDICTION AND THE PRINCIPLE 'NE BIS IN IDEM' GENERAL REPORT". International Review of Penal Law (Vol. 73)(2002)

KAI AMBOS, "INTERNATIONAL CORE CRIMES, UNIVERSAL JURISDICTION AND § 153F OF THE GERMAN CRIMINAL PROCEDURE CODE: A COMMENTARY ON THE DECISIONS OF THE FEDERAL PROSECUTOR

GENERAL AND THE STUTTGART HIGHER REGIONAL COURT IN THE ABUGHRAIB/RUMSFELD CASE", Criminal Law Forum (2007)

Kenneth C. Randall, "Universal Jurisdiction Under International Law", 66 Tex. L. Rev. 785, 786 (Mar. 1988)

Kevin R. Johnson, "WHY ALIENAGE JURISDICTION? HISTORICAL FOUNDATIONS AND MODERN JUSTIFICATIONS FOR FEDERAL JURISDICTION OVER DISPUTES INVOLVING NONCITIZENS", Yale Journal of International Law(Winter 1996)

Lara A. Ballard, "THE RECOGNITION AND ENFORCEMENT OF INTERNATIONAL CRIMINAL COURT JUDGMENTS IN U.S. COURTS", Columbia Human Rights Law Review(1997)

Lorraine Finlay, "DOES THE INTERNATIONAL CRIMINAL COURT PROTECT AGAINST DOUBLE JEOPARDY: AN ANALYSIS OF ARTICLE 20 OF THE ROME STATUTE", U.C. Davis Journal of International Law and Policy(Spring 2009)

LUC REYDAMS, "UNIVERSAL CRIMINAL JURISDICTION: THE BELGIAN STATE OF AFFAIRS." Criminal Law Forum 11(2000)

Markus Benzing, "The Complementarity Regime of the International Criminal Court : International Criminal Justice between State Sovereignty and the Fight against Impunity". Max Planck Yearbook of United Nations Law Volume 7.(2003)

M. Cherif Bassiouni, "Law and Practice of United States", International Criminal Law volume II.,: Leiden : Martinus Niihoff Publishers(2008)

M. Cherif Bassiouni, "Universal Jurisdiction for International Crimes: Historical Perspectives and Contemporary Practice", International Criminal Law volume II.,: Leiden : Martinus Niihoff Publishers(2008)

Madeline H. Morris, "Symposium: Universal Jurisdiction: Myths, Realities, and Prospects Panel Three: Contemporary Developments UNIVERSAL JURISDICTION IN A DIVIDED WORLD: CONFERENCE REMARKS", New England Law Review(Winter, 2001)

Major Christopher M. Supernor, "INTERNATIONAL BOUNTY HUNTERS FOR WAR CRIMINALS: PRIVATIZING THE ENFORCEMENT OF JUSTICE", Air Force Law Review(2001)

Maria Fletcher, "Some Developments to the ne bis in idem Principle in the European Union: Criminal Proceedings Against Hüseyn Gözütok and Klaus Brügge". Modern Law Review Limited (2003)

Martin Wasmeier.Nadine Thwaites, "THE DEVELOPMENT OF NE BIS IN IDEM INTO A TRANSNATIONAL FUNDAMENTAL RIGHT IN EU LAW: COMMENTS ON RECENT DEVELOPMENTS", European Law Review(2006)

Matthias Goldmann, "Implementing the Rome Statute in Europe:From Sovereign Distinction to Convergence in International Criminal Law?", Yearbook of International Law, vol. 16 (2005/2008)

Michael Geist, "IS THERE A THERE THERE? TOWARD GREATER CERTAINTY FOR INTERNET JURISDICTION", Berkeley Technology Law Journal(2001)

Michael Goldsmith, Vicki Rinne, "CIVIL RICO, FOREIGN DEFENDANTS, AND "ET"", Minnesota Law Review(April, 1989)

Michael Plachta, "HUMAN RIGHTS ASPECTS OF THE PRISONER TRANSFER IN A COMPARATIVE PERSPECTIVE", Louisiana Law Review(1993)

Mohanmed Abdul-Azia, "International Perspective on Transfer of Prisoner and Execution of Foreign Penal Judgement", International Criminal Law volume II. : Leiden : Martinus Niihoff Publishers(2008)

Nadine Thwaites, Mutual Trust in Criminal Matters: the European Court of Justice gives a first interpretation of a provision of the Convention implementing the Schengen Agreement Judgment of the European Court of Justice of 11 February 2003 in Joined Cases C-187/01 and C-385/01, Hüseyin Gözütok and Klaus Brügge, GERMAN LAW JOURNAL)Vol. 04 No. 03(2003)

Neil Boister, "'TRANSNATIONAL CRIMINAL LAW'?", European Journal of International Law(November, 2003)

Pater Baauw, "Ne bis in idem", International Criminal Law in the Netherlands. Freiburg : Ed. Iuscrim, Max-Planck-Inst.(1997)

PAUL SCHIFF BERMAN, "THE GLOBALIZATION OF JURISDICTION", University of Pennsylvania Law Review(2002)

Roger O'Keefe, "UNIVERSAL JURISDICTION Clarifying the Basic Concept", Journal of International Criminal Justice(September, 2004)

Salvatore Zappalà, "Symposium The Twists and Turns of Universal Jurisdiction Edited by A. Cassese THE GERMAN FEDERAL PROSECUTOR'S DECISION NOT TO PROSECUTE A FORMER UZBEK MINISTER Missed Opportunity or Prosecutorial Wisdom?", Journal of International Criminal Justice(July, 2006)

Stephanie Nolen, "Nigerian E-Mail Scammers Feeding on Greed, Gullibility," Globe and Mail (December 5, 2005)

Susan W. Brenner, "Cybercrime jurisdiction", Crime Law Soc Change (2006)

Susan W. Brenner & Bert-Jaap Koops, "Approaches to Cybercrime Jurisdiction", Journal of High Technology Law(2004)

Tijana Surlan, "Ne bis in idem in Conjunction with the Principle of Complementarity in the Rome Statute". ESIL Florence Agora Papers(2004)

T. VANDER BEKEN, G. VERMEULEN & T. ONGENA, "BELGIUM CONCURRENT NATIONAL AND INTERNATIONAL CRIMINAL JURISDICTION AND THE PRINCIPLE 'NE BIS IN IDEM'", International Review of Penal Law (Vol. 73)(2002)

Toshihiro KAWAIDE, "CONCURRENT NATIONAL AND INTERNATIONAL CRIMINAL JURISDICTION AND THE PRINCIPLE "NE BIS IN DEM" IN JAPAN", International Review of Penal Law (Vol. 73)(2002)

Wolfgang SCHOMBURG, "GERMANY CONCURRENT NATIONAL AND INTERNATIONAL CRIMINAL JURISDICTION AND THE PRINCIPLE "NE BIS IN IDEM"", International Review of Penal Law (Vol. 73)(2002)

찾아보기

김기준

서울대 법대 대학원 석사(2005), 박사(2010)
호주 시드니대학교 법과대학 방문학자 과정(2000~2001)
부산지검 외사부(2002)
지식경제부 장관 법률자문관(2007~2008)
법무부 국제법무과장(2010)
현 인천지검 부장검사

일사부재리 원칙의 국제적 전개
 - 국제적 이중처벌 방지를 위한 새로운 모색 -

초판 1쇄 인쇄 2013년 1월 21일
초판 1쇄 발행 2013년 1월 31일

지은이 김기준
펴낸이 한정희
편 집 신학태 김지선 문영주 송인선 조연경 맹수지
영업 관리 하재일 정혜경

펴낸곳 경인문화사
주 소 서울시 마포구 마포동 324-3
전 화 (02) 718-4831
팩 스 (02) 703-9711
등 록 제10-18호(1973.11.8)
홈페이지 www.kyunginp.co.kr / 한국학서적.kr
이메일 kyunginp@chol.com

ISBN 978-89-499-0917-2 93360
정가 27,000원